JAHRBUCH
DES RHEIN-SIEG-KREISES
2007

:rhein-sieg-kreis

LANDSCHAFT UND NATUR

GESCHICHTE UND GESCHICHTEN

LEBEN UND KULTUR

WIRTSCHAFT UND TECHNIK

CHRONIK 2005 / 2006

JAHRBUCH
DES RHEIN-SIEG-KREISES
2007

:rhein-sieg-kreis

LANDSCHAFT UND NATUR

GESCHICHTE UND GESCHICHTEN

LEBEN UND KULTUR

WIRTSCHAFT UND TECHNIK

CHRONIK 2005 / 2006

BLATT WELT

HERAUSGEGEBEN VOM RHEIN-SIEG-KREIS, 2006
BEARBEITUNG UND REDAKTION
RAINER LAND, KATJA ESCHMANN UND REINHARD ZADO
ERSCHIENEN BEI EDITION BLATTWELT, REINHARD ZADO, NIEDERHOFEN

Die Herausgabe dieses Buches
wurde dankenswerterweise
von der
Kreissparkasse Köln
unterstützt.

ISBN: 3-936256-24-1
978-3-936256-24-6

Herausgeber: Rhein-Sieg-Kreis, Der Landrat, Siegburg

Anschrift der Redaktion:
Rhein-Sieg-Kreis, Der Landrat – Kulturabteilung –, Postfach 1551, 53705 Siegburg
Telefon: 02241 133365, Telefax: 02241 132441, e-mail: jahrbuch@rhein-sieg-kreis.de

Erschienen bei Edition Blattwelt, Reinhard Zado, Niederhofen
www.blattwelt.de
e-mail: rzado@rz-online.de

Redaktionsausschuss: Wilfried Heckeroth, Dr. Karl-Heinz Lamberty, Peter-Ralf Müller, Michael Solf, Astrid Thiel
Redaktion: Rainer Land (federführend), Reinhard Zado, Katja Eschmann
Lektorat: Regina Gehrke

Titelbild: Reinhard Zado
Gestaltung, Satz, Layout, Herstellung: Martina Schiefen, Reinhard Zado, Niederhofen

Das Jahrbuch erscheint in einer Auflage von 7.000 Exemplaren.

UNSERE AUTOREN

Dr. Claudia Maria Arndt	Leiterin des Kreisarchivs des Rhein-Sieg-Kreises
Thomas Bernsen	Projektmanager im Zentralbereich Unternehmens-/Technologieförderung/Beteiligungen der Kreissparkasse Köln, Diplom-Kaufmann
Klaus Breuer	Verschönerungsverein für das Siebengebirge
Dr. Horst Bursch	Autor regionalhistorischer und heimatkundlicher Veröffentlichungen, Lehrer
Matthias Dederichs	Archivar der Stadt Troisdorf, Beigeordneter a. D.
Dr. Olaf Denz	Diplom-Biologe
Elisabeth Einecke-Klövekorn	Vorsitzende der Theatergemeinde Bonn
Katja Eschmann	Mitarbeiterin der Kulturabteilung des Rhein-Sieg-Kreises
Klaus Göhring	Bankkaufmann / Luftbildfotografie
Dr. Barbara Hausmanns	Journalistin
Kerstin Heinisch	Dipl.-Ing. Architektin bei der Stadt Hennef, Bauordnung und Untere Denkmalbehörde
Hans-Peter Hohn	Stellvertretender Leiter des Referats Wirtschaftsförderung beim Rhein-Sieg-Kreis
Frank Hüllen	Autor regionalhistorischer und heimatkundlicher Veröffentlichungen, Diplom-Volkswirt
Dr. Sabine Jung	wissenschaftliche Mitarbeiterin im Max Ernst Museum Brühl
Ursula Keusen-Nickel	Vorsitzende des Regionalausschusses Rhein-Sieg von „Jugend musiziert", Leiterin der Musikschule Sankt Augustin a.D.
Prof. Dr. Gisbert Knopp	Hauptkonservator, stellvertretender Landeskonservator beim Rheinischen Amt für Denkmalpflege
Dr. Andrea Korte-Böger	Archivarin der Stadt Siegburg
Michael Korn	Leiter des Stadtarchivs Sankt Augustin
Peter Krause	Mitarbeiter im Referat Wirtschaftsförderung beim Rhein-Sieg-Kreis, Fachbereich Statistik
Rainer Land	Leiter der Kulturabteilung des Rhein-Sieg-Kreises
Harald Lwowski	Referent des Deutschen Städtetages Köln
Yvonne Noll	Mitarbeiterin des Kreistagsbüros des Rhein-Sieg-Kreises
Dr. Daniel Pruss	Archäologe und Denkmalpfleger beim Rhein-Sieg-Kreis, Kunstwissenschaftler
Br. Gebhard Rahe SVD	Leiter des Hauses Völker und Kulturen Sankt Augustin
Elmar Scheuren	Leiter des Siebengebirgsmuseums der Stadt Königswinter
Irmgard Schillo	Gleichstellungsbeauftragte des Rhein-Sieg-Kreises
Prof. Dr. Hermann Schlagheck	Mitglied im Arbeitskreis Heimat Heimerzheim
Inga Schulz	Journalistin
Anke Vehmeier	Journalistin
Dr. Wolf-Rüdiger Weisbach	Ehrenvorsitzender des Förderkreises Windecker Matinee e.V., Arzt für Allgemeinmedizin
Alexander Wüerst	Vorsitzender des Vorstandes der Kreissparkasse Köln

Inhaltsverzeichnis

Burgen und Schlösser

Inhaltsverzeichnis

Chronik

Soweit keine Autoren namentlich genannt sind, wurden die Beiträge von der Redaktion zusammengestellt.

VORWORT

„Dass der Rhein-Sieg-Kreis zu den schönsten Gegenden unseres Landes zählt, ist längst bekannt. Die herrliche Landschaft beiderseits des Rheines, lebhafte Städte, stille Dörfer, Berge, Wälder und Auen. Doch wer genau hinsieht, kann noch viel mehr entdecken: alte Burgen und Schlösser, Klöster und Kirchen, Kleinode architektonischer Kunst, Zeugnisse einer bewegten Geschichte ...“ – Diese Worte finden sich auf einer hübschen Landkarte, mit der der „bunte Rhein-Sieg-Kreis“ vor über 20 Jahren Werbung für sich machte. Wir haben sie auf den Seiten 14 und 15 dieses Jahrbuchs noch einmal abgedruckt. Denn die Ausgabe 2007 unseres Jahrbuchs greift das Motto, unter dem diese Karte steht, wieder auf:
„Rhein-Sieg-Kreis – Land der Burgen und Schlösser“.

Viele Wehr- und Repräsentationsbauten vergangener Jahrhunderte haben bei uns die Zeiten überdauert. Sie legen in der Tat Zeugnis einer bewegten Geschichte ab, spiegeln politische und territoriale Entwicklungen, künden von den kulturellen Prägungen und architektonischen Stilen vergangener Epochen. Doch sollten wir in ihnen nicht nur Hinterlassenschaften der Geschichte sehen, sondern dieses Erbe auch als Geschenk für Gegenwart und Zukunft begreifen.

Welcher Reichtum damit verbunden ist, wird – so hoffen Herausgeber und Redaktion – in diesem Jahrbuch deutlich. Dabei liegt es in der Natur der Sache, dass ein solches Werk nicht der Fülle gerecht werden kann, die sich bei dem diesjährigen Schwerpunktthema darbietet. Das Jahrbuch 2007 – es ist übrigens die 22. Ausgabe – versteht sich somit auch nicht als ein Kompendium mit dem Anspruch, umfassend über alle hochherrschaftlichen Anlagen unseres Kreises zu berichten. Nein – wir drehen den Scheinwerfer und vertrauen darauf, dass sein Licht hier und da auch den ungewohnten Blick ermöglicht, unbekannte Details beleuchtet und Verborgenes ins Helle holt.

Ich wünsche Ihnen, liebe Leserinnen und Leser, viel Freude mit dem Jahrbuch 2007. Diesen Wunsch teile ich mit dem gesamten Jahrbuch-Team und allen Autorinnen und Autoren, denen ich von Herzen danke.

Frithjof Kühn

Landrat des Rhein-Sieg-Kreises

Drachenfels und Wolkenburg,
Aquarell von Reinhard Zado
aus: Drachenland,
Ausstellung im Siebengebirgsmuseum 2001.

BLICK AUS DEN WOLKEN

Wie ein Vogel zu fliegen, ist ein alter Menschheitstraum. Wer sich mit einem Gleitschirm oder einem Drachen in der Luft bewegen kann, kommt ihm so nah wie kaum jemand sonst. Zu den Menschen, die sich dieser Form des Fliegens verschrieben haben, zählt Klaus Göhring aus Hennef. Seine Fotos, die am 24. und 25. Juli 2006 entstanden sind, zeigen die Löwenburg, Burg Blankenberg und Burg Windeck aus ungewohnter Perspektive. Sie weiten den Blick und schenken neue Aus- und Einsichten: Was sich stets nur stückweise und nie als Ganzes erschließt, wenn man auf dem Boden bleibt, ist hier in voller Ausdehnung inmitten grüner Wälder zu sehen. Der neue Blick auf alte Ruinen lässt einmal mehr vergangene Größe nachempfinden.

STADT UND BURG

BLANKENBERG

IM
SIEGTAL

BURG WINDECK

IM
SIEGTAL

DIE LÖWENBURG IM SIEBENGEBIRGE

RHEIN-SIEG-KREIS LAND DER BURGEN UND SCHLÖSSER

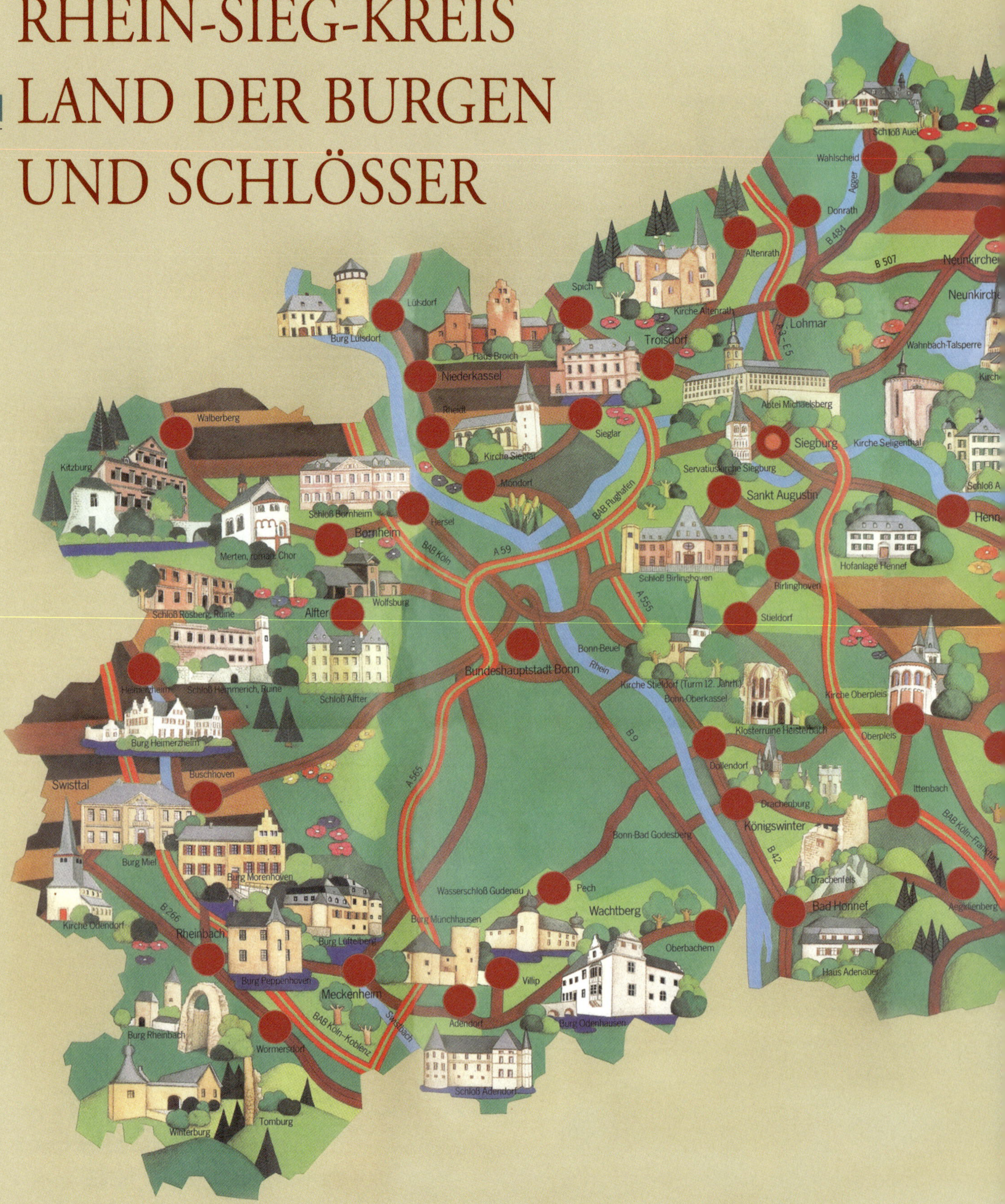

Jeder Versuch, einen Überblick über Burgen und Schlösser im Rhein-Sieg-Kreis zu geben, führt zwangsläufig zu einem unvollkommenen Ergebnis. Denn neben der Gefahr, ein Objekt schlichtweg zu übersehen, ist das Problem der Abgrenzung kaum zu lösen. Welcher befestigte Hof oder welche schlossähnliche Villa, beispielsweise, kann als Burg oder Schloss gelten? Wann sind Ruinen und Gebäudereste erwähnenswert? Auch unsere Übersicht kann diese Fragen nicht abschließend beantworten. Sie verlässt sich weitgehend auf fachkundige Urteile und greift auf die *Kunsttopographie* von Ruth Schmitz-Ehmke in *Der Rhein-Sieg-Kreis* (Stuttgart 1983) und den Bericht von Dieter Spiegelhauer *Denkmalpflege an Burgen* im Jahrbuch des Rhein-Sieg-Kreises 1990 zurück. Anlagen, die in beiden Abhandlungen nicht zu finden sind, aber in dem vor Ihnen liegenden Buch erwähnt werden, wurden ebenfalls in die nebenstehende Übersicht aufgenommen.

GEMEINDE ALFTER
Schloss Alfter

STADT BAD HONNEF
Burgruine Löwenburg
Burg Reitersdorf (Fundamentreste)

STADT BORNHEIM
Schloss Bornheim
Schloss Rösberg
Hexenturm, Walberberg
Rheindorfer Burg, Walberberg
Kitzburg, Walberberg
Burg Hemmerich
Graue Burg, Sechtem
Weiße Burg, Sechtem
Wolfsburg, Roisdorf
Haus Rankenberg, Dersdorf

GEMEINDE EITORF
Burg Welterode
Burg Merten

STADT HENNEF
Schloss Allner
Burgruine Blankenberg

STADT KÖNIGSWINTER
Drachenburg
Burgruine Drachenfels
Rosenau (Fundamentreste)

STADT LOHMAR
Burg Lohmar
Burg Schönrath
Burg Sülz
Burg Honrath
Schloss Auel, Wahlscheid
Haus Dorp, Hausen
Haus Freiheit, Inger

STADT MECKENHEIM
Burg Lüftelberg
Herrenhaus Burg Altendorf

GEMEINDE MUCH
Burg Overbach

STADT RHEINBACH
Burgruine Rheinbach (mit Hexenturm)
Burg Peppenhoven
Burgruine Tomburg

GEMEINDE RUPPICHTEROTH
Burg Herrenstein
Burgruine Herrenbröl

STADT SANKT AUGUSTIN
Schloss Birlinghoven

GEMEINDE SWISTTAL
Burg Kriegshoven
Burg Heimerzheim
Schloss Miel
Burg Morenhoven
Burg Odendorf

STADT TROISDORF
Burg Wissem
Haus Broich, Spich
Haus Rott, Sieglar

GEMEINDE WACHTBERG
Burg Adendorf
Schloss Gudenau, Villip
Burg Münchhausen, Adendorf
Burg Odenhausen, Berkum

GEMEINDE WINDECK
Burg Mauel
Burgruine Windeck

VON DER BURG ZUM SCHLOSS

EIN KULTUR- UND ARCHITEKTURHISTORISCHER STREIFZUG

VON
YVONNE NOLL

Die Begriffe Burg und Schloss werden im deutschen Sprachgebrauch oftmals synonym verwendet. Eindeutige Unterscheidungsmerkmale werden hiermit nicht verbunden. Daher empfiehlt sich in jedem Fall eine genaue Untersuchung zur Baugeschichte einer jeden einzelnen Anlage, um deren genaue Bestimmung zu erfassen.

Die Burgru
in Lülsdorf
(Niederkass
um 1930

DIE BURG

Schlägt man im Bildwörterbuch der Architektur von Koepf und Binding den Begriff „Burg" nach, so findet man dort folgende einleitende Definition:

Burg, Feste, ein bewohnbarer Wehrbau, den eine Person oder eine Gemeinschaft zu ihrem Schutz als ständigen oder zeitweiligen Wohnsitz errichtet. Hervorgegangen ist sie in Nord- und Osteuropa aus der nur in Notzeiten aufgesuchten, dem Gelände angepassten vor- und frühgeschichtlichen Fluchtburg[1] *und dem mehr oder weniger geschützten fränkischen Herrenhof …*

Gerade die Franken griffen den Bau des Burgtypus vor- und frühgeschichtlicher Zeit wieder auf, um ihren Herrenhöfen größeren Schutz zu bieten. Das ehemals fränkische Reich wurde von so genannten Pfalzen aus regiert, die im ganzen Reichsgebiet verteilt waren. Der Herrscher zog mit seinem Gefolge und Mobiliar durch das Land und ließ sich für einen gewissen Zeitraum in einer Pfalz nieder, um von dort aus seine Regierungsgeschäfte zu tätigen. Eine der wohl bekanntesten Pfalzen, die ganz in der Nähe des Rhein-Sieg-Kreises zu finden war, war die Aachener Kurpfalz mit ihrer heute noch erhaltenen Pfalzkapelle, die von Karl dem Großen zwischen 796 und 805 erbaut wurde und den Kern des heutigen Aachener Doms ausmacht.

Einzig der König war im Besitz des so genannten Burgbanns, d. h., er allein war legitimiert, befestigte Wohnsitze zu errichten. Dieses Recht wurde aber bereits von den Merowingern und später auch von den Karolingern zum Teil auf belehnte Vasallen übertragen. Der königliche Machtverlust nach dem Tode Karls des Großen führte dazu, dass das Lehen erblich wurde. Der Burgbann ließ sich immer schwerer durchsetzen. Der Versuch Karls des Kahlen 864, unerlaubt gebaute Burgen schleifen zu lassen, zeigte keinen großen Erfolg.

Etwa zur gleichen Zeit zeigten dänische, normannische und ungarische Überfälle die Nachteile des weit gestreuten Pfalzsystems auf, das eine adäquate Verteidigung der Grenzen nicht gewährleisten konnte. Erst der Sachse Heinrich I., dessen Regentschaft von 919 bis 936 währte, sicherte die Ostgrenze des Reiches durch einen umfangreichen Burgenbau. Hierfür wurde der Burgbann auf die dort wohnenden Ritter übertragen, von denen jeder neunte eine Burg bewohnen musste.

Die dadurch gewonnene Unabhängigkeit der Ritter führte in kürzester Zeit dazu, dass es im gesamten Reichsgebiet zu einem verstärkten Burgenbau kam. Damit einher ging der Bedeutungsgewinn der Burg als Repräsentationsinstrument.

Für den europäischen Burgenbau kristallisierten sich allgemeine Grundformen heraus:
Entsprechend ihrer landschaftlichen Lage werden Höhenburgen (Gipfelburg, Kammburg, Spornburg oder Hangburg) und Niederungsburgen (Wasserburg, Turmhügelburg oder Motte), die oftmals von einem Wassergraben umgeben sind, unterschieden. Darüber hinaus werden Unterscheidungen hinsichtlich der Bauherren (Volks- und Fluchtburg, Pfalz und Reichsburg, Stadt-, Lehens-, Fürsten-, Grafen-, Ritter-, Dienstmannenburg, Ministerialen- und Kirchenburg), der Funktion (Zoll-, Grenz-, Stadt-, Zwing-, Pass- und Straßenburg) und nach exponierten Einzelbauteilen (Turm-, Haus-, Schildmauer-, Mantel-, Palasburg) getroffen.

Für den europäischen Raum differenziert Herbert de Caboga [2] zwischen Ringburgen, der byzantinisch-arabischen Viereckanlage und dem unregelmäßigen Burgenbau.

Burg Münchhausen, Wachtberg-Adendorf

Während die als Zentralanlage geltende Ringburg aus der so genannten Burgform der Motte (von lat. mutta = Erdaushub) entstand, die wahrscheinlich von den Normannen im ausgehenden 1. Jahrtausend entwickelt wurde, geht die byzantinisch-arabische Viereckanlage auf das römische Castell zurück, die von Byzanz weitergeführt, von den Arabern Anfang des 8. Jahrhunderts beim Bau von Befestigungsanlagen in Syrien, Nordafrika und dem Heiligen Land übernommen und schließlich von Kreuzrittern nach Europa gebracht wurde (als späteres Beispiel sei hier auf den Londoner Tower verwiesen). Schließlich setzte sich in Zentraleuropa aber der unregelmäßige Burgtypus durch.

Der Aufbau einer Burg folgte grundlegenden Prinzipien, die in besonderem Maße die Schutz- und Trutzfunktion der Anlage begünstigten. Umgeben wurde die mittelalterliche Burg von einer Ringmauer (auch Bering, Zingel oder Mantel), vor der ein Wasser- oder Trockengraben eingezogen wurde. Dieser Graben wurde bei der Höhenburg zum besonders tiefen und breiten Halsgraben, durch den die Burg vom anschließenden Bergrücken getrennt wurde. Durch ein Tor in der Ringmauer gelangte man in die Vorburg, die im Innern an einer weiteren Mauer,

Burg Welterode, Eitorf

Burg Mauel, Windeck

der Schildmauer, angrenzte und die Burg in sich untergliederte. Auffälliges Merkmal der Burg war der Bergfried, der Hauptturm, der hauptsächlich eine Wehr- und Statusfunktion erfüllte. Oftmals begleiteten ihn weitere kleinere Wehrtürme, die sich an der Ring- oder Schildmauer, oder aber bei den Toren befanden. Ebenso diente der Wehrgang mit Brustwehr auf der Mauerkrone der Abwehr von Gefahren, da von hier aus feindliche Angriffe abgewehrt werden konnten. Um die Verteidigung zu erleichtern, waren in die Brustwehr Schießscharten oder nicht überdachte Maueröffnungen (Zinnenfenster, Zinnenscharte) eingelassen. Auf den Ecken der Ringmauer befanden sich kleine, auskragende Türmchen, an denen sich, ebenso wie an den Toren, Pechnasen oder Gusserker (kleine auf Kragsteinen oder Konsolen ruhende Erker, die nach unten offen sind und nach vorne häufig ein Spähloch haben) befanden. Diese wurden genutzt, um heißes Wasser, Öl oder Pech zur Abwehr von Feinden hinunterzuschütten. Optisch den Pechnasen ähnlich (und deshalb oft mit ihnen verwechselt) waren die in der Ringmauer oder dem Bergfried

Ulrather Hof bei Siegburg, um 1930

eingelassenen Aborterker, die auf den Graben ausgerichtet wurden.

Im Innern der Burg dienten zahlreiche Gebäude unterschiedlichen Funktionen. Im Anschluss an die Ringmauer war der Palas (Wohn- und Repräsentationsgebäude) mit seinen Kemenaten (beheizbare Räume, zumeist Frauengemächer) gelegen, der häufig mit der Burgkapelle verbunden wurde. Die Gebäude für Gesinde, Wirtschaft, Vieh und die große Küche waren oftmals als Fachwerkbauten an die Ringmauer angelegt oder befanden sich in der Vorburg. Nicht selten entwickelten sich hieraus im Laufe der Zeit kleinere Ansiedlungen oder auch Städte. Die Wasserversorgung wurde bei der Höhenburg zumeist durch eine Zisterne sichergestellt, sofern kein Brunnen verfügbar war.

Erst in der zweiten Hälfte des 13. Jahrhunderts begannen die Könige ihre Residenzen als feste Wohnsitze auszubauen. Die nicht mehr benötigten Pfalzen wurden in dieser Zeit von Nachbarstädten gekauft und zu Verwaltungsgebäuden umfunktioniert. Insbesondere die *aula regia* (Palassaal oder Königshalle) wurde zum Vorbild für Rathaus- und Marktgebäude.

Mit der Veränderung der Kriegstechnik, die mit der Entwicklung von Feuerwaffen und Kanonen einherging, büßte die Burg allmählich ihre Schutzfunktion ein, da sie für derlei Angriffe nicht konzipiert war. Festungen als eigenständige Wehranlagen nahmen seit dem 15. Jahrhundert die Schutzfunktion für die Siedlungen oder Städte ein.

Burg Heimerzheim

DAS SCHLOSS

Etwa zeitgleich entwickelte sich in Europa verstärkt der Schlossbau, der als vornehmste Bauaufgabe des absolutistischen Fürstentums galt und dessen Vorläufer sich im wehrhaften Stadthaus (Wohn-, Geschlechterturm) und der römischen Villa, zumeist aber in der mittelalterlichen Burg finden lassen. Neben dem Verlust der Wehrfunktion früherer Anlagen und auch der zunehmenden Befriedung der Landstriche durch geschickte politische Vereinbarungen (zum Beispiel Heiratspolitik) führte ein erhöhtes Geltungsbedürfnis der Fürsten, verbunden mit dem Wunsch nach einer gesteigerten Wohnqualität, zum Bau des Schlosses. Während die Burg noch stets befestigt war, war dies für das Schloss nicht mehr zwingend geboten. Dadurch konnte die Baumasse aufgelöst und sowohl die Fläche als auch der Raum der Architektur in verstärktem Maße betont und erweitert werden. Je nach Funktion und Lage unterschied man zwischen Land-, Stadt-, Wasser-, Lust- oder Jagdschloss.

Schloss Bornheim

Es wurde entweder an einer erhöhten oder durch Wasser geschützten Stelle, als Zentrum einer zu diesem Zwecke angelegten Parklandschaft oder (unter Berücksichtigung städtebaulicher Gesichtspunkte) als Ausgangs- oder Endpunkt eines Straßensystems angelegt, das auf das Schloss ausgerichtet war.

Unter dem Einfluss der Renaissance gewann die symmetrische Konzeption der Anlage an Bedeutung, wenngleich frühe Bauten noch unregelmäßige Grundzüge der ursprünglichen Burg aufwiesen. Regelmäßigkeit und Axialität wurden ausschlaggebende Kriterien, die zur Repräsentation des Fürsten genutzt wurden. Während in Italien der blockförmige Stadtpalast hieraus hervorging, entwickelten sich zunächst in England, hauptsächlich aber in Frankreich die Dreiflügelanlagen. Ihr eigen ist der *Cour d'Honneur* (= Ehrenhof), der sich aus dem Bau ergebende Innenhof. Gerade diese Form wurde im Hochbarock besonders in Deutschland und Österreich aufgegriffen.

Burg Morenhoven

Der Hauptbau des Dreiflügelbaus, der *Corps de logis*, zeichnete sich auf seiner Seite zum *Cour d'Honneur* durch einen Mittelrisalit oder Mittelpavillon aus, dessen Vorsprung im Fontispiz (Frontgiebel) weitergeführt wurde. Auf der gegenüberliegenden, dem Garten zugewandten Seite des Hauptbaus wurden die Ecken ebenfalls durch Risalite hervorgehoben. Ein elementarer Teil der Schlossanlage des Barock war der Garten. Je nach Prägung fanden sich strenge geometrische Formen nach französischem Vorbild (zum Beispiel Schloss Versailles) oder Typen des englischen Landschaftsgartens. Aber auch andere Bauformen wie Turmhaus, Einflügelbau (zumeist begrenzt von zwei Ecktürmen), Zwei- oder Vierflügelanlage sowie der polygonale Zentralbau waren durchaus gebräuchlich. In der Romantik des 19. Jahrhunderts traten auch wieder unregelmäßige Anlagen hervor.

Schloss Miel, Swisttal

Der strenge symmetrische Aufbau der äußeren Fassade, der jedoch seit dem Barock mit verspielten Dekorationselementen aufgelockert wurde, setzte sich auch im Innern des Schlosses fort. Es entwickelten sich allgemeingültige Formen, die als Grundlage des Schlossbaues dienten. Das große Bauprogramm eines barocken Schlosses konnte eine Vielzahl unterschiedlichster Räume mit diversen Funktionen umfassen. So befand sich im Untergeschoss zunächst die Eingangshalle (Vestibül). Dieser angegliedert folgte das repräsentative Treppenhaus, das im Barock sogar oftmals zum größten Raum des ganzen Schlosses wurde (zum Beispiel die Treppe von Schloss Augustusburg in Brühl des Architekten Balthasar Neumann). Während im Untergeschoss die zahlreichen Hauswirtschaftszimmer, Bedienstetenzimmer, Gesellschafts- und Spielzimmer, die Kapelle sowie die offene Galerie und das offene Kabinett untergebracht waren, waren dem *Piano Nobile* (1. Obergeschoss) die Herrschaftsräume vorbehalten. Hierzu zählten Vorzimmer, Konferenzzimmer, Parade- und Audienzzimmer, Spiegelsalon, Tafelzimmer, Kaffeezimmer, Spielsalon, Bildergalerie, marmoriertes Kabinett, Schlafzimmer, Garderobe und Räumlichkeiten für die Bildersammlung sowie die Bibliothek.

Während sich das höfische Leben im Barock fast ausschließlich in der Residenz des Königs abspielte, entstanden im 18. Jahrhundert vermehrt kleinere Schlossbauten in ländlicher Umgebung. Dieser intimere Rahmen sollte den Bauherren eine größere Privatsphäre bieten, die unter dem höfischen Reglement nur schwer durchzusetzen war. Denselben Zweck erfüllten auch die so genannten Stadtpalais, die zeitgleich entstanden.

Burg Lüftelberg, Meckenheim

Anfang des 19. Jahrhunderts änderte sich unter dem Einfluss der Aufklärung der Baugeschmack. Die umfangreichen Dekorationsformen verschwanden und mündeten in den strengen, mehr nüchternen Formen des Klassizismus (zum Beispiel das Koblenzer Schloss), mit denen der Versuch unternommen wurde, an antike Bauformen anzuknüpfen. Erst Ende des 19. Jahrhunderts entdeckten die Romantiker ihre Liebe zur frühzeitlichen bzw. mittelalterlichen Geschichte ihrer jeweiligen Nation neu – dies beeinflusste auch die Kunst und die Architektur der Epoche. Stilistische Ausformungen des Historismus zeigten neoromanische, neugotische oder neobarocke Bauelemente, die sich an mittelalterliche und frühzeitliche Originalbauten anlehnten. Die sicherlich originellsten Beispiele historistischer Bauweise dieser Zeit waren die Schlossbauten des bayerischen Königs Ludwig II., dessen Schloss Neuschwanstein bis in alle Welt bekannt wurde.

Quellen:

Koch, Wilfried: Baustilkunde. Gütersloh, 1998.

Koepf/Binding: Bildwörterbuch der Architektur. Stuttgart, 1999.

Pevsner, Nikolaus: Europäische Architektur von den Anfängen bis zur Gegenwart. 8., erweiterte Ausgabe, München, 1994.

Wasmuths Lexikon der Baukunst. 4. Band, Berlin, 1932.

[1] Als Flucht- oder Fliehburgen dienten steinerne oder aus Pallisaden errichtete Ringwälle.

[2] Verfasser zahlreicher Publikationen zum Burgenbau, z. B.: Die Burg im Mittelalter: Geschichte u. Formen. Überarb. Neuausg. Frankfurt/M. (Ullstein) 1982.

WOLSDORFER BROCKEN

VON
ANDREA KORTE-BÖGER

STEINE FÜR DIE STADT

Geht man heute durch die Stadt Siegburg, sieht man fast nichts mehr von ihm, dem Wolsdorfer Brocken, aus dem einst Abtei, Burg, Rathaus, Stadtmauer und jedes in Stein errichtete Bürgerhaus erbaut wurde.

In zartem Gelb gestrichen, erstrahlen heute weithin sichtbar die Gebäude der Abtei vom Michaelsberg, in ihrer Leuchtkraft noch durch das Grün des bewaldeten Berges hervorgehoben. Das war nicht immer so. Erst seit rund dreißig Jahren ragt der Turm wie ein heller Fingerzeig in den Himmel – verputzt und angestrichen in den Jahren 1978/79. Über die nächsten zehn Jahre folgten die übrigen Abteigebäude. Bis dahin war die Abtei steinsichtig und bildete, zusammen mit dem Berg, mit ihrer braunen Haut eher ein bodenständiges Ensemble. Der Verlust der dunkel gewandeten Abtei wurde in der Bevölkerung ebenso beklagt wie der der steinsichtigen, unauffällig dunklen Sankt Servatiuskirche, deren Außenhaut ebenfalls in den letzten zwanzig Jahren hell und farbig gefasst wurde. Und als 2002 die Diskussion über die Sanierung des Siegburger Zeughauses auch die Frage hochspielte „Verputzen ja oder nein" entschied der damalige Bürgermeister: „Ein Gebäude mit unseren Wolsdorfer Brocken muss steinsichtig bleiben."

Denn allen drei vorgenannten Gebäuden gleich ist ihr Baumaterial, der Wolsdorfer Brocken. Ein Gestein, das äußerst verwitterungsanfällig ist und bei allen Fragen der Sanierung und Konservierung größte Probleme bereitet, aber auch ein Gestein, das es weltweit nur einmal gibt und das hier in Siegburg in drei Bergen ansteht.

Der Wolsdorfer Brocken – was ist das für ein Gestein, wo kommt es her, welche Bedeutung hat es für die Stadt Siegburg?

Steinsichtigkeit am romanischen Haus, Griesgasse 2, am Zeughaus aus dem 19. Jhdt. und als Baumaterial der Stadtmauer aus dem 12. Jhdt.

DER WOLSDORFER BROCKEN – SEINE BEDEUTUNG FÜR DIE STADT

Beginnen wir mit der letzten Frage. Praktisch alle Gebäude aus dem Mittelalter bis in die Zeit des 19. Jahrhunderts hinein wurden in Siegburg, sofern es keine Fachwerkbauten waren, mit Wolsdorfer Brocken erbaut. Um nur einige wenige aufzuzählen, waren das natürlich die Abtei, die älteste Pfarrkirche in der Stadt, Sankt Servatius, die vielen historischen Kellergewölbe, die sich heute unsichtbar entlang der historischen Straßenzüge hinziehen und deren aufstehende Gebäude aus Fachwerk schon längst abgerissen und durch neuere Bauten ersetzt wurden. Außerdem einige Häuser, wie das älteste Haus Siegburgs, das Haus Zum Winter, oder das aus dem 19. Jahrhundert stammende Siegburger Zeughaus, die von Beginn an als Steinhäuser erbaut wurden.

Auf Grund der archäologischen Befunde beim Bau des heutigen Rathauses in den 1960er Jahren, das auf dem Standort der ehemaligen Stadtburg errichtet wurde, wissen wir, dass auch dieses Gebäude aus Wolsdorfer Brocken erbaut war. Gleiches gilt für das historische Rathaus, das ehedem auf den noch vorhandenen Kellern des heutigen Stadtmuseums erbaut worden war, und dessen äußere Gestalt die älteste Ansicht der Stadt, der Merianstich um 1645, zeigt.

Auch die Stadtmauer, in einigen Teilbereichen in der Stadt noch gut sichtbar, in anderen in Hauswänden oder Kellern versteckt, wurde überwiegend aus Wolsdorfer Brocken erbaut. Das heißt, der Wolsdorfer Brocken ist der Baustein des historischen Siegburgs schlechthin.

DER WOLSDORFER BROCKEN – SEIN VORKOMMEN

Als typischer Siegburger Baustein stammt er auch aus Siegburg selbst, den Namen des Stadtteils aufgreifend, in dem die beiden Berge liegen, an denen die Steinbrüche betrieben wurden: Wolsdorf. Umgangssprachlich werden sie einfach „die Wolsberge" genannt, obwohl sie unterschiedliche Namen tragen. Der kleinere ist der Wolsberg, der andere der Riemberg. Sie erheben sich fast unmittelbar an der Sieg, so dass in den früheren Zeiten der Transport über Sieg und Mühlengraben an die verschiedenen Bauplätze in Siegburg problemlos möglich war.

Bis 1906 wurden an beiden Bergen Steinbrüche betrieben. Die städtische Baukommission verfügte nach einer Ortsbesichtigung am 21. Juni 1922: „…am Steinbruch des Wolsberges auch fernerhin zu gestatten, dass das Geröll abgefahren und zu Wegebauzwecken verwandt wird, dagegen das Brechen von Gestein, was seit 1906 eingestellt ist, auch für die Folge zu unterlassen."

Dieser Entschluss wurde auch in jüngerer Zeit nicht mehr revidiert, wodurch sich bei Restaurierungsmaßnahmen an historischen Gebäuden bis heute Probleme ergeben, wenn es um den Austausch verwitterter Gesteinspartien geht. Nicht nur, dass es kein unverwittertes Gesteinsmaterial zur Reparatur gibt, in ein Baugefüge aus Wolsdorfer Brocken kann auch nicht jedes Ersatzmaterial eingefügt werden, da es – außer der Optik – auch vom Chemismus her zu ihm passen muss.

Blick auf Wolsdorf, um 1920

DER WOLSDORFER BROCKEN – SEINE GEOLOGIE

Luftbild um 1960

Betrachten wir Siegburg von der Vogelperspektive aus, so sehen wir, dass das Stadtbild von drei separaten Bergkegeln geprägt wird, dem Abteiberg und den beiden Wolsbergen. Sie ragen als gut sichtbare Erhebungen aus dem Tal der Sieg auf, bevor sich das Gelände mit einem großen Absatz zum Bergischen Land hochzieht.

Die topografische Karte gibt die Höhen mit 118,46 Meter für den Michaelsberg an, der Wolsberg ist 96,60 Meter hoch und der Riemberg 109,00 Meter.

Die Herkunft ist bei allen drei Bergen die gleiche. Sie sind Basalttuffkegel und entstanden vor rund 350 Millionen Jahren im Tertiär, als in unserer Region eine rege Vulkantätigkeit herrschte.

Geologische Untersuchungen führen weitläufig aus, dass es durch die im Tertiär ablaufende Gebirgsbildung zu Schwächungen in der Erdkruste kam, was seinerseits die Bildung von Vulkanen, d. h. das Aufsteigen des Erdmagmas aus der Tiefe, ermöglichte. Dieses Thema nachzuzeichnen, muss der geologischen Fachliteratur vorbehalten bleiben. Die drei Siegburger Vulkane gehören zu einer ganzen Reihe von weiteren Vulkanen und bilden praktisch die Vorhut für das sich daran anschließende geschlossene Vulkangebiet des Siebengebirges.

Obwohl erdgeschichtlich gleicher Herkunft, sind sie nicht mit den Gesteinen des Siebengebirges vergleichbar. Die Siegburger Vulkanberge sind Reste isolierter basaltischer Tuffausbrüche, nur stellenweise durchsetzt von Basaltgängen, während im Siebengebirge der Basalt überwiegt. Die Wolsberge sahen zu ihrem Entstehungszeitraum sicherlich anders aus, heute sind sie nur noch Ruinen, Reste der 1906 eingestellten Steinbruchstätigkeit. Der Abteiberg, als der höchste der drei Siegburger Berge, und am äußeren Rand in der Sieg-Rhein-Ebene liegend, war im Mittelalter mit seiner herausragenden Stellung fortifikatorisch so bedeutsam, dass Erzbischof Anno II. von Köln 1064 den Berg „befriedete“ und ein Kloster, die bis heute bestehende Abtei St. Michael, darauf gründete. Damit schied er für die Steinbruchnutzung aus und nur der geologisch Interessierte weiß, dass er auch ein „Wolsdorfer Brocken“ ist.

Vor dem Ausbau der Wahnbachtalstraße, um 1920

DER WOLSDORFER BROCKEN – BAUSTEIN FÜR DIE STADT

Der Stein, der gebrochen wurde, ist ein Basalttuff, der sich aus vielen verschiedenen Bestandteilen zusammensetzt, aus tertiärem Ton, aus Sand, kleinen Geröllen, Schieferbruchstücken und verkieselten Teilchen tertiärer Bäume. Das alles ist durch Eisen- und Manganverbindungen zu einem recht lockeren Gestein zusammengeschmolzen.

Berücksichtigt man die Transportprobleme im Mittelalter, wird verständlich, dass man sich beim Bau fester Häuser, von Burgen und Stadtmauern möglichst eines bauortsnahen Gesteins bediente. Fragen der Festigkeit und Haltbarkeit wurden nicht gestellt, vielleicht schon eher der guten Bearbeitbarkeit, aber auch dafür war der lockere Brocken gut geeignet. Und wollte man wirklich glatte, repräsentative Fenster- und Türstürze haben, wie beim Siegburger Rathausumbau im Jahre 1568, so bestellte man sich hierzu die Steine aus dem Siebengebirge, die vom Transport her auch noch in erreichbarer Nähe lagen.

Das führte dazu, dass bis zum Beginn des Eisenbahnzeitalters in Siegburg ganz überwiegend mit Wolsdorfer Brocken gebaut wurde.

Zierbogen an einem Stadtmauerhalbturm, Detail Stadtmauer An der Kälke

Blick in den historischen Keller des Stadtmuseums

Zugesetzte Bogenschießscharte, Detail Stadtmauer An der Kälke

DER WOLSDORFER BROCKEN – PROBLEMSTEIN FÜR DIE STADTSANIERUNG

Heute verursacht dieses Gestein, sofern es der Witterung ausgesetzt ist, konservatorisch die größten Schwierigkeiten. Die poröse Oberfläche, die nur locker zusammengebackenen mineralischen Bestandteile bieten Wind und Wetter günstigste Angriffsmöglichkeiten. Zudem führt das eindringende Wasser bei sinkenden Temperaturen zu der gefürchteten Frostsprengung, mit der gleich ganze Steinpartien abgesprengt werden.

Im Zuge der Sanierung des Zeughauses, des letzten in der Stadt noch vorhandenen steinsichtigen Gebäudes aus Wolsdorfer Brocken, wurde im Jahr 2002 eine umfassende Materialanalyse des Bausteins erstellt, aus der einige Zitate das ganze Ausmaß des Problems aufzuzeigen vermögen: „Alle Fassadenseiten des Zeughauses zeigen unterschiedlich starke Verwitterungserscheinungen in Form von Abbröckelungen und teilweise entfestigte Bereiche bis in ca. 10 Zentimeter Tiefe. Diese Verwitterungserscheinungen sind besonders ausgeprägt auf der West- und Südfassade. … Die dünnschliffmikroskopische Untersuchung der Baustoffproben zeigte, dass es sich bei dem Wolsdorfer Brocken um ein extrem inhomogenes und poröses Material handelt.“ Auf Grund der Inhomogenität ist der Wolsdorfer Brocken insgesamt „als extrem Wasser aufnehmend einzustufen. … Wie die Untersuchungsergebnisse zeigen, kann der Wolsdorfer Brocken auf lange Sicht nur dann erhalten werden, wenn es gelingt, die Wasseraufnahme deutlich zu verringern.“

So kommt auch dieses Gutachten, wie alle anderen zuvor zu dem Schluss, dass die effektivste Schutzmaßnahme das Verputzen des Gebäudes darstellt, so wie es schon mit der Abtei und der Servatiuskirche geschah. Die neue Haut – der Putz – würde den porösen Stein nach außen durch eine neue Verwitterungsschicht abschließen, die ihrerseits verbraucht werden und damit den Originalstein auf Dauer vor dem Zerfall schützen könnte.

Dieser Vorschlag wurde seitens der Stadt nicht mitgetragen, denn wenigstens ein historisches Gebäude in der Stadt sollte steinsichtig bleiben. So wurden die unhaltbar zerstörten Gesteinspartien mit Ettringer Tuff ausgetauscht, die übrigen abgeschält und gefestigt, in der Hoffnung, dass die dicken Mauern aus Wolsdorfer Brocken noch ausreichend Gesteinsmasse bieten, um kommenden Generationen den typischen Siegburger Baustein, den Wolsdorfer Brocken, zeigen zu können.

Detailaufnahme Sanierung ehemaliges Zeughaus, 2002

HAUS BROICH

EINE WASSERBURG MACHT GESCHICHTE

VON MATTHIAS DEDERICHS

Man sieht ihm heute kaum noch die Vergangenheit an, diesem Haus Broich in Spich, genannt *de Spicher Burch*. Dabei hat das Haus die Spicher Geschichte geprägt wie kein anderes. Sie begann mit schriftlichen Nachweisen 1135 und setzte sich über 800 Jahre bis heute fort. Nicht von ungefähr führte die Adelsfamilie „vom Broich imma Spyche" das bergische Uraltwappen, „den doppelt gezinnten Querbalken", das bis heute noch von den Nachfolgern des Uraltadels aus dem Bergischen geführt wird. Und am Anfang stand ein Mann, der wegen seiner Verdienste vom Grafen von Berg zum Ritter geschlagen und in den Adelsstand erhoben wurde. Er erhielt zum Unterhalt seiner Familie das bergische Lehen Nr. 7 und seine Nachkommen waren über Jahrhunderte hinweg Vasallen der Grafen und (seit 1380) Herzöge von Berg.

Die Nähe zum Wasser gab der Burg und ihren Besitzern den Namen. Die Gewässer waren die Altwässer von Rhein und Sieg entlang des Aufstiegs zur Mittelterrasse (Spicher Höhe) und ein ehemaliger Rheinarm, genannt Spich. Beim Trockenwerden der Rheinebene blieben u. a. das Spich-Linder-Bruch und das Asselbachmeer zurück.

An seinen Rändern siedelten einzelne Menschengruppen. So wurde durch Grabungen 1935 und 2003 festgestellt, dass im Kneutchesbruch (Essers Kiesgrube am Mühlenberg) Pfahlbauten aus der Zeit zwischen 3200 bis 300 v. Chr. und vom Spichbusch (Holunderweg) Reste einer Handwerkersiedlung aus der Zeit von 50 bis 150 n. Chr. (Römische Kaiserzeit) stammen. Es war für andere Siedlergruppen aus der Merowinger- und Frankenzeit nahe liegend, sich auf kleineren und trockenen Erhöhungen niederzulassen. So auch für die erste Erbauerfamilie des Hauses Broich, deren Namen wir nicht kennen.

Den ersten Namen vermittelt uns eine Urkundenkurzfassung im Urkundenbuch I für die Geschichte des Niederrheins 1840, Seite 214, Nr. 332. In dieser Urkunde ist Udo de Bruche (Udo von Broich)

Haus Broich 1930

1135 an zweiter Stelle der Laien (hinter Graf Adolf II. von Berg) als Mitzeichner genannt. Zwei weitere Urkunden von 1139 nennen ihn einmal als Zeugen, ein anderes Mal als Mitsiegler. In einer dieser beiden Urkunden steht er an dritter Stelle, weil an zweiter Stelle der Graf Eberhard von Sayn steht. Einige Jahre später ist Udos Sohn oder Bruder, Werner, 1152 Mitunterzeichner einer Siegburger abteilichen Urkunde. Der Name de Bruche = von Broich bezieht sich ganz offensichtlich auf Broich im Spich, zumal auch weitere Urkunden, zum Beispiel aus den Jahren 1278, 1334, 1345, 1351 und 1353 Namen mit dem Zusatz *Broch(te)*, *Broch dicto Spich(e)*, *Brughe* und *zu Broich in dem Spich(e)* erwähnen. Die Nennungen sind zweifellos Hinweise auf das Bestehen eines Wohnsitzes, der Burg (Wasserburg) oder des Hauses Broich in Spich.

Aus der Urkunde von 1353 entnehmen wir den Gesamtbesitz des Adelssitzes, weil ihn Nella, die Witwe des Schilling von Broich (Brughe), nach dem Tod ihres Mannes aufteilt und weitere Verfügungen für ihren Tod trifft. Danach gehören zum Hofesverband Güter in Rheidt, Niederkassel, Ranzel, Ober- und Niederzündorf, Weilerhöfe bei Libour und Fürvels.

Haus Broich 1942

Einer der Bedachten ist ihr Bruder, der Dekan des Cassiusstiftes Bonn, Wilhelm Schilling de Brughe. Er ist ein Verwandter des Erzbischofs Walram von Jülich in Köln. Zwei ihrer Söhne waren Präsenzmeister und Hospitalmeister in Siegburg und eine Tochter war Äbtissin in Drolshagen.

Aus dem Jahre 1412 gibt es den Hinweis, dass Ludwig von dem Bloedesheym (Bladesheim) das von der Herrschaft Heinsberg im Lehen stehende Haus Broich besessen hat. Das bedeutet den schon vorher vollzogenen Übergang des Lehens vom Grafen von Berg an die Grafschaft Heinsberg-Löwenberg. Sehr oft wurden die Lehen wegen Geldnöten in andere Hand gegeben, um aus den Einnahmen die Schulden der kriegerischen Auseinandersetzungen zu zahlen. Da Ludwig von Bladesheim verstorben war, verkauften seine Erben, Engelbrecht von Gerendorf und seine Frau Katharina, das Lehen an Albrecht von dem Broeche und seine Frau Jutta. Die Urkunde vom 13. Mai 1412 ist von Conrad von dem Broiche mitgesiegelt, der sich 1407 mit dem Zusatz „genannt von Spiche“ bezeichnet. Der Vorgang gibt den Hinweis, dass das Verfügungsrecht über das Lehen weiter- und zurückverkauft wurde, die Stellung der Familie auf dem Gutshof aber erhalten blieb.

In den nächsten Jahren finden wir dann immer wieder Mitglieder der Familie als Mönche in führender Stellung in der Abtei auf dem Siegberg oder als Zeuge und Mitsiegler auf Urkunden der Abtei oder bei anderen Verhandlungen. So wird 1409 bei einer Grundstücksverhandlung in Eschmar und Kriegsdorf Albericht uss dem Broeche in dem Spyche genannt.

1430 ist Johas (Johann) vamme Spiche als Amtmann des bergischen Amtes Blankenberg bezeugt. Er wird 1439 und 1451 mit seiner Frau Johanna im bergischen Wappenbuch mit der Führung des Doppelzinnenbalkens im Siegel bestätigt. Von 1435-1452 ist Johann imme Broich genannt imme Spich mehrmals als Mitsiegler abteilicher Urkunden, als Siegburger Schöffe am abteilichen Hochgericht und als Schultheiß (Vorsitzender) dieses Gerichts aufgeführt. Er erhält vom Abt 1442 den abteilichen Schultheißenweiher in der Abtshardt (Altenforst) als Lehen übertragen. 1446 verzichtet er auf das Schultheißenamt, bleibt aber bis 1452 weiterhin Schöffe. Johann wird in dieser Zeit auch in mehreren Urkunden der Abtei Heisterbach genannt.

Andere Lehnsträger sind:

1466 Graf Johann
von Nassau-Saarbrücken, vertreten von Albrecht von Zweifel auf Haus Wissem,
1486 Johann von Duisternau,
1537 Johann von Ockershausen,
1572 Reinhard von Duisternau,
1574 Sophia von Velbrück (kommissarisch) bis 1592.

Auch wenn als Lehnsträger andere Adelsfamilien auftreten, so werden im Zusammenhang mit Broich im Spich Personen genannt, die diesen Namen tragen, von denen aber nicht bekannt ist, ob sie immer auf Haus Broich in Spich lebten; sie können in diesem Aufsatz nicht genannt werden.

Die verschiedenen Lehnsträger bis 1574, die die Ländereien, Wiesen und Waldgebiete durch Halfmänner verwalten ließen, waren nur daran interessiert, geldlichen Nutzen aus der Bewirtschaftung zu ziehen. Weil sie überhaupt nicht oder nur vorübergehend auf Haus Broich wohnten, wurden die notwendigen Unterhaltungsarbeiten nicht ausgeführt. So befand sich das Haus mit seinem Zubehör und den Ländereien bald in einem desolaten Zustand, der zu Auseinandersetzungen zwischen Reinhard von Duisternau und Sophia von Velbrück führte. Aus einer Mitteilung von Sophia an die Lehnskanzlei erfahren wir, „dass die beiden Hebe- und Hausbrücken verfallen und verfault sind. Man kann sie nicht mehr zu Fuß nutzen, weil sie jederzeit einstürzen können. Deshalb muss man vom Haus Umwege nehmen, um die Notdurft hinein- und hinauszubringen". Auch die anderen Gebäude („gehöchter" genannt) können „täglich verfallen, wenn denselben nicht nachweislich und sogleich geholfen wird, so werden sie bald über den Haufen liegen".

Reinhard Duisternau teilt in einem Antwortbrief an die Lehnskanzlei mit, die Witwe habe das Haus verkommen lassen,

Haus Broich 1968

als ob es sich um ganz verlassene Güter handelte. Er führt dann wörtlich aus:

Eine Hausmauer ist mit großem Schaden in den (Wasser-)Graben fallen gelassen worden. Dach und Gebäude verfaulen, und nicht ein Nagel wird zur Erhaltung des Hauses eingeschlagen (wie dies auch einem Pfandherrn nach Recht und Billigkeit zusteht). Deshalb steht auch das Tor, das ein ansehnlicher Bau gewesen ist, in der Gefahr, jeden Augenblick zusammenzufallen, und sowohl ins Haus als auch in Ställe und Scheunen regnet es hinein, auch die Bretter und Dhille (Dielen) der Hausbrücken sind verfault und abgebrochen und jetzt mit Türen und Fenstern oder sonst untauglichen Brettern zugelegt (verschlossen) worden. Zu schweigen davon, dass die Weiher verwüstet sind, das Backhaus neben anderen Gebäuden dachlos ist und der Viehhof offen liegt. Daneben ist das beste und günstig gelegendste Land eine wüste Heide, unbestellt und ungenutzt, der Driesch liegt und bleibt (ungenutzt) liegen.

Duisternau beklagt dann noch, dass Büsche und Bäume abgeholzt und Eichen und Nussbäume zum Verkauf nach Köln geschafft wurden.

Der ganze Schaden betrage jetzt 700 bis 800 Taler, vor Jahren sei er noch mit 100 bis 300 Talern zu beheben gewesen.

Mit dem Jahr 1592 ändern sich die Verhältnisse grundlegend. Bis zu diesem Jahr hat Sophia von Velbrück das Haus mit Zubehör und seinen Rechten in Besitz. Sie hatte einen Rechtsstreit mit Reinhard von Duisternau für sich entschieden, weil er seinen Verpflichtungen aus der Belehnung (Ablösung der Pfandschulden und Zahlung der Lehnsgebühren) nicht nachgekommen war und die Burg immer noch nicht repariert worden war. Jedenfalls hat Sophia von Velbrück Haus Broich weiter

Haus Broich 1942

besessen und 1592 an ihren Schwiegersohn Peter Wolffen aus Bergheimerdorf verkauft. Von der Genehmigung dieses Kaufvertrages durch die herzogliche Lehnskanzlei war die eigentliche Belehnung nicht betroffen. Es gibt auch keine Aufforderungen zur Bezahlung der üblichen Lehnsgelder, da ja Haus Broich mit allem Zubehör weiterhin Lehen (Eigentum) des Herzogs von Berg war.

Wie die Burg aussah, können wir aus einer vergrößerten Zeichnung von 1620 erkennen. Das Haus ist mit anderen in einer Vormarschkarte aus dem Anfang des Dreißigjährigen Krieges eingezeichnet, die wahrscheinlich als Orientierung für einen Angriff auf die Pfaffenmütz bei Bergheim diente. (Die Inselbefestigung hatte das holländische Militär gebaut, um die Rheingrenze zu sichern.)

Peter von Wolffen übergibt 1603 das erneuerungsbedürftige Haus mit allen Rechten und dem Zubehör an seinen Sohn Augustin, der in diesem Jahr Cäcilia von Vercken zu Vercken heiratete. Ob das Ehepaar in das marode Haus einzieht, ist unbekannt. Allerdings ist Augustin bei dem Altenforst-Umgang und dem anschließenden Waldgeding anwesend. Das Ehepaar lässt in den nächsten Jahren die alten

Haus Broich 1916

Gebäude, ohne den hoch liegenden Keller des Mittelteils, abreißen und baut im Renaissancestil ein repräsentatives und anspruchsvolles neues *Haus Broich* ohne Türme. Zwischen dem ersten und zweiten Geschoss an der Außenwand wurde ein Allianz-(Ehe-)wappen angebracht, das hier abgedruckt (nächste Seite) und heute noch vorhanden ist. Augustin ist bergischer Ritter und nimmt in dieser Eigenschaft mehrmals als Vertreter der bergischen Ritterschaft an den herzoglichen Landtagen teil. Dies war nur möglich, weil Haus Broich in Spich ein landtagsfähiges Rittergut war. Augustin wird als angesehener Landfreiherr bezeichnet und 1621 von der kurtrierischen Lehnskanzlei mit dem Rittergut Ahrwichterich belehnt. Seit 1622, bestimmt aber ab 1624, wurde auf Haus Broich reformatorischer Gottesdienst von einem Wanderpfarrer gehalten. Bekannt ist, dass Augustin das lutherische und seine Frau Cäcilia das reformierte Bekenntnis angenommen haben. Mehrere Jahre wohnte ein reformierter Hofprediger im Haus Broich. Wahrscheinlich war eine Hauskapelle vorhanden, die er für den Gottesdienst benutzen konnte. In späteren Jahren versah Pastor Wurm aus Oberkassel – teilweise unter Gefahren für Leib und Leben – alle 14 Tage sonntags abwechselnd auf Haus Broich und Haus Spich den evangelischen Gottesdienst. Der letzte evangelische Gottesdienst auf Haus Broich ist im Jahre 1693 nachgewiesen.

Noch eine andere wichtige Nachricht gibt es vom Jahre 1626. In diesem Jahr heiratete die Tochter Anna des Ehepaares Wolffen-Vercken den in schwedischen Diensten stehenden Oberstleutnant Abraham von Loi(y)son. Mit den schwedischen Truppen des Generals Baudissin eroberte er am 27.10.1632 Siegburg und die Abtei. Unter seinem Kommando blieb das Görtzische Regiment drei volle Jahre in Siegburg und Umgebung. Er befehligte am 21./22.12.1632 den Angriff auf Deutz und ließ die Gefangenen auf Haus Broich einsperren. Am 9.2.1633 erfolgte hier der Gefangenenaustausch zwischen den Krieg führenden Truppen. 1635 (27.10.) wurde Loison mit dem schwedischen Regiment aus Siegburg abgezogen. Das Ehepaar hat später auf Haus Ahrwichterich, dem Lehnsgut ihres Vaters Augustin von Wolffen, gelebt. Abraham Loison ist 1653 verstorben. Anna wird 1671 als Frau Wittib Loyson bei einem reformierten Gottesdienst auf Haus Broich als Teilnehmerin genannt.

Das Haus bleibt bis 1721 im Besitz der Familie von Wolffen. Die Lehnsabhängigkeit von der herzoglichen Lehnskanzlei wird erst 1774 beendet, weil diese nicht mehr nachweisen kann, dass Lehnsgebühren in den letzten 202 Jahren (1572-1774) gezahlt worden sind. Zwar ist für diese zwei Jahrhunderte keine Geldzahlung mehr nötig, gleichfalls ist aber ein erheblicher Prestigeverlust eingetreten, zum Beispiel hinsichtlich der Landtagsfähigkeit und der Aufschwörung als Ritter. So wurde nur das Bestehen der Freiadeligkeit (Adelshöfe ohne Bindung an den Landesherrn) vom Sieglarer Schöffengericht 1587 bestätigt.

Allianz-(Ehe-) Wappen

1721 übernimmt Abt Franz Bernhard von Westrem das Eigentum an Haus Broich auf Grund eines Pflegevertrages, den Johann Friedrich Winand von Wolffen für seine Frau mit ihm geschlossen hatte. Dieser war 1720 verstorben und hatte so seine Frau abgesichert; sie starb 1738. Der Abt ließ den Gutshof des Hauses Broich seit 1721 von einem Halfman (Halbpächter) bewirtschaften. Pächter waren Heinrich Görres und Ehefrau Gertrud geb. Beckhers. Sie zahlten zum Beispiel 1725 an den Abt eine Pacht von 105 Reichstalern. Wegen des Vertrages kommt es zu einem Rechtsstreit, der zur Entscheidung dem Reichskammergericht in Wetzlar vorgelegt wird. Der Ausgang des Streits ist nicht bekannt, aber der Abt verkauft nach dem Tod der Witwe das gesamte Eigentum an Dr. Johann-Bernhardt Molckenbauer, dem neuen Eigentümer von Haus Broich.

Nach dem Tod des Eigentümers von *Haus Spich*, Karl Gottfried Mappius 1741, heiratet Molckenbauer dessen Witwe, Sybilla Gertrud geborene de Warth. Damit sind beide freiadeligen Häuser in einer Hand vereinigt. Nach dem Tode Molckenbauers am 12.9.1752, seine zweite Frau war schon 1745 verstorben, wird die Verbindung mit Haus Spich gelöst. Der Sohn Johann Heinrich Molckenbauer verkauft Haus Broich 1790 an Finanzrat Gottfried Kerris und 1795 Haus Spich an Jacob Forsbach. Damit sind die beiden Adelsgüter in bürgerliche Hände übergegangen. Die weiteren Eigentümer sind folgende:

1816 Familie Ritter-Renner,
1823 Christian, später Josef Renner (in dieser Familie wurden um 1880 die beiden Turmgebäude angebaut),
1893 Erbin Laura Bouserath,
1898 Fabrikant Raymond Hoddik,
1922 Josef Förster,
1970 Erbin Christa Löwer,
1971 Stadt Troisdorf,
1989 CD-Werbeagentur Gebrüder Knaust.

Das Haus war durch die Kriegsereignisse 1939-1949 und durch unterlassene Erneuerungsarbeiten teilweise unbewohnbar geworden.

Nach Initiativen des Verfassers dieses Aufsatzes, ab 1966, wurde das Gebäude in das Bewusstsein der Öffentlichkeit gerückt. Nach der Einschaltung des Landeskonservators und mehrmaligen Beratungen im Gemeinderat Sieglar und im Stadtrat der neuen Stadt Troisdorf (ab 1.8.1969) hat diese das Haus 1971 gekauft und danach ab 1973 restaurieren lassen. Im März 1976 nahm in dem fast neuen Gebäude eine TOT (Teiloffene Tür) die Jugendarbeit auf. 1981 wurde auch das Wohnhaus der Verwalterfamilie (später der Eigentümerfamilie) des landwirtschaftlichen Betriebs ebenfalls restauriert und für die Jugendarbeit genutzt. Bei den Restaurierungsarbeiten kam an der Stirnseite des Wohnhauses die Jahreszahl 1717 zum Vorschein. Der Bau der Scheune des landwirtschaftlichen Betriebs wurde von der Denkmalbehörde auf die Mitte des 17. Jahrhunderts datiert. Nach der Schließung des Jugendzentrums (1988) übernahmen die Gebrüder Knaust als Inhaber einer CD-Werbeagentur die beiden Gebäude 1989 und richteten ihren Gewerbebetrieb ein.

Damit habe ich die Geschichte der Spicher Burg nach schriftlichen Nachweisen (Urkunden, Berichten, Darstellungen und eigenen Kenntnissen) der vergangenen 870 Jahre niedergeschrieben. Eine kaum vorstellbare Zeit. Welche Erkenntnisse würden aber gewonnen, wenn man den tiefer gelegenen Baugrund unter dem Kellergewölbe und im nahen Bereich der früheren Wassergräben untersuchen könnte? Wo stand das stattliche Torbogenhaus und wo waren die Viehställe, das Backhaus und der Driesch; wo befanden sich die Hauskapelle und die Wohnung des reformierten Geistlichen? Vielleicht erhalten wir einmal nach archäologischen Untersuchungen hierüber Aufklärung.

ZU BESUCH BEI DEN RITTERN IN LOHMAR

EINE BURGENTOUR

VON INGA SCHULZ

Von den Franken an einer uralten Übergangsstelle der Siegener Landstraße über die Agger gegründet, erhielt Lohmar von ihnen auch seinen Namen. Der beschrieb den ursprünglichen Zustand der Aggerniederung: „Loh" für Wald oder Gebüsch, „Mar" für ein stehendes Gewässer, eine Lache oder einen Sumpf. Nach der fränkischen Landnahme waren die Pfalzgrafen aus dem Hause der Ezzonen und ihre Untergrafen im Auelgau, die Kölner Bischöfe sowie die großen Klöster und geistlichen Stifte, zu denen auch das Cassiusstift zu Bonn und die Abtei Siegburg gehörten, Träger des Dorfes. Lohmar wurde im Jahr 1081 erstmalig urkundlich erwähnt: Erzbischof Sigewin schenkte dem Kölner Stift Sankt Georg in „Lomere" einen Hof mit einem Grundbesitz.

Aus der ursprünglich bäuerlichen Oberschicht und ihrer Gefolgschaft zum Landesherrn bildete sich allmählich ein Land- und Dienstadel, der kleinere, wasserumwehrte Burgen und feste Häuser errichtete. Hiervon künden heute noch die Burg Lohmar, das Haus Sülz, die Ruine Schönrath, die Burg Honrath, das Barockschloss Auel, das Haus Dorp und das Haus Freiheit in Inger. Zu ihnen führt uns unsere Burgentour quer durch das Lohmarer Stadtgebiet. Alle Burgen lassen sich, je nach Sportlichkeit, zu Fuß, per Fahrrad oder mit dem Auto, in einer zusammenhängenden Tour erkunden.

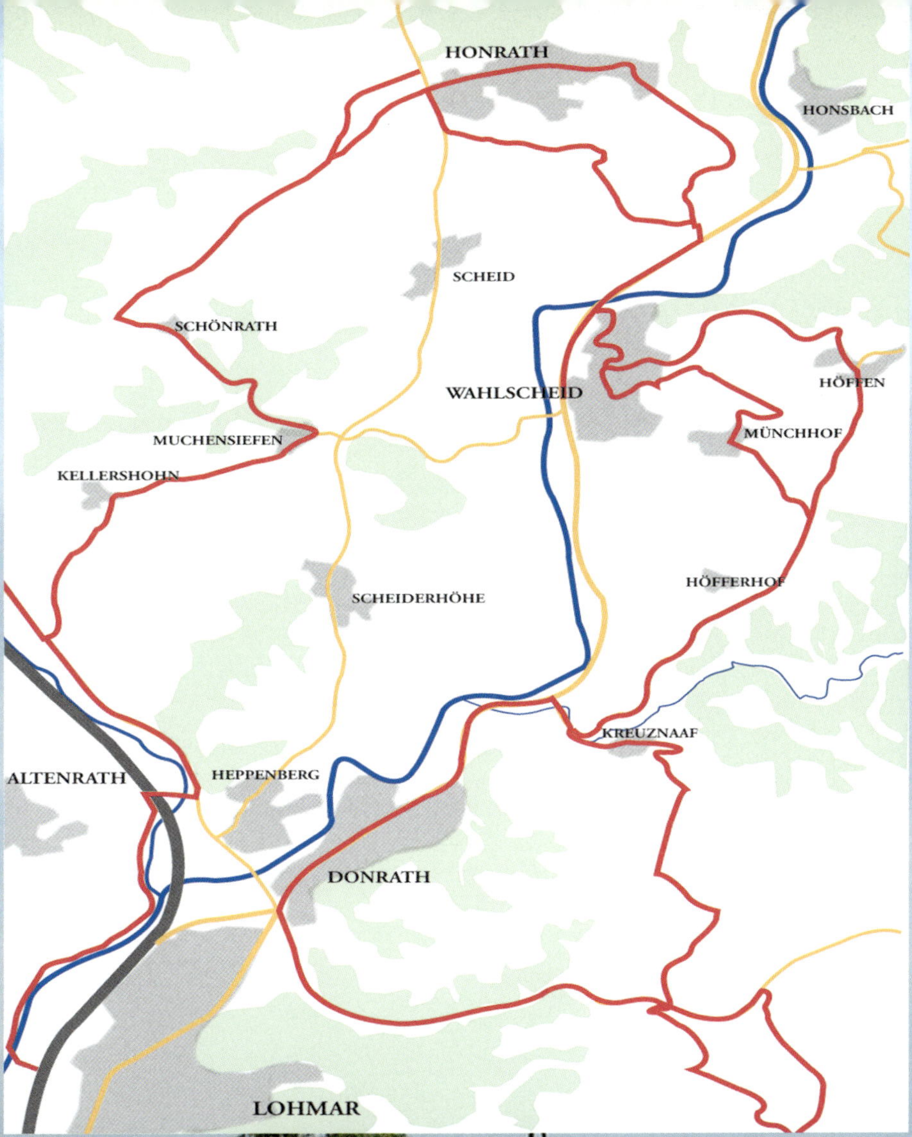
HONRATH
HONSBACH
SCHEID
SCHÖNRATH
WAHLSCHEID
HÖFFEN
MÜNCHHOF
MUCHENSIEFEN
KELLERSHOHN
SCHEIDERHÖHE
HÖFFERHOF
KREUZNAAF
ALTENRATH
HEPPENBERG
DONRATH
LOHMAR

VON DER AUTOBAHN ABGETRENNT: DIE BURG LOHMAR

An der Burg Lohmar in der Brückenstraße beginnt die „Lohmarer Burgentour". Die Burg wurde durch den Autobahnbau im Jahr 1936 – zu einer Zeit, da der Fortschritt wichtiger war, als die Erhaltung historischer Ortskerne – vom Dorf mit Kirche und Fachwerkhäusern abgetrennt. So biegt man direkt hinter der Autobahnbrücke rechts ein und gelangt zu einem vor dem Autobahnbau beliebten Ausflugsziel. Denn hier findet man nicht nur die Burg Lohmar, sondern gelangt auch an das Aggerufer, von dem zu früheren Zeiten eine Furt nach Altenrath führte. Ab 1867 gab es hier einen Fährbetrieb, an den heute noch das an dieser Stelle befindliche Gasthaus „Zur Fähre" erinnert.

Es braucht nicht viel Fantasie, um sich vorzustellen, wie schön es hier damals war, als man noch direkt von der Kirche aus zur Burg und zum Aggerufer spazieren konnte.

Folgt man also der Straße nach rechts, findet man rechter Hand zum einen den geschichtsträchtigen Bachhof, dessen Ursprünge ins 16. Jahrhundert zurückreichen und zum anderen die Burg Lohmar, mit der er zeitweise in Verbindung stand. Die links von der Straße liegende Burg ist seit 1875 in zwei landwirtschaftliche Betriebe aufgeteilt. Die Vorburg des im 14. Jahrhundert auf dem Gelände eines vermutlich älteren Herrensitzes von Graf Dietrich II. von Loos und Chiney, Herr von Blankenberg, errichteten gotischen Bruchsteinbaus besteht aus Fachwerk. Dieser Aufbau auf einem Grauwackemauerwerk stammt vermutlich aus dem 18. Jahrhundert. Durch eine Brücke und ein Portal in der dreiflügeligen Vorburg gelangt man zu einem zweigeschossigen, lang gestreckten Herrenhaus aus Grauwacke, dessen Kern noch aus der Mitte des 14. Jahrhunderts stammt. Als feste Wasserburg war das Gebäude von der östlich vorgelagerten Vorburg getrennt. Die ganze Anlage befindet sich, nur durch eine Leitplanke und Buschwerk abgetrennt, unmittelbar an der A 3, deren Geräuschpegel einen schnell wieder aus der romantischen Verklärung reißt.

BURG LOHMAR
Brückenstraße, Lohmar

Ehemalige Wasserburg, erbaut Mitte des 14. Jh. von Graf Dietrich II. von Loos und Chiney, Herr von Blankenberg. Zweigeschossiges, lang gestrecktes Herrenhaus aus Grauwacke und dreiflügelige Vorburg aus Grauwackemauerwerk mit aufsitzenden Fachwerkbauten aus dem 18. Jh., Brückenzufahrt zum Hausteinportal mit Korbbogen und Ehewapppen der Familien von Groote. Besichtigung nur von außen möglich.

DIE BURG SÜLZ: EIN TECHNOLOGIEHOF MIT HISTORISCHEM CHARME

Von der Burg Lohmar führt ein Wanderweg am linken Ufer der Agger entlang bis zu der von Altenrath kommenden L 84. Mit dem Auto fährt man über den Höhenrücken auf der K 10 nach Altenrath, wo man sich rechts hält, um auf der L 84 und über eine Autobahn- und die Aggerbrücke zur L 288 ins Sülztal zu gelangen. Dort hält man sich links und folgt der Landstraße, bis man rechter Hand die Burg Sülz sieht. Die ehemalige Wasserburg, die aus pfalzgräflichem Gut hervorgegangen ist, wurde 1075 erstmalig erwähnt und gehört damit zu den ältesten Adelssitzen des rechtsrheinischen Rhein-Sieg-Kreises. Es wird vermutet, dass die Burg bereits im achten Jahrhundert ein Rittersitz war. Zwischen 1396 und 1401 kam das Haus Sülz in den Besitz des bergischen Erbhofmeisters und Ritters Wilhelm Stael von Holstein, der um diese Zeit als Herr von Eulenbroich und Sülz erwähnt wird. Bis 1547 blieb die Wasserburg im Besitz der Stael von Holstein, was ihren Namen als „Stael-Sülz“ geprägt hat. Im Jahr 1766 fiel das Haus an die aus Frankreich stammenden Freiherren von La

Neben der heutigen Burg ist ein Gelände, auf dem vermutlich die Hauptburg stand.

Valette Saint George, die das mittelalterliche Burghaus samt Vorburg abbrachen, um Platz für eine neue Anlage zu schaffen. Von diesem Vorhaben wurden jedoch nur der südwestliche Flügel der Vorburg mit Toreinfahrt und ein dreigeschossiger Eckturm ausgeführt. Der heute zu sehende nordwestliche Flügel wurde im Jahr 1936 erbaut.

Der Innenhof ist heute vom „Virus der Technologie" infiziert. Neben dem nach der Burg benannten benachbarten Industriegebiet findet man in der äußerlich romantisch anmutenden Anlage nüchterne Neubauten aus Glas und Stahl, in denen Büroräume untergebracht sind – „ein Technologiehof mit historischem Charme", wie es in Lohmar heißt.

BURG SÜLZ,
an der L 288 nach Rösrath

Erstmalig erwähnt 1075, Vorburg in der jetzigen Form im 18. Jh. erbaut mit Ergänzungsbauten aus dem 20. Jh., Fundamentreste der Hauptburg findet man auf der Wiese rechts der Vorburg. In der mit rot-weißen Fensterläden geschmückten Vorburg befinden sich Büros und Wohnungen. Eine Besichtigung ist nur von außen möglich.

VERSTECKT ZWISCHEN ÜPPIGEM GRÜN: DIE BURG SCHÖNRATH

Wer den Burghof zu Fuß durchquert, gelangt von hier aus auf eine kleine befestigte Straße, die den Berg hinauf nach Kellershohn und Muchensiefen führt. Mit dem Auto kommt man auf dieselbe Straße, indem man von der Burg Sülz kommend an der nächsten Möglichkeit links vor einer Gaststätte Richtung Muchensiefen abbiegt. In Muchensiefen gelangt man auf die K 39, die nach links zur nächsten Burg führt. Kurz vor Oberschönrath findet man rechter Hand die Burg Schönrath.

Von dem ehemaligen Rittersitz ist nur noch die Vorburg aus dem 18. Jahrhundert erhalten. Von der im 15. Jahrhundert auf mittelalterlichen Grundmauern erbauten und im 18. Jahrhundert im Wesentlichen veränderten Hauptburg findet man lediglich Ruinen, romantisch überwachsen, an einem Teich links neben der Vorburg.

Die so genannte Winkelburg war dreigeschossig und von Westen über eine gemauerte Brücke zugänglich. Nördlich stand eine achteckige Burgkapelle, in der nach Überlieferungen noch im 19. Jahrhundert Gottesdienste gefeiert wurden. Die schon zu dieser Zeit nicht mehr bewohnte Burg wurde nach und nach abgetragen und fiel im Jahr 1928 endgültig dem Straßenbau zum Opfer. Die dreiflügelige Vorburg, die im 18. Jahrhundert erneuert wurde, steht heute in Privatbesitz. Die ganze Anlage liegt frei und romantisch in grüner Tallandschaft.

Einige Fotos, aufgenommen etwa um 1942,
zeigen die Vorburg als landwirtschaftlichen Betrieb.
An der Stelle, an der die Burg einmal stand, befindet sich ein kleines Sumpfgebiet.
Der ehemalige Wassergraben um die Burg ist fast vollständig verlandet.
Heutzutage sieht man noch einige Reste der Burg,
die dem Straßenbau nicht zum Opfer gefallen sind,
aber wohl bald verfallen sein werden.

BURG SCHÖNRATH
an der K 39
zwischen Muchensiefen und Oberschönrath

Erstmalige Erwähnung im 13. Jh., erbaut auf mittelalterlichen Grundmauern im 15. bis 16. Jh., dreigeschossige Winkelburg, einst von Wasser umgeben. Die Vorburg ist in Privatbesitz. Sie und die Ruinen der Hauptburg können nur von der Straße aus besichtigt werden.

DER RITTERSITZ AUF DER HÖHE: DIE BURG HONRATH

Weiter geht es auf der K 39 bis Oberschönrath, dort biegt man rechts ab und gelangt über Broich und Wickuhl nach Honrath, dem nächsten Rittersitz, der sich auf der Höhe direkt neben der Kirche befindet. Die gemeinsame Geschichte von Kirche und dahinter stehender Burg steht auch für die engen und wechselvollen Beziehungen kirchlicher und weltlicher Macht im Mittelalter. Beide Gebäude waren einst im oberen Geschoss durch einen Bogengang miteinander verbunden, dessen Reste man bei genauerem Hinsehen noch erkennt.

Mit einer Schenkungsurkunde aus dem Jahr 1117 beginnen die Überlieferungen. Godefried schenkt dem Kloster Siegburg seinen lehnsfreien Besitz, die „Villa Hagenroth". 1209 schenkt Graf Arnold von Hückeswagen seine Einkünfte aus Kirchen und Hofbesitz in Honrath den frommen Damen von Gräfrath, den Burgbesitz behält er dagegen für sich. Im Jahr 1259 verkaufen die Hückeswagener ihren Besitz mit dem gesamten Kirchspiel an die Grafen von Sayn, deren Erben ihn 1363 an die Grafen von Berg abgeben. In der Mitte des 16. Jahrhunderts entsteht die heutige Burg mit den zwei trutzigen Rundtürmen aus Bruchstein und mit Fachwerkgiebeln. Der Neubau erfolgt über den heute noch erhaltenen Tonnengewölben eines romanischen Kellers. Der Hinterbau mit einem dritten, nur halbrunden Turm geht später unter. Nach mehreren Erbteilungen erwerben die Herren Proff von Menden zu Beginn des 18. Jahrhunderts Haus Honrath und das benachbarte Haus Auel. Heute ist die Burg ein befestigter Bauernhof, der nicht besichtigt werden kann. Die zur Burg führende geteerte Straße ist ein Privatweg. Wer sich die Burg anschauen möchte, benutzt am besten die öffentliche Straße, die sie zum Teil umgibt.

BURG HONRATH,
neben der Honrather Kirche

Erstmalig erwähnt 1209. Die heutige Burg mit zwei Ecktürmen aus Grauwackemauerwerk und Fachwerk stammt aus dem 16. Jh., das romanische Kellergewölbe vermutlich aus dem 13. Jh. Die Burg ist in Privatbesitz und kann nur von der Straße aus besichtigt werden.

SEIT JAHRHUNDERTEN IM BESITZ ADELIGER FAMILIEN: SCHLOSS AUEL

Von Honrath geht es über einen Wanderweg mit Blick auf die Golfanlage bergab ins Tal zum Schloss Auel, der nächsten Station auf der Burgentour. Wer die Straße benutzen möchte, fährt zurück durch den Ort Honrath und den Berg hinunter über die K 49 durch Stumpf und Birken, um auf die B 484 zu gelangen. Von dort geht es – schon in Sichtweite des Barockschlosses – ein kleines Stück nach links Richtung Overath. Inmitten eines großen Parks mit Seerosenteich gelegen, führt eine Allee direkt auf den Haupteingang des Schlosses zu – allerdings nicht von der Straße aus gesehen.

Von der B 484 gelangt man zunächst auf die vorgelagerten Parkplätze.

Seit Jahrhunderten ist die ehemalige Wasserburg in Besitz adeliger Familien. Erstmals 1391 urkundlich erwähnt, hat sie ihren Namen von ihrem damaligen Besitzer, einer Familie von Auel. 1763 wurde das Hauptgebäude auf einem älteren Grundriss errichtet. Heute steht nur noch das dreiflügelige Herrenhaus, die Wirtschaftsgebäude wurden abgerissen und die Gräben zugeschüttet. Der zweigeschossige Hauptflügel mit steilem Mansardendach und die Seitenteile mit Walmdächern beherbergen einen Hotel- und Restaurationsbetrieb. Die eingeschossigen Nebentrakte wurden im 20. Jahrhundert im gleichen Stil angefügt, so dass sich Schloss Auel als einheitliches Ensemble präsentiert. In weiteren Nebengebäuden sind die Clubräume des gleichnamigen Golfclubs, ein Restaurant und ein Golfartikelgeschäft untergebracht. Die Büroräume des zum Schloss gehörigen Golfclubs befinden sich hingegen in einem Fachwerkhaus – der alten Försterei – rechts hinter dem Schloss, das seit über 200 Jahren im Besitz der Freiherren von La Valette ist. Das Schloss samt Barockkapelle wird heute gern für Hochzeiten und Taufen genutzt.

SCHLOSS AUEL
Wahlscheid,
an der B 484 gelegen

Ehemalige Wasserburg aus dem 18. Jh., erbaut von Proff, 1191 erstmalig urkundlich erwähnt, seit 200 Jahren im Besitz der Familie La Valette. Sehr gepflegte Anlage, heute als Hotel-Restaurant genutzt, Park mit altem Baumbestand und Seerosenteich. Die Ländereien rundherum werden als Golfplatz genutzt. Das Schloss kann von außen, von Hotel- und Restaurantgästen auch von innen besichtigt werden.

REITANLAGE AUF HISTORISCHEM GRUND: HAUS DORP

Von Schloss Auel hält man sich auf der B 484 rechts, um nach Wahlscheid zu gelangen. Von dort aus geht es wieder bergan über Schönenberg nach Höffen, wo man rechts auf die K 34 einbiegt. Ihr folgt man Richtung Hausen. Kurz vor der Abzweigung nach Höfferhof findet man linker Hand den ehemaligen Rittersitz Haus Dorp. Der direktere Weg ist ein Wanderweg, der über Münchhof nach Weeg und dann rechts auf die K 34 führt. Die Burg liegt etwas abseits der Straße, markanter Anhaltspunkt ist jedoch ein Fachwerkhaus-Ensemble rechts auf der ihr gegenüberliegenden Seite.

Erstmalig erwähnt im Jahr 1420, stammt das gut erhaltene Herrenhaus mit dem mächtigen gotischen Dach aus dem 16. bis 17. Jahrhundert. Durch Pfandschaft gelangte das ursprüngliche Haus Dorp in den Besitz einer Seitenlinie derer von Markelsbach, genannt von Allner. Eine Grabplatte der Sibylla von Markelsbach (†1631) soll sich noch heute rechts neben dem Herrenhaus in der Wand eines Wirtschaftsgebäudes mit den Ahnenwappen von Allner, von Landsberg, von Zweiffel und von Reven befinden. Das zweigeteilte Herrenhaus ist von verschiedenen Besitzern bewohnt. Rund um Haus Dorp befinden sich Stallungen, in denen die Pferde des gleichnamigen Reitbetriebes untergebracht sind, ein Reitplatz und eine Reithalle.

Das Rittergut im Jahr 2002

HAUS DORP
Hausen-Hausdorp,
an der K 34 zwischen Höffen
und Hausen

Trutzige, würfelförmige Anlage aus dem 16. bis 17. Jh., 1490 erstmalig erwähnt, heute als Wohnhaus mit umliegender Reitanlage genutzt. Eine Außenbesichtigung ist möglich.

FREIES GUT IN ADLIGEM BESITZ: HAUS FREIHEIT IN INGER

Von Haus Dorp führt die K 34 wieder hinab ins Tal, wo man links Richtung Kreuznaaf einem Wanderweg folgen kann. Über Grimberg gelangt man bei Kreuzhäuschen auf die K 37. Dort hält man sich links Richtung Geber. Kurz vor Geber geht es rechts Richtung Salgert und hinab zur Gebermühle, wo man auf die B 507 gelangt. Der Wanderweg führt von hier nach Algert und weiter nach Inger, dem letzten Ziel der „Lohmarer Burgentour“. Mit dem Auto fährt man auf der B 484 Richtung Donrath und biegt dort links auf die B 507 ein. Kurz vor der Breidtersteegsmühle geht es rechts ab nach Geber und Inger auf die K 13. In Inger biegt man rechts Richtung Algert ein. Man folgt der Straße mit schönen Fachwerkhäusern und stößt dann auf ein markantes Gebäude, auf dessen Grauwackemauerwerk die Jahreszahl 1897 zu lesen ist. Dahinter lugt ein wie ein Wasserturm anmutender viereckiger Turm hervor. Auf den ersten Blick nicht als historisches Rittergut zu erkennen, beherbergt die rechteckige, geschlossene Hofanlage einen landwirtschaftlichen Betrieb.

Über einen adligen Besitz in Inger finden sich die ersten Hinweise im Jahr 1383. In einer Urkunde ist von dem Siegburger Schöffen und Ritter Hermann von der Seldunck und dessen Erbgüter in Inger die Rede. Aus dem 16. Jahrhundert gibt es Pachtbriefe zu einem Hof „Ingeraidt" in Verbindung mit Gerhard von Waldenburg, genannt Schenkern. Nach ihm wurde das freie Gut später auch „Schenkernhof" genannt. Im 19. Jahrhundert erbaute Adolf von Francken das noch heute sichtbare turmartige Gebäude östlich vor dem alten Schenkernhof. Vom Namen „Rittergut Haus Freiheit" zeugt noch eine Eisentafel, die in der Werkstatt von Mitarbeitern des Hofes gefunden und an einen Trecker montiert wurde. Links hinter dem Wohnhaus findet man noch ein halb verfallenes Fachwerkhaus, in dem zu früheren Zeiten das Gesinde wohnte. Teile der Stallanlage bestehen ebenfalls aus Fachwerk und könnten noch älteren Ursprungs sein als das Wohnhaus.

Hier in Inger endet die teils romantisch, teils ernüchternd anmutende Zeitreise zu den Lohmarer Rittern und ihren Burgen. Der Weg zurück führt wieder auf die B 507 nach Lohmar.

RITTERGUT HAUS FREIHEIT
Inger

Geschlossene, rechteckige Hofanlage, Wohnhaus in der heutigen Form erbaut im 19. Jh., Ställe aus Grauwackemauerwerk und Fachwerk, erste urkundliche Erwähnung im Jahr 1383. Der landwirtschaftliche Betrieb kann nicht besichtigt werden.

Ritter, Landwirte und Fledermäuse

Die Bewohner der Burg Overbach von gestern bis heute

Von Inga Schulz

Trutzig, wehrhaft und geheimnisumwittert – die Burg Overbach, das Wahrzeichen von Much, am östlichen Ortsrand gelegen, gibt Bauforschern und Historikern immer noch Rätsel auf. Liest man die wenigen Abhandlungen über sie, überkommt einen der dringende Wunsch nach einer Zeitmaschine. Möchte man nicht nur das Leben der alten Ritter, sondern auch das Aussehen ihrer Wohnstätte von innen erforschen, wäre der beste Standplatz dafür wohl der Eingangsbereich. Denn dieser, genauer gesagt die Eingangstür, hat sich, gemäß den Bauuntersuchungen, die das Rheinische Amt für Denkmalpflege in der Zeit von 1990 bis 1994 durchführte, im Laufe der Jahrhunderte nicht verändert. Schon immer gelangte man von der Mitte der Nordseite, also vom Innenhof, über eine Brücke von der Vorburginsel in das Burghaus, das früher vollständig von Wasser umgeben war.

In einer strategisch günstigen Lage an der heutigen Straßenkreuzung Richtung Siegburg/Drabenderhöhe als Wasserburg errichtet, ermöglichte dieser Standort die Kontrolle über das Tal mit seinem Nebentalausgang. Der Ort Much, der an dem ehemaligen Fernhandelsweg der Zeithstraße liegt, geht indes nicht auf die Burg Overbach zurück, sondern auf eine befestigte Burg, die nordöstlich des vermutlich im Jahr 1096 errichteten Kirchturms stand. Reste von ihr sollen sich noch heute in den Kellern der alten Fachwerkhäuser finden. Die erste urkundliche Erwähnung des Ortes Much, der im Jahr 2006 sein 875. Jubiläum feierte, ist der 31. März 1131. An diesem Datum bestätigte Papst Innozenz II. dem Stift Sankt Cassius und Florentius zu Bonn umfangreichen Besitz. Ob hierzu auch schon die Burg Overbach zählte, lässt sich nicht eindeutig belegen. Ihre Anfänge sollen jedenfalls auch in dieser Zeit liegen.

Der ursprüngliche Erbauer der Burg soll Eberhard von Overbach gewesen sein. Die erste namentliche Erwähnung des Rittersitzes erfolgte jedoch erst 1487 im Zusammenhang mit Heinrich von Overbach, der ein Beamter des Herzogs von Berg war.

Kamin im Obergeschoss

Im 13. und 14. Jahrhundert stand Much nämlich unter dem Einfluss der beiden Adelsfamilien Grafen von Sayn aus Bendorf und Grafen von Berg aus Schloss Burg. Zur Kontrolle ihrer Besitzungen im Sieggebiet erbauten die Sayner im 12. Jahrhundert die Burg Blankenberg und konnten als Schutzvögte des Bonner Cassiusstiftes Einfluss in Much nehmen, ebenso wie die Berger, die seit 1138 Schutzvögte der Benediktinerabtei Siegburg waren. Johann Wilhelm I., Herzog von Berg, soll es denn auch gewesen sein, der die Burg Overbach im 16. Jahrhundert zerstörte. Dieses sowie der Wiederaufbau der Burg durch Johann von Kaldenbach (aus Engelskirchen) auf den Grundfesten im Jahr 1612 lassen sich allerdings baugeschichtlich nicht belegen.

VON DER WEHRHAFTEN BURG ZUM LANDWIRTSCHAFTLICHEN BETRIEB

Würde man nun also im Innern der Burg in der Nähe der Eingangstür in H. G. Wells' Zeitmaschine sitzen, könnte man nicht nur die alten Ritter hier ein- und ausgehen sehen, sondern würde auch die baulichen Veränderungen des Burghauses hautnah miterleben. Ursprünglich hätte man sich allerdings nicht im heutigen Flur, sondern in einer weiten, das gesamte Erdgeschoss einnehmenden Halle mit einer Deckenhöhe von 4,30 Metern befunden. Gemäß den baugeschichtlichen Untersuchungen war die Decke, vermutlich wegen ihrer Spannweite von 11,60 Metern, abgestützt, erst später wurde sie durch eingezogene Wände stabilisiert.

Frieren würde man indes nicht auf der Reise durch die Jahrhunderte, denn dem Eingang direkt gegenüber befand sich ein mächtiger Kamin, der die gesamte Halle beheizte. Licht fiel durch die noch heute erhaltenen Fenster hinein – wie früher üblich, waren an den Fensteröffnungen auch Sitznischen angebracht. Ob in der Halle denn nun die Ritter tafelten, kann man nicht wissen, aber ein bisschen Fantasie reicht für diese Vorstellung.

In das Obergeschoss, das vermutlich durch eine Wand von Nord nach Süd in zwei Räume geteilt war, gelangt man heute wie gestern über eine spindelförmig nach oben führende Treppe links neben der Eingangstür. Ein großer Kamin – er befindet sich noch heute an seinem Platz – beheizte den kleineren der beiden oberen Räume, während der größere Raum von der Abwärme des Hauptkaminschlotes im Erdgeschoss profitierte. Ein ebenfalls im Obergeschoss gelegener Abort weist darauf hin, dass dieser Bereich den Rittern von einst zu Wohnzwecken diente. Die etwa 3,15 Meter hohe Obergeschossdecke ging zusammen mit dem gesamten Dachwerk bei den späteren Umbauten verloren.

Das Ausmaß der rechteckigen, aus Bruchsteinen erbauten Burg (14,10 Meter mal zehn Meter bei einer durchschnittlichen Mauerstärke zwischen 0,96 und 1,70 Meter), entspricht den im 14. Jahrhundert im Rheinland üblichen festen Häusern mit Wehr- und Wohnfunktion. Diese Turmburgen wandelten sich im Laufe der Zeit zu wohnlicheren Burghäusern. Der heutige Aufbau der Burg Overbach entstammt im Wesentlichen der nachweislich umfangreichsten Umbaumaßnahme von 1685. Zu dieser Zeit war sie schon nicht mehr in Ritterhand. Johann Friedrich von Omphal war der letzte adelige Besitzer des Rittergutes, zu dem, neben der Burg, auch Stallungen und Ländereien gehörten. Die verschuldete Familie hatte den Besitz etwa zwei Jahre vor dem Umbau der Burg an den Kölner Dr. Sybertz verkauft. Der wiederum übertrug sein Eigentumsrecht an Johann Adolf Sauer, den Schultheißen von Much. Danach wurden zusätzliche Wände und Decken eingezogen und auch das Dachwerk erneuert. Eine Decke im Erdgeschoss in einer Höhe von 2,60 Metern erbrachte ein etwa 1,40 Meter hohes Zwischengeschoss, dessen Nutzung unklar bleibt, während die beiden östlichen Räume eine Deckenhöhe von 2,10 Metern erhielten und zu Wohnzwecken genutzt wurden. Darüber gab und gibt es noch heute ein zweites Obergeschoss und zwei Dachgeschosse. Die wurden zum Teil noch bis 1984 als Wohnraum vom letzten landwirtschaftlichen Pächter der Burg, Wilhelm Willmund, genutzt.

DAS BURGLEBEN IM 20. JAHRHUNDERT

Fragt man die Familie Willmund heute nach ihrem Leben in der Burg, weicht die romantische Verklärung vom Wohnen im historischen Gemäuer realistischeren Betrachtungsweisen. Denn einfach war das Leben hier nicht, hatte man doch mit allerlei Unannehmlichkeiten zu kämpfen. So hatten die Räume, deren Zahl sich inzwischen auf neun erhöht hatte, noch keine Heizung, als Karl Lüdenbach, der Schwiegervater von Wilhelm Willmund, die Burg mit vier Morgen Land vom damaligen Besitzer, dem Grafen von Nesselrode, im Jahr 1910 pachtete. Der Graf hatte die Burg Ende des 19. Jahrhunderts von einem Bankhaus erworben. Karl Lüdenbach betrieb hier neben der Landwirtschaft eine erfolgreiche Stutenzucht.

Erst in den 1930er Jahren wurde ein Badezimmer eingebaut, das Wasser musste vom Kuhstall aus hinaufgepumpt werden und das funktionierte nicht immer so einwandfrei. Bevor in den 1960er Jahren eine Heizung installiert wurde, gab es nur im Erdgeschoss Herdöfen, während das Dach nicht immer ganz dicht war und es ab und an schon mal hereinregnete. Im Untergeschoss der Burg, von dem gemunkelt wird, dass es von hier aus einen – trotz intensiver Recherchen nie entdeckten – Geheimgang zur Fatima-Kapelle geben soll, wurden die Lebensmittel gekühlt. Im Krieg wurde der Gewölbekeller von den Mucher Bürgern auch als Schutzbunker genutzt.

Alte Bilder zeugen noch heute vom damaligen Aussehen des landwirtschaftlichen Gutes, das Wilhelm Willmund nach seiner Hochzeit mit Maria Lüdenbach im Jahr 1947 weiterführte und in dem auch seine beiden Kinder aufwuchsen. In dem rechten lang gestreckten Gebäude des quadratischen Burghofes, wo nun Restaurant und Sanitärräume des heutigen Eigentümers (seit 1984), des Golfclubs Burg Overbach e.V., untergebracht

sind, befanden sich der Kuhstall und der Heuboden. Wenn dieser leer war, wurde er wegen seiner Deckenhöhe von den Jungen des Dorfes zu Kopfballturnieren genutzt, wie sich Karl Josef Willmund, der Sohn von Wilhelm Willmund, heute noch gerne erinnert.

Davor befand sich der Misthaufen und am Kopfende des Hofes lag der Stutenstall mit einem alten Backes im Untergeschoss. Dieser wurde zuletzt in den 1940er Jahren kurzzeitig durch einen örtlichen Bäcker genutzt, als dessen Backstube einem Brand zum Opfer gefallen war – und hier soll sich zu früheren Zeiten auch einmal eine Brauerei befunden haben. Links vom Burghof, wo heute ein Golf-Shop auf Kundschaft wartet, befanden sich der Hengst- und später ein Schweinestall. Darüber wohnte das Gesinde.

DER GOLFCLUB UND DIE FLEDERMÄUSE

Im Burghaus selbst befinden sich heute die Büros und Besprechungsräume des Golfclubs, der bemüht ist, zumindest die unteren beiden Etagen des Gemäuers zu erhalten. Im Jahr 1994 wurde die baufällige alte Spindeltreppe in dem Teil, der ins erste Obergeschoss führt, ersetzt. Durch Auflagen der Denkmalbehörde mussten ihr Aufbau und ihre Stufen originalgetreu und damit sehr schmal sein, so dass der Golfclub oben nur die zwei damit erreichbaren Räume nutzt. Höher gelegene Räume über eine derartige Treppe zu erschließen, erscheint unwirtschaftlich. Das kleine Zwischengeschoss, das zweite Obergeschoss und die Dachgeschosse sind heute so eben noch über die baufällige alte Treppe erreichbar. Die einsturzgefährdeten Decken werden notdürftig durch Holzkonstruktionen gestützt, ebenso der letzte Teil der Treppe, die während des Erdbebens Anfang der 1990er Jahre einen schweren Schaden erlitten hat. Hier oben jedoch, wo nur Fledermäuse ihr Zuhause haben, möchte man verweilen. Denn hier spürt man ihn noch, den Hauch der alten Ritterzeit, in die man mangels einer Zeitmaschine leider nur in Gedanken reisen kann.

BURGEN – HISTORIE IM BRÖLTAL

VON
HANS-PETER HOHN

DIE ADELSSITZE IM BRÖLTAL

Im Bergischen Land und damit auch im „Bergischen“ Teil des Rhein-Sieg-Kreises gibt es inmitten herrlicher Natur und reizvoller Landschaft eine stattliche Anzahl historischer Burgen und Schlösser, mystischer Ruinen und stolzer Burghäuser bzw. Herrenhäuser. Sie künden von der Vergangenheit und sind Zeugnisse der unterschiedlichen historischen Epochen des Bergischen Landes, das nicht – wie vielfach angenommen – nach der „bergigen“ Landschaft, sondern nach den Grafen von Berg benannt ist. Einige der Burgen und Schlösser sind zu besichtigen oder haben sich der Gastlichkeit verschrieben oder öffnen sogar für Veranstaltungen wie Konzerte und Theater ihre Tore. Andere werden ausschließlich privat genutzt und sind für die Allgemeinheit nicht zugänglich.

Auch im Bröltal auf dem Gebiet der Gemeinde Ruppichteroth ist Burgengeschichte erfahrbar. Die Mehrzahl der Burganlagen aus historischen Zeiten lässt sich hier allerdings nur noch anhand von Geschichtsbüchern rekonstruieren, da sie heute – mit Ausnahme von Burg Herrnstein

und der Burgruine Herrenbröl – nicht mehr vorhanden sind. So sind folgende ehemalige Adelssitze im Raum Ruppichteroth, Schönenberg und Winterscheid nicht mehr existent:

- Saurenbach bzw. Junkersaurenbach,
- Scheid,
- Rotscheroth,
- Wingenbach und
- Bettringen.

Diese so genannten „freien Güter" werden im Jahre 1644 im *Rent- und Lagerbuch des Amtes Blankenberg*, in dem die Rechte und Einkünfte des Herzogs von Berg im Amt Blankenberg niedergelegt waren, jeweils als „adlich Sitz" bezeichnet. Es kann davon ausgegangen werden, dass sie etwa zwischen dem 14./15. Jahrhundert und dem 18./19. Jahrhundert als solche existierten und durch Kauf oder Erbschaft zu „Adelssitzen" und „freien Gütern" wurden; sie blieben es in der Regel, solange die Adelsfamilien dort wohnten. Für die „freien Güter" der Adligen galt die Besonderheit, dass sie von der Zahlung von Grundsteuern für den Landbesitz „frei" waren. Dies wurde damit begründet, dass der Adlige dem Landesherrn bereits unmittelbar als Ritter oder hoher Verwaltungsbeamter oder Soldat diente und außerdem bestimmte Dienste zu leisten hatte (zum Beispiel Pferdedienste und Haferabgaben).

Als Wohnsitz diente stets ein festes Burghaus oder Herrenhaus aus Stein, im Gegensatz zu den einfachen Bauernhäusern aus Lehm und Holz. Die Burghäuser bzw. Herrenhäuser waren meist sehr schlichte, quaderförmige Bruchsteinbauten, vergleichbar der heute noch vorhandenen Burg Overbach in Much.

Nur bedeutende Adelsfamilien konnten sich Schlösser oder größere Burganlagen als Adelssitze leisten wie die Burg Herrnstein oder die Burg Herrenbröl, die heute noch ganz bzw. teilweise vorhanden und damit noch erlebbar sind. Adelssitze wurden vor 1800 häufig auch dadurch kenntlich gemacht, dass dem eigentlichen Namen das Wort „Herren“ oder das Wort „Junker“ vorangestellt wurde, insbesondere wenn es noch weitere Orte mit dem gleichen Namen gab. So hieß „Herrnstein“ ehemals „Stein“ und „Herrenbröl“ ehemals „Bröl“; „Junkersaurenbach“ wurde vermutlich zur besseren Unterscheidung von „Saurenbach“ so benannt.

Grundmauern der Burganlage Herrenbröl

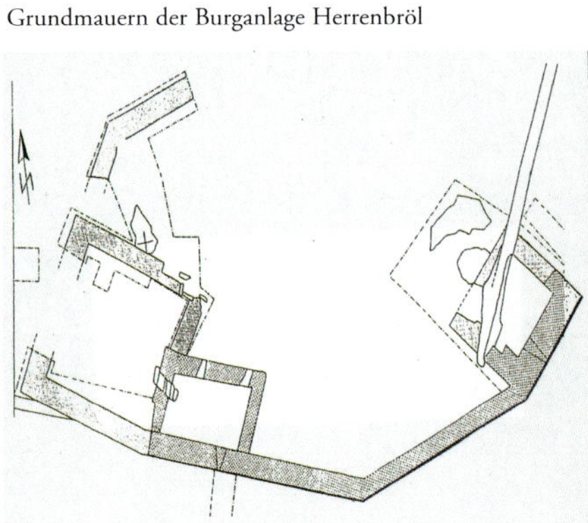

DIE BURG HERRNSTEIN

Inmitten der Auenwälder des malerischen und teilweise wildromantischen Bröltals thront – zwischen Bröleck und Ingersau gelegen – die Burg Herrnstein. Die imposante Burganlage liegt auf einem in das Bröltal hinein auslaufenden steilen Felssporn, der seinerseits Teil eines durch die Bröl geschaffenen Umlaufberges ist. Auf Grund ihrer Lage kann sie als eine typische Höhenburg bezeichnet werden. Für die Allgemeinheit ist sie heutzutage nicht zugänglich.

Dominiert wird die eigentliche Burganlage, die Hochburg, durch das große, mehrgeschossige – teilweise in Fachwerk ausgeführte und schiefergedeckte – Herrenhaus an der Nordseite der Anlage. Es ähnelt sowohl einem Palas landesherrschaftlicher Burgen als auch den damals üblichen Bergischen Burghäusern. Die Außenmauer wird heute noch von einer im unteren Teil annähernd drei Meter starken Schildmauer aus der Entstehungszeit gebildet, die später mit Fenstern versehen worden ist. Auf ihrer Mauerkrone gab es ursprünglich einen Wehrgang. Südlich vom Herrenhaus – zur Bröl hin – befindet sich ein weiteres Wohngebäude, und es beherrscht damals wie heute eine mächtige – ehemals mit Schießscharten versehene – Torburg mit zwei schmalen, aber hohen und runden Ecktürmen und einem Schwungtor mit integrierter Pforte das Erscheinungsbild. Davor muss sich früher entweder eine Zugbrücke oder eine abzuwerfende Holzbrücke befunden haben, mit deren Hilfe der ursprünglich vorhandene Halsgraben zu überqueren war. Insgesamt macht die Burganlage, deren Ost- und Westseite durch steile Hänge geschützt werden, einen sehr wehrhaften Eindruck. Dieser verstärkt sich noch, wenn man die ehemaligen Halsgräben im Süden und Norden der Hochburg berücksichtigt und

auch die nahezu rund um die Burganlage verlaufenden Teichanlagen betrachtet, die heutzutage ein Naturparadies darstellen.

Burg Herrnstein wurde wahrscheinlich kurz nach 1300 als Stammsitz des Rittergeschlechtes der Edelherren von Stein („vam Steyne") gegründet und wird im Jahre 1370 erstmals urkundlich erwähnt als *huys zome Steyne*. Aus einem Vertrag vom 15. November 1370 geht hervor, dass Johann von Stein („vam Steyne") u. a. die Burg Herrnstein von dem Herzog Wilhelm von Jülich-Berg als Lehen empfing. Seit dem Jahre 1436 befindet sich Burg Herrnstein nachweislich im Besitz der Freiherren bzw. Grafen von Nesselrode. Die Burgherren tragen seit dem 4. Oktober 1826 nach einer königlich-preußisch genehmigten Namens- und Wappenvereinigung den Namen Graf Droste zu Vischering von Nesselrode-Reichenstein.

Die Burg Herrnstein wurde seit ihrer Errichtung kurz nach 1300 im Laufe ihres Bestehens immer wieder aus- und umgebaut und insbesondere den sich verändernden Waffentechniken angepasst. Wesentliche Teile der Burganlage sind um das Jahr 1800 bis auf die Grundmauern abgetragen und neu aufgebaut worden. 1917 und 1953 wurden der Ostflügel bzw. der Westflügel des Herrenhauses neu errichtet.

Die älteste bekannte Ansicht von Burg Herrnstein stammt aus dem Jahre 1559. Dabei handelt es sich um eine handgemalte farbige Prozesskarte eines unbekannten Malers, die im Original auf einer Länge von 3 1/2 Metern die wichtigsten Gebäude an der Bröl zwischen Bröleck und der Mündung der Bröl in die Sieg bei Allner darstellt (*Farbige Handzeichnung des Wassers Broell mit anliegenden Höfen und Haus zum Stein, 1559*). Die Prozesskarte wurde anlässlich eines in den Jahren 1559 bis 1574 geführten Rechtsstreites angefertigt, bei dem es um den Anspruch auf ungehinderten und alleinigen Besitz der Wasser- und Fischereirechte an dem vorgenannten Abschnitt der Bröl ging. Der Prozesskartenausschnitt zeigt die eigentliche Burganlage, die Hochburg, ferner die seinerzeit noch durch einen Mühlengraben von der Hochburg getrennte und aus dem 15. oder 16. Jahrhundert stammende Vorburg mit Stufengiebeln und Außenmauern, außerdem eine aus Stein errichtete Getreidemühle mit zwei Wasserrädern und zwei kleinen Wachttürmchen sowie eine Ölmühle unmittelbar am Mühlengraben und eine Walkmühle mit Wasserrad direkt am Brölbach.

Schloss Herrnstein.
Rud. Stolle, Bad Harzburg (Villa Ilse).

DIE BURG HERRENBRÖL

Die nur noch als Burgruine vorhandene ehemalige Burg Herrenbröl ist unmittelbar an der Bröltalstraße zwischen Ruppichteroth und Schönenberg in der heutigen Ortschaft Herrenbröl gelegen. Von der ehemaligen Burganlage erhalten sind heute noch im westlichen Bereich eine ca. 7 Meter hohe Außenmauer eines rechteckigen (ehemals dreigeschossigen) Burgturmes, ein einfacher Bruchsteinbau mit kleinen Scharten, daran südlich anschließend eine ca. 23 Meter lange Umfassungsmauer und an deren Ende die Reste eines in Bruchstein gemauerten, noch begehbaren Gewölbekellers (über dem das Herrenhaus lag) sowie daran östlich anschließend die Fundamente eines weiteren (ca. 8 x 8 Meter großen) Gebäudes mit mächtigem Mauerwerk, wahrscheinlich die Reste eines zweiten Burgturmes. Nur wenige Meter von der nördlichen Ecke dieses Burgturmes entfernt befindet sich auf einer Länge von ca. 8 Metern ein weiteres in nordwestlicher Richtung verlaufendes Fundament: die nördliche Umfassungsmauer.

Die südlich der Burganlage unmittelbar vorbeifließende Bröl, der nördlich davon verlaufende (noch erkennbare) Mühlengraben, der vom Brölbach gespeist wurde und jahrhundertelang die dort ebenfalls vorhandene *Mühle in der Herrenbröl* antrieb sowie die einst sumpfige Talaue lassen die Anlage durchaus als eine typische Wasserburg erscheinen.

Wenn auch das genaue Alter und die tatsächliche Größe der Burganlage historisch nicht exakt nachgewiesen werden können, so geben die vorhandenen Dokumente doch einen guten Eindruck von ihrem ursprünglichen Aussehen und über ihre Historie.

Die ehemaligen Kalköfen in Herrenbröl

So ist in einer dem *Rent- und Lagerbuch des Amtes Blankenberg* aus dem Jahre 1644 beigefügten Karte des Kirchspiels Ruppichteroth auch die Burg Herrenbröl (*Daß hauß broill*) eingezeichnet. In dieser Karte sind die beiden unterschiedlich großen Burgtürme erkennbar. Auf dem größeren Burgturm befindet sich außerdem ein Kirchtumshahn; dies weist sehr deutlich auf das Vorhandensein einer Burgkapelle hin. Aus dem Jahre 1703 ist bekannt, dass sich „auff dem Haus Broell" auch eine Hauskapelle befand, in der mit der Erlaubnis des Generalvikars „vor den Herren und

seine Leuth" die Heilige Messe gelesen werden durfte. Die älteste urkundliche Erwähnung der Burg Herrenbröl („zu der Broell") datiert aus dem Jahre 1417 und belegt die Annahme, dass ihre Entstehungsgeschichte eng mit dem Bergischen Adelsgeschlecht „von Scheid genannt Weschpfennig" verknüpft ist, zumal dessen Wurzeln in der nahe Herrenbröl gelegenen Ortschaft Scheid, dem ehemaligen Adelssitz Scheid, anzunehmen sind. In einer Urkunde vom 8. Oktober 1417 über Güter und Rechte im Kirchspiel Eitorf wird u. a. ein „Weschpfenigh zu der Broell" als Nachbar und Inhaber von Jagdrechten „hinter der Straßen" (= Nutscheid-Straße) erwähnt. Aus den vorliegenden historischen Quellen ist bekannt, dass die Familie „von Scheid genannt Weschpfennig" im 15. bis 17. Jahrhundert wahrscheinlich die bedeutendste im Kirchspiel Ruppichteroth war und über eine Vielzahl von Rechten, Besitztümern und Amtsfunktionen verfügte. So wurde dem Engelbrecht von Scheid genannt Weschpfennig (1419-1468) am 21. Dezember 1442 von seinem Landesherrn, dem Herzog Gerhard von Jülich-Berg, das nutzbare Recht des so genannten Mühlenbanns an der Mühle in der Herrenbröl übertragen. Dieses Recht bedeutete, dass Engelbrecht und seine Nachfolger die Mühle betriebsfähig zu halten hatten und alle Untertanen im Kirchspiel Ruppichteroth ihr Getreide und ihre Ölfrüchte in dieser Mühle gegen eine entsprechende Abgabe mahlen lassen mussten. Ferner verfügte die Familie im Kirchspiel Ruppichteroth über die Rechte der niederen Jagd und der *Akzise* (= Recht zur Erhebung von Verbrauchssteuern), über das Fischereirecht im Brölbach und in den anderen Bächen, über das Recht, einen Eisenhammer zu bauen und zu betreiben sowie über das Recht, auf ihren Gütern Kalköfen zu errichten und Kalk zu brennen.

Die Herren von Scheid genannt Weschpfennig haben ganz offensichtlich auch am Hof der Grafen von Berg in hohem Ansehen gestanden, denn seit der zweiten Hälfte des 15. Jahrhunderts findet man sie über viele Jahrzehnte in bedeutenden Stellungen und Ämtern am Hof zu Düsseldorf sowie als Amtsträger im Herzogtum Berg – u. a. als Amtmänner (oberste Verwaltungsbeamte), Landdinger (Richter), Rentmeister und Schöffen des Amtes Blankenberg. Ab 1507 gehörten sie zur Ritterschaft des Amtes Blankenberg. Als einer der herausragendsten Persönlichkeiten seiner Familie und Besitzer der Burg Herrenbröl darf Engelbert von Scheid genannt Weschpfennig (ca. 1460-1523) bezeichnet werden, der Amtmann von Blankenberg und um 1511 herzoglicher Vogt von Siegburg war. Er machte sich auch sehr verdient um seine Heimat, indem er am 15. August 1515 (Mariä Himmelfahrt) durch eine großzügige Schenkung die Sankt-Maria-Magdalena-Kapelle zu Schönenberg, die völlig verfallen war, wieder aufbauen ließ und mit der Schenkung auch den Lebensunterhalt der dort eingesetzten Geistlichen – über Jahrhunderte hinweg bis zum Untergang des Adelssitzes Herrenbröl – gewährleistete. Sein Andenken ist bis in die heutige Zeit hinein in den historischen Chorfenstern (wahrscheinlich gemeinsam gestiftet von ihm selbst und von Bertram von Nesselrode, dem damaligen Besitzer der Burg Herrnstein) bewahrt. Die Fenster zieren heute die Rückwand des Altarraumes der katholischen Pfarrkirche Sankt Severin in Ruppichteroth und zeigen u. a. die Bildnisse der beiden Stifter. Bei den Chorfenstern handelt es sich um wertvolle Glasmalereien aus der Spätgotik, die wahrscheinlich um das Jahr 1500 in einer Kölner Werkstatt entstanden sind.

Die letzte Besitzerin der Burg Herrenbröl, die den Namen von Scheid genannt Weschpfennig getragen hat, war Johanna Margaretha Reichsfreiin von Scheid genannt Weschpfennig (ca. 1610-1670). Durch ihre Heirat mit Heinrich Freiherr von

Scharrenberg zu Hupertingen am 19. Mai 1642 ging die Burg an die gemeinsamen Söhne. Im Jahre 1722 wird der jüngste Sohn Engelbert Christoph von Scharrenberg als „Herr zu Weschpfennigsbroel (= Herrenbröl), Saurenbach und Scheid" genannt. Nach dessen Tod im Jahre 1724 gelangte Burg Herrenbröl in den Besitz seines Neffen Max Anton Wilhelm Freiherr von Neukirchen genannt von Nievenheim (1686-1741) und damit an die Freiherren von Neukirchen genannt von Nievenheim. Durch Heirat der (Mit-)Erbin von Herrenbröl Maria Carolina Franziska Reichsfreiin von Neukirchen genannt von Nievenheim am 21. Januar 1770 mit Carl Georg Freiherr von Martial übernahmen die Freiherren von Martial und damit die letzten adligen Besitzer die Regentschaft über Burg Herrenbröl. Unter ihrer Herrschaft verfiel die Burganlage allerdings in den folgenden Jahrzehnten völlig. Zum Verfall beigetragen hat möglicherweise auch die Zerstörung der Burg in der so genannten Franzosenzeit; dies kann als tatsächliches historisches Ereignis jedoch nicht eindeutig belegt werden.

Es deutet allerdings einiges darauf hin, dass die Burganlage in den Wirren infolge der Französischen Revolution (1789-1795) zerstört worden sein könnte. Als wahrscheinlichster Zeitpunkt der Zerstörung lässt sich der Herbst des Jahres 1795 annehmen, da zu dieser Zeit des Koalitionskrieges der Bündnispartner Preußen und Österreich gegen Frankreich (1792-1797) französische Revolutionsheere nachweislich mehrfach plündernd, raubend und zerstörend auch in das Kirchspiel Ruppichteroth einfielen und vor allem die Adligen und Geistlichen verfolgten, aber auch unter der einfachen Bevölkerung Angst und Schrecken verbreiteten.

Ende des 19. Jahrhunderts gelangte das Haus Herrenbröl nach und nach in bürgerliche Hände; ab 1893 war es Eigentum der Familien Ottersbach und Kraus, zuletzt von Frau Elisabeth Kraus. Seit dem Jahre 1994 sind die Burgruine und das gesamte Burgareal Eigentum der Gemeinde Ruppichteroth.

DAS WAPPEN DER GEMEINDE RUPPICHTEROTH

Das aktuelle Wappen der Gemeinde Ruppichteroth, das einem seit dem Jahre 1947 erstmalig verwendeten Amtswappen gleicht, wird in der Genehmigungsurkunde des Regierungspräsidenten in Köln vom 2. November 1970 mit folgendem Wortlaut beschrieben:

Im Schildhaupt, das durch eine wellenförmige Teilungslinie abgesetzt ist, in Rot mit silbernen (weißen) Buchstaben die Worte „mons praeclare", darunter in Silber (Weiß) ein linksgewendeter roter Halbmond, zwischen dem ein rotes Johanniterkreuz so steht, dass der rechte und die senkrechten Kreuzarme die Mondsichel berühren, und unter dem die beiden Hälften einer auseinander gerissenen schwarzen Kette liegen.

Der historische Hintergrund und die optische Gestaltung des Gemeindewappens beruhen auf einer Ruppichterother Heimatsage, in der u. a. der oben dargestellte Adelssitz Burg Herrenbröl und die oben erwähnte Sankt-Maria-Magdalena-Kapelle zu Schönenberg eine wesentliche Rolle spielen. In dem Buch *Miszellaneen über Ruppichteroth* von Pfarrer Johann Peter Reidt aus dem Jahre 1895 ist diese Sage zusammengefasst.

Betrachtet man den Inhalt der über die Jahrhunderte hinweg tradierten Sage, so bleiben als Kern mehrere historisch belegbare Tatsachen bestehen: Die Existenz einer Burg in Herrenbröl, der reale Hintergrund des Namens Auel, die Datierung der ersten Kapelle zu Schönenberg in die Zeit der Kreuzzüge sowie das Patronat der Heiligen Maria Magdalena, was der heutigen Pfarrkirche Sankt Maria Magdalena in Schönenberg entspricht. Das Wappen der Gemeinde Ruppichteroth fordert dazu auf, über den Sinn der Sage nachzudenken und darüber, was darin Dichtung und was Wahrheit ist.

Der Literaturnachweis zu diesem Artikel befindet sich auf Seite 237.

Der Ritter Dietrich von Bruell (= Herrenbröl) *nimmt zusammen mit seinem Freund, dem Ritter Dietrich von Auel* (= ehemaliger Auelgau)*, am Kreuzzug von Kaiser Friedrich I. Barbarossa nach Jerusalem (1189 – 1192) zur Befreiung des Heiligen Grabes teil. Dietrich von Bruell wird im Kampfe schwer verwundet und für tot gehalten; er erholt sich jedoch, wird aber gefangen genommen und muß jahrelang in Ketten liegend als Gefangener hinter Kerkermauern verbringen. Sein Freund Dietrich von Auel, der ihn auch für tot hält, hat hingegen nach vielen Heldentaten und nach langer Irrfahrt das Glück, wieder in die Heimat zurückzugelangen. Hier überbringt er der auf die Rückkehr ihres Gemahls wartenden Burgfrau die traurige Nachricht vom Tode seines Kampfgefährten.*

Nach sieben Jahren der Gefangenschaft eröffnen seine Peiniger Dietrich von Bruell schließlich, daß er am nächsten Morgen gehängt werden soll. In seiner Verzweiflung fällt der Ritter vor der Nachtruhe auf seine Knie, empfiehlt sich ganz der Heiligen Jungfrau Maria und streckt sich dann vertrauensvoll zum Schlafe hin. In der Nacht träumt er, daß die Gottesmutter zu ihm gekommen sei, die Ketten, mit denen er an der Wand angekettet war, gelöst habe und ihn weit über das Meer sowie über Berg und Tal getragen habe. Vom Traum noch ganz umfangen, öffnet er seine Augen, die Ketten fallen von ihm ab, und er findet sich statt in der düsteren Kerkerzelle am Fuße eines Berges wieder. Von der Schönheit der Landschaft angetan, ruft er aus: „Oh, du schöner Berg" (= mons praeclare)*. Von einem Schafhirten erfährt der Ritter, daß er sich zu seinem Erstaunen nicht weit entfernt von seiner Heimatburg Bruell befindet. In seinem zerlumpten Gewande gelangt Dietrich von Bruell schließlich unerkannt bis an die Pforte seiner Burg und sieht, daß dort ein frohes Treiben im Gange ist. Er erfährt, daß die Burgfrau, seine Gemahlin, just an diesem Tage Dietrich von Auel ehelichen will, nachdem sie sieben Jahre lang vergebens auf seine Rückkehr gewartet hat. Die Burgfrau läßt ihm als einem vermeintlich weitgereisten Pilger einen Becher mit Wein reichen, in den er dann seinen Ehering fallen läßt. Die Burgfrau erkennt voll Freude den Ring als den ihres totgeglaubten Gemahls. Sodann wird statt der Hochzeit ein frohes Wiedersehen gefeiert.*

Zum Dank für seine Rettung läßt Dietrich von Bruell auf dem „schönen Berg" (= angeblicher Namensursprung des Ortes Schönenberg)*, an dessen Fuße er sich auf so wundersame Weise nach seiner langen Kerkerzeit wiedergefunden hatte, eine Kapelle zu Ehren der Heiligen Maria Magdalena errichten und die auseinander gerissenen Ketten aus der Zeit seiner Gefangenschaft darin aufhängen.*

Erdgas
Strom
Wasser
*6 Cent pro Gespräch
Leben.
rhenag
Energie und mehr
rhenag, Bachstraße 3, 53721 Siegburg
Infoline 0 18 02 / 23 23 12*, www.rhenag.de
erdgas

WINDECK

DIE BURG, DAS SCHLOSS UND DAS GOLDENE SPINNRAD

VON KATJA ESCHMANN

Die verbliebene Ruine der Burg Windeck lässt erahnen, dass hier einmal ein imposantes Bauwerk gestanden haben muss – sie lässt den Besucher noch die Anwesenheit der Ritter spüren, die hier einst hausten, ihre Schlachtpläne schmiedeten und gleichzeitig höfischem Minnegesang lauschten. Und wenn der Wind durch das alte Gemäuer pfeift und dichter Nebel die Ruine umhüllt, soll man dort oben, hoch über dem Siegtal, manchmal sogar noch den alten Burggeist antreffen können.

Vieles hat sich auf Burg Windeck ereignet. Wenn das alte Gemäuer sprechen könnte, würde es sicherlich von den zahlreichen Bewohnern berichten, die auf Burg Windeck lebten – von ihren Freunden und natürlich von ihren Feinden. Es würde uns vom Horn des Turmwächters erzählen, dessen Klang weit ins Siegtal hinein erscholl und von der Zugbrücke, die die Besucher von Burg Windeck überwinden mussten. Und es würde uns auch verraten, dass es hier auch ein Schloss Windeck gab. Denn während die Burgruine deutlich sichtbar gen Himmel ragt, hat Schloss Windeck auf dem Burgberg nur wenige wahrnehmbare Spuren hinterlassen.

Schloss Windeck wurde das um die Mitte des 19. Jahrhunderts auf dem Gelände errichtete Landhaus genannt, das Ende des zweiten Weltkrieges nach Artilleriebeschuss ausbrannte und dessen Reste inzwischen weitgehend abgeräumt sind. Harald Lwowski zeichnet die Geschichte des Hauses und seiner Eigentümerfamilie in seinem Beitrag nach.

Dennoch ist in Sagen und Erzählungen, die in einer Zeit spielen, als es nur die Burg Windeck gab, in romantischer Überhöhung (die auch den Adelsstand seiner Bewohner mit einschließt) häufig von einem Schloss die Rede – so auch in der bekannten Sage vom „Goldenen Spinnrad zu Schloss Windeck an der Sieg“ (u. a. Otto Schell, Das goldene Spinnrad zu Schloss Windeck, Bergische Sagen, 1897). Als Graf Heinrich von Windeck aus dem Kreuzzug ins heilige Land heimkehrte, soll er seiner Gemahlin ein wunderschönes Spinnrad aus „purem Golde“ mitgebracht haben. Die Herkunft des Spinnrades ist jedoch ungewiss – es soll entweder „von einem sarazenischen König in dessen Hofburg erbeutet“ oder aus der Kriegsbeute „von kunstgerechten Schmieden in Welschland“ angefertigt worden sein.

Da man darauf „leichter und feiner zu spinnen vermochte, als auf irgendeinem Rade, das von deutschen Meistern gemacht worden war“, muss die Gräfin von Windeck große Freude an diesem Spinnrad gehabt und es in Ehren gehalten haben. Nachdem sie viele Jahre drauf gesponnen hatte und längst Witwe war, soll sie ihrer Schwiegertochter das heute sagenumwobene Spinnrad mit der Bestimmung übergeben haben, es dürfe niemals von Windeck fortgebracht, sondern nur unter den Hausfrauen vererbt werden.

Nach der Überlieferung soll das goldene Spinnrad auf Windeck daraufhin mehrere Jahrhunderte in Gebrauch gewesen sein. Als das Schloss „von raubgierigen Feinden belagert" wurde und diese es so lange umschlossen, dass es wegen einer daraus resultierenden Hungersnot zur Übergabe kam, habe sich die damalige Hausfrau von Windeck an die Bestimmung erinnert, dass „das goldene Rad stets auf dem Schlosse bleiben solle".

Damit es nicht zur Beute der Schweden werde, soll sie es in den Schlossbrunnen geworfen haben.

Einer anderen Überlieferung nach war es allerdings Konrad und nicht Heinrich von Windeck, der, zurückgekehrt von einem siegreichen Kreuzzug, seiner geliebten Tochter Berta ein goldenes, mit kostbaren Steinen besetztes Spinnrad mitgebracht hatte. Weil Berta traurig darüber war, dass ihr Vater nicht in die Hochzeit mit ihrem heimlichen Verlobten Heinrich von Waldenfels einwilligen wollte, soll sie das goldene Spinnrad aus Kummer und Trotz heimlich im Schlossbrunnen versenkt haben. Der Sage nach erscheint sie jedes Jahr wenn die Novemberstürme toben vor den Fenstern der „Windecker Spinnerinnen" und ruft mit weinerlicher Stimme: „Wer steigt in den Brunnen und holt mir mein goldenes Spinnrad?" Nächtelang soll um diese Zeit auch ein unheimlicher Uhu im alten Gemäuer der Burgruine in die Nacht hinausschreien: „Uhuhu – Uhuhu – der Schlossbrunn ist zuuu."

Aber ist der Schlossbrunnen tatsächlich für immer zu? Und wo ist er überhaupt? Daniel Pruss, der seit Mitte der 1980er Jahre für die Konservierung und Sicherung der Burgruine Windeck verantwortlich zeichnet, geht dieser Frage in seinem Beitrag nach. Auch er hat das legendäre goldene Spinnrad nicht gefunden. In der Realität ist das Kleinod nie aufgetaucht, aber in der Sage ist es uns bis heute überliefert. Ist die Fantasie nicht auch hier der Wirklichkeit überlegen?

SCHLOSS WINDECK AN DER SIEG
(JOSEPH JOESTEN)

Schloß Windeck, du Sitz meiner Väter so traut,
Du Bild meiner Heimat, ich grüße Dich laut!
In blumigen Auen und frohem Gefild
Erfüllet die Seele mit Wehmut dein Bild.
Und könnte erzählen der steinerne Turm,
Was hier sich ereignet im Kampf und im Sturm
Er würde uns singen von Helden und Mut,
Von Lenz und von Liebe, von Tod und von Blut.

Ihr „ruhmreichen Berge" mit all eurer Pracht,
Ihr wurdet gewonnen in blutiger Schlacht,
Graf Adolph von Berg und sein tapfer Geschlecht
Führt' hier seine Klinge in manchem Gefecht.
Wohl zogen die Feinde nach blutigem Strauß,
Woher sie gekommen, auch öfter hinaus,
Hier fielen die Helden in mutigem Troß,
Als Hessen und Schweden erstürmten das Schloß.

Bevor noch die Feinde die Mauern gesprengt,
Da hatte die Gräfin von Windeck versenkt
Im Brunnen des Schlosses ein Spinnrad von Gold
Daß nimmer es spinne dem Feinde zu Sold.
Denn von Sarazenen im heiligen Land
Erbeutet' der Graf es mit eigener Hand,
Wie ward drauf gesponnen der Faden so leicht
Vom Hanf, der auf grünem Gelände gebleicht.

Die Trümmer verdecken den Brunnen und Schatz,
Er liegt nun begraben auf sicherem Platz,
Die Helden sie liegen in ewiger Ruh,
Die bergische Erde deckt liebend sie zu.
Den Burghof umwohnet der Friede und hell
Entströmet dem Berge der lauschige Quell,
Er murmelt von Pracht und singet von Streit,
Von Rittern und Knappen der früheren Zeit.

Am Burgthor empfängt mich, die Haare schneeweiß,
Der Amtmann und Richter, ein würdiger Greis:
„Du Letzter der Richter vom Windecker Land
Es kann mir wohl zeigen den Schatz deine Hand?"
„Wie einst sich vererbt von Geschlecht zu Geschlecht
Das köstliche Kleinod, von Golde so echt,
So lebe im Enkel der Vorfahren Wort,
Ihr Geist und ihr Streben auch heute noch fort!"

Den Schatz will ich wahren im Laufe der Zeit
Und denken der Väter in Freude und Leid,
Sie senkten in Herzens sicheren Schrein
Die Liebe zu Heimat und Elternhaus ein.
Die Mauern erzählen von einstiger Pracht,
Vom Fleiße der Väter und was sie vollbracht,
Durchs Leben mich führet die That und ihr Wort,
Die steh'n mir zur Seite als sicherer Hort!

BURGRUINE WINDECK

AUF DER SUCHE NACH DEM BRUNNEN

VON
DANIEL PRUSS

Die ausreichende Wasserversorgung war für die Bewohnbarkeit und vor allen Dingen für die Verteidigungskraft einer mittelalterlichen Burg oder Festung von zentraler Bedeutung.

Während in den Niederungsburgen die Wasserbeschaffung naturgemäß geringe Schwierigkeiten bereitete, mussten auf den Höhenburgen aufwändige Anlagen wie Brunnen [1] oder Zisternen [2] zu diesem Zweck gebaut werden.

Über fest eingerichtete Wasserversorgungsanlagen aus mittelalterlicher Zeit haben wir leider nur mangelhafte Kenntnis, da beim Zerfall einer Burg die in den Boden eingelassenen Brunnen zuerst unter den Schuttmassen verschwanden und bei länger bewohnten Wehrbauten die Wasserversorgungseinrichtungen wiederholt erneuert und verbessert wurden, so dass von den ursprünglichen Anlagen kaum mehr etwas erhalten geblieben ist.

Diesen Zustand können wir auf den Höhenburgen am Rhein und an der Sieg beobachten. Unbekannt ist, wie die ausreichende Wasserversorgung im Fall der dauerhaften Belagerung auf der Burg Drachenfels oder der Godesburg aussah, denn die „Eselswege“ [3] waren in dieser Zeit sicherlich gänzlich abgeschnitten. Auch auf der Burg Blankenberg ist bis heute keine Wasserversorgungsanlage bekannt. Auf der Löwenburg im Siebengebirge befindet sich im Hofbereich in der Nachbarschaft des Bergfrieds ein Bau, der im ebenerdigen Teil einen rechteckigen und im oberen einen runden Grundriss hat. Er endet mit vier abgerundeten Platten, die zusammen einen Kreisumfang von ca. zwei Meter Außendurchmesser und ca. einem Meter Innendurchmesser bilden. Dieser Bau sieht wie eine Brunneneinfassung aus, wobei die Öffnung zugeschüttet ist.

Leider erwies sich dieser Brunnen bei der Grabungskampagne im Jahre 1980 als Attrappe [4].

Ganz anders sieht die Befundsituation auf der Burgruine Windeck aus [5]. Schon seit Langem wird in der Literatur über die Burg über einen Rundschacht berichtet, der bis oben hin mit Schutt aufgefüllt ist. Dieser wurde von den Heimatforschern als Brunnen interpretiert, auf dessen Grund das goldene Spinnrad ruhen soll, von dem die zweifellos bekannteste Sage aus dieser Region erzählt [6].

Dieser Rundschacht (13) ist im Durchmesser ca. 1,80 Meter breit. Er befindet sich unmittelbar hinter der stärksten (2,5 bis 3,5 Meter), von außen bastionsartig abgerundeten, ca. 12 Meter hohen Mauer des Westbaues. An dieser Stelle ist die Mauer bis zum – nach heutigem Kenntnisstand – untersten Stockwerk ausgebrochen.

Dieses zweistöckige Gebäude, das einzige seiner Art im Komplex der Burgruine, hat noch zwei Gewölberäume, von denen einer ziemlich gut erhalten ist. Im zweiten nordwestlichen Raum ist ein Stichbogengewölbe nur noch teilweise vorhanden. Hier fehlen die Wände an der südwestlichen Seite. Eine konkave Rundung, die sich innen in der aufgehenden Westwand

Wohnturm mit Rundschacht (13) nach der Restaurierung

zeigt und vom untersten Stockwerk bis zum zweiten Obergeschoss 6,2 Meter hochzieht, bildet mit dem Rundschacht eine baustrukturelle Einheit.

Im Jahre 1987 wurde der besagte Rundschacht bei den Sicherungsarbeiten freigelegt und bis ca. 3 Meter abgetieft.

Die erste These, dass es sich hier nicht um einen Brunnen, sondern um einen Wendeltreppenraum handelt, beruhte auf einer Bestandsaufnahme der Kunstdenkmäler der Rheinprovinz aus dem Jahre 1900. In der kurzen bauhistorischen Beschreibung der Hauptburg wird an dieser Stelle auf „ ... die Ansätze einer in der Mauerstärke gelegenen Wendeltreppe ...“ [7] hingewiesen.

Diese Annahme wurde noch von einer anderen Entdeckung auf der Burgruine bestärkt, nämlich als im Zuge der Konservierungsarbeiten im Jahre 1989 in der Nordostecke des Burgplateaus ein gemauerter Rundschacht (10) zum Vorschein kam. Nur die äußeren Partien des mutmaßlichen Brunnens wurden flächenhaft abgedeckt, der im Durchschnitt etwa 1,60 Meter breite Schacht wurde seinerzeit nicht ausgehoben. Das Bauwerk besteht aus mittelgroßen und kleineren Bruchsteinen in unregelmäßigem Verband und ist mit der Umfassungsmauer M1 nicht verzahnt. Auf der Ostseite der aufgehenden Brunnenoberkante ist eine ca. 30 Zentimeter breite Aussparung erkennbar, die vermutlich für das Abstellen eines Schöpfeimers bestimmt war.

Da die Entfernung zwischen den beiden Schächten nur ca. 15 Meter in der Luftlinie beträgt, wurde in der anfänglichen Forschungsphase angenommen, dass es sich um sehr ähnliche, aber zu jeweils

BURG WINDECK
GRUNDRISS NACH DER FREILEGUNG

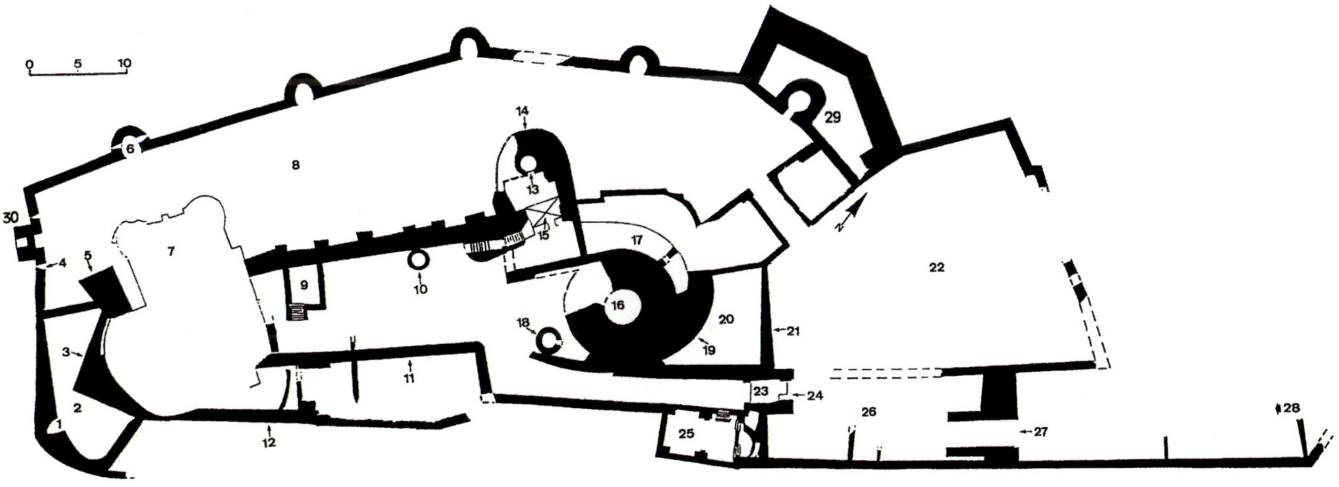

1 Schartennische
2 Zwinger
3 senkrecht gebrochene Schildmauer
4 Schlitzscharten
5 Strebepfeiler
6 Schalenturm mit Schlitzscharten
7 Villa aus dem 19/20. Jh.
8 Westzwinger
9 Vorratsraum
10 Brunnen ?
11 Palaswand mit Fensteröffnungen
12 Bering
13 Brunnen
14 Wohnturm
15 Gewölberaum
16 Bergfried
17 Wehrgang
18 Treppenturm
19 Turmfuß
20 Wehrplatte
21 Mantelmauer
22 Vorburg
23 Steinpflaster
24 2. Torturm
25 Burgkapelle und Amtsstube
26 Zwinger
27 1. Torturm
28 Haupteingang
29 Bastion
30 Halbturm mit Nische (für eine Schwippbrücke ?)

anderem Zweck errichtete Bauwerke handeln müsse: um einen Brunnen auf dem ehemaligen Burghof und einem Wendeltreppenraum im stark befestigten Wohnturm.

Die genauere Untersuchung im Bereich der wehrhaften Rundung (14) mit Rundschacht (13) erfolgte 1994 im Rahmen der Konservierungsmaßnahmen. Dabei wurden die baulichen Zusammenhänge mit dem Rundschacht und seinen Relikten im oberirdisch massiven Baukörper berücksichtigt. Eine steinerne Verkleidung des Rundschachtes wurde ergänzt und um ca. einen Meter erhöht. An der Gewölberaumseite des Schachtes wurde ein Durchgang belassen, so dass der Schacht von dort aus für Besucher weiter zugänglich ist. Darüber hinaus wurde hier ein Rekonstruktionsversuch angestrebt, um zu vermitteln, dass der Schacht ursprünglich nur vom gewölbten Raum aus erreichbar war.

Erst in den Wintermonaten der Jahre 2000, 2001 und 2003 wurden Sicherungsarbeiten am Rundschacht im Inneren des Wohnturms wieder aufgenommen. Dank ausreichender Belüftung des Arbeitsbereiches bei niedrigen Außentemperaturen konnte der Rundschacht bis zu einer Tiefe von ca. 8,30 Metern von der Bodenkante im Zugangsbereich und ca. 5,20 Metern vom rezenten Laufhorizont freigelegt werden.

Die untersuchte Ummauerung des Schachtes zeigte einen sehr guten Erhaltungszustand der Außenfläche des verwendeten Steinmaterials, lediglich sehr schmale Fugen waren zum Teil verwittert.

Ein Blick in den Schacht zeigt, dass die Einfassung aus sehr sorgfältig ausgesuchten, hammerrecht bearbeiteten Bruchsteinen aufgesetzt war, die in Schichten angeordnet waren. In der Ummauerung konnten keine Aussparungen und Vertiefungen (außer zwei Gerüstlöchern) und auch keine Ansätze für eine Treppenkonstruktion festgestellt werden. Eine Fundamentsohle, die auf einen geschlossenen Raum hinweisen würde, wurde in dieser Tiefe nicht angetroffen.

Die Einfüllung des Schachtes muss sich über sehr kurze Zeit erstreckt haben. Sie bestand aus Mörtelschutt, sandigem Kies, großen und kleinen Grauwackesteinbrocken. Kleinfunde und profilierte Bauteile von eindeutig datierendem Wert fehlten. Es waren auch keine Schichten erkennbar.

Parallel zu den Arbeiten am Wohnturm wurde der Rundschacht im ehemaligen Burghof in den Jahren 2000 und 2001 bautechnisch untersucht. Dabei wurden Schäden in der sichtbaren Ummauerung sofort repariert. Der mutmaßliche Brunnen wurde insgesamt um ca. 2,5 Meter vertieft. In der Tiefe von ca. zwei Metern war der gemörtelte Bruchsteinmantel des Schachtes überraschend zu Ende; der anschließend in den Felsen getriebene Schacht konnte noch um ca. 0,5 Meter weiter freigelegt werden. Da die Unterkante der Einfassung förmlich in der Luft hing und lose Steine aufwies, wurden Freilegungsarbeiten an dieser Stelle aus Sicherheitsgründen abgebrochen.

Die Verfüllung des Schachtes bestand aus Humus mit Wurzelwerk sowie sandigem Kies mit Bruchsteinen verschiedener Größen und war ebenso wie der Schacht im Wohnturm fundleer. Auch hier wurde der gewachsene Boden des Schachtes nicht erreicht.

Da die Erforschung der beiden Rundschächte wegen der bautechnischen Hindernisse nicht abgeschlossen werden konnte, lassen die neu gewonnenen Erkenntnisse nur sehr vorsichtige Aussagen zu.

Rundschacht (10) im Burgplateau während der Konservierungsarbeiten 1989

Der neu entdeckte Schacht auf dem Burgplateau besitzt Merkmale eines Brunnens. Auf Grund der geringen Mauerstärke der Steineinfassung (ca. 35 Zentimeter) und fehlender Fundamentierung wird an dieser Stelle ein Turmbau ausgeschlossen. Die noch erhaltene Oberkante der Einfassung wurde fast auf der gleichen Höhe wie die freigelegte Mauerkrone des Vorratsraums, der sich zehn Meter weiter südwestlich ebenfalls auf dem Burgplateau befindet, angetroffen. Dort wurden Bruchstücke von Einhenkel- und Doppelhenkelkrügen, zum Teil mit Rollstempelverzierung, aus der zweiten Hälfte des 13. Jahrhunderts und Bruchstücke von Zylinderhalskrügen (Frühsteinzeug) aus dem 14. Jahrhundert in einer Kulturschicht ausgegraben. Unter der Annahme, dass die beiden Bauwerke gleichzeitig eingeebnet wurden, ist die Zerstörung des Vorratsraumes sowie des Rundschachtes auf das 14. Jahrhundert zu datieren. Die in der Tiefe von ca. zwei Metern abgebrochene Steineinfassung ist dem Anschein nach auf die spätere Errichtung oder den Umbau der Umfassungsmauer (M1) mit sieben Strebepfeilern zurückzuführen.

Ebenfalls auf das 14. Jahrhundert oder Anfang des 15. Jahrhunderts ist der Wohnturm in der heutigen Bauform zu datieren. Vermutlich wurde dort zur selben Zeit ein neuer Brunnen errichtet, der nach der Einführung der Pulvergeschütze im Laufe des 14. Jahrhunderts von den mächtigen Mauern (2,5 Meter bis 3,5 Meter stark) gut geschützt werden musste. Diese mutmaßliche Wasserversorgungsanlage war von allen Stockwerken aus, sogar vom höchst gelegenen Bergfried, zu erreichen.

Ob die beiden Schächte etwa 50 bis 60 Meter tief in den Felsen getrieben wurden, was die topografische Höhenlage vermuten lässt, können nur weitere Untersuchungen zeigen. Vielleicht sind in der Tiefe noch weitere Erkenntnisse über die Bauwerke zu erwarten.

Anmerkungen:

1 Die tiefsten Burgbrunnen in Deutschland wurden auf folgenden Burgen festgestellt: Burg Kyffhausen, Thüringen (176 Meter), Augustusburg, Sachsen (170 Meter), Wülzburg, Bayern (166 Meter). Eine der ältesten und aufwändigsten Wasserversorgungsanlagen ist der 76 Meter tiefe Brunnen in einem Brunnenturm auf der Burg Trifels (Rheinland-Pfalz) aus der Zeit zwischen 1220 und 1230.

2 Vgl. Hartung, W.: Zisternen auf Burgen. In: Burgen und Schlösser Nr. 11, H. I, 1970, S. 6-8.

3 Vgl. Grewe, K.: Die Wasserversorgung der Burgen. In: Burgen in Mitteleuropa, Hrsg. Böhme, H.W., Bd. 1, Stuttgart 1999, S. 312; Hoffmann, J.: Burg und Amt Windeck, in: Heimatblätter des Siegkreises, H. 2, S.26.

4 Groß, M., Lohmann, H.: Die archäologischen Untersuchungen auf der Löwenburg, Stadt Bad Honnef, Rhein-Sieg-Kreis. In: Ausgrabungen im Rheinland 1979/80, Rheinisches Landesmuseum Bonn 1981, S.196.

5 Pruss, D.: Archäologische Grabung und Konservierung der Ruine Burg Windeck in Altwindeck. Zwischenbericht 1989. In: Jahrbuch des Rhein-Sieg-Kreises 1991, S. 47. Berichte über Freilegung und Konservierung der Burgruine Windeck von Pruss, D. sind in den Jahrbüchern des Rhein-Sieg-Kreises 1989 bis 1997 veröffentlicht.

6 Muhr-Kammerich, F.: Die Festung Windeck und das Kirchspiel Dattenfeld während des Dreißigjährigen Krieges. In: Heimatblätter des Siegkreises, H. 72, 1957, Erläuterung zur Abbildung, S. 13; Patt, H.: Gedichte, Balladen und Sagen um die Burg Windeck, Dattenfeld 1986, S. 40-41.

7 Renard, E.: Die Kunstdenkmäler der Kreise Gummersbach, Waldbroel und Wipperfürth, Düsseldorf 1900, S. 86.

Blick von Westen auf den Wohnturm mit Gewölberaum und Rundschacht (links) sowie den Bergfried

SCHLOSS WINDECK

VON HARALD LWOWSKI

DES 19. UND 20. JAHRHUNDERTS

Schon 200 Jahre lang liegt Burg Windeck in Trümmern. Was nicht niet- und nagelfest war, wurde abtransportiert. Das Ergebnis des 200 Jahre andauernden Steinebrechens zeigen uns die Fotoaufnahmen von Ende des 19. und Anfang des 20. Jahrhunderts. Die Verwüstungen haben mit dem Erwerb des Schlossberges im Jahre 1852 durch Oscar Danzier, kgl. preuß. Landrat des damaligen Kreises Waldbröl, zu dem seinerzeit auch Dattenfeld, Rosbach und Windeck gehörten, ein Ende: der dem Windecker Schlossberg vorgelagerte, in früheren Zeiten mit einer Zugbrücke versehene Tor- oder Halsgraben erhält durch massive Erdaufschüttungen eine bequeme Auffahrt zu den Ruinen, um die herum eine Parklandschaft mit Wegen, Treppen, Blumen- und Baumanpflanzungen angelegt wird. Die weiter südlich gelegene Ruine Alt-Windeck und das alte Fachwerklandhaus Burgwiese gehören mit dazu. Diese Orte werden durch Wanderwege verbunden, die in das steile Berggelände gehackt wurden.

Mathilde Danzier, geb. Nörrenberg

Oscar Danzier, kgl. preuß. Landrat

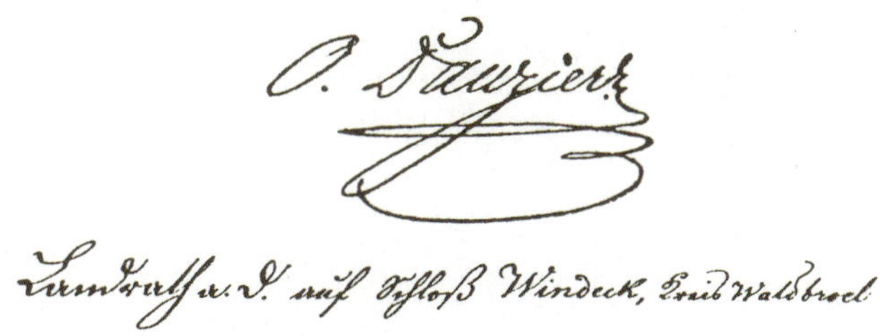

Bereits 1852 endet die erfolgreiche Amtszeit Oscar Danziers in Waldbröl. Er wird Landrat des damaligen Kreises Mülheim am Rhein. 1855 heiratet er Mathilde Nörrenberg, die Enkelin des verstorbenen Tuchfabrikanten und Ehrenbürgermeisters von Hückeswagen, W. A. Johanny. In den Jahren 1859/60 lässt das Ehepaar Danzier auf der exponierten südwestlichen Kuppe des Windecker Ruinengeländes ein querstehendes (nordwestlich-südöstlich ausgerichtetes) zweigeschossiges, schiefergedecktes Burghaus mit hohen Treppengiebeln errichten. Das im neogotischen Stil unter ausschließlicher Verwendung von Grauwacke-Bruchstein erbaute Burghaus mit südöstlich vorgelagerter Rundterrasse spiegelt mit seiner Verwendung mittelalterlicher Baustilelemente ganz das in der damaligen Zeit der Romantik wiedererweckte Interesse für die eigene Kultur, die Begeisterung für nationale Geschichte mit seinen Legenden und Helden wider. Das Burghaus ist geschickt auf wieder geöffneten („noch unversehrten") mittelalterlichen Gewölben der Burgruine Windeck errichtet und passt sich hervorragend in seine Umgebung ein. Entsprechend dem Trend der Zeit, in dem in Deutschland unzählige in Trümmern liegende Schlösser und Burgen im neogotischen Baustil wieder errichtet, ergänzt und renoviert werden, wird dieser Bau von der bergischen Bevölkerung und in der Presse als „Wiederaufbau von Schloss Windeck" gefeiert. So schreibt Ernst Weyden 1866 in „Das Siegthal": „Der neue Bau, auf drei Seiten von steilen Abhängen umgeben und durch 70 Fuss hohe, aus der Tiefe aufsteigende Strebepfeiler gestützt, nimmt den hervorragendsten Theil der alten Veste Windeck ein." Baedeckers Reiseführer berichtet von „teilweise wiederhergestellten Ruinen einer Burg". Ob alt oder neu – die Bevölkerung Windecks und der umliegenden Orte hatte nach über 200 Jahren ihr „Schlauß" wieder. Die wertvollen Bodenfunde, wie drei kunstvoll geschmiedete Kanonenrohre aus dem 15. Jahrhundert, steinerne und eiserne Kanonenkugeln, Teile explodierter Minen, große Mengen Siegburger Keramikscherben, Bodenfliesen, Silbermünzen, ein vollständiges Küchengerät und vieles mehr werden im Erkerzimmer des Burghauses aufbewahrt. Den östlichen Außengiebel schmückt eine Sandstein-Nachbildung des alten Windecker Schöffensiegels aus dem 16. Jahrhundert. Fließendes Trinkwasser von den „Birnbäumen" erreicht den Schlossberg in natürlichem Gefälle.

Das in der Villa des Landrats in Mülheim/Rhein lebende Ehepaar Danzier hat drei Töchter: Sophie (* 1856), Arnoldine (* 1857) und die 1867 auf Schloss Windeck geborene Mathilde, die bereits mit vier Jahren verstirbt. Die Familie bewohnt das Schloss an Wochenenden und im Urlaub. Ein Schlossaufseher wohnt ständig in der Souterrainwohnung. Es kommen Freunde, Verwandte und Bekannte zu Besuch. Auch Wanderer aus nah und fern sind neugierig und haben freien Zugang zur einmaligen Aussicht von der Schlossterrasse ins Siegtal. Der Bau der Eisenbahn um 1860 lässt den Landrat eine Schadenersatzklage wegen Ruhestörung anstrengen: Das laute Froschquaken im durch den Eisenbahnbau weitgehend stillgelegten Siegbett wird auch auf dem Schlossberg zur Qual. Das Gericht spricht dem Landrat eine Entschädigung zu.

Arnoldine Caminneci, geborene Danzier

Grundriss der Burg Windeck um 1900 von Josef Renard

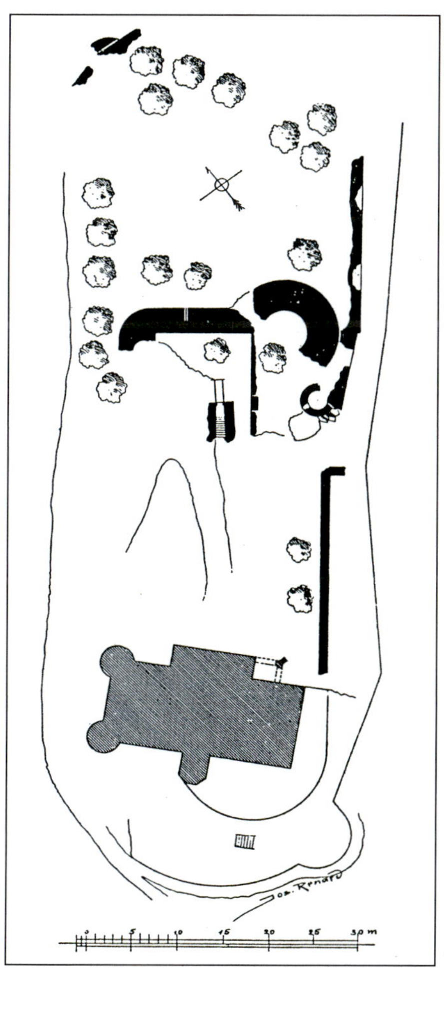

Andrea Caminneci stammte aus Palermo

Der Opel-Darracq von 1903

Auf der Schlossterasse: Vater Andrea Caminneci mit seinen Söhnen Oscar und Waldemar (v.l.n.r.)

Schloss Windeck um 1895

Am 10. Juli 1879 erliegt Oscar Danzier, erst 59-jährig, einem Herzschlag auf seinem geliebten Anwesen in Windeck. In der Nacht vom 29. auf den 30. Juli 1881 brennt Schloss Windeck, das nur vom Aufseher in der Souterrainwohnung bewohnt wird, aus unbekannter Ursache bis auf die Außenmauern ab. Die Familie lässt das Burghaus wieder herstellen und um zwei Türme in Richtung Schladern ergänzen. Seit Ende des 19. Jahrhunderts kommt Strom von der Firma Elmore's Metall AG aus Schladern zum Schlossberg hoch.

Nach ihrer Rückkehr aus Palermo/Sizilien um 1897, wo sie seit ihrer Hochzeit im Jahre 1882 gelebt hatten, übernehmen die Danzier-Tochter Arnoldine und ihr Ehemann, der italienische Bankierssohn Andrea Caminneci, mit fünf kleinen Söhnen die Danzier-Besitzungen Schloss Windeck und Landhaus Burgwiese. Man lebt zunächst in Mülheim, ab 1901 in der neu erbauten Villa in Bonn. In Windeck ist die Familie vorläufig nur an Wochenenden und in den Sommermonaten. In den Jahren 1899/1900 lässt die Familie das Burghaus auf das Doppelte seiner bisherigen Größe erweitern. Der vorhandene Bau erhält einen großen Anbau mit vier Stockwerken und zwei mächtigen Rundtürmen in nordwestlicher Richtung. Die ausführende Baufirma Franz Poppel in Schladern liefert die benötigten großen Mengen Grauwacke aus eigenem Steinbruchbetrieb. Schloss Windeck ist nun aufwändig mit Sandstein- und Tuffstein-Einfassungen und -verzierungen an Fenstern, Türen und Gesimsen geschmückt, das Dach ist mit rotem Biberschwanz gedeckt. Der Bau hat – ohne die mächtigen Rundtürme gemessen – die Maße von 10 x 22 Metern. Moderne Errungenschaften sind eine Koks-Zentralheizung für das ganze Gebäude, ein Speiseaufzug von der Küche zum darüberliegenden Speisesaal und ein Telefonanschluss mit der Rufnummer „1". Das Gebäude ist komplett elektrifiziert. Die Salons und die weiteren Zimmer sind mit Eichenparkett und farbigen Seidentapeten ausgestattet. Der Schlosshof wird durch das Errichten einer neuen Begrenzungsmauer um einige Meter in Richtung Nordwesten verbreitert, was gegen Ende der 1980er Jahre im Wege der Restaurierungsarbeiten der alten Burg wieder zurückgebaut wird.

Richtfest der Schlosserweiterung 1899

Ein neu angelegter breiter Fahrweg führt nordwestlich um den Berg herum bis ans Schloss. Er ist noch heute in Benutzung. Die Parklandschaft auf dem Schlossberg wird durch das Anlegen von Bruchsteinmauern und -treppen, Rosen- und Steingärten, einem Springbrunnen, aus Italien georderten Tischen und Bänken aus Stein sowie durch weitere Baumanpflanzungen erweitert. Bei Anwesenheit weht die grün-weiß-rote Flagge der Familie mit italienischer Staatsangehörigkeit auf dem Dach. Aus Sicherheitsgründen wird der Eingang zum unterirdischen Gang der alten Burg Windeck verschlossen. Die Familie Caminneci bezeichnet ihr Anwesen als „Burg Windeck", wie Briefe, Visitenkarten, bedrucktes Briefpapier und Bauzeichnungen von 1899 zeigen. Für die Windecker und die Bevölkerung der Umgebung ist es ihr „Schlauß", für die Presse, öffentliche Behörden und auf den zahlreichen Ansichtspostkarten ist es „Schloss Windeck".

Das Ehepaar Caminneci ist sozial sehr engagiert und unterstützt Bedürftige und Kranke im Ort. Es ist Tradition, dass jedes Windecker Hochzeitspaar auf das Schloss eingeladen wird, um Gratulation und Geschenke entgegenzunehmen. Der jährliche St. Martinszug führt zum Schloss, wo jeder Teilnehmer einen Berliner Ballen, die Erwachsenen heißen Punsch und jedes Kind ein in Silberpapier eingewickeltes 50-Pfennig-Stück erhält. Durch Sohn Waldemar Caminneci in Dattenfeld veranlasst, erhält der Fußballverein Germania Dattenfeld von der Familie die Fläche des heutigen Fußballplatzes in Übersetzig zum Geschenk. Er kann am 18. April 1927 feierlich eingeweiht werden. 1928 schenkt die Familie der Freiwilligen Feuerwehr Dattenfeld deren erstes Motorfahrzeug, einen Lastwagen als Mannschafts- und Gerätewagen. Von 1913 bis 1945 verzeichnet die Chronik der Windecker Volksschule, dass die Windecker Schulkinder vom Ehepaar Caminneci regelmäßig eine große Weihnachtskiste mit Spielsachen für Jungen und Mädchen erhalten.

Der Bergische Geschichtsverein organisiert einen Ausflug für seine Mitglieder auf den Schlossberg, die Schlossherrin lädt zum Tee. Mehrfach ist Kronprinz Wilhelm in den Jahren seiner Bonner Studentenzeit von 1901 bis 1903 zu Gast auf dem Schloss. Die Familie Caminneci und er sind unmittelbare Nachbarn in der Bonner Wörthstraße und befreundet. Ab März 1903 fährt die Familie von Bonn aus mit einem Opel Darracq auf ihren Landsitz.

Bronzene Gedenktafel, die an den in Frankreich gefallenen Sohn Quintino erinnert

Eine bronzene Gedenktafel mit Brustbildrelief in Deutzer Kürassieruniform, angebracht an einer Bruchsteinwand auf dem Schlossberg, erinnert von 1916 bis Sommer 1945 an den 1915 in Frankreich gefallenen jüngsten Sohn Quintino.

Im September 1921 erwirbt die Familie den Besitz des kinderlos verstorbenen Barons Hugo Clemens von Leonhart zu Burg Dattenfeld. Schloss Windeck ist jetzt zum Mittelpunkt eines ausgedehnten Land- und Forstbesitzes geworden, wozu die Burg Dattenfeld, verschiedene Häuser in Windeck, Jucht, Hahnenbach und Dattenfeld sowie Höfe in Schladern,

Es könnte heute noch stehen: Schloss Windeck vom Schlosshof aus gesehen.

Höhnrath, Kölschbach, Ommeroth und Dattenfeld vor dem Berg gehören. Im Jahre 1924 kommt das durch Explosion zerstörte und nach 1918 demontierte Betriebsgelände der Köln-Rottweiler Pulverfabriken im Dattenfelder Elisenthal mit seinem alten (spätere Schreinerei Schöttes) und dem neuen Direktionsgebäude Haus Elisenthal hinzu.

Nach dem Ende des Ersten Weltkrieges nimmt die Familie Caminneci ihren ständigen Wohnsitz auf Schloss Windeck. Ein Schlossaufseher, zwei Privatförster, sieben Waldarbeiter, ein Gärtner, ein Chauffeur und mehrere Hausangestellte auf dem Schlossberg und im Landhaus Burgwiese verdienen hier den Lebensunterhalt für ihre Familien.

Ständchen der Windecker Dorfjugend zur Goldenen Hochzeit von Arnoldine und Andrea Caminneci

Im Juli 1932 wird die Goldene Hochzeit von Andrea und Arnoldine Caminneci zum großen Ereignis für den Ort Windeck. Die Familie begeht den Jubeltag mit 120 Windeckern bei Kaffee und Kuchen, mit Böllerschüssen, Musikvorführungen und einem Fackelzug zum Schloss. Abends wird das Schloss weithin sichtbar mit bengalischem Licht rot beleuchtet. Die Windecker schenken dem Ehepaar die „Caminneci-Bank" mit gravierter Messingplatte und ein kunstvoll gestaltetes Album mit Fotos aus der Heimat.

Nach dem Tod von Andrea Caminneci am 19. Dezember 1940 verlässt Arnoldine Caminneci, mittlerweile 83-jährig, ihr geliebtes Schloss und zieht zu ihrem Sohn Waldemar Caminneci in die Burg Dattenfeld. Schloss Windeck wird komplett möbliert an zwei Kölner Familien vermietet. Ostersonntag, 1. April 1945, wird Schloss Windeck aus Richtung der Leuscheider Höhen durch amerikanische Artillerie sinnlos mit Phosphorgranaten in Brand geschossen.

Verzweifelte Löschversuche scheitern von vornherein. Immer wieder schlagen Granaten im Obergeschoss ein. Das Gebäude brennt im Ober- und im Erdgeschoss aus. Nur wenige Möbel, Gemälde, Dokumente und sonstige Einrichtungs- und Haushaltsgegenstände können gerettet werden. Sie können zunächst nur notdürftig und unbewacht in einer Scheune in Oberwindeck aufbewahrt werden. Zahlreiche Gegenstände werden in den folgenden Wochen und Monaten gestohlen. Sechs Monate später verstirbt Arnoldine Caminneci am 18. September 1945 in Dattenfeld. Ihre aus Hinterpommern geflohene Schwiegertochter Tilda Caminneci, geb. von Siemens, Enkelin von Werner von Siemens und Ehefrau des ältesten Caminneci-Sohnes Oscar, stirbt am 9. Oktober 1945 in Dattenfeld, ihr Ehemann Oscar, seit dem 20. Juli 1944 in Stettin und im KZ Sachsenhausen interniert, war Anfang April 1945 im KZ Mauthausen in Österreich verstorben.

Das kunstvoll gestaltete Titelblatt des Fotoalbums

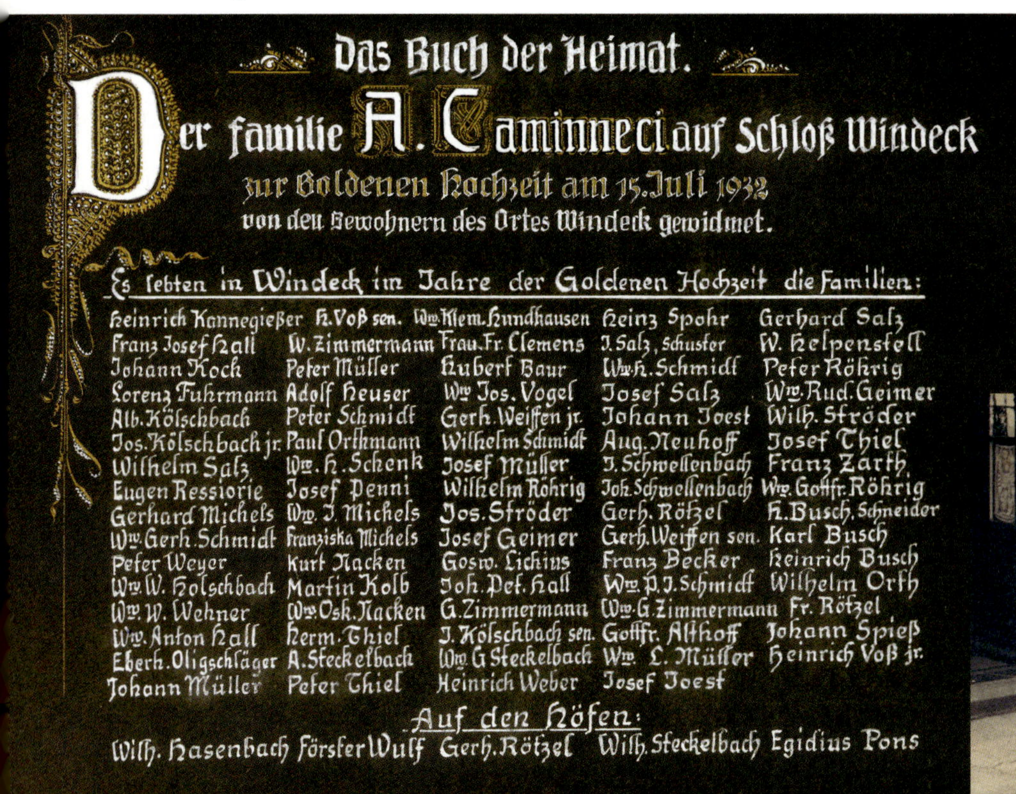

Das Buch der Heimat.

Der Familie A. Caminneci auf Schloß Windeck
zur Goldenen Hochzeit am 15. Juli 1932
von den Bewohnern des Ortes Windeck gewidmet.

Es lebten in Windeck im Jahre der Goldenen Hochzeit die Familien:

Heinrich Kannegießer	H. Voß sen.	Ww. Klem. Hundhausen	Heinz Spohr	Gerhard Salz
Franz Josef Hall	W. Zimmermann	Frau Fr. Clemens	J. Salz, Schuster	W. Helpenstell
Johann Koch	Peter Müller	Hubert Baur	Ww. H. Schmidt	Peter Röhrig
Lorenz Fuhrmann	Adolf Heuser	Ww. Jos. Vogel	Josef Salz	Ww. Rud. Geimer
Alb. Kölschbach	Peter Schmidt	Gerh. Weiffen jr.	Johann Joest	Wilh. Ströder
Jos. Kölschbach jr.	Paul Orthmann	Wilhelm Schmidt	Aug. Neuhoff	Josef Thiel
Wilhelm Salz	Ww. H. Schenk	Josef Müller	J. Schwellenbach	Franz Zarth
Eugen Ressiorie	Josef Penni	Wilhelm Röhrig	Joh. Schwellenbach	Ww. Gottfr. Röhrig
Gerhard Michels	Ww. J. Michels	Jos. Ströder	Gerh. Rötzel	H. Busch, Schneider
Ww. Gerh. Schmidt	Franziska Michels	Josef Geimer	Gerh. Weiffen sen.	Karl Busch
Peter Weyer	Kurt Nacken	Gosw. Lichius	Franz Becker	Heinrich Busch
Ww. W. Holschbach	Martin Kolb	Joh. Pet. Hall	Ww. P. J. Schmidt	Wilhelm Orth
Ww. W. Wehner	Ww. Osk. Nacken	G. Zimmermann	Ww. G. Zimmermann	Fr. Rötzel
Ww. Anton Hall	Herm. Thiel	J. Kölschbach sen.	Gottfr. Althoff	Johann Spieß
Eberh. Oligschläger	A. Steckelbach	Ww. G. Steckelbach	Ww. L. Müller	Heinrich Voß jr.
Johann Müller	Peter Thiel	Heinrich Weber	Josef Joest	

Auf den Höfen:

Wilh. Hasenbach, Förster Wulf, Gerh. Rötzel, Wilh. Steckelbach, Egidius Pons

Arnoldine und Andrea Caminneci um 1935

Sohn Waldemar Caminneci verstirbt im Januar 1946 im Landhaus Burgwiese, nachdem die Familie von der belgischen Besatzung ihres Dattenfelder Hauses verwiesen worden war. Noch auf Waldemar Caminnecis Anweisung hin hatte Privatförster Hermann Wulf, Forsthaus Jucht, im „Schwarzen Siefen“ Fichtenholz für ein Notdach für das ausgebrannte Schloss schlagen lassen.

Die schwere Nachkriegszeit mit den damit verbundenen Sorgen um die eigene Existenz, die unvorhersehbaren schweren familiären Verluste und die lange währende Unsicherheit in der Erbfolge verhindern eine provisorische Sicherung oder gar eine Wiederherstellung des Gebäudes. Auch scheint einigen der verbliebenen Familienmitgliedern, neben den erforderlichen erheblichen finanziellen Mitteln, die emotionale Bindung zum von Eltern, Groß- und Urgroßeltern so geliebten und gehüteten Kleinod zu fehlen. So bleibt Schloss Windeck, vor Wind und Wetter ungeschützt, offen stehen. Niemand wohnt nun mehr auf dem Schlossberg. Souvenirjäger und Steinebrecher haben leichtes Spiel, sich jetzt auch an der Schlossruine zu bedienen. Ein frühzeitig aufgesetztes Notdach, wie im Falle des seinerzeit ebenfalls ausgebrannten Schlosses Merten bei Eitorf, welches heute schöner erstrahlt als zuvor, hätte Schloss Windeck retten können. Der Landeskonservator in Bonn ist lediglich am Erhalt der alten Burgruine interessiert. Ihr weiterer Verfall soll verhindert werden. Vertreter der Bezirksregierung Köln und der Landeskonservator empfehlen im Jahr 1959 einen Abriss der neuen Schlossruine, da sie „erst 50 Jahre alt“ sei und „keinerlei historischen Wert“ habe. Die im Zuge eines Abrisses anfallenden großen Mengen Bruchstein-Grauwacke sind als sonst sehr aufwändig und kostspielig auf den Schlossberg zu schaffendes Baumaterial zur Rekonstruktion der alten Burgruine hochwillkommen. Nachdem von verschiedenen Seiten vehement auch der Erhalt bzw. die Wiederherstellung der Schlossruine gefordert wird, gesteht der Landeskonservator auch diesem Gebäude die Denkmalwürdigkeit zu. Die Erhaltung auch dieses mächtigen Bauwerks in unmittelbarer Nähe zur unbedingt schützenswerten Burgruine sei jedoch eine finanzielle Frage.

Schlossruine in den 1960er Jahren

Im März 1962 erwirbt der damalige Siegkreis zunächst Schloss- und Burgruine für 1.200 DM von den Erben Caminneci. Später kommt auch das Umland hinzu. Um den weiteren Verfall der alten Burgruine zu stoppen, will der Siegkreis diese teilweise sichern und rekonstruieren lassen. Es werden Überlegungen angestellt, auf den Fundamenten der abzureißenden Schlossruine eine Jugendherberge, ein Ferienheim oder ein Heimatmuseum zu errichten. Die Schlossruine wird von ihrem neuen Eigentümer nun zum vollständigen Abriss freigegeben. Die Restaurierung der Burg- und der Abriss der Schlossruine beginnen im Spätsommer 1962 und ziehen sich zunächst bis Ende der 1960er Jahre hin. Reste der Schlossruine werden mit Schutt- und Erdmaterial zugeschüttet. In der Literatur, aber nicht im allgemeinen Sprachgebrauch, wird das Windecker Schloss ab diesem Zeitpunkt vielfach als Villa oder Landhaus bezeichnet.

Während der Abbrucharbeiten 1964

Heute erinnert nur noch wenig an das Schloss Windeck des 19. und 20. Jahrhunderts und seine Bewohner. Schmiedeeiserne Treppen- und Terrassengeländer finden sich an Häusern der Umgebung, die erhaltene Eisenblechspitze eines der Türme ziert heute das alte *Orths-Haus* in Oberwindeck. Auch Reste des Ehrenmals für Sohn Quintino Caminneci befinden sich noch auf dem Burggelände. Eine Diplomarbeit wies 1990 zahlreiche seltene Pflanzen auf dem Schlossberg nach: heute verstreut wachsende Pflanzen aus den ehemaligen Steingärten.

„… DIE ROMANTIK MIT DEN GIGANTISCHEN TRÜMMERN BLANKENBERGS …“

VON
KERSTIN HEINISCH

ÜBER DIE SANIERUNG DER BURGANLAGE BLANKENBERG

Die Schlossruinen von Blankenberg gehören unstreitig mit unter die ausgezeichnetsten in unserer Gegend, sowohl durch ihre Größe als ihre romantische Lage. … Vor allem aber können wir hier den Wunsch nicht unterdrücken, dass man diese herrlichen Ruinen der allmählichen Zerstörung nicht anheimfallen lassen möge. (1837, Everhard von Mering)

Erst 170 Jahre später konnte diese wehmütige Mahnung mit der 2006 abgeschlossenen Sanierung der Mauerreste und Türme der Burg Blankenberg umfassend in die Tat umgesetzt werden. Über einen Sanierungszeitraum von 10 Jahren wurden rund 2,4 Mio. Euro zur Erhaltung der Gesamtanlage Burg investiert. Die Finanzierung erfolgte durch die heutige Eigentümerin Stadt Hennef mit Unterstützung von Städtebaufördermitteln vor allem durch das Land Nordrhein-Westfalen. Voraussetzung für diesen Erfolg waren ein früh entwickeltes Bewusstsein für das historische Erbe, unnachgiebiges Engagement vieler Beteiligter und ein lang anhaltender finanzieller Atem der Stadt Hennef. Die Zukunft der Burg Blankenberg, die als das interessanteste und besterhaltenste Beispiel einer Großburganlage des hohen Mittelalters im Rheinland gilt, konnte so gesichert werden.

Die auf einem steilen Bergrücken oberhalb der Sieg liegende Burganlage besteht aus Hauptburg und Vorburg. Die Struktur der Burg ist mit den äußeren Ringmauerresten in unterschiedlicher Höhe und den drei wuchtigen Türmen erhalten; bis weit in das Siegtal hinein ist Burg Blankenberg zu sehen.

GESCHICHTE DER BURG

Die Burganlage wurde im 12. Jahrhundert durch die Grafen von Sayn erbaut. Nach wechselnden Eigentümern gelangte sie im 14. Jahrhundert in den Besitz der Grafen von Berg. Die Burg fungierte ab diesem Zeitpunkt vorrangig als Verwaltungssitz des Amtes Blankenberg und verlor seit dem 16. Jahrhundert immer mehr an strategischer Bedeutung. Nach dem Dreißigjährigen Krieg war ihr Verfall bereits weit fortgeschritten. In der darauffolgenden Zeit nutzte man das Steinmaterial der Burgruine für Bauzwecke; Mauern und Gebäude der Burg wurden immer weiter abgetragen und finden sich auch heute noch in Bauwerken in der Umgebung wieder. So wurden Kapitelle und Säulen der Schlosskapelle an der Fassade des Sommerrefektoriums am Bödinger Kloster und an den Bödinger Segensaltären weiterverwendet.

1815 wurde die Burg mit den Rheinlanden in preußischen Besitz übernommen. Nach einer Ausschreibung zum Verkauf gelangte sie 1829 in Privatbesitz und ging 1913 in das Eigentum eines Kölner Fabrikanten über.

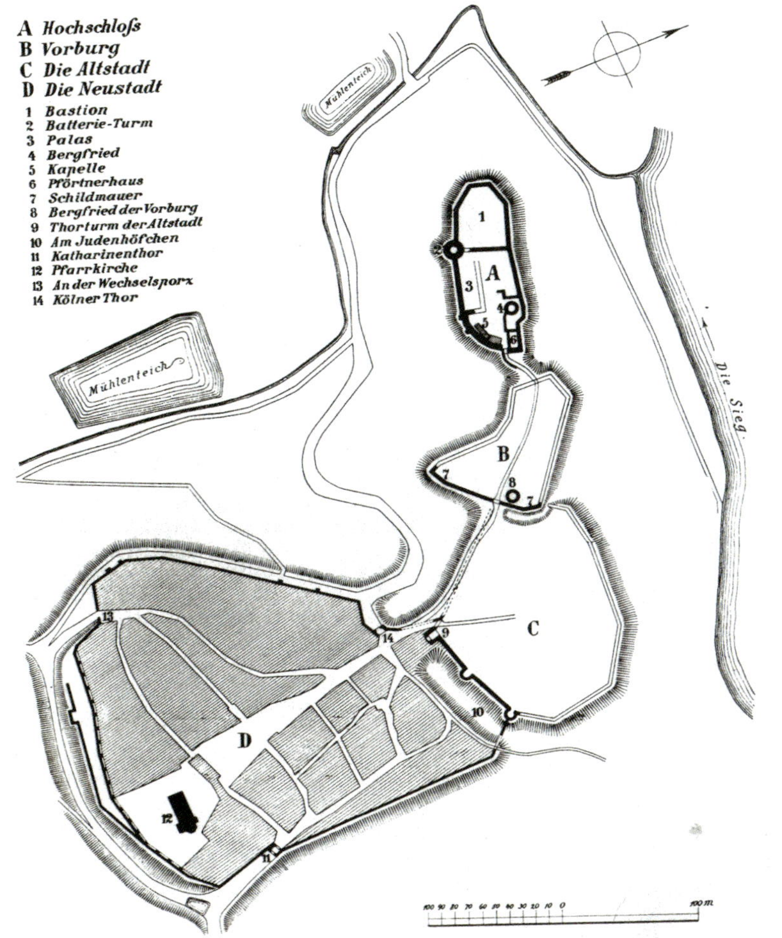

Fig. 10. Blankenberg. Plan des Schlosses und der Stadt aus der 1. H. des 19. Jhs.

Zeitgleich mit der Gründung der Burg erfolgte die Besiedelung und Befestigung der heutigen Stadt Blankenberg mit der unmittelbar an die Vorburg angrenzenden Altstadt und der sich anschließenden Neustadt. Während die Altstadt seit 1644 brachfiel, bildet die Neustadt mit ihren Fachwerkhäusern und den umfassenden Stadtmauern den heutigen Ortskern. Zu den Stadtmauern gehören auch die markanten Türme Katharinentorturm und Grabenturm.

oben: Grundriss Burg und Stadt Blankenberg, aus *Die Kunstdenkmäler des Siegkreises, 1907*

links: Stadt und Burg Blankenberg nach einem Stich von C. Hohe um 1854

rechts: Ansicht von Osten nach einem Gemälde aus dem 19. Jahrhundert

Postkarte um 1910.
Auf dieser Darstellung sind noch deutlich die Rebhänge zu erkennen.

Mauerabschnitt vor der Sanierung

Herstellung der Mauerkrone. Zwinger, 2004

Mauerabschnitt vor der Sanierung

BEWAHRUNG DER BURGANLAGE

Stadt und Burg bilden seit dem Mittelalter eine bauliche Einheit, die bis heute in ihrer um 1200 entstandenen Struktur vorzufinden ist. Die tatsächliche substanzielle Erhaltung und Pflege dieses historischen Erbes ist dem schon früh entstandenen Bewusstsein für die bestehenden Werte und dem Engagement des 1911 gegründeten *Blankenberger Verkehrs-Vereins e. V.* in Blankenberg zu verdanken. Bereits 1909 wurde eine *Ortssatzung zum Schutze der Gemeinde Blankenberg gegen Verunstaltungen* verabschiedet – eine frühe Vorgängerin der heutigen Denkmalbereichssatzung. Dieses Instrument diente der Erhaltung der baulichen Einheit und des historischen Erscheinungsbildes des Ortskernes.

In den fünfziger Jahren des letzten Jahrhunderts wurde auch die Sanierung der noch bestehenden, aber verfallenden Stadtmauern von Stadt Blankenberg aktiv vorangetrieben – auf Initiative und zunächst unter erheblicher tatkräftiger Mitwirkung des *Heimat- und Verkehrsvereines Stadt Blankenberg e. V.*, später mit ABM-Kräften und dem Bauhof der Stadt Hennef. Diese immerhin 35 Jahre andauernden, außerordentlich umfangreichen Instandsetzungsarbeiten wurden 1990 abgeschlossen.

Die damalige Gemeinde Hennef und der *Burg- und Geschichtsverein Blankenberg e. V.* unternahmen in den Jahren 1936 bis 1940 einen ersten, jedoch erfolglosen Versuch, die in Privatbesitz befindliche Burganlage der Öffentlichkeit zugänglich zu machen.

1985 wurde die Burganlage als Baudenkmal unter Schutz gestellt und 1992 konnte sie in die Bodendenkmal-Liste eingetragen werden. Eine bauliche Sicherung der drei Türme erfolgte durch die privaten Eigentümer. Die dringend notwendige Sanierung der äußeren, im Verfall befindlichen Ringmauern der Burganlage stellte jedoch eine deutlich umfangreichere Baumaßnahme dar. Die notwendigen finanziellen Aufwendungen waren durch private Eigentümer kaum zu leisten. Eine umfassende bauliche Erhaltung des überregional bedeutenden Denkmales

Burganlage war mit einer Überführung in öffentliches Eigentum wesentlich wirkungsvoller zu gewährleisten. Die Stadt Hennef strebte außerdem an, die historisch-bauliche Einheit von Stadt und Burganlage auch in der öffentlichen Nutzung wieder herzustellen. Aber erst 1990 – mit dem Beginn einer Stadterneuerungspolitik in Nordrhein-Westfalen, die sich auch auf die Erhaltung und Gestaltung von kleineren Siedlungselementen (den historischen Ortskernen) ausdehnte – ergaben sich dann für die Stadt Hennef konkrete finanzielle Möglichkeiten, neben einer Sanierung des Ortskernes auch den Gedanken eines Burgkaufes wieder aufzugreifen.

Die Stadt Hennef mit dem Ortsteil Stadt Blankenberg wurde 1990 Gründungsmitglied der bis heute bestehenden Arbeitsgemeinschaft *Historische Ortskerne NW.* Mit der Aufnahme in das Stadterneuerungsprogramm 1991 begannen auf Grundlage eines Rahmenplans und eines Gesamtkonzepts umfangreiche Sanierungsmaßnahmen, die erst im Jahr 2006 abgeschlossen werden konnten. Neben der denkmalgerechten Erneuerung von Straßen und Plätzen, der Schaffung von Parkplätzen vor den Stadtmauern und der ortsbildgerechten Fassadengestaltung privater Gebäude war die Sanierung der Burganlage zentraler Bestandteil des Maßnahmenkataloges.

Ab 1992 wurde über den Kauf der Burg verhandelt. Nach langwierigen Gesprächen sagte das Ministerium für Städtebau und Verkehr des Landes Nordrhein-Westfalen zu, nicht nur den Ankauf, sondern auch die notwendige Sanierung der Burganlage finanziell zu unterstützen. Daraufhin konnte Ende 1994 der Kaufvertrag zwischen den Burgeigentümern und der Stadt unterzeichnet werden. Das Vorhaben der Stadt, mit dem Rhein-Sieg-Kreis eine eigentumsrechtliche und damit auch finanzielle Beteiligung zu vereinbaren, scheiterte. So wurde die Stadt Hennef alleinige Eigentümerin des Burgberges, der Hauptburg sowie sämtlicher Burgmauern, während die eigentliche Vorburg mit ihrem Turm in privatem Besitz verblieb. Allerdings gab der Kreis einen Zuschuss zum Kauf des Burggeländes und leistete während der anschließenden Sanierung wertvolle personelle Unterstützung: Der im Dienst des Kreises stehende Archäologe Dr. Daniel Pruss hat die Baumaßnahmen in dieser Zeit archäologisch und denkmalpflegerisch begleitet.

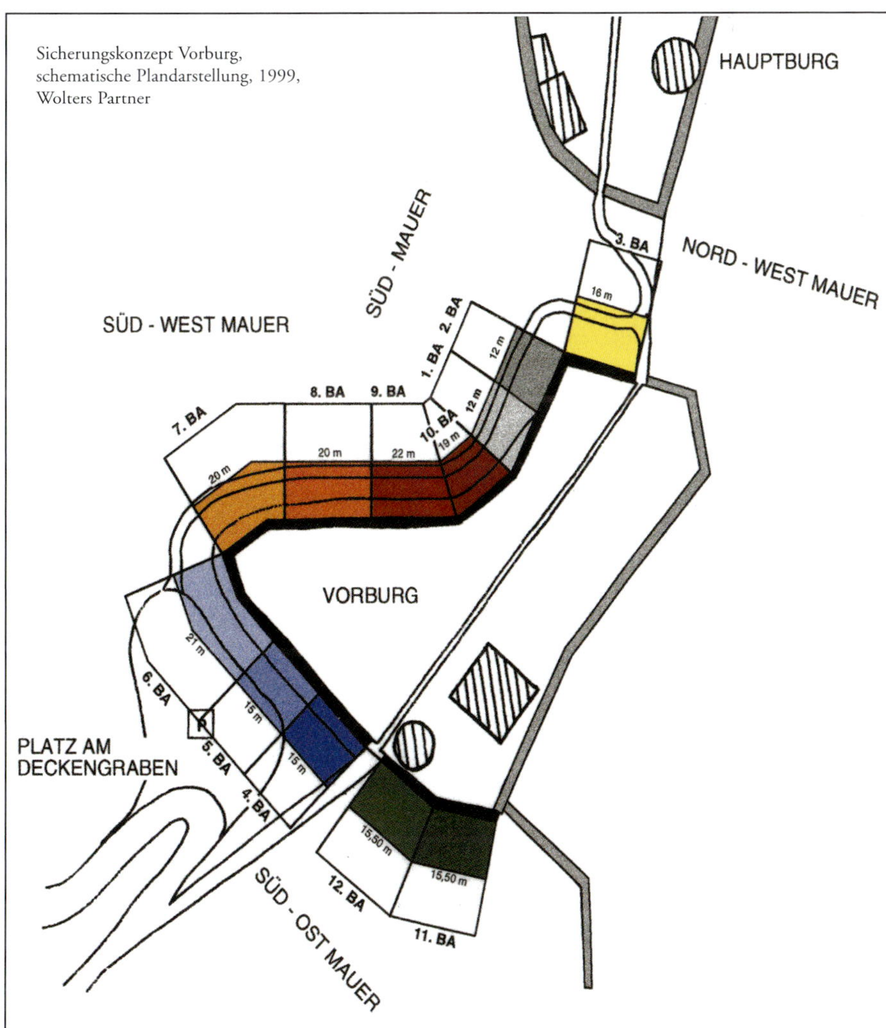

Sicherungskonzept Vorburg, schematische Plandarstellung, 1999, Wolters Partner

DIE SANIERUNGSPHASE 1996-2006

Die darauffolgende 10-jährige Sanierungsphase stellte alle Beteiligten vor neue technische und finanzielle Herausforderungen. Die gesamte Sanierung umfasste zwischen 1996 und 2006 die Restaurierung der noch erhaltenen Umfassungsmauern von Hauptburg und Vorburg sowie die Sicherung des Bastionsturmes und des 15 Meter hohen Bergfrieds an der Hauptburg. Auf Grund der eigentumsrechtlichen Trennung von Haupt- und Vorburg musste auch der ursprünglich mittig durch die Vorburg verlaufende Zuweg zur Hauptburg neu angelegt werden; er läuft jetzt südwestlich an der Vorburg entlang. Verbunden hiermit war eine Neugestaltung und Erweiterung der Parkierungsanlage an der Vorburg. Schließlich wurde auch ein auf der Burg befindliches, aus vertraglichen Gründen zur Wohnnutzung durch den „Burgwärter" vorzuhaltendes Gebäude vollständig erneuert.

Das durch das Büro *Wolters und Partner*, Coesfeld, 1996 erstellte Sanierungskonzept musste auf Grund der gewonnenen Erfahrungen und der angetroffenen Problemlagen inhaltlich immer wieder angepasst und finanziell erweitert werden. 1996 wurden die Kosten für die gesamte Sanierung der Hauptburg mit 1,8 Mio. DM geschätzt. Die dann 1999 aktualisierte Kostenschätzung entsprach mit 2,6 Mio. DM etwa den bis Ende 2006 aufgewendeten Kosten von ca. 1,4 Mio. Euro.

Sanierung Zwinger. Blick vom Bastionsturm, 2004

Wiederaufbau der Außenschale. Zwinger, 2004

Mit Ausnahme der Sicherungsarbeiten an den Türmen und einer Grabungsuntersuchung aus dem Jahr 1952 im Bereich der ehemaligen Burgkapelle gab es bisher weder Sicherungs- noch Restaurierungsmaßnahmen an Vor- und Hauptburg. Dementsprechend existierten weder ausreichende Vermessungen noch Bau- und Bestandsaufnahmen oder Kenntnisse über den statischen Zustand der Bausubstanz. Statische Begutachtungen bescheinigten immerhin, dass an der Hauptburg keine Standsicherheitsprobleme vorlagen. Das Mauerwerk war unmittelbar auf dem darunter liegenden Felsen gegründet und Probleme auf Grund nachträglicher Lastverschiebungen durch Aufschüttung des Geländeniveaus innerhalb der Burg waren nicht erkennbar.

Die begrenzten finanziellen Möglichkeiten der Stadt erforderten ein wirtschaftliches und effizientes Vorgehen. Aus diesem Grunde einigte man sich – im Sinne der Denkmalpflege – darauf, nur die bestehende Substanz zu sichern und keine baulichen Ergänzungen oder Eingriffe vorzunehmen.

Der gesamte vorgefundene Bestand wurde durch das Rheinische Amt für Denkmalpflege fotogrammetrisch vermessen und damit dokumentiert. Um aus Kostengründen die Bauphasen der Einzelabschnitte so kurz wie möglich zu halten, wurde auf begleitende bauforschungstechnische Untersuchungen weitgehend verzichtet. Die exakte fotografische Darstellung der Mauerabschnitte steht jedoch für eine spätere wissenschaftliche Auswertung zur Verfügung. Die fotografischen Aufnahmen können zu einem perspektivisch entzerrten Bild der gesamten Wand montiert werden. Auch kann eine dreidimensionale Ansicht erstellt werden.

Erschwerend, auch mit Blick auf die Kosten, wirkte sich die besondere topografische Lage der Burg aus. Das abfallende Gelände erschwerte das Einrichten der Baustelle und die Versorgung mit Baumaterialien oft erheblich. Oberhalb des steilen nördlichen Hangbereiches musste sogar ein Fangzaun aufgestellt werden, um der Steinschlaggefahr während der Sanierung auf die angrenzende Landesstraße L 333 vorzubeugen.

SANIERUNG DES MAUERWERKS: PROBLEME UND MASSNAHMEN

Die gesamte Burganlage befindet sich im ausgewiesenen Landschaftsschutzgebiet. Aus Naturschutzgründen durfte nur zu bestimmten Jahreszeiten in den Grünbestand der Mauern eingegriffen werden; dadurch reduzierte sich die Bautätigkeit auf das Winterhalbjahr. Da jedoch Mörtel- und Fugarbeiten nur in frostfreien Zeiten möglich sind, ruhten die Arbeiten je nach Witterung – ein Faktor, der sich Kosten steigernd auswirkte.

Die Außenmauern der Hauptburg waren in unterschiedlichen Höhen von 2 bis 18 Metern erhalten. Die zu sanierende Gesamtlänge der Mauern – ohne die beiden Türme – betrug rund 250 Meter. Entsprechend der üblichen historischen Bauwerkstechnik bestehen diese Umfassungsmauern aus einem zweischaligen Mauerwerk in einer Breite von 1,5 bis 4,5 Metern. Der zwischen den zwei äußeren Natursteinmauern liegende Hohlraum ist mit Schüttmaterial gefüllt. Die Strategie zur Sanierung dieser Umfassungsmauern sah zunächst eine untersuchende Sanierung von Abschnitten mit unterschiedlichen Problemlagen vor. Aus diesen Erfahrungen erhoffte man sich Erkenntnisse über die technischen Erfordernisse und die damit verbundenen Kosten, die auf die gesamten Abschnitte übertragen werden sollten. Die Sanierung der ersten zwei Abschnitte gab dann einen grundsätzlichen Überblick über die weiteren Problemlagen.

Allgemein unterschätzt wurde der unterschiedliche, streckenweise sogar sehr schlechte Gesamtzustand des Mauerwerkes.

Freigelegtes Mauerwerk. Zwinger, 2004

Die größte Schwierigkeit bereitete hier der teppichartige Mauerbewuchs mit Efeu, vor dessen Entfernung die Maueroberflächen nicht begutachtet werden konnten. Dies konnte an allen Mauerabschnitten jedoch nur mit Einrüstung erfolgen. Wegen der hohen Gerüstkosten war es aber nicht möglich, das Grün vor Beginn der Sanierung komplett abzunehmen. Außerdem wurde erkennbar, dass eine zu frühe Grünentfernung zu einem rapiden Verfall des darunter liegenden Mauerwerkes führte. Ohne Schutz des Blätterdaches kam es zu einer beschleunigten Auswaschung der nur noch aus organischem Material bestehenden Fugen. Mit Entfernung der Efeuranken lösten sich auch erste Steine aus dem Mauerwerksverband. Zum Schutz und zur Erhaltung der maximalen Originalsubstanz war eine rasche Mauersanierung nach Grünabnahme erforderlich.

Der starke Efeubewuchs verlieh der Ruine zwar ein romantisches Aussehen, erwies sich aber auf Grund der umfangreichen und in die Tiefe gehenden Durchwurzelung des Mauerwerkes als äußerst substanzschädlich. Der jahrhundertelange Verfallsprozess führte ebenfalls zu einer kontinuierlichen Abtragung der Mauerkronen. Teilweise waren – umlaufend im Bereich des rückwärtigen Zwingerplateaus – nur noch mit Sträuchern oder sogar Bäumen bewachsene Erdhügel erkennbar. Die Wurzeln sprengten das Mauerwerk. Von oben einsickerndes Wasser bewirkte Ausspülungen und Frostschäden auch in den unteren Mauerwerksschichten.

Eine durchgreifende und nachhaltige Sanierung war nur bei kompletter Entfernung des gesamten organischen Materiales sinnvoll. Dies machte eine Abtragung der oberen Mauerkrone und – in größeren Teilabschnitten – auch der äußeren Natursteinmauerschale notwendig. Das Steinmaterial, das besonders im Abschnitt Zwingerplateau eingebaut war, war außerordentlich stark geschädigt und musste auf Grund seines schiefrigen Zerfalles ersetzt werden – dies führte ebenfalls zu einer Erhöhung des Sanierungsaufwandes. Weitere Überraschungen verbargen sich hinter dem dichten Grünbestand in Form von verdeckten Nischen und Öffnungen, die ebenfalls gesichert wurden.

Im günstigsten Fall konnte das vorhandene Mauerwerk von seinen losen Bestandteilen befreit und mit Trasskalkmörtel neu verfugt werden. Bei durchgreifender Schädigung mussten die äußeren Mauerwerksschichten abgetragen werden, wobei ursprüngliches, noch tragfähiges „kerniges“ Steinmaterial nach der Reinigung im vorgefundenen Mauerwerksverband wieder verbaut wurde. Ergänzungen mit neuem Steinmaterial wurden mit Lindlarer Grauwacke, angepasst an die Formate des historischen Bestandes, ausgeführt.

SANIERUNGS-KONZEPTE

Auf Grund der ersten Erkenntnisse erfolgte 1996 die Erstellung eines Sanierungs- und Erhaltungskonzepts, das 18 Sanierungsabschnitte mit jeweils ca. zehn Metern Breite vorsah. Ausgeführt wurde anfänglich ein Bauabschnitt, später zwei bis drei Bauabschnitte pro Jahr. Es wirkte sich Kosten mindernd aus, dass die Sanierung mit fortschreitender Dauer zunehmend professioneller und rationeller vonstatten ging. 2003 und 2004 konnten erhebliche Teile der Burgmauer in einem Zuge saniert werden.

Die Mauern der Vorburg wurden erstmals 1999 in einem Sanierungskonzept berücksichtigt. Vorausgegangen war ein Mauereinbruch durch Verlust der vorderen Mauerschale, der aktuellen Handlungsbedarf auch zur Sicherung der Vorburgmauern aufzeigte. Die Sanierung dieser Umfassungsmauern wurde auf verkehrssicherungstechnisch notwendige Bereiche (Bauabschnitt 1-3 und 4-6) begrenzt. Im zweiten Bauabschnitt, der an die Zuwegung zur Hauptburg grenzte, wurden Erdanschüttungen zur Sicherung der Standfestigkeit der Mauer vorgenommen, um statisch aufwändige und kostenintensive Lösungen zu vermeiden.

Aus Kostengründen wurde im Innenbereich der Burganlage teilweise ebenso verfahren: Nicht alle Innenmauern konnten vollständig saniert werden. Der bis dahin nicht berücksichtigte Bergfried wurde allerdings 2004 in die Sanierung einbezogen. Er kann jedoch – ganz im Sinne der hier jährlich brütenden Turmfalken – weiterhin nicht begangen werden, weil diesbezügliche Maßnahmen ebenfalls aus Kostengründen zurückgestellt wurden.

Die Lage der Burgmauern im Landschaftsschutzgebiet führte zu einem langwierigen Diskussionsprozess mit der Unteren Landschaftsbehörde des Rhein-Sieg-Kreises. Die im Verfallszustand befindlichen Mauern mit ihrer Begrünung wurden aus ökologischer Sicht als schutzwürdig angesehen und deshalb wurde die zur Erhaltung des Baudenkmales bautechnisch notwendige Entfernung des Bewuchses von der Unteren Landschaftsbehörde kritisch bewertet. Diese ordnete die Baumaßnahmen als Eingriff ein, der nach dem Natur- und Landschaftsrecht Ausgleichsmaßnahmen auslöste. Abweichend hiervon vertrat die Untere Denkmalbehörde der Stadt Hennef die Ansicht, dass die im Denkmalrecht geforderte Erhaltungspflicht des Denkmales Burganlage Vorrang habe.

Stadt und Kreis einigten sich schließlich auf konkret definierte Ausgleichsmaßnahmen unmittelbar an der Burganlage. Es wurden Trockenmauern errichtet, die die an dieser Stelle ehemals vorhandenen Weinberg-Terrassen nachvollziehen. Ebenfalls vereinbart wurde die Errichtung eines Burggartens im Bereich des Zwingerplateaus, neben der an diesem Ort wild wachsenden Osterluzei soll der Garten auch andere mittelalterliche Heil- und Arzneimittelpflanzen aufweisen. Die Suche nach einer geeigneten Person zur ehrenamtlichen Betreuung der Gartenanlage war erst in 2006 erfolgreich; Ende dieses Jahres soll die Burggartengestaltung abgeschlossen sein.

Abschließend ist ein Informationssystem in Stadt und Burg Blankenberg geplant, das Besucher über die baulichen Zusammenhänge und die historische Entwicklung beider Bereiche informiert.

Mauerkrone im freigelegten Zustand.
Zwingerplateau, 2000

Gut erhaltener Mauerwerksbestand, Bereich Zwinger

WEITHIN SICHTBARES HERRSCHAFTS-SYMBOL

Blick auf die Burg, von Stein aus gesehen

Der Name Blankenberg weist auf einen nicht bewaldeten, blanken Bergsporn hin. Auch auf Grund ihrer Wehrfunktion war die Burg ursprünglich freigestellt. Durch die Nutzung des gesamten Burgberges zum Weinbau – urkundlich belegt seit 1376 – wurden die umliegenden Hangbereiche bis 1907 freigehalten. Nachdem der Burgberg allmählich verbuschte, wurde er später aufgeforstet. Der umfangreiche, die Burgmauern verdeckende Waldbestand beeinträchtigt heute in Teilbereichen die Wahrnehmung der Burganlage. Zur Erinnerung an die ursprünglich weit ausstrahlende Sichtbarkeit des ehemaligen Macht- und Herrschaftssymbols Burg ist aus denkmalpflegerischer Sicht eine durchgängige Freischneidung der Burganlage wünschenswert. Leider sind in Richtung Siegtal und Siegburg die Mauern bereits stark verschliffen. Zudem wäre eine Rodung im Steilhang oberhalb der Siegtalstraße sehr aufwändig, daher wird dieser Bereich zunächst nicht angetastet werden können. Blickt man heute von Stadt Blankenberg auf die Burganlage, so lassen aus diesem Blickwinkel die nach der Sanierung hell scheinenden, hoch aufragenden Mauern wieder eine Ahnung von der ehemaligen Pracht und imposanten Erscheinung der Burganlage aufkommen. Auch im angrenzenden Bereich vom Bastionsturm bis zu den den Ortsteil Stein überragenden Burgmauern des Zwingerplateaus soll die freie Sicht auf die Mauern zukünftig wieder hergestellt werden – damit wir die begeisterte Schilderung August Horns in seinem *Führer für Siegreisende* von 1854 auch heute wieder nachvollziehen können:

Die Chaussee führt uns dann dem linken Siegufer entlang durch eine liebliche Idylle…; bis uns plötzlich hinter einem waldigen Vorsprunge wieder die Romantik mit den gigantischen Trümmern Blankenbergs überrascht.

Quellen:

Helmut Fischer: Geschichte der Burg Blankenberg. In: Beiträge zur Geschichte der Stadt Hennef-Sieg, Band 9, hrsg. von der Stadt Hennef-Sieg durch Helmut Fischer, 1981.

Helmut Fischer: Zwecks Hebung des Ortes und Förderung des Verkehrs – 75 Jahre Heimat- und Verkehrsverein, 50 Jahre Turmmuseum Stadt Blankenberg. Heimat- und Verkehrsverein Stadt Blankenberg e.V.(Hrsg.), 1986.

Stadt Hennef: Stadt Blankenberg, Sicherungs- und Erhaltungskonzept Burg Blankenberg, Hauptburg, 1996 und 1999, sowie Vorburg, 1999, erstellt durch Wolters und Partner, Coesfeld.

„… SO LIEGT ALLNER […] SO SEHR IM MITTELPUNKT DES GROSSEN KREISES …"

DAS SCHLOSS ALLNER ALS SITZ DES LANDRATES DES SIEGKREISES IN DEN JAHREN 1837–1840 UND 1842–1846/48

VON
CLAUDIA MARIA ARNDT

Siegaue mit Schloss Allner; Gemälde von Hans Frederik Gude, 1859

KURZE BESITZ- UND BAUGESCHICHTE DES SCHLOSSES ALLNER

Die bislang anhand von Urkunden nachvollziehbare Geschichte des Schlosses Allner reicht bis ins erste Viertel des 15. Jahrhunderts zurück. 1420 führte der Adelige Arnold von Markelsbach, der ein Jahr zuvor als Lehnsmann des Stifts Vilich bezeugt ist, erstmals nachweisbar den Namenszusatz „genannt von Allner". 1421 ist Arnold von Markelsbach – ebenfalls genannt von Allner – als Amtmann des bergischen Amtes Blankenberg nachweisbar. Auf dem Erbwege gelangte Schloss Allner 1557 an die Familie Scheiffard von Merode, genannt von Kühlseggen. Durch Heirat fiel Ende des 17. Jahrhunderts der Besitz an die Spies von Büllesheim von Satzvey, die das Schloss schließlich Ende des 18. Jahrhunderts infolge eines über einhundert Jahre andauernden Erbstreits um den Rittersitz Merten an die Grafen von Hatzfeldt-Werther-Schönstein abtreten mussten. Nach mehrfachem Besitzerwechsel – u. a. an die Familie von Loë zu Wissen und die Grafen Adelsmann von Adelsmannsfelden – gelangte Allner an die Familie Horstmann-Pagenstecher, die die Anlage 1953 bis 1972 als Kinderheim zur Verfügung stellte. 1979 verkaufte sie Schloss Allner mit dem dazugehörigen weiträumigen Park an die I.A.S.-Anlagen GmbH in Krefeld, die alle Baulichkeiten zu exklusiven Eigentumswohnungen umgestalten ließ, weshalb heute das gesamte Schlossareal für Besucher unzugänglich ist.

Untersuchungen zur spätmittelalterlichen Vorgängeranlage des barocken Schlosses Allner, das sich in der Ortsmitte des Hennefer Stadtteils Allner auf einer Terrasse oberhalb der Sieg befindet, liegen bislang noch nicht vor. Heinrich Duncker schwärmte in seinem Mitte des 19. Jahrhunderts erschienenen Werk *Rheinlands Schlösser und Burgen* über diesen stattlichen Bau, der „in den waldigen Bergen des Siegkreises gelegen" sei:

Blick über die Sieg auf Schloss Allner; Farblithographie von Franz Borchel nach einem Aquarell von Senff aus Heinrich Dunckers „Rheinlands Schlösser und Burgen", um 1860

„Das Schloss steht mit seinen Spitzen und Kuppeln recht herrenmässig am Wasser und hebt sich künstlerisch ab gegen den dunklen Hintergrund der schönbewaldeten Berge."

Der Baubestand des ursprünglich von Wassergräben umgebenen viergeschossigen Herrenhauses auf kreuzförmigem Grundriss mit rechteckigen Nebengebäuden in den vorderen Winkeln und hohem, von einer zentralen Laterne bekröntem Walmdach reicht in die Mitte des 17. Jahrhunderts zurück. Das heute noch erhaltene Herrenhaus entstand seinerzeit an der Stelle der mittelalterlichen Niederungsburg. Es besaß Bruchsteinmauerflächen, die ursprünglich verputzt waren. Die anfänglich das Herrenhaus umgebenden Wassergräben wurden später eingeebnet. Etwa zur gleichen Zeit wie der Neubau des Herrenhauses erfolgte auch die Anlage der lang gestreckten Wirtschaftsgebäude.

1875/76 fand ein größerer Umbau statt, bei welchem u. a. die bisher vorhandenen Kreuzsporenfenster durch einfache Fenster ersetzt, das Bruchsteinmauerwerk freigelegt und weitere Details verändert wurden. Damals wurde auf Grund eines neuen Daches der charakteristische Dachreiter entfernt und dafür über den beiden Türmen steile Dachhauben errichtet. Die Vorderfront erhielt einen großen Giebel in frühgotischen Formen, und auch sonst wurden durch den für den Umbau verantwortlichen Franziskanerbruder Paschalis „gotische Zutaten" hinzugefügt, die den barocken Charakter der Anlage veränderten. Bei dem Umbau erhalten blieb u. a. die in den Hof der Vorburg hineinragende, sehr malerische Freitreppe, die wohl gleichzeitig mit der Erweiterung des Herrenhauses im 17./18. Jahrhundert entstanden war. Zu der ganzen Anlage gehören ferner lang gestreckte Wirtschaftsgebäude und eine Umfassungsmauer, die Schloss und Garten umschließt.

DIE LANDRÄTLICHEN BÜROS IM WANDEL DER ZEITEN

1816 gab Friedrich Ludwig Christian Graf zu Solms-Laubach (* 1769, † 1822), seit 25. April 1815 Oberpräsident der Provinz Jülich-Kleve-Berg und zugleich bis zum 6. Dezember 1817 Regierungspräsident von Köln, für seinen Bezirk die Bildung von elf Landkreisen bekannt. Durch Bekanntmachung im Amtsblatt der Königlichen Regierung zu Köln vom 20. April 1816 wurden damals auch die Landkreise Siegburg und Uckerath eingerichtet. Die – bis 1818 nur kommissarisch ernannten – Landräte waren für den Kreis Siegburg Eberhard von Hymmen und für den Kreis Uckerath Franz Josef Scheven aus Hennef. Während von Hymmen Wohnung und Büro im Kloster auf dem Siegburger Michaelsberg nahm, arbeitete Scheven in einem kleinen Fachwerkhaus in Uckerath und wohnte in Hennef; 1817 verlegte er die Büros in den Heymershof nach Hennef.

Ansichtskarte (Lithographie), um 1900

Als 1820 die Kreise Uckerath und Siegburg zusammengefügt wurden, wurde Scheven Landrat des neu gebildeten Kreises und übernahm das Büro auf dem Michaelsberg. Doch bereits im November desselben Jahres verlegte er seinen Dienstsitz eigenmächtig in seine Hennefer Wohnung, um den für ihn lästigen Weg nach Siegburg zu vermeiden. Schon damals beschwerte sich der Siegburger Bürgermeister von Ley bei der Königlichen Regierung darüber, dass Siegburg nicht zur Hauptstadt des neu gebildeteten Landkreises ernannt worden war und bat um entsprechende Unterstützung, Siegburg zum Hauptort des Siegkreises zu machen.

Das Herrenhaus von Südosten, vor 1945

Das Herrenhaus mit seiner malerischen Freitreppe, vor 1945

Beendet wurde dieser Disput durch eine am 17. Februar 1825 veröffentlichte Kabinettsordre. In dieser wurde nicht nur der Name des neuen Kreises mit „Siegkreis" festgesetzt, sondern auch die Stadt Siegburg zum Hauptort des Kreises erklärt.

Wörtlich heißt es hier: Seine „Majestät der König haben auf den Antrag des Königlichen Ministerii des Innern [...] für die vereinigten Kreise Siegburg und Uckerath die Benennung „Sieg-Kreis" zu genehmigen, auch die Stadt Siegburg zum Hauptorte dieses Kreises mit der Maßgabe zu bestimmen geruhet, daß der Amtsnachfolger des gegenwärtigen Landraths seinen Wohnsitz und das landräthliche Büreau in Siegburg aufzuschlagen gehalten seyn soll." Siegburg sollte also sowohl der Dienst- als auch der Wohnort des künftigen Landrates sein, Scheven aber konnte in Hennef bleiben und hatte somit seinen Willen durchgesetzt.

Nach dem Tod Schevens am 13. März 1837 wurden die Amtsgeschäfte vorerst kommissarisch an den Kreisdeputierten Maximilian Freiherr von Loë übertragen.

MAXIMILIAN FREIHERR VON LOË, LANDRAT DES SIEGKREISES UND SCHLOSSHERR ZU ALLNER

Die von Loës sind ein altes westfälisch-niederrheinisches Geschlecht, das 1629 in den Reichsfreiherrenstand erhoben wurde. 1808 verlieh Napoleon I. dem Chef des Hauses den Rang eines *Comte de l'Empire*.

Maximilian Fridericus Josephina Maria von Loë wurde am 15. Januar 1801 in Wissen bei Weeze am Niederrhein geboren. Am 1. Juli 1827 heiratete er Helene Gräfin von Hatzfeldt zu Trachenberg (* 1801 Allner, † 1838). Diese war damals alleinige Besitzerin des Schlosses Allner, wo beide von nun an auch lebten. Der Ehe entstammte u. a. Friedrich Karl Walter Degenhard Freiherr von Loë, späterer königlich preußischer Generalfeldmarschall und Generaladjudant des Kaisers. Nach dem Tod der Gräfin von Hatzfeldt im Jahr 1838 ehelichte von Loë am 15. Januar 1840 Gräfin Maria von Schönborn-Wiesentheid (* 1809, † 1856) und residierte auch weiterhin auf Schloss Allner.

Maximilian Freiherr von Loë galt in den 1830er und 1840er Jahren als eine der bedeutendsten Persönlichkeiten des öffentlichen Lebens in der preußischen Rheinprovinz. Er war Mitbegründer der *Genossenschaft des Rheinischen Ritterbürtigen Adels*, einer Adelskorporation, die am 12. Januar 1835 auf die Initiative von Johann Wilhelm Freiherr von Mirbach (* 1784, † 1849) ins Leben gerufen wurde und der sich rheinische, vorwiegend niederrheinische Edelleute anschlossen. Von Loë galt seinerzeit „als Wortführer des ritterbürtigen rheinischen Adels und der kirchlich-konservativen Katholiken".

Maximilian von Loë (1801-1850)

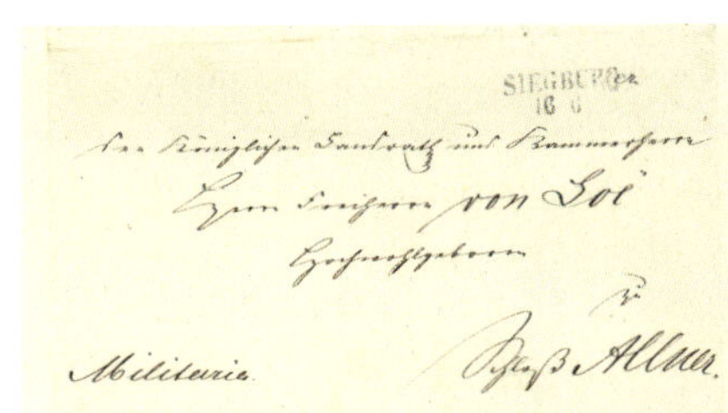

Adressfeld eines Schreibens an Landrat von Loë

Von 1837 bis 1845 war er Mitglied des Provinziallandtages, also des Parlamentes der einzelnen preußischen Provinzen. Er galt, insbesondere in dieser Eigenschaft, „als Verfechter rheinischer Belange". Außerdem war er Vorsitzender des *Vereins vom Heiligen Karl Borromäus zur Förderung des katholischen Lebens und zur Begünstigung guter Schriften und Bücher*, der als Reaktion auf die antikatholischen Ressentiments der Vormärzzeit im Rheinland ins Leben gerufen worden war und seine Hauptaufgabe in der Empfehlung und dem Verkauf geeigneter Bücher sah. Neben dem Zentralverein in Bonn wurden zahlreiche Ortsvereine gegründet.

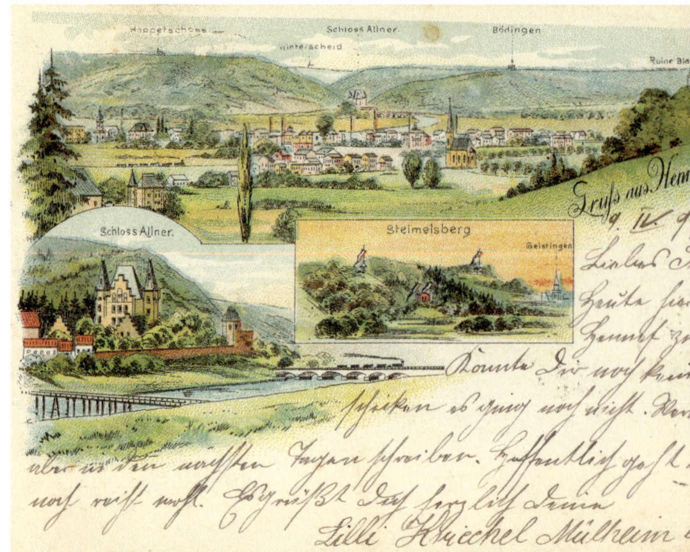

Ansichtskarten (Litografien), 1890er Jahre

Nachdem Landrat Scheven am 13. März 1837 gestorben war, wurde Maximilian Freiherr von Loë mit Wirkung zum 1. Mai 1837 die vorläufige Verwaltung des Siegkreises übertragen. In einer Sitzung der Kreisstände unter dem Vorsitz des Wahlkommissars, des Kreisdeputierten Freiherrn von la Valette St. George, in Haus Auel am 28. August 1837 wurde Loë schließlich einstimmig zum Landrat gewählt. Oberpräsident von Bodelschwingh beschrieb die Eigenschaften von Loës, die ihn für diesen Posten prädestinierten, aber auch ungeeignet erscheinen ließen, wie folgt: „daß derselbe zwar ausgezeichnete Eigenschaften für einen Landrath besitzt; namentlich seinen scharfen Verstand, große Thätigkeit, lebendiges Interesse für das, was er für gut und nützlich erkennt, so wie große Offenheit und Integrität; daß aber auch andere Eigenschaften nicht zu verkennen sind, welche den Erfolg seiner Wirksamkeit sehr problematisch machen. – Dahin zähle ich: große Eigenwilligkeit – Neigung zur scharfen Critik der von höherer Behörde ausgehenden Maaßregeln und zur Opposition gegen dieselbe."

Anfang 1846 erkrankte Landrat von Loë so schwer an einem Nervenleiden, dass er seine Amtsgeschäfte nicht mehr ausüben konnte. Am 3. Juni 1846 schrieb die Königliche Regierung, Abteilung des Inneren, an den Kreissekretär Müller in Allner, dass „das Königliche hohe Ministerium des Innern sich veranlaßt gefunden hat, für die Zeit der noch fortdauernden Krankheit des Herrn Landrath […] die commisarische Verwaltung des Landrathsamts dem Herrn Regierungs=Assessor Kessler zu übertragen". Müller sollte „das Nöthige vorbereiten, um dem Herrn Regierungs-Assessor Kessler bei seinem Eintreffen die landräthlichen Geschäfte übergeben zu können." Wenige Tage später übernahm Kessler dann kommissarisch das Amt des Landrates.

Von Loës Leiden besserte sich nicht, so dass er seinen Dienst nicht mehr aufnehmen konnte. Die Königliche Regierung sandte schließlich am 3. Juni 1848 einen Brief mit seinem Entlassungsschreiben an Freifrau von Loë; das eigentliche *Dimissoriale* datiert vom 3. Mai 1848.

Am 5. Mai 1850 starb Maximilian Freiherr von Loë „geistesverwirrt" im belgischen Gent. Das Schloss Allner wurde von seinen Nachkommen 1870 verkauft.

Das Herrenhaus, in den Kriegsmonaten 1945 schwer beschädigt, wurde 1952/53 nach dem Zustand von vor 1875 restauriert und erhielt wieder ein niederes Dach mit welschen Hauben.

DER STREIT UM DEN SITZ DER „KREISHAUPTSTADT": SIEGBURG VERSUS ALLNER

1906 standen die Giebel der Fachwerkhäuser des Ortsmittelpunktes von Allner zur Straße an der Schlossmauer

Maximilian Freiherr von Loë wohnte also nach seiner Ernennung zum Landrat weiterhin auf Schloss Allner und nutzte das Büro in Hennef, wo schon Scheven gearbeitet hatte. Der Siegburger Bürgermeister Johann Kuttenkeuler äußerte aber schon bald nach dem Landratswechsel 1837 den Wunsch, von Loë möge, wie in der Kabinettsordre von 1825 festgeschrieben, nach Siegburg umziehen. Loë ignorierte das Ansinnen jedoch hartnäckig. Er stellte ferner sogar am 23. Mai 1837 die Bedingung, nur dann den Posten des Landrates endgültig übernehmen zu wollen, wenn er weiterhin auf Schloss Allner wohnen bleiben und dort auch seine Amtsgeschäfte verrichten könne.

In einer nur wenige Tage später einberufenen Sitzung des Siegburger Stadtrates teilte Bürgermeister Kuttenkeuler den anwesenden Gemeinderäten diesen Sachverhalt mit und beschloss, die Königliche Regierung zu bitten, die Kabinettsordre von 1825 nun auch endlich umzusetzen. Im Juli antwortete diese, dass es nach späteren allgemeinen Bestimmungen den Landräten nicht verwehrt werden könne, dass sie, wenn sie mit einer geringeren Besoldung einverstanden wären, auf ihren eigenen Gütern wohnen blieben; im Übrigen wolle man sich aber für die Interessen der Stadt einsetzen. Kuttenkeuler gab sich noch nicht geschlagen.

Am 31. August 1837 richtete er ein entsprechendes Gesuch an das Ministerium des Inneren, und am 1. September ging ein Immediatgesuch (unmittelbar an die höchste Behörde gerichtetes Gesuch) der Siegburger an den König. Die Antwort ließ bis Mitte Oktober auf sich warten und war zudem ziemlich unkonkret: Man wolle „hierüber die weiteren Bestimmungen Seiner Majestät des Königs" einholen.

Am 25. Januar 1838 nahm dann Oberpräsident von Bodelschwingh in Koblenz zu einem Bericht der Königlichen Regierung zu Köln betreffend die Wiederbesetzung der Landratsstelle im Siegkreis Stellung: „Was demnächst den landräthlichen Sitz und die Placierung des Büreaus betrifft, so liegt Allner (das Gut des Herrn von Loe) so sehr im Mittelpunkt des großen Kreises, daß an und für sich gegen die Erfüllung seines Wunsches wenig zu erinnern und wohl auch eine solche Einrichtung zu treffen sein dürfte, daß der Kreis-Secretair in Hennef ohne erheblichen Nachtheil für den Dienst wohnen bleiben könnte." Als nicht unproblematisch sah er jedoch die existierende Kabinettsordre an: „Zwölf Jahre lang hat sich die Bürgerschaft im Vertrauen auf das Königliche Wort beruhigt und dem Zeitpunkt entgegen gesehen, wo solcher in Erfüllung gehen würde, so daß m. E., ohne Gefährdung des Ansehens Königlicher Versprechungen und den dadurch herbei zuführenden größten Nachtheil für die öffentliche Stimmung, jenes Versprechen jetzt, nachdem die Bedingung seiner Erfüllung eingetreten, nicht zurück

Das Herrenhaus von Osten, 1973

Der Fachwerkbau der alten Mühle und die Siegbrücke vor dem Schloss Allner um 1920

gezogen werden darf." Bodelschwingh befand sich also in einer Zwickmühle. Von Loë aber störte sich wenig an dieser Situation, sein Kommentar war lediglich, „daß man in Siegburg keinen so hohen Werth auf die Sache lege", was ja nachweislich nicht stimmte. Der Innenminister gab schließlich im Februar 1838 seinen Segen, der Landrat solle auf Schloss Allner wohnen bleiben, jedoch die landrätlichen Büros nach Siegburg verlegt werden.

Die Sache sollte jedoch noch nicht endgültig erledigt sein. Am 10. März 1838 wurde wieder über diesen Sachverhalt beraten, diesmal durch die Kreisstände. Kuttenkeuler bestritt deren Zuständigkeit und führte wiederum besagte Kabinettsordre von 1825 an, die diese Frage mit Gesetzeskraft gelöst habe. Ferner gab er in seiner Eigenschaft als Kreisdeputierter schriftlich eine ähnliche Erklärung beim Vorsitzenden der Kreisständeversammlung ab und beantragte die Aufnahme seiner Erklärung in das Protokoll, allerdings ohne Erfolg. Zwei Tage später folgte eine Eingabe an das Innenministerium in Berlin. Auf Grund dessen zögerten die Verantwortlichen in Berlin noch eine Weile, Freiherrn von Loë endgültig zum Landrat zu ernennen.

Das Schlosstor

Die Büroräume wurden übrigens erst am 8. August 1840 in das Haus der Witwe Krumbach in der Siegburger Holzgasse verlegt. Am 8. August desselben Jahres gab die Königliche Regierung ferner bekannt, dass der Landrat von nun an jeden Samstagvormittag in Siegburg anwesend und zu sprechen sowie an den anderen Tagen entweder in Allner oder im Siegburger Büro tätig sein sollte.

Die Auseinandersetzungen hätten hiermit einen versöhnlichen Abschluss finden können, hätte nicht Landrat von Loë, der sich mit der getroffenen Regelung nicht anfreunden konnte, seine politischen Beziehungen genutzt und die Verhältnisse wiederum in seinem Sinne ändern lassen. So erschien ohne Voranmeldung im Mai 1842 der Regierungskommissar Simon von der Königlichen Regierung in Köln beim Siegburger Bürgermeister, um ihm mitzuteilen, dass auf Grund einer Kabinettsordre vom 11. April 1842 sowie eines Erlasses des Innenministeriums vom 19. Mai die Stadt Siegburg, sofern sie der Verlegung der landrätlichen Büros nach Allner zustimme, ab dem folgenden Jahr ein *Gnadengeschenk* von 3.140 Ta-lern für den Neubau eines Mädchenschulhauses und eine Gehaltszulage von 25 Talern jährlich für den zweiten Elementarlehrer an der höheren Stadtschule erhalte. Sanfter Druck des Regierungskommissars sowie die finanziell nicht rosige Lage veranlassten die Stadt, auf dieses Angebot einzugehen. So wurden die landrätlichen Büros am 1. Oktober 1842 nach Allner verlegt. Das war der Schlusspunkt unter die jahrelang andauernden Auseinandersetzungen um den Sitz der „Kreishauptstadt" des Siegkreises.

Das Schloss Allner von Südwesten

Als Regierungsassessor Kessler 1846 nach der Erkrankung von Loës kommissarisch die Amtgeschäfte übernahm, sagte dieser: „Meinen Wohnsitz werde ich möglichst nahe bei Allner nahmlich zu Hennef, eine [...] halbe Stunde von hier nehmen. Es ist die Anordnung getroffen worden, daß die Postsachen gleich von der Postspedition in Hennef zugehen und dann durch den Kreisboten zum landräthlichen Bureau befördert werden." Kessler konnte jedoch in Hennef keine Wohnung erhalten, wohnte daher in Siegburg und musste täglich nach Allner in das Büro. Dadurch flackerten die Streitigkeiten um den Landratssitz erneut auf. Schließlich verfügte am 23. März 1848 die Regierung in Köln die sofortige Verlegung der landrätlichen Büros nach Siegburg, was Anfang 1848 in die Tat umgesetzt wurde. Damit war die Episode des Schlosses Allner als Sitz des Landrates des Siegkreises beendet.

Der Literaturnachweis zu diesem Artikel befindet sich auf Seite 237

DER PARKPLAN VON SCHLOSS BIRLINGHOVEN

VON
GISBERT KNOPP

Als Gesamtplanung von Schloss und Park dürfte Birlinghoven das späteste Beispiel in der Reihe historischer Parkanlagen im Rheinland sein. Historische Fotos von dem vom Gartenarchitekten hergestellten Modell der gesamten gestalteten Fläche geben ein aufschlussreiches Bild von einem gartenkünstlerischen Kuriosum, das im Rheinland seinesgleichen sucht.

Schloss Birlinghoven, oberhalb des gleichnamigen Ortes in beherrschender Lage mit Blick auf das Siebengebirge, wurde 1901-1903 als vornehmer Landsitz, als Ort der Repräsentation, als stilgerechte „Umhüllung" für eine ebenso kostbare wie reichhaltige Sammlung von Kunstwerken errichtet. Bauherr ist der Kölner Außenhandelskaufmann Theodor Damian Rautenstrauch, der ein Jahr zuvor das sechshundert Morgen umfassende Rittergut Birlinghoven, eine vor der Mündung des Lauterbachs in den Pleisbach gelegene zweiteilige Wasserburg, für 235.000

Mark von den Erben Clostermann erworben hatte. Ein Neubau an historischer Stelle auf der Insel, wo einige Jahre später das Herrenhaus in der Art eines kleinen Rokokoschlösschens errichtet wurde, scheint den Bedürfnissen des neuen, dem vermögenden Kölner Bürgerstand zugehörigen Besitzers wohl kaum entsprochen zu haben, so dass man sich entschloss, oberhalb auf der Höhe eine neue große Schlossanlage zu erbauen.

Die Pläne dazu lieferte der Architekt Edwin (Ludwig Joseph) Crones. Er wurde am 7.9.1874 in Duisburg als Sohn des Architekten und Bauunternehmers Peter Josef Crones geboren. In Köln unterhielt er ab ca. 1900 ein Architekturbüro in der Trajanstraße, zusammen mit seinem Vater. Sein Name ist mit zahlreichen Bauten in Köln, allein in Marienburg mit sieben Wohngebäuden, verbunden. Er starb dort am 18.11.1917. Seine enge Verbindung zur Familie Rautenstrauch mag darin zum Ausdruck kommen, dass er 1904 von den drei Kindern des inzwischen verstorbenen Ehepaares Eugen Rautenstrauch den Auftrag für den Neubau des später Rautenstrauch-Joest genannten Museums in Köln erhielt, dem als Grundstock die von der Familie gestiftete ethnologische Sammlung diente.

Für das neue Schloss Birlinghoven wählte man einen Bauplatz inmitten eines Waldgeländes, dessen höchster Punkt einen

Abb. 1 Luftaufnahme aus dem Jahr 1999

Zugang von der Terrasse in das Gartenparterre

freien Blick in die Umgebung gewährte. Mit ihren sanften Höhenzügen und den Umrissen des Siebengebirges ähnelte sie, wie der Gartenarchitekt festhielt, den Landschaftsbildern Schottlands.

Es entstand eine zweiflügelige Anlage: An den etwa 45 Meter langen Hauptflügel schließt sich im Westen im rechten Winkel ein schmaler Seitenflügel an. Die dreigeschossige Eingangsfront im Nordwesten wird von einem massigen Mittelrisalit bestimmt und seitlich, aber asymmetrisch, von zwei schlanken achteckigen Türmchen gerahmt, an die rechts der Seitenflügel und links die 1921 angefügte Kapelle angegliedert sind.

Die Zinnen der Türmchen und der Eingangsrisalit ebenso wie die Bögen der Fenster und Türen nehmen Formen des englischen Tudorstils auf, verleihen der Anlage einen kastellartigen Charakter, mit Anlehnung an die Formen und das Aussehen des englischen Königsschlosses Hampton Court, südwestlich von London. Es scheint dies durchaus beabsichtigt, da selbst das Baumaterial, die roten Verblendsteine, aus England bezogen wurden, und der Bauherr mit dem Architekten mehrfach dorthin gereist sein soll.

Die zweigeschossige Gartenfassade (Abb. 1) macht gegenüber der aufgelockerten und unregelmäßigen Eingangsfassade einen streng geordneten Eindruck. Sie ist klar und symmetrisch gegliedert. In der Mitte der Fassade tritt der große Gartensaal mit drei Seiten des Oktogons hervor; seitlich schließen sich jeweils drei Fensterachsen an. Zwei kräftige achteckige Türme fassen die Fassade ein. Sie sind in starkem Kontrast zum roten Ziegelmauerwerk glatt verputzt und in hellem Sandsteinton gefasst sowie von Balustraden gekrönt. Vor der ganzen Front liegt eine erhöhte Terrasse, von der zwei Freitreppen in den symmetrisch angelegten Hanggarten hinabführen.

Während die Eingangsfront Formen der englischen Neogotik verpflichtet scheint, ist die Gartenfront mehr vom französischen Barock beeinflusst. Crones hat bei dem Bau von Birlinghoven versucht, einen Repräsentationsbau mit einem ländlichen, privaten Wohnsitz zu vereinigen. Er verwendet dabei Formen, die ihm für bestimmte Gattungen angemessen erscheinen: Symmetrie und einfache Barockformen für einen Repräsentationsbau und „malerische", aufgelockerte Bauweise für Land- und Wohnhäuser. Diese Zwiespältigkeit des Baugedankens spiegelt sich auch im Inneren wieder, wo der übermäßig große, repräsentative Gartensaal in keinem Verhältnis zu den übrigen kleineren Räumen steht. Barocke Formen beherrschen auch das Innere mit dem ovalen Treppenhaus und dem großen achteckigen Gartensaal. Für die Stuckarbeiten des Saales sollen englische Spezialhandwerker hinzugezogen worden sein.

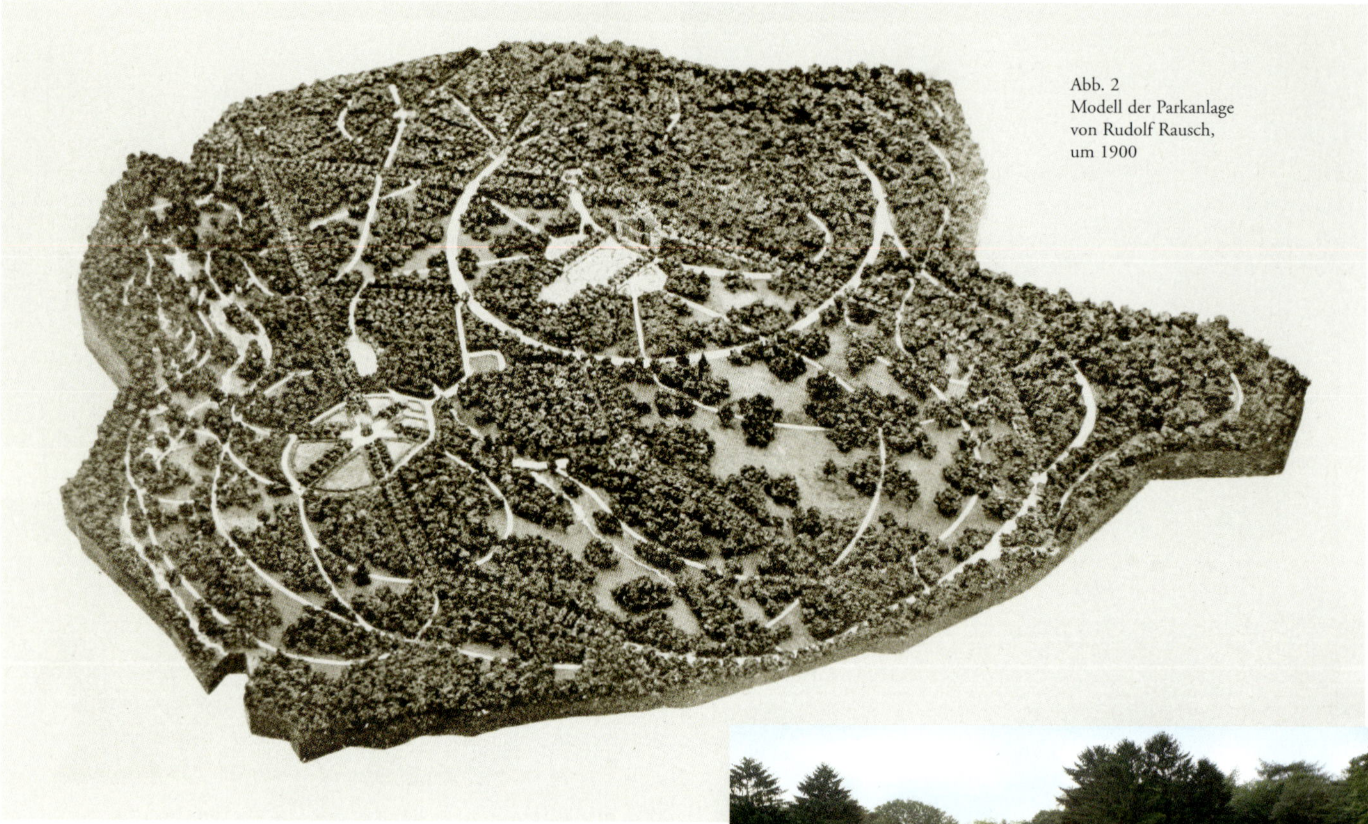

Abb. 2
Modell der Parkanlage
von Rudolf Rausch,
um 1900

Gleichzeitig mit dem Schlossbau begannen auch die Arbeiten für die Anlage des weitläufigen, 400 Morgen umfassenden Parkgeländes, inmitten und unter Einbeziehung des vorhandenen Eichen-, Buchen- und Kiefern-Hochwaldes. Entwurf und Ausführung stammen von dem Kölner Gartenarchitekten Rudolf Hermann Rausch. Zusammen mit dem Hamburger Gartenarchitekten Karl Reinhard betrieb er eine Firma (Konrad Bartels Nachfolger), die zu den renommiertesten der Zeit gehörte; auf den Ausstellungen von 1902-1910 in Köln, Düsseldorf und Wiesbaden erhielten sie verschiedene Auszeichnungen. Rudolf Rausch stammte aus Halle, wo er am 1.9.1876 geboren wurde, in Köln war er ab 1901 als Obergärtner und ab 1904 als Garteninspektor der „Flora" tätig. Hier blieb er bis Ende August 1936, verzog dann nach (Lohmar-)Wahlscheid, wo er am 14.1.1947 gestorben ist.

Der – im Foto – erhaltene Entwurfsplan (Abb. 2) zeigt auf den ersten Blick ein geradezu verwirrendes System gerade geführter und lebhaft geschwungener Wege. Um das Schloss ist in weitem Bogen ein Oval gelegt, in das nach Süden eine Raute einschneidet, deren untere Spitze als *patte d'oie* endet und insgesamt das Bild eines sechsstrahligen Sterns ergibt. Die Hauptwege, deren Schnittpunkte mal größer, mal kleiner als Rondells ausgebildet sind, sind beidseitig von Bäumen gesäumt. Demgegenüber ist das untergeordnete Wegesystems sehr viel filigraner, vielfach verschlungen und verwoben, auch die äußersten Bereiche des unregelmäßig geschnittenen Geländes einfangend.

Ein besonderes Kuriosum stellt ein an der Westseite des Schlosses platziertes tropfenförmiges Gebilde dar, aus dessen sternförmiger Mitte acht Wege ihren Ausgang nehmen. Eigentliches Zentrum ist das der Terrasse des Schlosses vorgelagerte, von acht Meter breiten Lindenalleen (Tilia euchlora) beidseitig gerahmte, an das Gelände angeschmiegte, statt ursprünglich terrassenförmig geplante, sanft abfallende Gartenparterre (Abb. 3). Als *Parterre de broderie* mit komplizierten, flächig angelegten Buchsornamenten, Kies- und Rasenflächen symmetrisch angelegt, weicht es von den übrigen, mehr dem englischen Landschaftsgarten verpflichteten, Teilen ab (Abb. 4).

Angestrebt war hier die Einheit von Schlossarchitektur und Garten. Nach barocken französischen Vorstellungen war der Garten gleichsam die Fortsetzung der Innenräume ins Freie; nicht umsonst öffnet sich der Gartensaal durch große Fenstertüren unmittelbar zur Gartenterrasse, die mit Orangenbäumen in viereckigen Kübeln umsäumt ist; nicht umsonst dominieren in der Ausstattung des Saales die *Monatsbilder* mit Naturmotiven. Rückgrat eines jeden Barockgartens ist die große Achse, die in der Ferne auf einen bestimmten Blickpunkt zielt, im Falle von Schloss Birlinghoven auf das Siebengebirge, näherhin den Ölberg als *point de vue*. Die das Broderieparterre nach unten abschließende, die Mittelachse betonende Brunnenschale mit Fontäne ist zugleich Ausgangspunkt für die Wege der erwähnten Raute und der Zentralachse, die durch eine ca. 60 Meter breite Senkung zur Höhe des Sterns führt. Dieser wird von einem gestelzten Bogen umschlossen.

Die Einbettung des französisch geprägten Teils in den englischen Landschaftsgarten mit seinen offenen Wiesenräumen erfolgte mit Hilfe seitlich angefügter Halbkreise mit radialer Wegeführung. Der in keinem Landschaftsgarten fehlende, vom Architekten „gotisch" titulierte Blumengarten, der *Pleasureground*, befand sich – obwohl im Plan nicht eigens markiert – an der „gotisch" gestalteten Westseite des Schlosses, leicht terrassiert, von einer Mauer zum Hang hin abgegrenzt, durch rechtwinklige Wegekreuze in einzelne Beete und Rasenflächen unterteilt, an der Längsseite von einem Laubengang durchzogen (Abb. 5). Natürliches Wasser in Form eines Weihers befand sich in Schlossnähe nur vor der Eingangsfront (Abb. 6). Zusammen mit der Fachwerk-Giebelseite des Nebenflügels (heute verputzt) hatte es das „Malerische" zu betonen. Große Waldwiesen mit einzelnen schönen Eichen und Koniferen bestimmten das Bild. Hier befanden sich in angemessener Entfernung die Stallgebäude und die Pferdekoppel (Abb. 7, folgende Seite).

Abb. 3 Gartenfassade mit Broderieparterre. Zustand um 1904

Abb. 6 Eingangsfront mit Weiher, um 1904

Abb. 4 Broderieparterre. Zustand um 1904

Abb. 5 Blumengarten mit Laubengang, um 1904

Die Hauptalleen wurden, wie vom Architekten angegeben, in acht Meter Breite angelegt und zwar von Baumreihe zu Baumreihe sechs Meter, und als Fußweg je ein Meter, begleitet von je einem seitlichen drei Meter breiten Rasenband, so dass die ganze Breite 14 Meter betrug. Dadurch wurde „eine vornehme ruhige Wirkung" erzielt. An den Hauptalleen wurden gepflanzt: Rüstern (Ulmen), Linden, Ahorn, Kastanien, und auf dem dem Schloss gegenüberliegenden Bergkegel Sorbus (Eberesche), die vom Frühjahr an durch die Belaubung und später durch die Früchte wirken (Abb. 8). Die breiten Wege, wie auch die Fußwege, wurden teils mit einer Makadamdecke versehen, teils mit Kies befestigt.

An der Hauptachse zum Stern ist seitlich eine dreifach abgerundete Fläche ausgewiesen, die einen zeit- und standestypischen *Lawn-Tennisplatz* – Vorläufer der heutigen Anlage – darstellen könnte. Bei dem etwa gleichzeitig für den Industriellen August Thyssen um- bzw. neu gebauten Schloss Landsberg oberhalb von Kettwig ist eine derartige Anlage noch erhalten.

Dem Zeitvertreib diente ferner ein Schießstand; er war östlich des Tennisplatzes in den Hang eingelassen. Selbst ein Wasserfall fehlte nicht. In dem sich nach der Südgrenze hin erstreckenden Tal fließt ein kleiner Bach, dessen Wasser mit einer sechs Meter hohen und zwölf Meter langen Mauer zu einem Teich gestaut wurde. Der Überlauf fällt als Wasserfall über eine mit Granitblöcken maskierte Sperrmauer, um dann den alten Bachlauf wieder aufzunehmen. Auch in diesem Tal mussten Axt und Haue das Landschaftsbild erst formen.

Zur Ausstattung des Parks gehörte auch ein Brunnenbecken mit Wasser speiender männlicher Maske gegenüber der Eingangsfront. Auf einem Podest der Einfassung fanden zwei marmorne Brunnenskulpturen in Form von Delphinen, ehemals Wasserspeier, Provenienz niederländisch, Mitte 17. Jahrhundert, Aufstellung. Auch eine Figur der *Diana mit Hirschkuh* findet sich im Bereich zwischen Schloss und Remise (Kopie aus Versailles, Zinkguss, vermutlich 1850 entstanden). An der Rückseite des Schlosses blieben ein aus Italien stammender romanischer Taufstein ebenso wie ein romanischer Portallöwe, 12/13. Jahrhundert, erhalten. Zur zeitgenössischen Ausstattung gehörten zwei aufwändig gearbeitete schmiedeeiserne Laternen auf der Südterrasse und großmächtige halbrunde Bänke in Zementguss zum Verweilen im Bereich des Springbrunnens.

Abb. 8 Blick zum Schloss auf den noch unbepflanzten Bergkegel, vor 1904

Bedeutendstes Ausstattungsstück ist zweifellos die Sonnenuhr auf der Mitte des achtstrahligen Sterns, in direkter Verlängerung der Mittelachse. Diese, als die „herausragendeste Stelle" der Parkanlage, sollte besonders reich ausgestattet werden: Vorgesehen war hier ein *Tempietto*, ein „griechischer Säulentempel", inmitten von mit Taxushecken umsäumten Rasenflächen, auf welchen nach und nach klas-

Abb. 7 Stallgebäude und Remise

sisch-antike Figuren oder Hermen ihren Standort finden sollten. Der griechische Hain blieb offensichtlich nur Planung oder in den Anfängen stecken. Stattdessen fand – allerdings erst um 1920 – an dieser Stelle die Sonnenuhr Aufstellung. Der spätere Besitzer von Schloss Birlinghoven, Geheimrat Louis Hagen, hatte sie über das Schnütgen-Museum in Köln aus dem Kunsthandel erworben. Ob der mehrfach abgestufte, mit Voluten, Girlanden und Wappentafeln versehene barocke Sockel, der möglicherweise auch Spuren einer Sonnenuhr aufweist, zur „ursprünglichen" Ausstattung des Parks gehörte, ist anzunehmen. Die dann darauf aufgestellte Hauptuhr stammt aus dem Ende des 17., möglicherweise noch aus dem 16. Jahrhundert. Über den aus verschiedenen geometrischen Formen gebildeten Rot-Sandsteinblock sind ca. 70 Zifferblätter eingelassen mit entsprechenden Messingkanten und -spitzen, als so genannte Schattenwerfer. Auf einer aufgesetzten Kugel befinden sich mit einer Stahlnadel eingeritzte Stundenlinien für die Schlagschattengrenzen mehrerer Schattenwerfer sowie Durchdringungskurven als Datumslinien. Die Neigung aller Zeiger beträgt 48° 25', was der geografischen Breite des Ursprungsstandortes – vermutlich die Sternwarte des Benediktinerstiftes Kremsmünster (Oberösterreich) – entspricht. Die Uhr wurde in jüngster Zeit fachgerecht restauriert, dabei die fehlenden Zeiger rekonstruiert, eingepasst und präzise einjustiert. Für die Aufstellung am angestammten Ort wurde eine exakte Kopie geschaffen; das Original befindet sich heute als private Leihgabe im Foyer des Rathauses von Sankt Augustin. An Ort und Stelle verblieben sind die originalen zwölf Tierkreiszeichen, in rotem Sandstein gearbeitete kugelförmige Gebilde, die auf dem kreisrunden Stufenpodest Aufstellung fanden.

Das verwirrende Gespinst gewundener wie gerader Wege mit übergelegten, ungewöhnlichen geometrischen Formen und Sichtachsen legt die Vermutung nahe, dass es sich bei Crones Entwurf für das Parkgelände von Schloss Birlinghoven um einen der Genialität eines Gartenarchitekten entsprungenen Idealplan handelt, dessen Realisierung allein schon des enormen Aufwandes wegen schwer vorstellbar ist. Tatsächlich aber zeigt die Übertragung des Crones'schen Wegesystems in die heute gültige Deutsche Grundkarte 1:5000, dass ein beträchtlicher Teil der Wege, insbesondere die gerade geführten Achsen, noch vorhanden sind (Abb. 9).

Erhalten haben sich die das Schloss wie eine langschmale Insel umziehenden Wege mit den seitlichen Verlängerungen, die das Barockparterre umschließenden Alleen mit dem Brunnen, von dem die Raute mit der – heute unterbrochenen – Mittelachse zum Stern führte, dessen Wegesystem einschließlich der Diagonalen nahezu erhalten ist. Was fehlt, ist das gesamte gewundene Wegesystem, das große Oval, das tropfenförmige Gebilde, ebenso wie die vielen kleinen Windungen, die, weil nicht als offizielle Wege ausgewiesen, keine Aufnahme in die Grundkarte gefunden haben. Hieraus den Rückschluss zu ziehen, dass sie deshalb auch nicht angelegt waren, wäre sicherlich falsch. Nur als Ganzes, im Zusammenspiel der Formen, der Erschließung auch der entlegenen Bereiche, der Berücksichtigung der Bodenmodulation, macht dieses Wegesystem Sinn. Dabei konnte es, wie der Variantenreichtum der Wege

Abb. 9 Übertragung des Wegesystems von Rausch in die Deutsche Grundkarte 1 : 5000

nahe legen könnte, nicht auf ein vorhandenes Wegesystem zurückgreifen. Nach Ausweis der Preußischen Landesaufnahme von 1883 waren lediglich die Wege um die spätere Schlossinsel – als höchster Punkt 148,2 Meter ü. N.N. – angelegt, ebenso wie in Ansätzen die Wege nach Hangelar, Gielgen und Birlinghoven.

Nach vier Jahren Tätigkeit spricht der Architekt 1904 in dem Bericht einer Fachzeitschrift davon, dass die Waldparkanlage „nur erst zum Teil fertiggestellt" sei. Bis zum völlig unerwarteten Tod des 34-jährigen Theodor Damian Rautenstrauch im März 1907 blieben noch drei Jahre. Ob sie ausreichten, um die Anlage größtenteils fertigzustellen, ist fraglich.

Der Garten von Birlinghoven spiegelt in geradezu idealer Weise den architektonischen Habitus des Bauwerks wider. Unverkennbar greift Rausch das Alleensystem und andere Elemente des französischen Gartens auf. Auffallend aber ist, dass er hier an keiner Stelle strenge Symmetrie beachtet, wie sie in der Regel im französischen Garten gefordert ist, sondern die regelmäßigen Wegestrukturen bewusst ins Asymmetrische verzieht und von der verschlungenen Wegeführung durchdringen lässt. Auf diese Weise entsteht ein völlig neues, originelles Gartenbild, das Elemente des französischen Gartens und des englischen Landschaftsparks einander annähert. „Die Natur", so kommentiert Rausch sein Werk, „hat hier einen dem großen Verkehr der Welt entrückten Platz geschaffen, dessen Aufschließung und Ausgestaltung dem bildenden Landschaftsgärtner eine wahre Befriedigung gewährt. Mag es auch viele Gegner des so genannten regelmäßigen Stils geben, so wirkt diese Art der architektonischen Anordnung in der reizenden natürlichen Umgebung doch recht gut. Ich huldige dem Grundsatz, dass Architekt und Landschaftsgärtner nicht gegeneinander, sondern Hand in Hand zusammen zu arbeiten haben, um wirklich vollendet Schönes schaffen zu können."

Das Bild des Gartens dieser Zeit ist zu divergierend, zumal auch vergleichbare Anlagen fehlen, als dass man von einem Jugenstil-Garten sprechen könnte. Der Park von Birlinghoven ist speziell auf die eigenwillige Formensprache des Schlossbaues – teils französisch, teils englisch geprägt – abgestimmt, dessen Anregungen er aufnimmt, mit dem er zusammen eine Einheit bildet. Architekt und Gartenkünstler haben es zudem verstanden, die „Fernblickwirkung" als ein wichtiges Element in ihren Entwurf einzubeziehen. Zudem galt es, Anpassung an die örtlichen Gegebenheiten und – was sich insbesondere auf die Gehölz- und Pflanzenarten bezieht – heimisch Vorhandenes aufzunehmen. Alles dies verleiht dem Park von Birlinghoven den Charakter eines Unikates.

Bei der Größe des gestalteten Areals liegt der Vergleich mit öffentlichen Anlagen nahe. Sie wurden spätestens seit der Mitte des 19. Jahrhunderts im „gemischten Stil" gestaltet, und Anklänge an barocke Parkgrundrisse finden sich vor allem im ausgehenden 19. Jahrhundert. In der viktorianischen Gartenkunst Englands kommt die Anlage von Parterres im „französischen Stil" schon eher vor. Von dort her könnte Rautenstrauch ja auch angeregt worden sein. Rausch muss die dortigen Parterreanlagen gekannt haben. Das Ganze hat, nach den Fotos zu urteilen, wegen der raumgreifenden Strukturen und differenzierten Ausstattung große Qualität gehabt und kann als exemplarisch für den Eklektizismus in der Gartenkunst gelten.

Literaturangaben und Veröffentlichungsnachweis finden Sie auf Seite 237

UNBEKANNTE BURGEN DES SIEBENGEBIRGES

VON
ELMAR SCHEUREN

Blick von der Löwenburg ins Siebengebirge

Mittelalterliche Burgen zählen bis heute zu den attraktivsten Secnswürdigkeiten. Dabei war die historische Zeit, in der die Burgen ihre eigentliche Blüte erlebten, relativ kurz. Höchstens 500 Jahre lang konnten sie ihre Funktion als militärische und gesellschaftliche Zentren wahrnehmen und erfüllen. Für viele gilt schon heute, dass sie die meiste Zeit ihres Bestehens als Ruine verbracht haben – ihrer Attraktivität und ihrem Ansehen tat das in der Regel keinen Abbruch.

Was die „Burgendichte" betrifft, ist die Region und Umgebung des Siebengebirges reich gesegnet. Bis heute beherrschen die Überreste gleich mehrerer Höhenburgen markant die Landschaft: Godesburg, Drachenfels und Löwenburg geben der regionalen „Skyline" ihr unverwechselbares Gepräge. Sie alle fielen vor rund 400 Jahren einem allgemeinen Trend zum Opfer: Mit der Durchsetzung des Schießpulvers stellten sich neue militärische Anforderungen, die die alten Festen nicht mehr erfüllen konnten. Sie wurden aufgegeben, zerstört und allenfalls noch als Steinbrüche genutzt. Was blieb, waren pittoreske Ruinen.

Sachsenspiegel: „Schleifen einer Burg"

Neben diesen markanten Bauwerken hat das Siebengebirge aber auch noch die Überreste solcher Burgen zu bieten, deren Bestand sehr viel kürzer war. Ihr Werde- und Niedergang öffnet tiefe Einblicke in mittelalterliche Herrschaftsstrukturen. Zwei typische Beispiele sollen hier genauer betrachtet werden.

DIE BURG ROSENAU

Zwischen dem Stenzelberg und der Margarethenhöhe liegt die Kuppe der Rosenau. Hier stand um das Jahr 1200 eine kleine Burg, deren Herren den Namen „de Rosowe“ führten. Die Anfänge dieser Feste sind nicht genau überliefert, wahrscheinlich entstand sie um die Mitte des 12. Jahrhunderts. Einige Jahrzehnte später verfügten die Rosenauer Ritter über beträchtliche Ländereien und feudale Rechte. Sie sicherten für den Kölner Erzbischof dessen Herrschaftsanspruch in seiner rechtsrheinischen Exklave, dem Kernbereich des Siebengebirges.

Zum Verhängnis wurde dieser kleinen Burg jedoch die Gründung der Zisterzienserabtei Heisterbach: Ab 1192 entstand im damals so genannten „Tal des heiligen Petrus“ jenes Kloster, das sich binnen weniger Jahrzehnte zu einem Zentrum von weit überregionaler Bedeutung entwickelte und diese Stellung rund 600 Jahre lang behaupten sollte. Neben seinem geistlichen Auftrag erfüllte es nicht zuletzt auch die Funktion eines wirtschaftlichen Musterbetriebs. Die rasche Expansion dieser geistlichen Grundherrschaft kollidierte offenbar bald mit den weltlichen Ansprüchen der Rosenauer Ritter. Heisterbach lag im Machtbereich der Herrschaft Löwenburg, die Burg Rosenau hingegen auf dem Gebiet der kurkölnischen Herrschaft Wolkenburg.

Die aus Heisterbacher Sicht gefährliche Nähe ließ offenbar den Wunsch entstehen, sich von dieser Nachbarschaft zu befreien. Im Jahre 1243 ging dieser Wunsch in Erfüllung: Das Kloster erwarb die Burg mit ihren sämtlichen Besitzungen und Rechten – verbunden mit der ausdrücklichen Option, die Burg selbst niederlegen zu dürfen. So ungewöhnlich dieser Vorgang aus heutiger Sicht scheinen mag, so war er in mittelalterlicher Zeit doch nicht selten. Die relativ große Freizügigkeit selbst eines kleinen ländlichen Adelssitzes hatte auch an anderen Orten häufiger zur Folge, dass klösterliche Einrichtungen sich dieser Gefahr – vor der eigenen Haustür – zu entledigen trachteten. Kauf und anschließende Zerstörung waren gängige Praxis.

Der weitere Fortgang des Falles der Rosenau zeigt aber, dass ein solcher Handel reichlichen Konfliktstoff barg. Verkäuferin im Jahre 1243 war die Witwe Agnes de Rosowe mit ihren vier Kindern. Eine Schwiegertochter allerdings, die Ehefrau ihres Sohnes, des Ritters Florentius, wehrte sich gegen die Kaufvereinbarung. Erst im Jahr 1249 regelte ein Vergleich die gegensätzlichen Interessen. Bald danach wurde die Burg Rosenau geschleift – so gründlich immerhin, dass sie jahrhundertelang in Vergessenheit geriet. Erst 1902 fanden erste Grabungen statt, in deren Zug vergessene Mauerreste wieder freigelegt wurden. Seither dienen die ehemaligen Fundamente als Befestigungsmauern einer Aussichtsterrasse.

DIE BURG REITERSDORF

Vermutlich ziemlich genau um die gleiche Zeit, als die Rosenau endgültig zerstört wurde, wurde an anderer Stelle neu gebaut. Zwischen den Ortschaften Rhöndorf und Honnef lag in der Mitte des 13. Jahrhunderts das Dorf Reitersdorf mit einer dem heiligen Gotthard geweihten Kirche. Die Siedlung bestand aus mehreren Höfen und stand unter dem Schutz einer nahe gelegenen kleinen Festung des Typs einer Motte. Der vermutete Standort dieser Motte ist ein heute noch erkennbarer kleiner Hügel am Rand des *Parkes Reitersdorf*.

Die Informationen über den Ort Reitersdorf sind bis heute sehr spärlich. Um 1250 bestand er offenbar bereits seit mehreren hundert Jahren. Sein bald folgender Nieder- und schließlich vollständiger Untergang hatte viel mit den Machtkämpfen zu tun, wie sie in adligen Kreisen jener Zeit durchaus üblich waren – in diesem speziellen Fall ging es um die Löwenburger Territorialherrschaft und deren Positionierung im Zuge der Neuverteilung der politischen Einflusssphären im spätmittelalterlichen Rheinland. Nahe der verschwundenen Siedlung sind heute Fundamente eines ehemals größeren Bauwerks sichtbar, die um 1980 im Zuge einer Parkgestaltung freigelegt und genauer untersucht wurden. Sie konnten als Überreste einer Befestigungsanlage identifiziert werden, die als „Burg Reitersdorf" zum Machtbereich der Herren von Löwenberg gehörte.

Im Jahre 1271 gelangte im Zuge einer Erbteilung ein Nachfahre der Grafen von Sayn in den Besitz der Löwenburg. Er benannte sich nach diesem Sitz und begründete als Johann I. eine neue Linie der Herren von Löwenberg. Vermutlich zur besseren Kontrolle seines Machtbereichs und speziell der Besitzungen am Rheinufer entstand in dieser Zeit ein befestigter Turmbau an neuer Stelle, einige hundert Meter von Reitersdorf und der älteren Motte entfernt. Der neue Standort lag strategisch wahrscheinlich insofern günstiger, als er unmittelbar an der Straßenverbindung und damit dem wichtigen rechtsrheinischen Handelsweg lag.

Siegel Johann I., Herr von Löwenberg

Konstruktionszeichnung Wasserburg

Die archäologische Untersuchung ergab, dass es sich bei diesem ersten Bau um ein einfaches Turmhaus handelte, das wahrscheinlich mit einem Wassergraben umgeben werden sollte. Letzterer scheint aber nie fertig gestellt worden zu sein.

Johann I. war in der Wahl der Mittel zur Sicherung seines Herrschaftsbereichs und seiner Machtstellung nicht zimperlich. Die Nachrichten von zahlreichen Fehden lassen ihn als Haudegen erscheinen, der wenig Rücksicht auf Verluste nahm, auch wenn es sich um seine eigenen Untertanen handelte. Am 5. Juni 1288 war er an einer überregionalen kriegerischen Auseinandersetzung beteiligt, der „Schlacht bei Worringen". Der Erzbischof von Köln, als dessen Gefolgsmann Johann in den Kampf zog, unterlag an diesem Tage einer Koalition mehrerer rheinischer Adliger und der Stadt Köln. In der Folge wurden die Machtverhältnisse im Rheinland neu verteilt, das Erzbistum war politisch geschwächt und musste viele Rechte an andere Territorialherrschaften – darunter die Stadt Köln – abgeben. Johann wurde an diesem Tag von einem der bedeutendsten Widersacher des Erzbischofs, dem Grafen von Jülich, gefangen genommen. Aus dieser misslichen Lage befreite er sich schließlich dadurch, dass er das Lager wechselte und sich mit dem Jülicher verbündete. Als wichtiges Unterpfand übergab er offenbar die Burg Reitersdorf in die direkte Kontrolle der Grafschaft Jülich, die damit ihren Einflussbereich zu Lasten Kurkölns erheblich auszudehnen trachtete.

Eine unmittelbare Folge der neuen Konstellation war offenbar der Ausbau der Burg Reitersdorf: Das Turmhaus wurde erheblich vergrößert und von einer hohen Mauer mit vier Ecktürmen umgeben. So entstand ein Burgbau vom Typus einer Wasserburg, dem wahrscheinlich eine Vorburg nach Osten vorgelagert war. Die Verbindung zwischen Vor- und Kernburg bildete vermutlich eine Zugbrücke. Mit dieser Vergrößerung stieg der Wert der ganzen Anlage als Streitobjekt deutlich; denn die erzbischöfliche Seite war keineswegs gewillt, diese Provokation hinzunehmen. Einige Jahre später spitzte sich nach dem Tod Johanns I. die Situation zu: Seine beiden Söhne und Erben gehörten jeweils den feindlichen Lagern an. Der ältere Sohn übernahm als Heinrich I. die Herrschaft Löwenberg und stand auf Seiten des Erzbischofs, der jüngere behielt als Johann II. den Jülicher Einflussbereich mit der Burg Reitersdorf. Die Rivalität zwischen den beiden rheinischen Mächten entwickelte sich zum regelrechten Krieg, in dessen Verlauf gegenseitig Güter und ganze Hofanlagen zerstört wurden. Nicht überliefert sind die Opfer und Leiden der betroffenen Menschen, aber sie müssen sicher hoch angesetzt werden. Zerstört wurde jedenfalls auch die Burg Reitersdorf. Höchstens drei Jahrzehnte nach ihrem Ausbau wurde sie auf Geheiß des Kölner Erzbischofs vollständig geschleift. Bezeichnend für die Art und Rücksichtslosigkeit der Auseinandersetzung dürfte eine Anklage des Erzbischofs sein, wonach schon für den Ausbau der Burg Baumaterial dergestalt

Modell der Löwenburg (Siebengebirgsmuseum)

gewonnen wurde, dass eine Reitersdorfer Hofanlage aus kurkölnischem Besitz und die dortige Kirche ganz oder teilweise abgebrochen wurden.

Überlegungen zum Wiederaufbau der Burg sind für die folgenden Jahre zwar dokumentiert, wurden aber nicht in die Tat umgesetzt. Vielmehr ist es offenbar so, dass die ganze Umgebung der Burg und vor allem das Dorf Reitersdorf unter den gegenseitigen Raub- und Zerstörungszügen so sehr gelitten hatten, dass sie letzten Endes vollkommen aufgegeben wurden. Eine Zeit lang werden beide noch schriftlich erwähnt; aber es bleiben schließlich nur Flur- und Wegebezeichnungen wie „In der Burg“ oder „Auf der Burg“ erhalten. Das Gleiche gilt für die Kirche, an die bis heute noch der Straßenname „An St. Göddert“ erinnert.

Die Ruinen der Burg waren bis mindestens ins 17. Jahrhundert hinein noch sichtbar und wurden sogar teilweise als Kellerräume und Stallungen genutzt. Spätestens 1871 wurde das Gelände im Zuge des Neubaus einer herrschaftlichen Villa des Generals von Seydlitz grundlegend umgestaltet. Die Fundamente der Burg lagen seit dieser Zeit im Untergrund einer großzügigen Parkanlage, die Villa selbst stand an der Stelle der vermuteten Vorburg. Nach längerem Leerstand des Gebäudes erwarb die Stadt Bad Honnef in den 1970er Jahren das Gelände und ließ das Haus abbrechen. Erst im Zuge der Umgestaltung zu einem öffentlichen Park wurden die heute sichtbaren Fundamente wieder freigelegt; eine Informationstafel erläutert den historischen Hintergrund. Heute stehen sie als stumme Zeugen für ein besonderes Kapitel der Burgengeschichte im Siebengebirgsraum.

Literatur:

Biesing, Winfried: Die Rosenau im Siebengebirge. Eine vergessene Burg. In: Jahrbuch des Rhein-Sieg-Kreises 1988, Siegburg 1987, S. 128-132.

Gechter, Marianne: Quellen zur Geschichte der Pfarrkirche St. Johann Baptist und der Burg Reitersdorf in Bad Honnef. In: Beiträge zur Archäologie des Mittelalters III (Rheinische Ausgrabungen, Bd. 25), Köln 1984; S. 272-286.

Hamacher, Wilhelm W.: Die Löwenburg – Bilder und Daten zur Geschichte einer Burg und ihrer Herren. Rheinbreitbach 2004.

ders.: Reitersdorf – Die Geschichte eines untergegangenen Dorfes und seiner Burg. Honnef 1998.

Harless, Waldemar: Burg Rosenau. In: Jahrbuch des Vereins von Alterthumsfreunden im Rheinlande (Bonner Jahrbücher), Bd. 37, 1864, S. 51-56.

Rech, Manfred: Ausgrabungen in der Pfarrkirche St. Johann Baptist und an der Burg Reitersdorf, Bad Honnef, Rhein-Sieg-Kreis. In: Beiträge zur Archäologie des Mittelalters III (Rheinische Ausgrabungen, Bd. 25). Köln 1984, S. 233-268.

WIR MÜSSEN DRAUSSEN BLEIBEN

PFLANZEN DER BURG- UND SCHLOSSMAUERN

VON OLAF DENZ

Mit dem Hinweis „Wir müssen draußen bleiben" werden Hundebesitzer aufgefordert, ihre vierbeinigen Begleiter beim Besuch von Supermärkten oder Lebensmittelgeschäften vor der Eingangstür zu lassen. Im übertragenen Sinn gilt das auch für die Bewohner von „herrschaftlichem" Mauerwerk, die zu den Gemächern der Burgen und Schlösser keinen Zutritt haben, sondern ihr Dasein in den Fugen und Ritzen der steinernen Umfriedungs- und Befestigungsanlagen fristen müssen. Dabei zeigt sich, dass die Mauerbesiedler recht gut an die unwirtlich erscheinenden Lebensverhältnisse von Mauerstandorten angepasst sind.

Auch wenn Mauern – und das trifft für Gebäude-, Hof- und Stützmauern gleichermaßen zu – häufig auf den ersten Blick abweisend und lebensfeindlich wirken, so können sie doch wichtige Ersatzlebensräume für Felsbewohner im besiedelten Bereich bilden, da sie sich ökologisch nicht grundsätzlich von natürlich anstehendem Fels unterscheiden. Zahlreiche Pflanzen- und Tiernamen weisen darauf hin, dass es eine für Mauern charakteristische Flora und Fauna gibt, zum Beispiel Mauerlattich, Mauerpfeffer und Mauerraute aus der Pflanzenwelt oder Mauerassel, Mauerbiene, Mauereidechse und Mauerfuchs aus der Tierwelt.

Mauern sind kein einheitlicher Lebensraum. Sie gliedern sich in Fuß, Flanken und Krone. Entsprechend den unterschiedlichen ökologischen Bedingungen werden die Mauerflanken und -kronen floristisch von den eigentlichen Mauerarten besiedelt, während am Mauerfuß eher Begleiter auftreten. Diese Begleiter entstammen oftmals Ruderalgesellschaften und benötigen eine bessere Nährstoff- und Wasserversorgung als die Mauerarten im engeren Sinn. Diese müssen nämlich mit wenig und nur geringe Wassermengen speichernder Feinerde auskommen. Die Feinerde sammelt sich zum Beispiel in den Fugen und Ritzen des Lückensystems, das durch physikalisch-chemische Verwitterung des Mörtels zwischen den Mauersteinen der Flanken entsteht, oder aber in den Vertiefungen der Krone. Die Flanken entsprechen damit ökologisch den steil abfallenden Felswänden, die Krone den weniger geneigten bis ebenen Felsbändern und -absätzen. Die für die Mauerpflanzen wegen der geringen Wasserhaltfähigkeit der Feinerde an sich schon ungünstigen Verhältnisse hinsichtlich der Wasserversorgung können noch durch starke Austrocknung infolge strahlungsbedingter Erwärmung oder Windeinwirkung verschärft werden.

Braunstieliger Streifenfarn

Die Mauern werden – abgesehen von den eher seltenen, gezielten Bepflanzungen – im Allgemeinen spontan besiedelt. Dabei rekrutiert sich die Vegetation der sekundären Felsstandorte vor allem aus Arten der näheren Umgebung, so dass Mauern in dieser Hinsicht Zeugnis für lokale und regionale Besonderheiten der Kulturgeschichte ablegen können. In Siedlungsnähe besitzt die Mauervegetation oft einen hohen Anteil neophytischer Gartenflüchtlinge. Neophyten sind Pflanzen, die in historischer Zeit unter Mithilfe des Menschen in ein Gebiet eingewandert sind. Daneben kommen Pflanzenarten der Wälder, Wiesen und Trockenrasen vor, wohingegen die eigentlichen Felsbewohner eher die Ausnahme darstellen. In verschiedenen Untersuchungen konnten in Deutschland insgesamt über 200 Arten von Farn- und Blütenpflanzen an Mauern nachgewiesen werden. Hinzu kommen noch zahlreiche Moos- und Flechtenarten. Die Mehrzahl dieser Arten ist häufig weit verbreitet.

Unabhängig vom Gestein, aus dem die Mauern errichtet sind, ist die Flora der Mauerflanken auf Grund der Verwendung von Kalkmörtel als Fugenmaterial meistens kalkhold. Auf Grund des geringen Wurzelraums ist der Bewuchs im Allgemeinen lückig. Unter den Lebensformen dominieren ausdauernde Arten. Dies erscheint vorteilhaft angesichts der großen Schwierigkeiten, die mit der Neu- oder Wiederbesiedlung derartiger Extremlebensräume verbunden sind. Denn der Wind ist allgemein der wichtigste Ausbreitungsfaktor für die Mauerpflanzen, wobei das Eintreffen einer einzigen Spore oder eines Samens an einem so speziellen Standort wie einer schmalen Mauerfuge als seltenes Ereignis betrachtet werden muss. Statistisch nimmt die Wahrscheinlichkeit, dass eine Spore bzw. ein Samen an eine bestimmte Stelle gelangt, mit der Distanz mehr als quadratisch ab. Für die Etablierung gut entwickelter Bestände kann man mindestens 40 bis 50 Jahre veranschlagen, eher sogar noch längere Zeiträume. Daher sind vor allem historisch alte Mauern, wie man sie zum Beispiel an Burgen und Schlössern findet, wichtig für den Artenschutz und die Biodiversität im besiedelten Bereich. Zudem erhöht der Mauerbewuchs als Bestandteil eines gemeinsamen Ensembles den Erlebniswert kulturhistorisch bedeutsamer Bauwerke. Aus zoologischer Sicht können die Mauern Nist-, Aufwärm- und Überwinterungsplätze oder Tagesverstecke bereitstellen, insbesondere für Spinnentiere, Insekten, Schnecken, Reptilien und Kleinsäuger.

Auf Grund der Kleinflächigkeit der Standorte, des hohen Verinselungsgrades und des damit erschwerten genetischen Austausches von Populationen sowie der hindernisreichen Neubesiedlung muss der Lebensraum Mauer allgemein als bedroht angesehen werden. Häufigste Gefährdungsursache sind durch übertriebene Ordnungsliebe und Reinlichkeit motivierte Säuberungsaktionen, zum Beispiel durch Sandstrahlung. Ebenso können Sanierungs- und Restaurierungsarbeiten im Zuge denkmalschützerischer oder denkmalpflegerischer Maßnahmen den Lebensraum Mauer gefährden, insbesondere wenn beim Verfugen kaum verwitternder Betonmörtel verwendet wird.

Mauerraute

Nachfolgend sollen einige charakteristische Arten aus der Pflanzenwelt vorgestellt werden, die an den Mauern der Burgen und Schlösser im Rhein-Sieg-Kreis (und darüber hinaus) weit verbreitet sind. Zu den häufigsten Pflanzen der Mauerstandorte zählen die Farngewächse, darunter in erster Linie kleinwüchsige Arten, da diese konkurrenzschwach sind und sich nur in offenen Beständen halten können. Die Farnsporen werden durch den Wind verbreitet. Der daraus entstehende Vorkeim entwickelt sich langsam und benötigt deshalb eine weitgehend stabile Unterlage. Besonders häufig ist die Mauerraute (*Asplenium ruta-muraria*). Bei der Namensgebung stand die Wein-Raute, eine alte Heilpflanze, Pate, woran die im Umriss charakteristische Blattform bei der Mauerraute erinnert. Die Pflanze besiedelt vor allem voll besonnte, trockene Mauerstandorte. Ein dichter Filz toter Wurzeln dient ihr oft als Wasserspeicher. Bei starken Wasserverlusten vertrocknet der Farn nicht und stirbt auch nicht ab, sondern geht in einen Zustand latenten Lebens über.

Im Volksglauben werden der Mauerraute magische Kräfte zugeschrieben. Sie gilt als Hexen abwehrend. In der Volksmedizin ist sie auch gegen Harnbeschwerden, Fieber und Zahnschmerzen eingesetzt worden.

Nah verwandt mit der Mauerraute ist der ebenfalls häufige Braunstielige Streifenfarn (*Asplenium trichomanes*). Da er keine spezielle Austrocknungsresistenz besitzt, wächst er bevorzugt an weniger stark der Sonne ausgesetzten Mauerstandorten und in Fugen mit deutlich fortgeschrittener Bodenbildung. Gemäß der Signaturenlehre, einer mittelalterlichen medizinischen Irrlehre, wonach die arzneiliche Verwendungsfähigkeit einer Pflanze äußerlich erkennbar sei, soll der Farn gegen Haarausfall helfen. Denn nach dem Abfallen der rundlichen Fiederblättchen bleiben Spindel und Stiel des Wedels dank einer besonderen Härte noch monatelang am

Polster-Kissenmoos

Mauer-Drehzahn

Stock erhalten und bilden ein schwärzliches Bündel, das – wie auch im wissenschaftlichen Artnamen *Trichomanes* (= Dünnhaar) zum Ausdruck kommt – struppigem, schütterem Haupthaar ähnlich sieht.

Eine weitere charakteristische Pflanzenart der Mauervegetation ist das Zimbelkraut (*Cymbalaria muralis*), ein Spalten bewohnender Rachenblütler mit so genannten Maskenblumen, bei denen der Eingang des zum Nektar führenden Sporns durch eine Vorwölbung in der Unterlippe verschlossen ist. Die gelben Blütenmale außen auf der Unterlippe wirken als Staubbeutelattrappen. Benannt ist die Art nach der rundlichen, in der Mitte vertieften Blattform, die einem Schallbecken ähnlich ist. Beim Zimbelkraut handelt es sich um einen typischen Gartenflüchtling, der mindestens seit dem 16. Jh., vielleicht auch schon früher durch die Römer, aus dem Mittelmeergebiet, wo die Pflanze natürlicherweise an Felsen siedelt, eingeschleppt wurde. Die Art verfügt als physiologische Anpassung an die Trockenheit des Standorts über eine plasmatische Dürreresistenz, indem sie im Verlauf der Vegetationsperiode in ihren Zellen zunehmend höhere Wasserverluste zu ertragen vermag.

Besonderes Interesse verdient das Zimbelkraut wegen seiner Ausbreitungsstrategie. Bei den meisten Pflanzenarten richten sich die Blüten und Früchte zum Licht aus. Beim Zimbelkraut kommt es jedoch nach der Befruchtung der dem Licht zugewandten Blüte zu einer Richtungsänderung, so dass sich die entwickelnde Frucht der dunklen Mauer zuwendet. Durch eine Verlängerung der Kapselstiele um bis zu mehr als das Doppelte können die Kapseln geeignete Keimplätze erreichen, an denen die Samen (oder zum Teil auch die sich an einer Sollbruchstelle am Stiel lösenden Kapseln als Ganzes, samt den Samen) abgelegt werden. Dadurch werden zum einen die Chancen für eine erfolgreiche Etablierung der Samen deutlich erhöht. Andererseits können durch die Selbstablage Verluste kompensiert werden, denn der größte Teile der Samen des Zimbelkrauts dient der Fernausbreitung durch den Wind und gelangt nicht an geeignete Keimorte.

Neben Farn- und Blütenpflanzen besteht die Mauervegetation auch aus Niedrigen Pflanzen mit einer Quellkörperorganisation, die keine Möglichkeit haben, die Wasserbilanz aktiv zu regeln. Der Wasserzustand folgt der umgebenden Atmosphäre, so dass Stoffgewinne vor allem in feuchten Perioden während des Frühjahrs und Herbstes erzielt und ungünstige Zeiträume mit Trockenheit und Frost in leblosem Zustand überdauert werden. Zu dieser Pflanzengruppe gehören u. a. die Moose, von denen zwei Arten sehr häufig an den Mauern der Burgen und Schlösser zu beobachten sind. Es handelt sich dabei um das Polster-Kissenmoos (*Grimmia pulvinata*) und den Mauer-Drehzahn (*Tortula muralis*). Beide Arten sind durch hauchdünne, farblose Glashaare grau gefärbt, in welche die Blattspitzen lang ausgezogen sind. Dies ist als Anpassung an die extremen Standortbedingungen zu verstehen, denn einerseits schützen die Glashaare durch Reflexion vor allzu starkem Lichteinfall und der damit einhergehenden Erwärmung. Zum anderen erzeugen sie über den Blättern einen windgeschützten Luftraum und vermindern so die Gefahr des Austrocknens.

Das Polster-Kissenmoos bildet dichte, blau- bis dunkelgrüne Polster. Der Kapselstiel ist im feuchten Zustand in charakteristischer Weise herabgebogen. Der Mauer-Drehzahn bildet ebenfalls dichte Polster, die jedoch von hellerem Grün sind. Die Blättchen sind trocken leicht gedreht bis gebogen. Der im jungen Stadium gelbliche, später rote Kapselstiel ist deutlich gestreckt.

Diese wenigen Ausführungen zu besonders markanten Vertretern der heimischen Mauervegetation mögen an dieser Stelle genügen, um dazu anzuregen, den Blick auch einmal von der großartigen Architektur der Burgen und Schlösser auf die bloßen Maueranlagen zu lenken und in deren Besiedler den Wert des Kleinen in einer Welt des Großen zu entdecken.

Mobil mit der RSVG
RSVG - REISEN
RSVG
Ob nah, ob fern,
wir fahren Sie gern ...
♦ Urlaubsreisen
♦ Vereinsfahrten
♦ Gruppenreisen
♦ Vergnügungsfahrten
Rhein-Sieg-Verkehrsgesellschaft mbH - Tel.: 0 22 41 / 499-0 - Fax: 0 22 41 / 499-224
www.rsvg.de

WALBERBERGER BURGEN

RINGWALL, RHEINDORFER BURG, HEXENTURM UND KITZBURG

VON
HORST BURSCH

Burg Rheindorf

Das gesamte Vorgebirge zwischen Bonn und Brühl ist reich an Schlössern und Burgen.

Die an der Ortsgrenze zu Oedekoven gelegene Burg Medinghoven in Bonn-Duisdorf, Burg Ramelshoven bei Impekoven, die schlossartige Villa des Zehnthofs zu Gielsdorf, Schloss Alfter, die Wolfsburg und die benachbarte Villa Wrede sowie Haus Wittgenstein in Roisdorf, Burg Bornheim, Graue und Weiße Burg zu Sechtem, die Burgen bzw. Schlösser von Hemmerich und Rösberg, Haus Rankenberg zwischen Brenig und Dersdorf.

Manche Burg ist längst wüst gefallen, so die Burg am Donnerstein zu Roisdorf, Burg Dorne (der frühere Pöngshoff) zu Waldorf, die Burg om Huus zu Dersdorf oder das im 13. Jahrhundert bezeugte Schloss Montjoie im Gemarkungsbereich von Merten-Trippelsdorf.

Am nordwestlichen Rand des linksrheinischen Kreisgebietes erstreckt sich als eine der Perlen des Vorgebirges der überaus geschichtsträchtige Ort Walberberg (Stadt Bornheim). Seine im Mittelalter schwankende Zugehörigkeit zum Bonn- und Kölngau (gelegentlich kommt auch noch der Gilgau ins Spiel), seine fruchtbare Lage inmitten des „Rheinischen Gemüsegartens“ sowie nicht zuletzt die Nähe zu den ehemaligen kurfürstlichen Residenzstädten Bonn und Brühl förderten, neben anderen Gegebenheiten (Grundherrschaft des Kölner Domkapitels, Bestehen mehrerer Klöster usw.), gerade hier die Anlage von Hofesfesten, Ritterburgen und schlossartigen Adelsresidenzen. Den im Dorf selbst sichtbaren Zeugnissen einer vielgestaltigen Burgenherrlichkeit steht ein im Vorgebirgswald versteckter Abschnitts- bzw.

Ringwall, eine altersmäßig umstrittene Fliehburg, zur Seite. Ob diese verhältnismäßig gut erhaltene Anlage in vorchristlicher oder erst (früh-)mittelalterlicher Zeit entstanden ist, bleibt in der Forschung weiterhin umstritten. Jedenfalls weist keine andere Ortschaft des Vorgebirges so viele Burgen und Schlösser auf wie das am 25. Dezember 962 erstmals urkundlich bezeugte Berge, dessen späterer Name (1118 Mons Sanctae Walburgis; 1197 Walburgisberge) auf die Patronin der dortigen katholischen Pfarrkirche bezogen ist, deren Reliquien unter Erzbischof Anno II. von Köln (1056 bis 1075 amtierend) vor 1069 aus dem bayerischen Eichstätt nach hier in das Vorgebirge gelangten.

Das heutige Walberberg verdankt seine Struktur, eine eigenartige Mischung aus Straßendorf (an der etwa zwei Kilometer langen Hauptstraße, unter bzw. neben welcher der bekannte Römerkanal von der Eifel her kommend nach Köln verläuft) und Haufensiedlung, dem Zusammenwachsen einzelner befestigter Hofsiedlungen und Burgen: Im Norden erhob sich die Rheindorfer Burg, die, zum Kloster umgebaut, seit 1926 den bekannten Dominikanerkonvent St. Albert beherbergt. In der Mitte des Dorfes bildeten die Pfarrkirche, deren archäologische Spuren bis etwa auf das Jahr 800 zurückdeuten, und die so bezeichnete Salburg (1364 Saylhof) oder Saffenburg mit dem benachbarten (und heute noch bestehenden) Fronhof den historischen Siedlungskern. Letzter Rest dieser mittelalterlichen Burg ist der sagenumrankte Hexenturm, der das Wahrzeichen von Walberberg darstellt. Im Süden erheben sich die malerischen Gebäude der Kitzburg, in deren Nachbarschaft eine frühere Hofesfeste lag, nämlich das dem Bonner Stift Dietkirchen gehörende Acker- und Weingut Krawinkel (um 1160 erstmals bezeugt), über das ich im Jahrbuch des Rhein-Sieg-Kreises 1987 berichtet habe.

Unser Walberberger Burgenbrevier möchte unter anderem dazu beitragen, diesem altertümlichen Ort im Vorgebirge unter kulturhistorischen Aspekten mehr Aufmerksamkeit zu schenken, als dies bisher geschehen ist.

Der Hexenturm

Die Kitzburg

DER SAGENUMWOBENE HEXENTURM: ÜBERREST DER MITTELALTERLICHEN SAFFENBURG

Im Begleiter auf der Cöln-Bonner Eisenbahn von 1844 konnte der damalige Fahrgast lesen:

Neben der Kirche zu Walberberg sehen wir einen aus Tuffsteinen schön erbauten runden Thurm, der ehemals von Wasser umgeben war, mit einer vom Boden entfernten Thüre, mit Fenstern und Scharten. Er wird Hexenthurm genannt und diente ehemals als Gefängnis, da vom Domcapitel zu Köln in Walberberg offenes Gericht auf dem Gemeindeplatze abgehalten wurde.

Heute gilt als gesichert, dass der Hexenturm, der sich in unmittelbarer Nachbarschaft der geschichtsträchtigen Walburgiskirche erhebt, im letzten Drittel des 12. Jahrhunderts erbaut wurde und offensichtlich als Bergfried der hiesigen Burg der von der Ahr stammenden Grafen von Saffenberg die Umgebung beherrschte. Die manchmal auch so bezeichnete Salburg (germanisch sala = Gut, Landgut), von der nur noch dieser Rundturm erhalten geblieben ist, wurde nach archäologischen Befunden etwa zeitgleich mit der ehemaligen Zisterzienser- und späteren Pfarrkirche errichtet. Eine Ansiedlung von Zisterzienserinnen erfolgte in Walberberg im Jahr 1197 am Ort eines vormaligen Stiftes von Regularkanonikern. Burg, Kirche und Kloster bildeten mit dem nahen Fronhof des Kölner Domkapitels einen mächtigen, die Mitte des Dorfes beherrschenden Baukomplex. Um 1077 hatte Alveradis, eine Saffenberger Gräfin, das später erneuerte Gotteshaus als Grablege ihres Geschlechtes bestimmt. In zahlreichen Urkunden des 12. und 13. Jahrhunderts werden die in Walberberg residierenden Grafen von Saffenberg und deren Ministerialen genannt. Von diesem bekannten Adelsgeschlecht gelangte die Burg an die von Holtorp. Im Jahr 1388 verkauften der Knappe Konrad von Holtorp und seine Ehefrau Christina Birklin dem Domkapitel „allsolch Erb und Gut zu Walberberg, Hof, Turm und Freiheit, mit allem Zubehör, Wohnungen, Gezimmern des Hofs, mit Graben, Weihern, Garten, fort 71 Morgen Artland, 5 Morgen Weingarten, 120 Morgen Busch.“ Die Burg schien also zu jenem Zeitpunkt noch als landwirtschaftliches Gut zu bestehen. Eigens erwähnt wird der Turm, der damals als Wohnung diente, denn einer Urkunde von 1384 war bereits zu entnehmen, dass Konrad, Sohn des Ritters Ulrich von Holtorp, „wohnhaft auf dem Turm zu Walberberg“ gewesen sei. Ihren gleichnamigen Stammsitz hatten die von Holtorp bei Bergheim an der Erft.

Das Domkapitel der Stadt Köln erwarb die genannten Güter für 2.500 Gulden und blieb in deren Besitz bis zur Säkularisation im Jahr 1802.

Der letzte Hof- bzw. Turmpächter Geuer kaufte die aus dem Mittelalter stammenden Gebäude vor genau 200 Jahren, anno 1807. Den Wirtschaftshof vererbte er seinem Schwiegersohn Scheeben; den Turm erwarb hingegen Baumeister Weyer aus Köln. Dieser wiederum verkaufte den Turm an einen Herrn Trimborn, der ihn rasch an den damaligen Walberberger Pfarrer Löhr veräußerte, der ihn schließlich für 180 Taler 1858 dem preußischen Staat übereignete. Der Kaufpreis wurde aus der königlichen Schatulle Friedrichs IV. von Preußen (1840 bis 1861 regierend) gezahlt. Heute befindet sich das historische Gemäuer, dessen Abriss durch den Verkauf an den preußischen Staat verhindert werden konnte, im Eigentum des Landes Nordrhein-Westfalen.

Es gibt verschiedene ältere Ansichten des Hexenturmes, der um 1900 noch nicht das abschließende Stockwerk aufwies. Erst später wurde der obere Teil aufgemauert und das gesamte Gebäude durch eine Bedachung mit Kupferplatten in seinen heutigen Zustand versetzt.

Die Bezeichnung Hexenturm ist erstmals im Jahr 1817 zu belegen. Sein ruinenromantisches Aussehen – der Turm war vermutlich im Truchsessischen Krieg vor mehr als 400 Jahren beschädigt worden – mag die Vorstellung genährt haben, dass man in seinen starken Mauern einmal „Hexen" gefangen gehalten habe. Hierfür gibt es jedoch keine Beweise. Unverkennbar ist in diesem Zusammenhang das örtliche Patrozinium der heiligen Walburga oder Walburgis mit dem einstigen Hexen-Aberglauben verknüpft. Denn nach altem Volksglauben sollen einst in der Walpurgisnacht die Hexen auf einsam gelegenen Plätzen getanzt haben. Der mittelalterliche Hexenwahn war in den Dörfern des Vorgebirges noch lange Zeit unausrottbar; und gerade im 19. Jahrhundert mit seiner verklärenden und idealisierenden Rückbesinnung auf das Mittelalter, war man mit „gotischen" Schauergeschichten rasch bei der Hand.

Der Hexenturm zu Walberberg um 1960

Hexenturm und Pfarrkirche St. Walburgis um 1910

BURG RHEINDORF: VOM RITTERSITZ ZUM DOMINIKANERKONVENT

Im Grenzdreieck zwischen Bonn-, Köln- und Gilgau erhob sich an strategisch bedeutsamer Stelle eine weitere Burg innerhalb der Gemarkungsgrenzen von Walberberg. Der Name dieser einst wasserumwehrten weitläufigen Anlage bezieht sich weder auf den Fluss Rhein noch auf eine Person, sondern auf die mundartliche Bezeichnung für die weiter oben erwähnte römische Eifelwasserleitung nach Köln, die östlich der Burg vorbeiführte. So spricht 1652 Martinus Henríquez à Strevesdorff in seiner Darstellung der Erzdiözese Köln von der Burg Rendorff, nunc Reindorf und bezieht sich damit auf die Walberberger Hauptstraße, die frühere Renngasse (= Rinnengasse). Diese alte Straßenbezeichnung (Renn = Rinne = Kanal) findet sich bereits in einem Schriftstück des Kölner Historikers Aegidius Gelenius (1595 bis 1656) aus dem Jahr 1645. Im hohen Mittelalter war diese Rinne noch allgemein bekannt, wurde sie doch sehr häufig als willkommener Steinbruch für den Bau von Häusern, Stallungen und auch Burgen ausgebeutet. Noch heute kommt hin und wieder diese römische Wasserleitung im Verlauf der Walberberger Hauptstraße zum Vorschein. Zwischen katholischer Pfarrkirche und Schule ist ein Teilstück von ihr als ortsgeschichtlich interessantes „Anschauungsmaterial" aufgestellt.

1905 beschrieb der damalige Konservator der Rheinprovinz, der Bonner Kunstwissenschaftler und Universitätsprofessor Paul Clemen (1866 bis 1947) die Rheindorfer Burg wie folgt:

Die Anlage besteht aus Vorburg und Burghaus, beide von Gräben umgeben. Die Vorburg mit drei im rechten Winkel aneinander stoßenden Trakten und einfachem Tor, von Pfeilern eingefasst. Eine Brücke auf drei Steinbögen führt zu dem Burghaus, einem schmucklosen viereckigen Bau. In dem kleinen Binnenhof nach drei Seiten einfache Portale. In der Mitte ein hübsches Spätrenaissance-Brunnenbecken. Die Fenster zumeist vermauert. An der Rückseite ein vierstöckiger runder Turm auf einem Basaltunterbau mit welscher Haube.

Das Brunnenbecken ist heute noch inmitten des Klosterkreuzganges erhalten. Ansonsten ist die gesamte Anlage stark verändert. Allein der mittelalterliche Turm ist als charakteristisches Wahrzeichen erhalten geblieben.

1140 ist die Burg erstmals urkundlich greifbar: Ein Christian von Rinchedorp

Der Kernbau der Rheindorfer Burg zu Walberberg um 1950

wird in diesem Dokument als Dienstmann des Grafen Adolf von Saffenberg, seines Zeichens Vogt des Domkapitels zu Köln (Inhaber der Walberberger Grundherrschaft) genannt. Zu jener Zeit waren die Grafen von Saffenberg, deren Hauptburg mit dem Hexenturm nur unweit entfernt lag, Lehnsherren von Rheindorf, denn ihr Lehnsrecht wird später fortlaufend erwähnt. 1213 erfahren wir von einem Ritter Arnoldus de Rincdorp. Anno 1358 wird die Wasserburg Rincdorp als „festes Hauß und Schlöß" bezeichnet. Das Anwesen befand sich damals im Besitz derer von Wolff zu Rheindorf. Nach weiteren Zwischenbesitzern gelangte die Burg schließlich an Wilhelm von Wevelinghoven und Alfter, Erbmarschall des Erzstiftes Köln, der sie 1433 an Lutter Quad verkaufte. Der heutige Burgenname ist in dieser Form 1504 erstmals bezeugt, da Gerhard von Quad als neuer Eigentümer genannt wird. Im Jahr 1672 gehörten zur Burg zwei Morgen Weingärten und 63 Morgen Ackerland. Elf Jahre später verkaufte die Familie von Quad, die genau 250 Jahre lang Eigentümerin von Burg Rheindorf war, ihren Walberberger Besitz an die Kölner Jesuiten. Die Burg wird als „freiadeliges Haus und Rittersitz" definiert. Zum Preis von 900 Reichstalern ging diesem folgenschweren Verkauf die

Die Rheindorfer Burg mit dem „Jesuiten-Wellmoth" genannten Pavillon und zwei Dominikanermönchen, um 1928.

Ablösung des Lehnsrechtes voraus, das sich bis dahin im Besitz der Grafen von der Mark-Saffenberg befunden hatte.

Mit der Übernahme der Burg durch die Societas Jesu erfährt das Anwesen, das wohl annähernd zeitgleich mit der Saffenburg samt Hexenturm erbaut worden sein dürfte, ein neues Schicksal. Denn die Jesuiten erneuerten die Ökonomiegebäude des zugehörigen Wirtschaftshofs sowie die Mühle und richteten im alten Herrenhaus eine klösterliche Niederlassung mit Kapelle ein. Ihr in der Burg eingerichtetes Kloster diente fortan als Erholungsheim für Ordensmitglieder und Schüler. Die nunmehr in Walberberg ansässigen Jesuiten verwalteten von hier aus ihre Hofgüter in Dersdorf (Feldhof), Kardorf (Altenberger Hof), Trippelsdorf (Mönchshof) und Walberberg (die nach einer Pächterfamilie so bezeichnete Stahlburg auf der Ecke Flammgasse/Hauptstraße).

Um 1700 erbauten die Jesuiten auf dem weitläufigen Gelände ihrer Klosterburg das so genannte Rheindorfer Kapellchen, einen barocken Pavillon, der im örtlichen Volksmund als „Jesuite-Wellmoth" bekannt wurde. Noch heute heißt die entsprechende Feldflur „op de Jesuite-Wellmoth". Auf alten Postkarten ist dieses heute längst nicht mehr bestehende kleine Gebäude noch zu erkennen, wo die gestrengen Jesuiten angeblich hin und wieder „ihr Mütchen" zu kühlen pflegten.

Im Jahr 1773 wurde der Jesuitenorden aufgehoben, wobei sein Besitztum, die Burg Rheindorf mit zusammen 110 Morgen an diversen Liegenschaften, verkauft wurde. Einem Reichshofratsurteil vom 20. Oktober 1774 zufolge musste der größte Teil des jesuitischen Vermögens der Kölner Schulverwaltung übereignet werden. Bis 1773 lag das hiesige Schulwesen nämlich überwiegend in den Händen dieses geistlichen Ordens. Bis heute verwaltet der Kölner Gymnasial- und Stiftungsfonds das aus dem Verkauf der Immobilien gewonnene Kapital. Die Stiftungsverwaltung verpachtete in der Folge die Rheindorfer Burg mit allen dazugehörigen Liegenschaften an Landwirte aus der Umgebung. Von 1820 bis 1924 sind alle Pächter namentlich bekannt (u. a. Stüsser, Grouven, Boden, Lüssem, Klug).

Samt einem Areal von gut 20 Morgen erwarb 1924 die Provinz *Teutonia* des Dominikanerordens die mittlerweile arg verwahrloste Burg, um sich hier ein dauerhaftes Domizil einzurichten. Zwei Jahre später begann der Predigerorden mit dem großzügigen Ausbau der alten Burganlage. So wurde auf den Fundamenten der früheren Ökonomiegebäude und auf den Grundmauern der alten Vorburg das neue Kloster mit seiner blockhaft wirkenden Kirche errichtet. Am 1. November 1926 bezogen neun Patres und 27 studierende Fratres das Kloster. Dem Mutterkloster in der Kölner Stolkgasse gehörten im Mittelalter so berühmte Gelehrte wie Albertus Magnus, Thomas von Aquin und Meister Ekkehart an. Albert der Große, nach dem das von Köln aus gegründete Walberberger Dominikanerkloster benannt ist, war der vielseitigste Gelehrte seiner Zeit. Sein Bild ziert das Gotteshaus des Walberberger Klosters.

1934 eröffneten die Mönche in der Rheindorfer Burg im Sinne einer Ordenshochschule das Studium Generale. Mehr als 100 Dominikaner lebten und studierten bis 1974 in Walberberg. Die berühmte Albertus-Magnus-Akademie, die in den dreißiger Jahren eingerichtet wurde, ist im Wesentlichen das Werk des unermüdlich tätigen Paters Laurentius Siemer. Im Zweiten Weltkrieg wurde ab 1942 hier ein Lazarett eingerichtet. Das Kloster wurde letztlich sogar von der Gestapo enteignet. Nach 1945 aber blühte der Klosterbetrieb erneut auf. In den Jahren 1952 bis 1958 wurde die Dominikanerakademie zur Straße hin beträchtlich erweitert (Aula, Hörsäle, Bibliothek). 1954 war das Walberberger Institut, eine Art politischer Akademie, gegründet worden. Die Klosterkirche wurde 1967/68 im Sinne der vom Zweiten Vatikanischen Konzil definierten liturgischen Richtlinien umgestaltet. 1974 wurde die in Walberberg berühmt gewordene Hochschule der Dominikaner geschlossen. Aus wirtschaftlichen Gründen war man genötigt, zum 31. Dezember 2005 auch den Tagungsbetrieb dieses segensreich wirkenden Klosters einzustellen. Zum 31. Dezember 2007 wird einem Beschluss des Provinzkonzils der Ordensprovinz vom März 2006 zufolge auch das Kloster seine Pforten schließen. Die Arbeit des Walberberger Instituts soll noch bis Ende Oktober 2007 fortgesetzt werden. Was dann mit der Anlage geschieht, ist zum Zeitpunkt der Drucklegung dieses Jahrbuchs völlig offen.

Dem Besucher des Dominikanerklosters Walberberg zeigt sich eine weitläufige Anlage verschiedener Gebäude. Von der Hauptzufahrt her erblickt man im Hintergrund immer noch den aus dem Mittelalter stammenden Turm. Der Kern der einstigen Ritterburg ist auch heute noch deutlich erkennbar. Waren es zunächst Ritter, so sind es nach dem Interim der Jesuiten im 17. und 18. Jahrhundert gegenwärtig erneut (und noch) Ordensmänner, die der Rheindorfer Burg ihren Stempel aufdrücken. Stellvertretend für in Walberberg wirkende bekannte Dominikaner seien Willehad Paul Eckert, Rufus Keller und Basilius Streithofen genannt. Die Mönche versehen auch in den Pfarreien der Umgebung ihren Dienst als Seelsorger.

Die Rheindorfer Burg, hier noch mit Wirtschaftshof, um 1925.

EIN HAUCH VON TOSKANISCHER ARCHITEKTUR UND SÜDLÄNDISCHEM AMBIENTE: DIE KITZBURG

Am südöstlichen Rand von Walberberg liegt inmitten eines engen Talabschnitts, dessen oberer Teil vom Vorgebirgswald begrenzt wird, eine der malerischsten Wasserburgen des Rheinlands überhaupt, die Kitzburg. In unmittelbarer Nähe konnte ein römischer Siedlungsbezirk archäologisch nachgewiesen werden. Die Bezeichnung Kitzburg ist etymologisch umstritten, da sich bisher kein eindeutiger Beleg für eine Deutung gefunden hat. Wahrscheinlich war das beispielsweise 1547 als Kyhsborch, 1548 in der Schreibweise Cesborch und 1549 als Kitzburgh bezeichnete Anwesen einmal im Besitz einer Familie, die jenen Namen trug. Hierfür lassen sich einige Parallelen auflisten: In Köln-Lindenthal gab es die so genannte Kitschburg, die noch 1785 urkundlich als Kytzburg belegt ist. Auch die Walberberger Burg ist 1742 als Kitschburg bezeugt. Eine der beiden Burgen in Fliesteden, einem Dorf nordwestlich von Köln, hieß bereits 1292 Kytzburgh. Als „Untere Burg" oder „Unterhaus" gehörte sie dem gut dokumentierten Geschlecht der Kytz von Vlysteden. Das Wappen der Familie von Kytz zeigt einen bekrönten Reichsadler.

Das viereckige Herrenhaus der Walberberger Kitzburg erhebt sich auf einer eigenen Insel, die ursprünglich über eine Zugbrücke und heute über eine steinerne Bogenbrücke zugänglich ist. An allen vier Ecken akzentuieren unverputzte quadratische Pavillons (einer von ihnen beherbergt die flachgedeckte Hauskapelle aus dem Jahr 1753) die Geschlossenheit des Anwesens. Der Wassergraben speist sich durch einen von der Aldeburch herabfließenden Quellbach. Neben dem Burghaus und dem lang gestreckten barocken Park mit zentralem Springbrunnen stehen die Gebäude eines weiträumigen Wirtschaftshofs.

Unmittelbar westlich hinter diesem Gutshof bedeckten einst Weinreben den sich in Richtung Ort erstreckenden Schallenberg. Eine Zeichnung des wallonischen Malers Renier Roidkin von etwa 1730 dokumentiert diesen Zusammenhang. Im Inneren des nahen Waldes drehte sich einst das Wasserrad der Kitzburger Mühle, deren Gebäude noch vorhanden sind. Ein naturbelassener, tief eingeschnittener Hohlweg erklimmt hinter dem Park den Schneeberg zur Trippelsdorfer Heide hin. Eine schmiedeeiserne Wetterfahne auf dem Dach des zweistöckigen Wohnhauses der Kitzburg zeigt als Datum einer grundlegenden Renovierung das Jahr 1761. Von der Bonn-Brühler Landstraße her führt ein schmaler, sehr langer Weg schnurgerade auf das am Rande des nun sanft ansteigenden Hanges gelegene Schlösschen zu und unterstreicht dadurch dessen herrschaftlich-vornehmen Charakter. Das Herrenhaus wahrt im wahren Sinne des Wortes „Distanz". Diese Distanz wird zusätzlich durch eine die gesamte Insel umlaufende Balustrade unterstrichen. Das Burghaus bietet durch seine rosarote Farbgebung einen reizvollen Kontrast zur umgebenden Natur, vor allem zu dem alten und sehr gepflegten Baumbestand. Eine dokumentarisch wertvolle Abbildung aus dem Jahr 1692 veranschaulicht die hier skizzierte Situation. Bezeichnet ist das aus der Vogelschau prospektierte Bild, das sich in privatem Besitz befindet, mit der Angabe

Die Kitzburg
zu Walberberg um 1900

Herrenhaus der Kitzburg von Südosten, um 1950

Blick auf die Walberberger Kitzburg von Westen her, 1993

„Daß Adliche Hauß zuer Kitzburg im Ertzstifft Cöllen bey Brüell gelegen". Das Herrenhaus ist auf dieser Zeichnung bereits genauso zu erkennen, wie es sich heute dem Betrachter darbietet.

Einer damaligen Zeitmode folgend, wurde das Wohnhaus der Kitzburg manieristisch in einem überaus malerischen toskanischen Landhausstil erbaut. Italien, das „Land der Sehnsucht", wirkte um 1700 und auch noch später in vielen Teilen Deutschlands Stil bildend. Im Nachbarort Sechtem erhebt sich als Zufahrt zur Weißen Burg ein hoher Torturm, dessen klassizistisch-renaissancistische Formen und Dekor sich ganz an entsprechenden Vorbildern der Toscana orientieren. So titelte eine Regionalzeitung mit Blick auf die Kitzburg vor vielen Jahren einmal zu Recht: „Ein Hauch von Italien."

Die älteste Historie der traditionsreichen Burg liegt im Verborgenen. Bekannt ist, dass von etwa 1350 bis 1400 dem Brühler Hofgericht die Verwaltung des einstigen Lehens oblag. Als Lehnsgut ist die Burg am 13. Februar 1382 dingfest zu machen. Seit ungefähr 1400 übten die Amtmänner von Brühl die Gerichtsbarkeit in Walberberg aus, wo sie auch residierten. Der erste namentlich nachweisbare Besitzer der Kitzburg, deren Fundamente in die Zeit um 1270 datiert werden, war der Brühler Amtmann Gerhard Zwyffel von Berg (= Walberberg). In der Folgezeit kam das einst landtagsfähige Rittergut in den Besitz wechselnder rheinischer Adelsfamilien. Die Kitzburg wurde Eigentum der Familien von Hesseler, von Gymnich, von Wolfskehl, von Fürstenberg, von Quentel, von Becker, von Groote und von Kempis.

Am 16. November 1757 verkaufte Kanonikus Johann Thomas von Quentel die Kitzburg an Felix Joseph von Becker. Aus dem Jahr 1765 stammt ein großes barockes Grabkreuz, das einst die Einfahrt zur Kitzburg an der Landstraße markierte. Das nunmehr auf dem Friedhof von Walberberg sich befindliche Kreuz zeigt unter anderem das Wappen des Franz-Peter von Becker zu Benesis. Durch eine Einheirat in die Familie von Becker kam die Kitzburg 1786 an die Familie von Groote, die sie wiederum 1905 der Familie von Kempis zubrachte. Nach dem am 14. März 1960 verstorbenen Major a. D. Franz von Kempis, einem langjährigen Vorsitzenden des Hegeringes Vorgebirge der hiesigen Jägerschaft, ist eine in der Nähe der Kitzburg gelegene Straße benannt. Als am 30. Januar 1979 dessen Tochter Carola von Kempis stirbt, wird ein Neffe der Verstorbenen neuer Eigentümer der Burg, nämlich der Arzt Dr. Raban Freiherr von Canstein. Die freiherrliche Familie von Canstein bewohnt seitdem die Kitzburg, für deren Pflege und Erhalt sie alles tut. An Tagen des „Offenen Denkmals" oder für Besuchergruppen der Volkshochschule Alfter-Bornheim öffnet die heutige Besitzerfamilie großzügig ihren Park, den Wirtschaftshof und hin und wieder auch ihr schmuckes Wohnhaus. Mit Recht kann man feststellen, dass die Kitzburg in jeder Hinsicht „von Adel" ist!

DIE „ALDEBURCH“: ZUFLUCHTSSTÄTTE IN DER BEDRÄNGNIS

Wandert man heute vom Klüttenweg oder vom zwischen Merten-Trippelsdorf und Walberberg gelegenen Schneeberg aus weiter durch den Villewald oberhalb der ersten Häuser von Walberberg, so stößt man in einem teilweise heute noch recht unwegsamen Geländeabschnitt mitten im Wald, etwa auf halber Höhe des Vorgebirges, oberhalb der Kitzburger Mühle, auf einen ovalen Ring- oder Abschnittswall. Die etwa 1.250 Meter südwestlich der Walburgiskirche gelegene Anlage fällt dem Betrachter durch ihre heute noch ziemlich hohen Wälle auf, die eine Fläche von annähernd 65 mal 120 Meter umschließen. Dem umlaufenden, stellenweise gut vier Meter hohen Wall mit zwei Eingängen war einst ein Graben vorgelagert, der sein Wasser aus den zahlreichen Siefen empfing, die einem nahen Quellhorizont entspringen. In der archäologischen Forschung, die der im Volksmund so bezeichneten Aldeburch, der alten Burg also, bisher nur wenig Aufmerksamkeit zollte, zeichnet sich eine Tendenz ab, den Walberberger Ringwall (ähnlich wie sein viel kleineres Pendant im Wald zu Alfter) dem 9. oder 10. nachchristlichen Jahrhundert zuzuweisen. In dieser Epoche war die hiesige Bevölkerung den kriegerischen Einfällen und Plünderungen der Normannen (881/82) und Ungarn (919-926) ausgesetzt. Eine innerhalb der Umwallung spärlich entdeckte römerzeitliche Keramik könnte dazu verleiten, die Fliehburg in jene Zeit zu datieren. Die mitunter sogar als Keltenring bezeichnete Anlage, die den Menschen der Umgebung in kriegerischen Zeit Schutz bot, ist zwar keine Burg im heutigen Sinne, wohl aber ein Ort, an dem man sich gegebenenfalls wie in einer Burg „geborgen“ wähnen konnte. Nach Abwägung aller Gegebenheiten und Indizien dürfte der Abschnittswall in der spätkarolingischen Epoche entstanden sein, vielleicht am Ort einer Vorgängeranlage.

Schriftsprachlich erwähnt wurde die Aldeburch erstmals um 1530 in einem Weistum der damaligen Herrlichkeit Walberberg: „Noch einen gemeinen weeg von der alter Burg recht ab durch die Putzgaß bis auf den ronden weier durch den Hof an der Kitzburg.“ Mit dem erwähnten Hof ist der weiter oben genannte Krawinkelhof gemeint.

In Walberberg befindet sich ein „Aldeburch“ genannter Abschnittswall, der vielleicht im 9. oder 10. Jahrhundert angelegt wurde. (Foto 1992)

BURG ODENHAUSEN UND IHRE BESITZER

VON
FRANK HÜLLEN

Ehewappen Blanckart/Schenck über dem Eingang zum Haupthaus

Burg Odenhausen auf einer Aufnahme um 1910/20

Nordwestlich von Berkum am Abhang des Wachtbergs gelegen, nimmt Burg Odenhausen unter den Schlössern und Burgen des Rheinlands in mehrfacher Hinsicht eine Sonderstellung ein. Zunächst ist sie eines der wenigen fast unverfälscht erhaltenen Beispiele für den Burgenbau der Renaissancezeit.

Gleichzeitig steht sie entwicklungsgeschichtlich genau an der Grenze vom Wehr- zum Repräsentationsbau. Der Eindruck einer einheitlichen Planung und Ausführung bestätigt sich allerdings nur auf den ersten Blick, denn wie genauere Untersuchungen zeigen, ist auch dieses Gebäude das Ergebnis mehrerer Umbauvorgänge und Erweiterungen. Eine weitere Besonderheit ist schließlich die für eine Wasserburg äußerst ungewöhnliche Höhenlage. Ermöglicht wird diese durch den tonigen Baugrund, der eine gleichbleibende Füllung der Wassergräben garantiert – Grundvoraussetzung für die Standfestigkeit jeder Wasserburg.

RÖMISCHE FUNDE

Erste Siedlungsspuren am Wachtberg stammen aus römischer Zeit. Vermutlich wurde der Berg mit seinem weiten Ausblick über das Drachenfelser Ländchen schon damals für militärische Zwecke genutzt. Bei Bauarbeiten in der Nähe der Burg stieß man 1967 auf die Reste einer römischen Wasserleitung. Eine zweite Leitung, deren Eichenholzfragmente direkt neben der Vorburgbrücke lagen, wird in die fränkische Zeit datiert. Noch spektakulärer ist der Fund einer rund 15 Zentimeter großen Figur, die vom damaligen Burgbesitzer Simons auf einem Acker nordwestlich der Burg entdeckt wurde. Meist wird sie als Überrest eines ehemals hier befindlichen Matronenheiligtums gedeutet, aber auch eine Entstehung in christlicher Zeit scheint durchaus möglich.

Luftaufnahme von Burg Odenhausen und zugehörigen landwirtschaftlichen Gebäuden um 1940. Der Mottenhügel liegt südlich der heutigen Hauptburg.

ANFÄNGE DER BURG

Wie die meisten rheinischen Burgen ist auch Odenhausen aus einer so genannten Motte hervorgegangen, einem graben- und palisadenumgrenzten Holzturm auf einem künstlich aufgeworfenen Hügel. Seit dem 10. Jahrhundert hatte sich diese Befestigungsart über ganz Europa verbreitet. In Odenhausen sind Spuren des Mottenhügels noch heute im Gelände südlich der jetzigen Hauptburg erkennbar.

Der Name „Odenhausen“ wird erstmals im Jahr 1174 erwähnt. Damals verkaufte ein Kassilius de Fritesdorp Ackerland bei „Udenhausen“ an das Kloster Rolandswerth. Die nächste Nachricht stammt aus dem Jahr 1316, als der Ritter Hermann von Odenhausen als Zeuge in einer Urkunde des Kölner Stiftes St. Gereon erscheint. Ein Lamprecht von Odenhausen wird in einem zwischen 1320 und 1349 erstellten Verzeichnis des Klosters Siegburg genannt: „Item Lamprecht van Hundinhusen is man worden van sime hove daeselffs mit syme rechte in dem Kottenforst und mit XXX morgen lantz.“

Daraus ergibt sich, dass die Burg damals ein Lehen der Abtei Siegburg war (und auch bis zur Säkularisation 1803 blieb).

DIE ERSTE FESTE BURGANLAGE

Die Familie von Odenhausen sollte sich ihres Besitzes nicht lange erfreuen. Spätestens gegen Ende des 14. Jahrhunderts scheint sie in finanzielle Schwierigkeiten geraten zu sein. 1428 musste der Knappe Roland von Odenhuysen mit Genehmigung des Lehnsherren seinen gesamten Besitz, den sein gleichnamiger Vater ihm und seiner Mutter Styntgell von Gyrmersdorp stark verschuldet hinterlassen hatte, an seinen Bruder Johann von Odenhausen und dessen Frau Gertrude verkaufen. Bei dieser Gelegenheit wird die Burg erstmals ausführlich beschrieben: „dat oeverste gehuyse zo Odenhuysen, den Thurnberg mit allen symen gehuchten und geteymme[r]n, mit dem wyer bynnen der overster vallbruggen, mit der drencken by den bongarden, mit 40 morgen artland darin gehoirt“.

Die Formulierung „dat oeverste gehuyse ...“ lässt darauf schließen, dass spätestens gegen 1400 die Motte wegen Baufälligkeit oder räumlicher Enge aufgegeben und durch eine Burganlage in zeitgemäßeren Formen ersetzt worden war. Offensichtlich war die ursprüngliche Situation zu dieser Zeit aber noch deutlich erkennbar, wie die Unterscheidung zwischen „oberstem Haus“ und „Turmberg“ beweist.

Wie noch in jüngster Zeit beim Bau des Berkumer Schulzentrums ersichtlich, neigt der Baugrund am Hang des Wachtbergs zum Abrutschen. Während bei den Schulgebäuden langwierig nachgebessert werden musste, hatte sich der unbekannte Baumeister von Burg Odenhausen von vorneherein für eine Gründung der Fundamente auf Eichenholzpfählen entschieden. Dieser Technik, die schon den alten Römern bekannt war, begegnet man u. a. auch in Venedig, Amsterdam oder dem ebenfalls auf unsicherem Baugrund errichteten Berliner Reichstag.

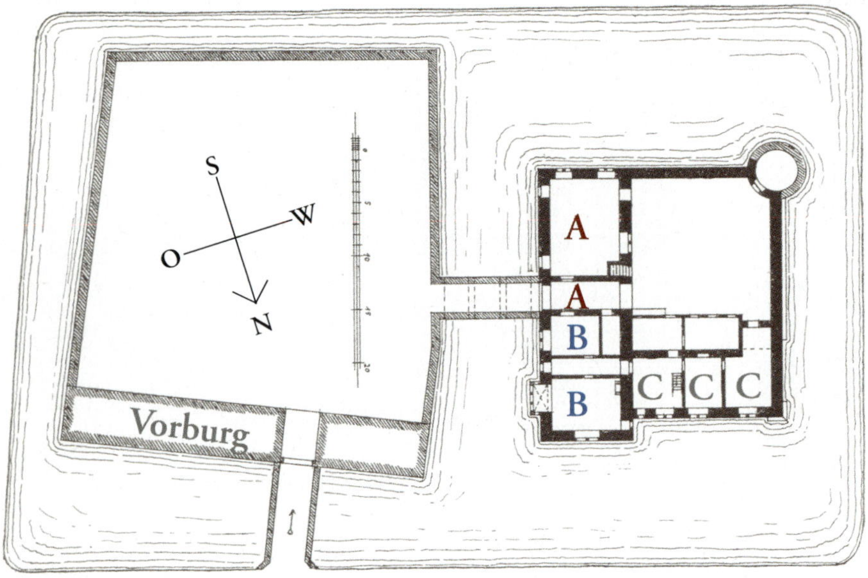

Grundriss der Burg im Zustand vor 1905

Damit die Eichenpfähle ihre Tragfähigkeit über lange Zeiträume hinweg bewahren, ist es allerdings erforderlich, dass das Holz ständig luftdicht unter Wasser liegt und so vor Fäulnis geschützt wird (was in Berlin durch den sehr hohen Grundwasserspiegel gewährleistet ist). Für die Erhaltung von Odenhausen ist also eine gleichmäßige Füllung der Wassergräben von hoher Bedeutung.

Vielleicht waren es die um 1400 durchgeführten Neubauten, die die Finanzprobleme der Familie von Odenhausen verursacht hatten. Jedenfalls konnte auch Johann von Odenhausen die Burg nicht halten und verkaufte sie bereits zwei Jahre später mit Genehmigung des Abtes Wilhelm Spies zu Büllesheim an Heinrich von Ossendorf. In den folgenden Jahrhunderten sollten durch Erbgang, Einheirat und Verkäufe die besitzenden Familien noch häufiger wechseln. Auf die Herren von Ossendorf folgten die von Cuchenheim, die Kessel von Nürburg und schließlich die Beissel von Gymnich zu Schmidtheim. 1533 übertrugen Daem Beissel von Gymnich und seine Frau Eva von Schmidtheim die Burg an ihre Tochter Eva und deren Mann Ludwig Blanckart.

Die heutige Farbgebung der Burg geht auf die Renovierung 1968-70 zurück.

ZUSTAND DER BURG UM 1500

Als die Eheleute Blanckart/Beissel Odenhausen 1533 übernahmen, fanden sie die Burg im Wesentlichen noch im Zustand des 15. Jahrhunderts vor. Wie für kleinere rheinische Wehrbauten üblich, handelte es sich um eine zweiteilige Burganlage mit Haupt- und Vorburg, die jeweils von Wassergräben umgeben waren.

Die Hauptburg bestand aus einem schlichten Burghaus auf L-förmigem Grundriss mit einem von Mauern eingeschlossenen Hof, Zugbrücke und Burgturm. Ältester Teil der Anlage war der bis heute erhaltene Saalbau („Haus A"), der sich durch sein höheres Dach deutlich von den später errichteten Gebäuden abhebt. Die Ausstattung mit je einem Kamin an den Stirnwänden von Erd- und Obergeschoss deutet darauf hin, dass Haus A ursprünglich vier beheizbare Einzelräume enthielt und somit ein reines Wohngebäude war. Vermutlich bereits kurze Zeit nach der Errichtung von Haus A war die Hauptburg durch den Bau des Hauses C sowie einen Verbindungsbau auf dem Grundriss des heutigen Hauses B erweitert worden. Damit hatte das Haupthaus den noch jetzt vorhandenen Umfang erreicht. Die Vorburg, die sich an der gleichen Stelle wie die jetzige Vorburg befunden haben dürfte, diente neben dem Schutz der Hauptburg vor allem der Aufnahme von Stallungen, Scheunen und anderen Wirtschaftgebäuden.

Winterliche Ansicht der Vorburg

DER UMBAU IM 16. JAHRHUNDERT

Etwa ab 1545 begann Ludwig Blanckart dann mit einem tief greifenden Umbau der vielleicht schon etwas unmodern gewordenen Anlage. Denkbar ist auch, dass ein Teil der um 1400 errichteten Burggebäude nur aus einfachem Fachwerk bestand. Das würde erklären, weshalb von diesen Vorgängerbauten nur das sehr solide Haus A und die treppengiebelbekrönte Westwand von Haus C erhalten blieben, während die restlichen Gebäude komplett neu aufgeführt wurden.

Für den offensichtlich sehr ambitionierten Bauherren ergab sich dabei das Problem, die auch Mitte des 16. Jahrhunderts durchaus noch empfehlenswerten verteidigungstechnischen Elemente mit dem Repräsentationsbedürfnis eines modernen Renaissancebaus in Einklang zu bringen. Besonders deutlich zeigt sich dieser Konflikt bei der Gestaltung der Eingangssituation. Einerseits wollte Blanckart auf den Schutz durch eine Zugbrücke nicht verzichten, andererseits sollte der Eingang möglichst eindrucksvoll die Würde des Besitzers demonstrieren. Als Kompromiss wurde ein neues Tor in Haus A gebrochen, wodurch der Zugang einigermaßen in die Mitte der Ostfassade zu liegen kam. Der Burggraben wurde in traditioneller Weise mit einer Zugbrücke überquert, deren Rollenlöcher noch heute erkennbar sind. Die eigentlichen Portale (je eins für Haus A und Haus B) wurden eher unscheinbar in der Durchfahrt angebracht. Mit ihren giebelgeschmückten, mehr als drei Meter hohen Trachytwänden entsprechen sie am ehesten unserer Vorstellung von klassischer, an italienischen Vorbildern geschulter Renaissancearchitektur. Zweifellos stellen sie den für die Bauzeit „modernsten" Teil der Anlage dar.

Im Übrigen wurde Haus B durch seine Schmuckformen deutlich als Hauptwohnteil hervorgehoben. Den stärksten Akzent setzen die beiden Ziergiebel mit ihren Voluten und den bizarren Hausteinhaken (ursprünglich waren beide Giebel gleich gestaltet, nach einem Einsturz wurde der Nordgiebel aber nur vereinfacht wiederhergestellt). Daneben fällt vor allem der berühmte Erker ins Auge, den Paul Clemen 1905 wie folgt beschrieb:

Nach der Vorburg zu springt ein durch zwei Stockwerke hindurchgehender schöner Hausteinerker vor, von kräftiger, mustergültiger Profilierung. Auf vier, weit vorgekragten, ausgeschnittenen Konsolen baut sich der Erker in rechteckiger Form auf, nach vorn in jedem Stockwerk in drei lange Felder eingeteilt, denen an den Schmalseiten je ein gleiches Feld entspricht. Im ersten Geschoß glatte Rahmen, die Fenster mit enger Eisenvergitterung, ehemals mit äusseren Schlagläden. Die Fenster im oberen Geschoss mit kleinen Scheiben; über einem jeden schliesst sich hier die Blende in nasenbesetzten Rundbögen. Darüber ein steiles Walmdach.

Typisch für die konservative Grundhaltung des rheinischen Burgenbaus ist die Verbindung von traditionell-gotischem Formempfinden (Maßwerk, Kreuzgewölbe im Inneren) mit modernen Renaissance-Elementen (Form der Gesimse und Konsolen).

Auch die östlich vorgelagerte Vorburg wurde von Blanckart neu gebaut. Der Torbau mit seinem schlichten Volutengiebel ist aus der Mitte des Nordflügels in Richtung auf die Hauptburg verschoben, um so eine bessere Einsicht von der Hauptburg auf die Brücke zu ermöglichen. Im Giebel sind noch zwei Taubenfluglöcher erhalten, während der Rankenfries über dem Torbogen inzwischen fast vollständig verwittert ist.

Die restlichen Teile der Vorburg waren schlicht gehalten, die Wände zum Innenhof in den Obergeschossen sogar nur aus Fachwerk.

Noch heute hebt sich Haus A durch seinen höheren Dachfirst deutlich von den später errichteten Gebäuden ab, Aufnahme um 1910/20.

WEITERE BESITZERWECHSEL

Um 1560 dürften die Umbauarbeiten abgeschlossen gewesen sein. Vermutlich hat Ludwig Blanckart die Vollendung seines Werkes nicht mehr erlebt, denn das in diesem Jahr über dem Hauptportal angebrachte Ehewappen zeigt neben dem Wappen der Blanckarts nicht etwa das seiner Frau, sondern das der Familie Schenck. Damit war zu dieser Zeit wohl schon nicht mehr Ludwig, sondern dessen mit Isabella Schenck von Nideggen verheirateter Sohn Arnold Herr der Burg. Nach Maaßen war dieser Arnold Amtmann zu Vilich und kurfürstlicher Landrentmeister.

Wie bereits im 15. Jahrhundert scheinen auch dieses Mal die Baumaßnahmen die Besitzerfamilie auf lange Sicht in finanzielle Schwierigkeiten gebracht zu haben. 1599 bat die Witwe Arnolds, Isabella geb. Schenck von Nideggen, den Siegburger Abt Wilhelm von Hochkirch daher um Erlaubnis, mit Rücksicht auf ihre bedrängte finanzielle Lage Odenhausen an ihren „lieben Vetter" Wilhelm Blanckart,

kurfürstlichen Vogt zu Ahrweiler, verkaufen zu dürfen. Ihre Söhne Otto Ludwig und Franz Dietrich stimmten diesem Schritt zu.

Auch Wilhelm Blanckart blieb nur kurze Zeit im Besitz der Burg. Bereits am 2. Oktober 1608 verkauften er und seine Frau Anna geb. Velbrück das Haus Odenhausen mit allen zugehörigen Gerechtigkeiten, Ländereien, Jagden, Fischereien und Schäfereien sowie den Holzrechten im Kottenforst, den jährlichen Zinsen, Pachten, Kurmeden, Pfennigsgeldern und der Kollation der Vikarie und des Altares der Kirche zu Berkum an den Reichsritter Heinrich von Distling, Oberst der königl. Majestät in Spanien, Landdrost der Grafschaft Zütphen, kurkölnischer Geheimrat und Kämmerer. Dass der Herr von Distling Odenhausen kaufte, war keineswegs ein Zufall, war er doch verheiratet mit einer gewissen Arnolda von Blanckart, ihres Zeichens Tochter der Eheleute Arnold Blanckart und Isabella Schenck. Wilhelm Blanckart betonte in der Verkaufsurkunde denn auch, dass er die Burg zu den gleichen Bedingungen verkaufe, zu denen er den Besitz 1599 von Arnoldas Mutter übernommen habe. Als Kaufpreis werden 9.500 kölnische Taler zu 52 Albus und 100 Goldgulden Verzichtpfennig genannt.

Nach Heinrich von Distling erscheinen dessen Sohn Johann Caspar und der Enkel Ferdinand Eberhard als Besitzer der Burg.

Burg Gudenau, Stammsitz der Familie Waldbott

Offensichtlich hatten sie sich dauerhaft in Berkum niedergelassen, denn einem Visitationsprotokoll aus dem Jahr 1687 kann man entnehmen, dass sich damals in der Kirche zu Berkum das Erbbegräbnis der Herren von Distling befand. Zu diesem Zeitpunkt war die Familie allerdings schon ausgestorben. Ferdinand Eberhard, der letzte männliche Nachkomme, war „mit militärischer Expedition zu den Kayserl. armaen in Ungarn gegen den Erbfeindt" gezogen und dort 1662 gefallen. Schon ein Jahr später verkaufte seine von ihm als Erbin eingesetzte Kusine Anna Clara von Zweiffel, verwitwete von Cortenbach, namens ihrer unmündigen Kinder Odenhausen mit allen Einkünften und Gerechtigkeiten an Otto Werner Freiherrn Waldbott von Bassenheim zu Gudenau.

ODENHAUSEN IM BESITZ DER FAMILIE WALDBOTT

Damit begann für die Burg ein neuer Abschnitt ihrer Geschichte. Die Waldbotts, die mit der Gudenau über eine außergewöhnlich weitläufige und gut ausgestattete Residenz verfügten, nutzten Odenhausen lediglich als Witwensitz, für Verwaltungszwecke des Drachenfelser Ländchens sowie als gelegentliches Gästequartier. Zwar wurde die Burg durch den Einbau von vier Kaminen verschönert, ansonsten aber unterblieben größere Baumaßnahmen. Für die Kunsthistoriker stellt das insofern einen Glücksfall dar, als dass die Anlage dadurch im Wesentlichen im Zustand des 16. Jahrhunderts erhalten blieb.

1735 starb die Familie Waldbott-Gudenau im Mannesstamm aus. Die Abtei Siegburg versuchte nun, die Burg als erledigtes Lehen einzuziehen. Dabei ging sie von der irrigen Annahme aus, dass Odenhausen ein reines „Mannlehen" sei, d. h. nur in männlicher Linie vererbt werden könne. Erst nach einem längeren Gerichtsprozess gelang es dem mit der Gudenauer Erbtochter vermählten Carl Georg Anton von der Vorst-Lombeck, die Belehnung mit der Burg zu erhalten. Seitens der Abtei wurden in diesem Zusammenhang gravierende Mängel an den Burggebäuden festgestellt. Unter dem 10. September 1735 heißt es: *...hierbey aber zugleich referiren müssen, dass die Gebäu und appertinentien in einem zumahlen verderblichen und gantz ruinösen Zustand sich befinden, also dass die nunmehro consolidierte ritterlich lehnbar gewesene Bewohnung ohne vorhergehende restauration nicht wohl bewohnt werden könne.*

An diesem Zustand wird sich in den folgenden Jahrzehnten nur wenig geändert haben, denn auch die Vorst-Lombecks bewohnten die Burg nicht selbst, sondern ließen sie von Pächtern bewirtschaften. In den Berkumer Kirchenbüchern werden einige dieser Pächter genannt. So erscheint 1744 im Bruderschaftsbuch der Berkumer Marienbruderschaft ein Wernerus Heeg, „villicus in Odenhausen". Sein Sohn dürfte der am 31. Mai 1781 gestorbene Johannes Heeg gewesen sein, der ebenfalls als Pächter in Odenhausen bezeichnet wird.

Mit dem Einmarsch der Franzosen und der nachfolgenden Säkularisation endete die Siegburger Ära. Odenhausen war kein abteiliches Lehen mehr. Aber auch die Standesprivilegien der Herren von Vorst-Lombeck wurden abgeschafft. 1813 entschloss sich daher Maximilian Friedrich von der Vorst-Lombeck zur Auswanderung nach Österreich. Burg Odenhausen wurde an den späteren preußischen General von Vincke aus Flamersheim verkauft.

Kamin in Burg Odenhausen aus der Waldbottzeit (Obergeschoss Haus A)

Ernst Simons mit Frau, Schwiegermutter und Tochter vor der Burg

In diesem Jahr wurde eine Untersuchung der Landtagsfähigkeit verschiedener Rittergüter des Kreises Bonn durchgeführt. Über Odenhausen heißt es dabei, „dass dieses Gut von der Familie Gudenaw herstammt und es nach den Gebäulichkeiten zu urteilen wohl eines der ältesten adlichen Güter ist, welche hier in der Gegend sind; nach der Steuer ist es aber jetzt nicht Landtags -fähig.“ Trotz des hohen Alters wurde also eine Landtagsfähigkeit auf Grund der fehlenden Steuerfreiheit des Besitzes verneint.

Als Gottfried Loeffel 1848 starb, war er „Gutsbesitzer und Beigeordneter“. Seine Nachfahren bewirtschafteten die Burg noch über zwei Generationen hinweg. Die Familie wohnte im Haupthaus, wobei allerdings Teile des Gebäudes auch der Landwirtschaft dienten. Im Erdgeschoss waren Viehställe, im ersten Stock Korn- und Heuspeicher untergebracht. Auch der Graben zwischen Haupthaus und Vorburg war teilweise mit Stallungen überbaut. 1882 stand Odenhausen mit einer Größe von 97,55 ha unter den Gütern der damaligen Bürgermeisterei Villip an zweiter Stelle. Größtes Anwesen war mit 238,57 ha das Rittergut Gudenau, an dritter und vierter Stelle folgten der Berkumer Jesuitenhof mit 94,49 ha sowie ein Hof in Holzem mit 68,31 ha.

Der Enkel Gottfried Loeffels starb 1902 bei einem Reitunfall, ohne Kinder zu hinterlassen. Seine Mutter konnte den stark verschuldeten Besitz nicht halten und verkaufte ihn 1904 an den aus Elberfeld gebürtigen Ernst Simons.

ODENHAUSEN GELANGT IN BÜRGERLICHE HAND

Vincke setzte für die Bewirtschaftung der Burg den vermutlich aus Buschdorf stammenden Gottfried Loeffel ein. Im Laufe der Zeit gelang es diesem, vom Pächter zum Besitzer der Burg aufzusteigen. Erstmals in ihrer Geschichte war Odenhausen damit in bürgerlicher Hand. 1827 wird Loeffel bereits als „theilweiser Eigenthümer und Pächter“ bezeichnet.

Die Hoffassade von Haus C nach dem Umbau 1905

Die gleiche Ansicht nach 1916

FAMILIE SIMONS ERWIRBT DIE BURG

Damals kauften sich Elberfelder Industrielle in großem Maßstab in unserer Gegend ein. Es waren Familien wie die von Wülfing (Haus Holzem, Burg Kriegshoven), de Weerth (Vettelhoven), von der Heydt (Godesberg), von Bemberg (Burg Ringsheim, Burg Flamersheim, Kloster Schweinheim) oder eben Simons, die im landschaftlich reizvollen Bonner Umland auf der Suche nach standesgemäßen Sommersitzen oder Landgütern waren. Neben der gemeinsamen Herkunft und dem großbürgerlichen Hintergrund verband sie auch das evangelisch-lutherische Bekenntnis, mit dem sie sich deutlich von der katholischen Bevölkerung ihrer neuen Heimat abhoben. Die Unternehmer des bergischen Landes waren geprägt durch die „strenge Gläubigkeit, die Unabhängigkeit des Denkens und der Entscheidung, den Mut zu eigener Verantwortung und nicht zuletzt den nüchternen Sinn für die Gegebenheiten des Alltags". Der Soziologe Max Weber hat sogar einen expliziten Zusammenhang zwischen der spezifisch protestantischen Ethik und dem wirtschaftlichen Erfolg dieses strengen und arbeitsamen Menschenschlags gesehen. Einfacher, aber kaum weniger prägnant haben es im 19. Jahrhundert die Kölner ausgedrückt. Der Satz „Sind Sie vermögend oder katholisch?" soll damals eine durchaus übliche Begrüßungsformel gewesen sein.

In der Tat stach die eher lässige und den Freuden des Lebens zugewandte Haltung der rheinischen Katholiken deutlich vom protestantischen Arbeitsethos ab – sehr zum Kummer der königlich-preußischen Regierung, die schon 1850 über die Einwohner des Kreises Bonn klagte:

Bei allen außergewöhnlichen Gelegenheiten, seien es nun Geschäfte beim Notar, Verhandlungen am Friedensgerichte, Geburtsanmeldungen, oder Militär-Angelegenheiten, wird meistentheils der Rest des Tages, wie man sich hier ausdrückt, 'blau gemacht' und gezecht. Häufige Festtage und Wallfahrten, deren letztere oft acht, zehn und mehr Tage dauern, entziehen mitunter in der günstigsten Jahreszeit dem Landbau die nöthigen Arbeitskräfte. Des Sonntags zu arbeiten kann sich der Bauer nicht entschließen, selbst wenn seine ganze Erndte auf dem Spiel stände.

Ernst Simons, 1877 als Sohn einer Elberfelder Textilfabrikanten- und Akademikerfamilie geboren, hatte zunächst ein Studium an der Universität Tübingen absolviert, bevor er im Alter von 27 Jahren Gutsherr in Berkum wurde. Allerdings sollte er sich zeitlebens eher als „Privatgelehrter" denn als Großagrarier sehen. Damit folgte er der akademischen Tradtion seiner Familie. Schon sein Großvater Louis Benjamin Simons war nicht als Unternehmer hervorgetreten, sondern hatte von 1849 bis 1860 als preußischer Justizminister amtiert. Getreu dem bürgerlichen Selbstverständnis seiner Elberfelder Heimat hatte er die mehrfach angetragene Adelserhebung abgelehnt, da ihm „sein bisheriger Name und Stand genug" seien.

Das Ehepaar Simons kurz nach der Hochzeit 1905

Es entsprach diesem Selbstverständnis, dass auch Ernst Simons über seine privaten Neigungen und Verpflichtungen hinaus Verantwortung für das Gemeinwohl übernahm. Als Mitglied des Berkumer Gemeinderates gestaltete er über Jahre hinweg das kommunale Leben mit, und während des Ersten Weltkriegs leitete „der Herr Oberleutnant Simons" die wöchentlichen Übungen des Wehrbundes der Bürgermeisterei Villip, wobei ihm Polizeisergeant Meyers, Rentmeister Hartmann und Lehrer Raaf als Exerziermeister zur Hand gingen.

Neben seinen wissenschaftlichen Studien frönte Simons noch einem zweiten, für die damalige Zeit äußerst modernen Hobby: Als begeisterter Amateurfotograf bannte er seine Umgebung aufs selbst entwickelte Glasplatten-Negativ. Dieser Leidenschaft verdanken sich auch die meisten der hier abgedruckten Aufnahmen.

Erntearbeiten, im Hintergrund die Burg

BEWIRTSCHAFTUNG DER BURG

Zur gleichen Zeit wie Odenhausen war auch die Burg in Gelsdorf zum Verkauf angeboten worden. Für das Anwesen am Rande des Wachtbergs hatte Simons sich auf Anraten des in Holzem ansässigen Otto von Wülffing entschieden, da hier im Gegensatz zu Gelsdorf die Ländereien bereits arrondiert seien. Fragen der landwirtschaftlichen Bewirtschaftung und Bewirtschaftbarkeit standen also durchaus im Vordergrund von Simons' Interesse. Durch weitere Käufe gelang es ihm, den vorhandenen Grundbesitz noch deutlich zu erweitern. Bei Simons Tod im Jahr 1922 umfasste das Gut Odenhausen eine Fläche von 127 ha.

Nicht alle sahen solche Käufe mit Freude. So befürchtete der Pfarrer von Oberbachem durch die fortgesetzten Landkäufe einiger reicher Großgrundbesitzer eine Verarmung der kleineren Landwirte. In seiner Pfarrchronik vermerkte er 1914:

Seit Jahren bemühen sich Großindustrielle und Großgrundbesitzer, im Ländchen alles freie Land aufzukaufen. Mit welchem Erfolg, sieht man in Villip, wo der von Guilleaume'sche Fideikommis etabliert wurde, sieht man in Berkum, wo das von Leonard'sche Majorat sowie die Güter der Herrn von Wülffing und Simons fast alles freie Land mit Beschlag belegt haben, so dass Berkum nur noch 50 Morgen freies Land haben soll.

Burg Odenhausen im Winter

Häufig werde das angekaufte Land als Jagdrevier aufgeforstet, wobei die umliegenden Parzellen durch Wildschaden leiden und im Wert sinken würden, oder der Großgrundbesitzer erlange eine Monopolstellung und könne schließlich die verbliebenen freien Ackerstücke weit unter Wert kaufen. Außerdem befürchtete der Pfarrer den Zuzug fremder Elemente:

Das Großkapital hat eigene Bewirtschaftung mit eigenen Beamten (Förster, Gutspächter usw.), eigene Tagelöhner, die, wenn sie arbeitsunfähig werden, der Armenkasse zur Last fallen. Mit diesen fremden heimatlosen Elementen sinkt oft Moral und Sittlichkeit. Die alte gute Sitte wird verdorben, je mehr unselbständige und dem Zufall überlassene Existenzen hereinkommen, und je mehr die Selbständigkeit der Einheimischen verlorengeht, weil der alte Bauernstolz, der die seit Menschengedenken übermachte Scholle eifersüchtig bewachte, auch ein Hüter der bürgerlichen Ehren und der Sittlichkeit war.

Neben Ackerbau betrieb Simons auch Milchwirtschaft. Als Verwalter setzte er Josef Decker ein. Daneben waren auf der Burg noch 10 Knechte und Mägde beschäftigt, darunter mehrere Polen.

Einsatz von Mähbindern auf Gut Odenhausen um 1910/20

RENOVIERUNG DER BURG

Als Simons die Burg übernahm, befanden sich Burg- und Wirtschaftsgebäude in einem sehr schlechten Zustand. Der Nordgiebel des Herrenhauses war teilweise eingestürzt und notdürftig repariert, die Gräben versumpft, die Brückenbögen vermauert, Turm und Wehrmauern verfallen. Im Erdgeschoss des Haupthauses waren Viehställe, im ersten Stock Korn- und Heuspeicher. Der zugehörige Misthaufen hatte seinen Platz im Hof der Vorburg, in unmittelbarer Nähe des Eingangs zum Haupthaus.

Um eine ökonomisch sinnvolle Bewirtschaftung der Anlage zu ermöglichen, ließ Simons einen neuen Gutshof mit Wohnhaus östlich der Vorburg errichten. Die alte Vorburg wurde mit Ausnahme des Eingangsflügels abgerissen. Damit wurde die Landwirtschaft endgültig aus dem Burgbereich verlegt.

Innenhof der Burg nach A. Brodrick 1943

DIE UMBAUTEN EMANUEL VON SEIDLS

Auch das Haupthaus wurde von Simons einer gründlichen Renovierung unterzogen. Dafür engagierte er nun nicht irgendeinen Architekten, sondern entschied sich für einen der renommiertesten Baumeister seiner Zeit. Der Name Emanuel von Seidl (1856-1919), heute nur noch einem Fachpublikum bekannt, stand damals für gehobenen Villen- und Landhausbau. Daneben gehörten zu seinen Werken auch Kurhotels, Vereinsgebäude, die Bauten der Deutschen Abteilung auf der Brüsseler Weltausstellung 1910 sowie der Tierpark Hellabrunn. Seine stilistische Entwicklung reichte vom Historismus über Jugendstil und Neoklassizismus bis in die Nähe der Neuen Sachlichkeit. Dabei verstand es der gebürtige Münchener, ein ausgeprägtes dekoratives Talent mit einem besonderen Geschick für die Einbettung von Gebäuden in den Landschaftsraum zu verbinden.

Einfühlungsvermögen zeichnet auch die von Seidl'schen Umbauten auf Burg Odenhausen aus.

Mit wenigen behutsamen Änderungen gelang es ihm, den Wohnwert der Anlage deutlich zu steigern. Nach seinen Plänen wurde im Inneren der Burg ein neues Treppenhaus eingebaut sowie der Hofseite von Haus C eine Loggia mit einer offenen Galerie darüber vorgelegt. 1916 wurde die Galerie – ebenfalls nach Plänen von Seidls – zu einer geschlossenen, weit vorkragenden Fachwerkkonstruktion verändert, die zwei Zimmer aufnehmen konnte. Dazu kamen einige Tür- und Fensterdurchbrüche, zwei prächtige Wasserspeier über der Tordurchfahrt sowie eine heute nicht mehr vorhandene Wetterfahne in Form einer fliegenden Hexe.

Die Innenräume der Burg wurden zeittypisch mit Jugendstilmöbeln ausgestattet. Daneben fanden sich auch einige Antiquitäten Schweizer Herkunft – eine Referenz an Simons Frau Margarete, geb. Noetzlin, deren Familie ursprünglich aus der Schweiz stammte.

TECHNISCHE AUSSTATTUNG

Obwohl die Burg schon recht früh an das Stromnetz angeschlossen wurde, war die technische Ausstattung im Übrigen eher karg. Dieter Simons weiß sich zu erinnern, dass jeder einfache Arbeiter im Dorf komfortabler gelebt habe als seine Großeltern auf der Burg. Eine Anbindung an die öffentliche Wasserleitung erhielt Odenhausen erst 1936. Bis dahin wurde der Bedarf aus den beiden burgeigenen Brunnen gedeckt. Unter der Loggia im Innenhof ließ Ernst Simons eine Pumpenkammer einrichten. Jeden Morgen musste der Gärtner Winand Stang von hier das Wasser in eine zwei Kubikmeter große Zisterne auf dem Speicher pumpen, von wo aus das Haus mit „fließendem" Wasser versorgt wurde.

Ausgesprochen schwierig stellte sich auch die Beheizung der Anlage dar. In den einzelnen Zimmern waren Anthrazitöfen aufgestellt, die von oben mit großen Schütten bedient wurden. Es handelte sich um Dauerbrenner, die die ganze Nacht hindurch in Betrieb gehalten wurden. Später sorgte dann eine Koks-Zentralheizung dafür, dass im Winter zumindest nicht die Leitungen in Fluren und Treppenhäusern einfroren.

VERKAUF DER BURG

Ernst Simons starb 1922 im Alter von nur 44 Jahren. Protestanten durften damals auf dem Berkumer Friedhof nicht beigesetzt werden, so dass man auf den Burgfriedhof in Bad Godesberg ausweichen musste.

Seine Witwe führte den landwirtschaftlichen Betrieb zunächst selbst weiter. Allerdings stellten die wirtschaftlichen Schwierigkeiten der zwanziger Jahre sowie der abnehmende Personalbestand fast kaum zu bewältigende Probleme dar. 1927 wurde der Hof daher an die Familie Dreesbach, seit 1956 an die Familie Krüll und ab 1991 schließlich an die Familie von Wülfing verpachtet.

Margarete Simons sollte ihren Mann um fast fünf Jahrzehnte überleben. Die enormen Unterhaltskosten und nicht zuletzt wohl auch der Mangel an Komfort bewogen sie 1967 zum Verkauf der Burg. Mit Tochter und Schwiegersohn bezog sie ein geräumiges Haus ganz in der Nähe der Burg.

Neuer Burgherr wurde der Godesberger Autohändler Heinz Quirrenbach. Quirrenbach ließ die Burg durchgreifend renovieren, wofür er ein Mehrfaches des Kaufpreises investierte. Vor allem die bereits 1953 aufwändig sanierten Fundamente des Haupthauses mussten neu abgefangen werden. Erstmals in ihrer Geschichte bekam die Burg auch ein Heizungssystem. In den Wohnräumen, die in den letzten Jahren teilweise als Obstlager gedient hatten, wurden die aus Lehm und Sparren bestehenden Decken abgenommen. Die Deckenbalken, zur Erbauungszeit als nicht zu umgehende technische Notwendigkeiten hinter Verputz verborgen, wurden nun entsprechend dem Trend zu rustikaler Materialechtheit freigelegt und sichtbar belassen. In gleicher Weise wurde die Vorburg in Stand gesetzt und zu Wohnzwecken ausgebaut. Auf Quirrenbach geht auch die Wiedererrichtung des teilweise eingestürzten Burgturms zurück, wobei allerdings auf die ursprünglich abschließende geschweifte Haube verzichtet wurde. Geradezu pompös war die Innenausstattung. Dank Quirrenbachs Sammeleifer beherbergt die Burg heute eine der wohl größten Privatkollektionen Delfter Fliesen in Deutschland. In dem wieder aufgebauten Turm wurden Whirlpool und Sauna installiert. Der Anspruch, ein mittelalterliches Herrenhaus auf das technische und repräsentative Niveau einer modernen Großindustriellenvilla zu bringen, führte allerdings zu einigen Stilbrüchen, die nicht immer die ungeteilte Zustimmung der Denkmalschützer fanden.

Innenraum der Burg um 1910

Hochzeitsgesellschaft auf Burg Odenhausen 1937

Das Treppenhaus im Juni 2006

Innenraum der Burg um 1939

Burg Odenhausen

Quellen:

Archiv Mirbach-Harff, Bestand Drachenfels.

Hauptstaatsarchiv Nordrhein-Westfalen, Bestand Landratsamt Bonn, Nr. 43.

Clemen, Paul (Hrsg.): Die Kunstdenkmäler der Rheinprovinz. Fünfter Band III. Die Kunstdenkmäler der Stadt und des Kreises Bonn. Düsseldorf 1905.

Corsten, Margret: Chronik der Burg Odenhausen (Godesberger Heimatblätter Nr. 10). Bonn 1972.

Herzog, Harald: Wasserburg Odenhausen. Bonn 1978.

Maaßen, Hubert Christian German: Geschichte der Pfarreien des Dekanates Bonn. 2. Teil: Bonn Land. Bonn 1899.

Schmitz, Kurt: Urkunden von Burg Odenhausen (Bonner Geschichtsblätter Nr. 18). Bonn 1964.

Wolf, Irmgard: Rätselraten um eine römische Leitung (General-Anzeiger Bonn vom 11.08.1967).

Ein besonderer Dank gilt den Familien Simons und Vieten für ihre Unterstützung bei der Texterstellung und -bebilderung.

Immer noch eindrucksvoll sind die Reste der alten Kastanie.

Während sich der landwirtschaftliche Betrieb bis heute im Besitz der Familie Simons befindet, hat die Burg seit 1967 noch mehrfach den Eigentümer gewechselt. Auf Heinz Quirrenbach folgte 1993 zunächst Thomas May. Dieser entschloss sich jedoch bereits zehn Jahre später zum Verkauf. War 1967 die russische Botschaft als Käufer im Gespräch, so zählte dieses Mal ein bekannter Fernsehmoderator zum Kreis der Interessenten. Mangels eines größeren Saals fiel seine Entscheidung dann aber zu Gunsten eines Schlosses in der Nähe von Remagen aus.

Den Zuschlag für Odenhausen erhielten die Eheleute Wolfgang und Petra Vieten, Betreiber einer Firma für Sportreisen und Sportincentives, die die Burg seit 2005 bewohnen.

Wie ein Symbol für das neue Leben in alten Mauern ist der mehr als 500 Jahre alte Kastanienbaum am Süd-West-Rand des Burggeländes. Vor einigen Jahren ist der alte Stamm zusammengebrochen, aber inzwischen wächst aus den immer noch eindrucksvollen Überresten des Stammes ein neuer Baum empor.

Blick durch den Torbogen

Schloss und Riegel

Alte Türschlösser auf Burg Adendorf

Von Barbara Hausmanns

Bei aller Offenheit, die Besuchern von Burg Adendorf (Wachtberg) bei klassischen Konzerten, Liedvorträgen des Männergesangvereins oder des Lifestyle-Events Landpartie entgegengebracht wird, bleibt das Schloss ein Schloss, das heißt ein im besten Sinne des Wortes abgeschlossenes Haus. Das gilt auch heute noch, selbst wenn ein gemauerter Bogen die Brücke über den Wassergraben zur Vorburg schlägt, wo einst bei Bedarf die Zugbrücke hochgezogen werden konnte.

Natürlich sorgt in unseren Tagen modernste Schließtechnologie dafür, dass die Schlossbewohner abends ruhig schlafen können, ohne dass eine Wache am Tor aufzieht. Aber im Inneren der am Rand des Töpferdorfes gelegenen Burg tun alte Schlüsselbärte ihren täglichen Dienst, wie seit Hunderten von Jahren. Bei annähernd 100 Türen kommen schon eine Menge Schlösser und Schlüssel zusammen, über die die Hausherrin Gabriela Baronin von Loë die Schlüsselgewalt hat. Während die Besitzerin eines modernen, vielräumigen Zuhauses mit einem einzigen Schlüssel für zahllose Türen im Rahmen einer Systemschließanlage auskommt, trägt die Baronin schwer an der Sammlung eiserner Individuen, die an mehreren großen Ringen klirren. Die Schlösser, zu denen sie gehören, sind reine Handwerksarbeit und die Schlüssel sind so alt wie die Schlösser.

Die Zeit, als diese Schlösser und Beschläge geschmiedet wurden, liegt bis zu 350 Jahre zurück. Wie oft die schweren Eichentüren, im Zorn oder von einem Windzug bewegt, in raueren Zeiten krachend ins Schloss geschmettert wurden, davon schweigt die Geschichtsschreibung – überstanden haben es wohl die meisten. Heute lässt nicht nur die Erziehung zur Gelassenheit, die seit Generationen auf Burg Adendorf gepflegt wird, solchen Frevel kaum mehr zu. Denn es wäre gar nicht so leicht, Ersatz für die antiken Schließwerke zu finden, die schon auf den ersten Blick vom Ideenreichtum der Schlossmacher künden und vom jeweiligen Zeitgeist, der ihnen beim Ausschmieden der Drücke und Zierbleche die Hand führte.

Allianzwappen von der Leyen/Schönborn

Schießscharte am Torhaus

Aus- und Einblicke

Seltener noch als solche alten Schlösser sind die Tüftler geworden, die so ein Kunstwerk reparieren können. Da kann es schon eine Weile dauern, bis sich die Funktionsweise eines alten Schließmechanismus nachvollziehen lässt. Und auch zerbrochene Schlüssel müssen, so grob sie mitunter wirken, sehr genau ersetzt werden, was langes Feilen und Probieren bedeuten kann. Die Baronin kennt zwar solch einen Bastler. Doch glücklicherweise musste er erst zweimal Adendorfer Schlösser wieder zurechtbiegen. Es mögen handwerkliches Können und glückliche Zufälle mit im Spiel gewesen sein, wenn so vieles vom Bau und von der Einrichtung der 1337 erstmals urkundlich erwähnten Wasserburg in Adendorf im Original erhalten ist. Doch sicher ist es vor allem dem Verantwortungsgefühl und dem Traditionsbewusstsein vieler Generationen von Schlossbesitzern zu verdanken, dass der authentische Bestand des Wasserschlosses nicht bedenkenlos modernen Ansprüchen an Komfort und Bequemlichkeit geopfert wurde. Und so haben eben auch alte Türen und die dazugehörigen Schlösser „überlebt", auch wenn sie im Alltagsleben nicht immer praktisch sein mögen. Doch ein Haus mit 100 Türen und um die 200 Fenstern ist ohnehin nicht praktisch und vermutlich der Schrecken einer jeden Hausfrau. Gabriela von Loë nimmt es jedoch gelassen und selbstverständlich, obwohl sie nicht mehr, wie noch Generationen vor

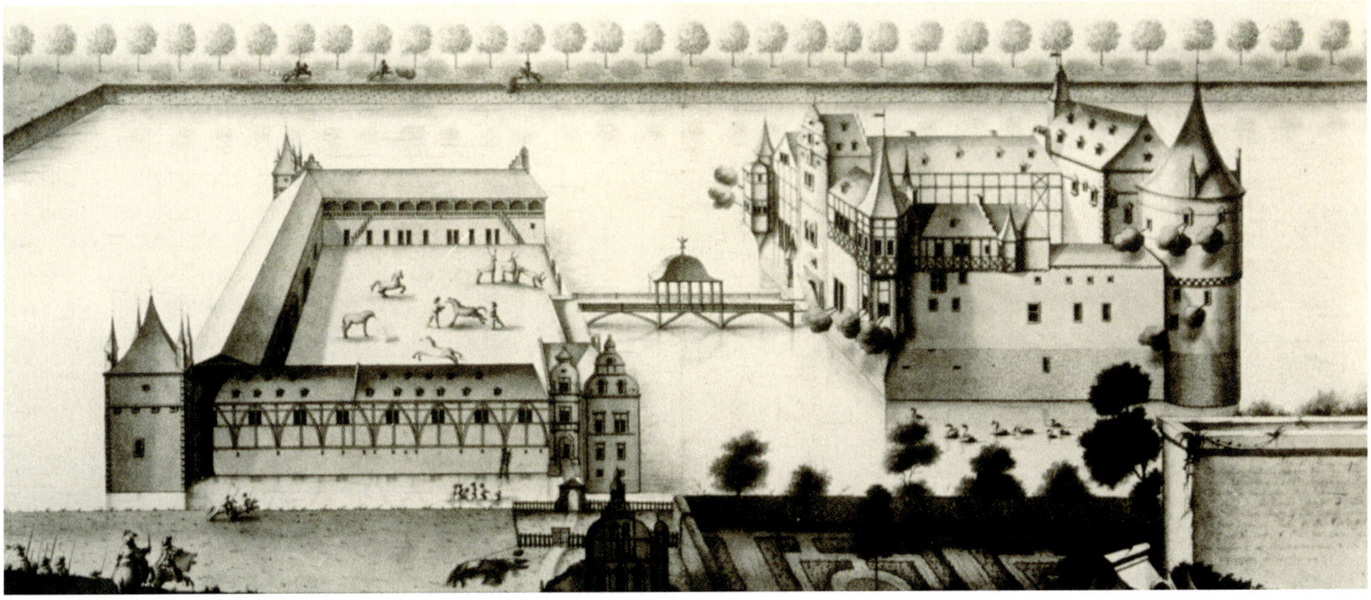

Burg Adendorf, Herrenhaus von Osten, nach einer Zeichnung von Charles Dupuis (1785)

ihr, auf viele dienstbare Geister zur Unterstützung bei der Bewirtschaftung des Anwesens zählen kann.

Das war gewiss noch anders, als Maria von Quadt zu Buschfeld 1652 Hugo Ernst von der Leyen heiratete. Das Paar hatte nicht nur gemeinsam neun Kinder, sondern wagte sich auch an den Umbau der ursprünglich deutlich bescheideneren Burg Adendorf. Hugo Ernst stammte aus einer äußerst erfolgreichen und angesehenen Familie.

Zu seinen Ahnen, von denen Georg II. von der Leyen 1484 den festen Sitz erworben hatte, zählten immerhin drei Kurfürsten des Deutschen Reiches. Seine Erhebung in den Reichsfreiherrenstand und die Adendorf im Jahre 1659 verliehene „Reichsunmittelbarkeit" waren für Hugo Ernst wohl der Anlass, sein Schloss dem neuen Rang entsprechend durch umfangreiche Baumaßnahmen architektonisch aufzuwerten. Dabei zeigte er sich allerdings weder wagemutig noch innovativ, sondern verließ sich auf die Ideen seines Urgroßonkels

Johann von der Leyen. Der amtierte ziemlich genau hundert Jahre zuvor in den Jahren 1556 bis 1567 als Kurfürst von Trier. Da der Bildungsanspruch im Hause von der Leyen sehr hochgehalten wurde, durften Johann und seine fünf Brüder (die Schwestern hatten das Nachsehen) in ihrer Jugend studieren und dabei wichtige Stätten und Städte der damals zugänglichen Welt kennen lernen. Den späteren Kurfürsten zog es unter anderem nach Rom und Padua, wo er sicher staunend italienische Kunst und Architektur betrachtete.

Johann von der Leyen scheint jedenfalls reichlich Ideen und Pläne mit nach Deutschland zurückgebracht zu haben.

Immerhin geistern diese mehr als ein Jahrhundert später noch durch die Familie, da Hugo Ernst beim Umbau von Burg Adendorf darauf zurückgreift. Nachdem nun seine Vorfahren im 16. Jahrhundert irgendwann mit ihren Baumaßnahmen nicht mehr vorwärts gekommen waren, nimmt sich also Hugo Ernst der alten Ideen an, modernisiert sie nur leicht und setzt sie dann Mitte des 17. Jahrhunderts um.

Später folgen keine wesentlichen baulichen Änderungen mehr, so dass Burg Adendorf sich in ihrer heutigen Erscheinung im Großen und Ganzen das „Design" der Hugo-Ernst-Zeit

Eingang zur Kapelle

bewahrt hat. Spannend ist dabei zum einen, dass die Aufteilung der Räume im Innern des Schlosses weitgehend original erhalten ist. Diese Kontinuität kann in dieser Form ohnehin kein anderes rheinisches Schloss bieten. Zudem sind eben insbesondere auch die Türen und Beschläge „in gepflegtem und funktionsfähigen Originalzustand, sogar die geschmiedeten Türschlösser der Bauzeit sind vorhanden und vom Schlosser zu Recht signiert und datiert worden", wie der Burgenkenner Harald Herzog schreibt. Das sieht mitunter rustikal aus, zeigt aber in jedem Fall ehrlich und offen die Qualitäten des Schlossmachers – ganz anders als die normierte Dutzendware der heutigen Zeit, die zudem schamhaft im Futter der oft hohlen und leichten Türen versteckt wird.

So stammt zum Beispiel das sehr schöne Schloss zur Kapelle aus dem 17. Jahrhundert. Es ist ein zeittypisches Kastenschloss, die – wie der Fachmann sagt – häufigste Bauart eines abschraubbaren Schlosses. Die Mechanik ist verdeckt und durch einen Schlosskasten abgedeckt.

Die meisten barocken Kastenschlösser sind rechteckig bis quadratisch. Oft besitzen sie eine so genannte Olive und eine Messingplatte mit aufgesetzten Ornamenten und Applikationen als Schlossdecke. Später werden die Kastenschlösser, die ihre rechteckige Form behalten, in der Regel schmucklos angefertigt. Auch dafür gibt es Beispiele in Burg Adendorf, die meist aus dem 18. und 19. Jahrhundert stammen.

Es war ein weiter Weg vom einfachen hölzernen Türriegel – dem „Remmel op der Dür", wie der Rheinländer sagt – zu den mechanischen und elektronischen Schlüssel- und Zahlenschlössern unserer Tage. Die Herausforderung, Missetäter möglichst sicher hinter Schloss und Riegel zu bringen, hat die Menschen genauso beschäftigt wie das Bedürfnis, die eigenen vier Wände oder zumindest einen Schrank oder eine Truhe möglichst fest zu verschließen. Angefangen haben damit nach dem heutigen Stand der Wissenschaft die alten Ägypter im frühreifen Niltal. Dort kam die Idee mit Schloss und Riegel vor ungefähr 5.000 Jahren in Mode. Das typische Material war damals

Einfaches Kastenschloss, Burg Adendorf

Holz – und so bestand das ägyptische Schloss aus einem Riegel, dessen Bewegung durch mehrere Bolzen verhindert wurde. Öffnen konnte man den Riegel nur, wenn man die Bolzen mit dem passenden Schlüssel anhob.

Nach dieser Erfindung experimentierte man einige tausend Jahre auch mit den Materialien Metall und Holz an dieser Idee herum, bis die kolonial immer auf Expansion und Vermögensbildung bedachten Römer einen ihrer genialen Einfälle hatten. Sie bauten um 100 n. Chr. Schlösser, die nur noch aus Metall bestanden. Die waren natürlich viel stabiler als die hölzernen Urtypen und somit kaum zu zerstören. Die Sicherheit der Schlösser nahm deutlich zu. Als Material verwendeten die römischen Schmiede Bronze oder Eisen und variierten das so genannte hethitische Schloss. Dabei wird der gewinkelte Schlüssel im Schloss gedreht, um dann in die entsprechenden Vertiefungen zu fassen und die Sperrstifte gegen eine Feder nach oben oder unten zu drücken. Das war das ganze, dabei ungemein wirksame Geheimnis dieser Erfindung – und bis heute hat sich an diesem Modus eigentlich nichts Wesentliches geändert. Und auch heute noch gilt wie damals das Prinzip, wonach Menschen mit einer Schlüsselstellung über das „Rein oder Raus" und das „Rauf oder Runter" entscheiden.

Die ersten richtigen Türschlösser, wie wir sie gelegentlich noch in alten Schlössern und Kirchen sehen, wurden schließlich in Deutschland nach dem Dreißigjährigen Krieg entwickelt. Der Schlosser Ehemann aus Nürnberg und sein „Kollege" Freitag in Gera haben ziemlich zeitgleich diese Entwicklung zu mehr Sicherheit und Verschlossenheit eingeleitet. An deren Vorgaben gemessen, ist die Arbeit des unbekannten Schlossers auf Burg Adendorf, der in den 50er und 60er Jahren des 17. Jahrhunderts die Schlösser für das Schloss des Geschlechts derer von der Leyen fertigte, durchaus auf dem Stand seiner Zeit gewesen. Und dass er sein Handwerk nicht als bloße „Dienstleistung" empfand, ist eindeutig. Er datierte und signierte „seine" Schlösser selbstbewusst und voller Stolz.

Sein Fleiß und die Baufreude seiner Auftraggeber haben den Inhabern der Schlüsselgewalt im Laufe der Jahrhunderte ein echtes Schlüssel-Memory beschert. Heute sind sie alle in einer Hand vereint.

Und zu welchem Schloss welcher Schlüssel gehört, weiß Baronin von Loë ganz genau. Als Herrin über mehrere Dutzend historischer Schlüssel reicht ihr meist ein Blick auf den Bart des Schlüssels, um ihn dem richtigen Schloss und der passenden Tür zuordnen zu können. Doch allein auf ihre Erfahrung und Intuition mag sich Gabriela von Loë auch nicht verlassen, und so hat sie einige der kleinen Kunstwerke mit modernen, bunten Schlüsselanhängern versehen – ein kleiner und dabei höchst hilfreicher Stilbruch im Inneren einer ansonsten originalgetreuen ritterlichen Renaissanceanlage. Und noch eine kleine historische Unkorrektheit leistet sich die ansonsten der Bewahrung des historischen Bestandes stark verpflichtete Familie. Neben dem breiten Wassergraben, der Schloss und Vorburg umgibt, vertraut sie in der Außensicherung aktuellen Sicherheitstechniken, die so wirksam sind wie einst Zugbrücke und Fallgitter. Damit kein ungebetener Gast mit der Tür ins Haus fallen kann.

Viele Jahrhunderte Bautätigkeit haben ihre reizvollen Spuren auf Burg Adendorf hinterlassen: Portal im Innenhof, Erker an der Hauptburg und die Vorburg mit Wassergraben

DAS HEIMERZHEIMER KLOSTER IM WANDEL DER ZEITEN

VON HERMANN SCHLAGHECK

Kaffeepause bei der Feldbestellung

Pflügen des Ackers

Der Winter schien Anfang 1889 kein Ende nehmen zu wollen. Bis weit in den April hinein Nachtfröste. Die Feldbestellung drängte. Josef Schmitz arbeitete zusammen mit anderen im Betrieb von Franziska Schult, Pächterin des landwirtschaftlichen Betriebes der Burg Heimerzheim. Sie mussten so zügig wie möglich die Äcker für die Kartoffeln und die Einsaat des Sommergetreides vorbereiten.

Wenn nur nicht die Sorge um seine hochschwangere Frau Johanna gewesen wäre. Der Arzt hatte dringend geraten, dass sie sich schonen müsse. Es sei sonst eine schwierige Geburt zu erwarten. Seine Mutter wohnte zwar mit im Haus, aber sie verstand sich nicht mit ihrer Schwiegertochter.

Josef Schmitz hatte schon versucht, im „Klösterchen" in der Kirchstraße Hilfe zu bekommen. Hier leisteten seit einer Reihe von Jahren zwei Nonnen (Franziskanerinnen) Dienst am Nächsten. Dieser Dienst war jedoch überwiegend auf die Krankenpflege beschränkt und nicht auf die Unterstützung bei Entbindungen. Angesichts des schlechten Gesundheitszustandes der Bevölkerung waren die Schwestern zudem bereits erheblich belastet.

Erst 1883 waren unter Reichskanzler Bismarck zunächst eine Krankenversicherung und 1884 eine Unfallversicherung eingeführt worden. Die Versicherungsleistungen waren jedoch in erster Linie auf die abhängig Beschäftigten in der Industrie ausgerichtet. Auf dem Lande herrschten weiterhin feudale bis halbfeudale Verhältnisse; die auf landwirtschaftlichen Betrieben und Gutshöfen des Adels, der Klöster und der Kirchen tätigen Knechte und Mägde waren zum Lebensunterhalt auf Leistungen (Deputate) der Höfe angewiesen. Deputate in Form von Mehl und Milch, etwas Getreide für die Hühner sowie im Herbst Kartoffeln und Äpfel, manchmal auch ein Stück Fleisch von den hausgeschlachteten Schweinen, bildeten den Hauptbestandteil der Entlohnung.

Wenn ein Landarbeiter krank wurde, fiel er der eigenen Großfamilie zur Last; ihre Hilfe beschränkte sich meist darauf, die anfallenden und notwendigen Arzt- und Medizinkosten irgendwie aus ihren geringen Ersparnissen „zusammenzukratzen". Den Rest der Gesundung mussten alte „Hausmittel" leisten.

Burg Kriegshoven

Zum Ausgang des 19. Jahrhunderts war vieles ins Wanken geraten. Auf dem Lande hatte man Mühe, die landwirtschaftlichen Erzeugnisse zu einem vertretbaren Preis abzusetzen. In den Ballungszentren gab es häufig Demonstrationen gegen das Verbot von Gewerkschaften und Parteien.

Das war für „Jüppchen" Schmitz aber hohe Politik – darum sollten sich andere kümmern. Ihm machte Sorge, dass in letzter Zeit aus seinem Bekanntenkreis einige Frauen bei der Geburt ihrer Kinder verstorben waren. Hoffentlich erging es seiner Frau Hanna nicht auch so! Seine Hoffnung erfüllte sich leider nicht – seine Frau starb bei der Geburt ihres Kindes. Wenigstens war ihm sein neugeborener Sohn geblieben, um den sich die Oma rührend kümmerte.

Etwa um diese Zeit, im Jahr 1889, trafen sich Emil Wülfing und Freiherr Philipp von Boeselager zu einem ausführlichen Gespräch über ein für beide sehr ernsthaftes Thema, das sie schon länger beschäftigte.

Emil Wülfing hatte 1868 Burg Kriegshoven erworben. Über den Kauf an sich wunderte man sich im katholischen Rheinland weniger als darüber, dass Emil Wülfing evangelisch und als neuer Burgbesitzer nicht adlig war (die Erhebung in den Adelsstand erfolgte gegen 1900). Trotzdem verstand er sich mit dem katholischen Grundherrn der Heimerzheimer Burg, Philipp von Boeselager, von Anfang an hervorragend, nicht nur, weil beide gerne zur Jagd gingen.

Beide machten sich Gedanken darüber, dass die Heimerzheimer Mütter bei Geburten so unzureichend versorgt waren. Die beiden Nonnen, die schon seit Jahrzehnten im kleinen Klösterchen kranke Menschen betreuten, waren inzwischen selbst älter geworden und schafften es beim besten Willen nicht mehr, den vielfältigen Erwartungen einer wachsenden Bevölkerung gerecht zu werden.

Das Ergebnis des langen Gesprächs zwischen den beiden Herren war eine kleine Sensation für die Dorfbewohner. Philipp von Boeselager und Emil Wülfing waren übereingekommen, in und für Heimerzheim (und damit natürlich auch für die Mitarbeiter in den Betrieben ihrer Pächter) eine Entbindungsstation für Wöchnerinnen zu stiften. Wie bisher, so meinten sie, könne es nicht weitergehen. Es musste im Ort etwas gegen die hohe Säuglings- und Müttersterblichkeit unternommen werden.

Feldarbeit um 1900

Dazu fühlten sie sich gegenüber dem Herrgott, aber auch gegenüber den sozial eingestellten Vorfahren verpflichtet.

Baupläne waren schnell erstellt; die Arbeiten wurden an Handwerker in der Umgebung vergeben. Und da alle von der Notwendigkeit der Einrichtung überzeugt waren, wurde beinahe Tag und Nacht an dem neuen Krankenhaus gearbeitet, um es so schnell wie möglich fertig zu stellen.

Inzwischen hatten sich die Herren Wülfing und von Boeselager auf die Suche nach einem geeigneten Träger begeben, der bereit und in der Lage war, die zu leistenden Aufgaben im neuen Haus zu übernehmen. Fündig wurden sie in Olpe im Sauerland. Hier hatte der Schwesternorden der Franziskanerinnen seinen Sitz. Und der Orden erklärte sich bereit, in Heimerzheim die Verantwortung für die neue Einrichtung zu übernehmen.

Dafür wurde das alte Klösterchen in der Kirchstraße geschlossen.

1890 war bereits die Übergabe und Einweihung des „Klosters“, wie es seitdem in der Heimerzheimer Bevölkerung genannt wurde.

Die Inschrift über dem Hauseingang des Klosters in lateinischer Sprache bedeutet übersetzt:

Philipp, Freiherr von Boeselager, Herr von Heimerzheim, und Emil Wülfing, Herr von Kriegshoven, haben mich zur großen Ehre Gottes und zum Wohle der Armen aus ihren eigenen Mitteln erbaut. Im Jahr des Herrn 1890.

Vergleichbare Krankenhäuser wie in Heimerzheim gab es zur damaligen Zeit auch in anderen ländlichen Gemeinden. Traditionell wurde die Armen- und Krankenpflege von kirchlichen, insbesondere klösterlichen Organisationen übernommen. Die Stiftertätigkeit konzentrierte sich darauf, das Grundstück zur Verfügung zu stellen und das Gebäude zu errichten.

Die Stiftungsurkunde für das Kloster in Heimerzheim sah vor, dass bei späterer Nutzungsänderung das Kloster der Kirchengemeinde zu übergeben sei; in jedem Fall sollte die Nutzung für die Allgemeinheit gesichert sein.

Im Jahre 1899 übernahmen sechs Schwestern (Oberin, Kranken-, Küchen-, Kindergarten-, Näh- sowie Garten- / Stallschwester)

Originalinschrift am Kloster

vielfältige Aufgaben. Im Hinterhof gehörten Scheune und Stallungen zum Anwesen. Deshalb die verantwortliche Schwester für Stall und Garten!

Neben der Betreuung der werdenden Mütter (spätere Entbindungsstation) übernahmen die Schwestern im Laufe der Jahre weitere Aufgaben für die Heimerzheimer Bevölkerung. Dazu gehörte die Pflege von Kranken, die Einrichtung eines Kindergartens, einer Kindertagesstätte und einer Nähschule. Das Angebot einer ganztägigen Betreuung von Kindern wurde von den Eltern gerne wahrgenommen, vor allem von denen, die tagsüber aufs Feld mussten oder im Braunkohletagebau in der Ville beschäftigt waren.

Später wurden auch ältere alleinstehende Menschen aufgenommen, die sich mit kleineren Arbeiten im Kloster nützlich machten und damit eine „Bleibe mit Auskommen“ fanden. Zur Unterbringung dieser Personen (meist ältere Männer) diente ein angebautes Nebengebäude („Asyl“). Um die Jahrhundertwende übertrug Franziska Schult, eine mutige und resolute Frau, die nach dem Tode ihres Vaters Balthasar Schult († 1866) den landwirtschaftlichen Betrieb der Burg Heimerzheim zunächst mit ihrer Mutter und nach deren Tod alleine als Pächterin (Burghalfin) bewirtschaftet hatte, den Betrieb ihrem Neffen Karl Anton Schult. Zunächst wohnte sie mit dessen Familie gemeinsam auf der Burg. Es gab jedoch hin und wieder Zank und Streit. Deshalb baute Franziska Schult für sich um 1895 neben dem Kloster ein für damalige Verhältnisse imposantes Wohnhaus (herrschaftliche Villa), höher gelegen als das Kloster und mit mehr Räumen ausgestattet, als Franziska Schult mit ihrer Gesellschafterin, Fräulein Else, samt Personal überhaupt nutzen konnten (Gästezimmer). Am 26. März 1923 starb Franziska Schult. Entsprechend ihrem letzten Willen ging die Villa an die Heimerzheimer Kirchengemeinde über. Kloster und Villa bildeten seitdem unter der Leitung der Franziskanerinnen eine Einheit vor allem für die Kranken- und Altenpflege.

In den letzten Monaten des Zweiten Weltkrieges, als von Westen die Front immer näher an Heimerzheim heranrückte, diente das Kloster auch als Lazarett für viele Verwundete. Nach dem Zweiten Weltkrieg nahmen die Schwestern den ursprünglichen Betrieb wieder auf, d. h., es gab wieder eine Entbindungsstation, einen Kindergarten und eine Kindertagesstätte.

Villa 1915

Kinder der Tagesstätte im Kloster

Eine gravierende Nutzungsänderung fand Anfang der 1950er Jahre statt. Frau Elly Heuss-Knapp, die Ehefrau des ersten Bundespräsidenten, hatte mit der *Elly-Heuss-Knapp-Stiftung* das *Müttergenesungswerk* begründet. Ihr Ziel war es, erschöpften Müttern eine vierwöchige Erholung außerhalb ihrer Familien möglich zu machen.

Müttererholungsheim – Gartenansicht

Speisesaal des Müttererholungsheims

Zimmeransicht im Müttererholungsheim

Die Schwestern im Kloster boten sich an, daran mitzuwirken. In ihrem Antrag vom 1. Januar 1949 an den Sozialminister des Landes Nordrhein-Westfalen auf Gewährung eines Zuschusses zur Errichtung eines Müttererholungsheimes stellten die Schwestern fest:

In unmittelbarer Nähe unseres Krankenhauses verfügen wir über ein villenartiges Gebäude, das aus einer Stiftung herrührt. Das Gebäude wird zzt. unwirtschaftlich genutzt. Wir sind daher zu dem Entschluss gekommen, in diesem Gebäude ein Müttererholungsheim für Flüchtlinge herzurichten. Wie aus den anliegenden Übersichtsplänen ersichtlich, ist Platz zur Aufnahme von 24 Müttern vorgesehen. [...] Die Kosten für Instandsetzung und Ausstattung belaufen sich auf 23.825,00 DM [...] Wir sind außerstande, das Projekt aus eigenen Kräften in Angriff zu nehmen. Aus diesem Grunde beantragen wir die Gewährung eines Zuschusses für den besagten Zweck von 20.000,– bis 25.000,– DM. [...]

Dem Antrag der Ordensschwestern wurde entsprochen. Sie arbeiteten nun in Heimerzheim auch im Sinne des Müttergenesungswerkes. Am ersten Tag eines jeden Monats kamen bis zu 25 Mütter, die jeweils bis zum 28. des Monats blieben. Andere Attraktionen als im Dorf und in Wald und Feld spazieren zu gehen, hatte Heimerzheim den Müttern allerdings nicht zu bieten. Dem Bäckermeister Anton Koch bot sich eine einmalige Chance. Er erweiterte sein Haus um ein Café und bot selbst gebackene Kuchen und Torten an. Eine weitere Bäckerei an der Bachstraße zog nach, so dass den Müttern mit den beiden Cafés Abwechslung geboten wurde. Im Übrigen stand sonntags für viele der Besuch des Hochamtes auf der Tagesordnung, weil der damals amtierende Pastor Giesen so eindrucksvoll predigte.

Natürlich prägten die jeden Monat wechselnden weiblichen Gäste das Leben im Ort. Die unverheirateten Männer hofften, unter ihnen vielleicht die Frau fürs weitere Leben zu finden; und in einigen Fällen ging diese Hoffnung tatsächlich in Erfüllung.

Bereits nach wenigen Jahren wurden die Anforderungen an die Betreuung der Mütter angehoben. In den Erholungsurlaub sollte mehr und mehr eine umfassende medizinische Betreuung integriert werden. Ohne größere Umbaumaßnahmen war dies in den vorhandenen Räumen nicht zu leisten. Auch sahen sich die Schwestern aus Altersgründen nicht mehr in der Lage, den erhöhten Anforderungen zu entsprechen.

Im Oktober 1964 brannte das Obergeschoss der Villa in Folge eines Kaminbrands völlig aus. Auch die darunter liegenden Räume wurden durch das viele Löschwasser schwer beschädigt. Die im Frühjahr 1965 einsetzenden Reparaturarbeiten wurden auf Veranlassung der Zivilgemeinde in Ludendorf eingestellt, nachdem bekannt wurde, dass die Schwestern den Betrieb der Müttererholung nicht mehr aufnehmen wollten.

Ende Juli 1965 zogen sich die letzten Ordensschwestern nach Olpe ins Mutterhaus zurück. Das Kloster ging an die Erzdiözese Köln über, die es wiederum der Katholischen Kirchengemeinde St. Kunibert Heimerzheim übereignete. Nach Umbauarbeiten wurde im April 1968 in der Villa ein katholischer Kindergarten eröffnet. Mitte der 1970er Jahre folgte ein Anbau zur Erweiterung des Kindergartens um eine zweite Gruppe. Bei dieser Nutzung ist es bis heute geblieben.

Das Gebäude des ehemaligen Klosters dagegen stand mehrere Jahre leer. 1967 wurde es der damals noch selbstständigen Gemeinde Heimerzheim verpachtet und mit Einführung des neunten Schuljahres vorübergehend als Schulgebäude genutzt. Mit der Schulreform (1968) und Auflösung der so genannten Zwergschulen erfolgte eine weitere Änderung im hiesigen Schulwesen. Die örtliche Volksschule an der Bachstraße wurde Grundschule und beherbergte die Klassen 1 bis 4; das Kloster sollte künftig als Hauptschule (Klassen 5 bis 10) dienen. Die Gemeindeverwaltung war froh, dass dort Räume für 4 bis 5 Klassen mit Lehrerzimmer zur Verfügung standen. Die hohe Schülerzahl erforderte für schulische Zwecke die Aufstellung von Holzbaracken auf dem Klosterhof. Dieser Zustand hielt an, bis die neue Hauptschule im Spätsommer 1974 fertig gestellt war und in Betrieb genommen wurde.

Die Schüler zogen in das neu errichtete Hauptschulgebäude um und das Kloster wurde nach Umbaumaßnahmen bis heute zum Treffpunkt aller Altersgruppen im Ort: Katholische Junge Gemeinde, Töpferwerkstatt und Tambourkorps, eine Altentagesstätte und im Anbau ein Quartier des Deutschen Roten Kreuzes sowie die Räume des Vereins *Kinderkurse e.V. Swisttal* – alles unter einem Dach. Vielen Heimerzheimern ist auch noch die örtliche Ansprechstelle der Polizei im Hauptgebäude in Erinnerung. Der Schachklub teilt sich heute einen Raum mit den Senioren. Und die obere Etage einschließlich des Raumes der ehemaligen Klosterkapelle dient derzeit einem Kunstkreis als Ausstellungsraum.

Die offiziell so bezeichnete *Begegnungsstätte Altes Kloster* dient somit bis heute der Allgemeinheit und dem ursprünglichen Stiftungszweck. Das traditionsreiche, viele Funktionen erlebende und Generationen überdauernde Backsteingebäude steht inzwischen unter Denkmalschutz.

Wir danken Herrn Rudolf Bölkow, Heimerzheim, für wertvolle Hinweise.

Kloster heute

BURGEN AUF MERTENS KUNSTMEILE

Über 100 Jahre alt ist die Mauer, die die Obstplantage der Familie Schmitz-Hübsch in Bornheim-Merten zur Händelstraße hin begrenzt. Das lange Bauwerk ist nicht jedermanns Geschmack. So entstand der Gedanke, die Mauer mit Kunstwerken zu verschönern und zur Freiluft-Galerie umzuwandeln. Seit einiger Zeit zieren nun bunte Bilder die „Kunstmeile in Merten“.

Neben vielen anderen Motiven, die junge Künstlerinnen und Künstler aus Bornheim mit Acrylfarben gemalt haben, bereichern auch einige Burgen die Wand. Stefanie Glausch hielt die Ansichten der Burg Hemmerich, der Kitzburg in Bornheim-Walberberg, der Burg Rösberg und des Rösberger Wasserturmes sowie der Schallenburg im benachbarten Brühl-Schwadorf auf 203 × 134 Zentimeter großen Hartschaumplatten fest. Ein Bild der zerstörten Burg Londorf soll noch folgen.

DIE KREISSPARKASSE KÖLN

IN DER REGION FÜR DIE REGION

VON ALEXANDER WÜERST, VORSITZENDER DES VORSTANDES DER KREISSPARKASSE KÖLN

Im Mai 2006 haben sich die Sparkasse Hennef und die Kreissparkasse Köln zusammengeschlossen. Damit bietet die Kreissparkasse Köln ihr umfassendes Produkt- und Dienstleistungsangebot nunmehr in 18 der 19 Kommunen des Rhein-Sieg-Kreises an. „In der Region – Für die Region" ist dabei für die Kreissparkasse Köln kein bloßer Werbeslogan, sondern ein durch und durch gelebtes Leitmotiv ihrer täglichen Arbeit. Wichtige Eckpfeiler hierbei sind ihr umfassendes kreditwirtschaftliches Angebot, ihr partnerschaftliches Verhältnis zur heimischen Wirtschaft und ihr beispielhaftes gemeinnütziges Engagement im und für den Rhein-Sieg-Kreis.

KURZE WEGE ZU ERSTKLASSIGEM ANGEBOT

Die Kreissparkasse Köln ist Marktführer in ihrem Geschäftsgebiet. Dieses umfasst neben dem Rhein-Sieg-Kreis auch den Rhein-Erft-Kreis, den Rheinisch-Bergischen Kreis und den Oberbergischen Kreis. Alleine im Rhein-Sieg-Kreis unterhalten wir 78 unserer insgesamt 217 Geschäftsstellen, die dafür sorgen, dass die Wege zur Kreissparkasse so kurz sind wie zu keinem anderen Kreditinstitut in der Region. Neben den bewährten Anlage-, Finanzierungs- und Zahlungsverkehrsprodukten bieten wir unseren Privatkunden ein bedarfsorientiertes, ganzheitliches Vermögensmanagement, das detailliert auf ihre individuellen Bedürfnisse eingeht und von der kurzfristigen Geldanlage bis hin zur immer wichtiger werdenden privaten Altersvorsorge alle Facetten berücksichtigt. Auch für die mittelständischen Unternehmer in der Region ist die Kreissparkasse Köln traditionell bewährter Ansprechpartner, wenn es um Investitionen oder sonstige kreditwirtschaftliche Fragen geht. Hierbei haben sich oftmals über Jahre und Jahrzehnte hinweg partnerschaftliche und vertrauensvolle Geschäftsverbindungen entwickelt.

Hennefer Rathaus

Ein wichtiger Grund hierfür ist unsere auf Nachhaltigkeit und dauerhafte Kundenbeziehungen ausgerichtete Unternehmensphilosophie, die von unseren Kunden mit hohen Vertrauenswerten in die Kreissparkasse honoriert wird. Sprunghafte und für unsere Kunden nicht vorhersehbare Wechsel in der Geschäftsausrichtung, wie sie in den vergangenen Jahren bei der einen oder anderen aktiennotierten Privatbank zu beobachten waren, kommen für uns nicht in Frage. Konkret gesagt: Einen „Rückzug vom Mittelstand", wie die Presse die Geschäftsausrichtung mancher Privatbank trefflich charakterisiert hat, gab es bei uns nie und wird es bei uns auch in Zukunft nicht geben.

Neben der klassischen Firmenkundenberatung haben wir es uns auch zur Aufgabe gemacht, die wirtschafts- und strukturpolitischen Rahmenbedingungen im Rhein-Sieg-Kreis aktiv zu fördern, um dem Mittelstand bessere Voraussetzungen für dauerhaften Erfolg zu bieten. Beispiele hierfür sind unsere Beteiligungen an zahlreichen Wirtschaftsförderungs- und Entwicklungsgesellschaften in den Kommunen oder am Gründer- und Technologiezentrum Rheinbach.

PARTNERSCHAFTLICHES ZUSAMMENWIRKEN MIT DEN UNTERNEHMERN VON MORGEN

Um die Wettbewerbsfähigkeit des Rhein-Sieg-Kreises langfristig zu sichern, ist eine vorausschauende Wirtschaftsförderung unabdingbar. Einer von vielen Wegen, den wir in diesem Zusammenhang beschreiten, ist unsere intensive Zusammenarbeit mit der Fachhochschule Bonn-Rhein-Sieg, an der potenzielle Unternehmer von morgen ausgebildet werden. Neben der Finanzierung einer Professur für Existenzgründungs- und Mittelstandsmanagement ist der *BusinessCampus*, den wir gemeinsam mit dem Rhein-Sieg-Kreis und der Fachhochschule initiiert haben, ein zentraler Baustein unserer fruchtbaren Zusammenarbeit. Im *BusinessCampus* werden an den Standorten Sankt Augustin und Rheinbach Büro-, Lager- oder Laborflächen für Gründungen aus der Hochschule heraus angeboten. Darüber hinaus steht die qualifizierte Beratung der Jungunternehmer und die Vermittlung von Kontakten in die Wirtschaft im Vordergrund. Ziel ist es, durch die Gründung von zukunfts- und wachstumsfähigen Unternehmen einen positiven Beitrag zur wirtschaftlichen Entwicklung des Rhein-Sieg-Kreises zu leisten.

STARK AUCH AUSSERHALB DES BANKGESCHÄFTES

Wie kein anderes Unternehmen unterstützt die Kreissparkasse Köln durch Spenden und Ausschüttungen ihrer Stiftungen das Gemeinwohl im Rhein-Sieg-Kreis. Von den 14 Stiftungen, die wir seit 1979 gegründet haben, widmen sich vier ausschließlich gemeinnützigen Zwecken im Rhein-Sieg-Kreis. Alleine diese vier Stiftungen sind mit einem Dotationskapital von rund 21 Millionen Euro ausgestattet. Mit den Erträgnissen hieraus unterstützen sie Jahr für Jahr gemeinnützige Aktivitäten beispielsweise aus den Bereichen Kultur, Soziales, Sport oder Umwelt.

Ein bedeutendes Projekt aus dem Jahre 2006 ist der Bau des *Hennefer Jugendparks*, den wir mit insgesamt 400.000 Euro fördern. Auf zunächst rund 1.400 Quadratmetern wird ein Ort zum aktiven Verweilen für Kinder und Jugendliche u. a. mit Spielwiese, Grillhütte und einer Veranstaltungsbühne gestaltet. Besonders freut uns dabei, dass die Stadt Hennef zahlreiche Jugendliche in die Planungen eingebunden hat und der Jugendpark somit „von Jugendlichen für Jugendliche" konzipiert wurde.

Die Kreissparkasse Köln kann mittlerweile auf eine über 150-jährige Unternehmensgeschichte zurückblicken. Ein erstklassiges kreditwirtschaftliches Angebot, die Unterstützung der wirtschaftlichen Entwicklung des Rhein-Sieg-Kreises und beispielhaftes Engagement für das Gemeinwohl sind in dieser Zeit zu ihren Markenzeichen geworden. Und auf Grund ihrer tiefen regionalen Verwurzelung wird die Kreissparkasse die Entwicklung des Rhein-Sieg-Kreises getreu ihrem Leitmotiv „In der Region – Für die Region" auch weiterhin aktiv begleiten und fördern.

BORNHEIM – EINE STADT WIRBT UM UNTERNEHMEN

ERSTER BORNHEIMER UNTERNEHMER- UND GRÜNDERTAG ALS ÜBERGREIFENDE PLATTFORM FÜR UNTERNEHMER UND GRÜNDER

VON
THOMAS BERNSEN

Die Begleitung eines Unternehmens, beginnend bei der Existenzgründung bis hin zur Wachstumsfinanzierung, ist ein Aufgabenschwerpunkt der Mittelstandsförderung, der sich die Kreissparkasse Köln mit besonderer Aufmerksamkeit widmet. Welche Bedeutung aber auch Städte, Gemeinden und Kommunen der nachhaltigen Stärkung ihrer Wirtschaftsstandorte beimessen, zeigen die Aktivitäten der Stadt Bornheim. Bornheim, mit einer Fläche von über 82 Quadratkilometern und rund 50.000 Einwohnern die drittgrößte Kommune im Rhein-Sieg-Kreis, wirbt mit vielfältigen Informationen und Hilfestellungen für eine Ansiedlung von Unternehmen auf einem ihrer interessanten Gewerbegebiete. Die verkehrsgünstige Lage und der hohe Freizeitwert des Vorgebirges sind dabei wichtige Pluspunkte.

Im April 2005 entstand unter der Schirmherrschaft des Bürgermeisters der Stadt Bornheim, Wolfgang Henseler, die Idee,

1. Bornheimer Unternehmer und Gründertag

die bereits vorhandenen Angebote in Bornheim auf einer gemeinsamen Plattform zu präsentieren. Mitinitiatoren waren DHPG Dr. Harzem und Partner KG, die Wirtschaftsförderungs- und Entwicklungsgesellschaft Bornheim, Kreissparkasse Köln, IKB Mittelstandsbank AG, Volksbank Bonn/Rhein-Sieg e.G., die Wirtschaftsförderung des Rhein-Sieg-Kreises, die Industrie- und Handelskammer Bonn/Rhein-Sieg, das Institut für Unternehmensgründung W. Nelles und der Bundesverband der Frau im freien Beruf und Management e.V. Man entschloss sich zur Durchführung eines Unternehmer- und Gründertages. Hier sollten beide Zielgruppen, sowohl Existenzgründer als auch Unternehmer, notwendige Informationen an Messeständen, in Vorträgen und in einer Podiumsdiskussion erhalten. Mit dem Ziel, ein möglichst breites Angebot zu präsentieren, wurden weitere Mitwirkende für den Unternehmer- und Gründertag gewonnen. So beteiligten sich u. a. die Firmen A&M mobile Computerdienste, ENGELS MARKETING und die Summira GmbH, aber auch zahlreiche Vereine und Institutionen, wie zum Beispiel der Gewerbeverein Bornheim, die Handwerkskammer Köln und die Regionalstelle Frau & Beruf Bonn/Rhein-Sieg am Unternehmer- und Gründertag.

Im Forum des Alexander-von-Humboldt-Gymnasiums präsentierten sich schließlich am 5. November 2005 die Wirtschaftsförderung der Stadt Bornheim und zahlreiche Aussteller mit ihren Messeständen. Den Besuchern bot sich ein umfangreiches Angebot an Informationen zu Finanzhilfen, Steuern, Gewerbeflächen, Unternehmensgründung, Marketing und vielen anderen Wirtschaftsthemen.

Alexander-von-Humboldt-Gymnasium Bornheim

Neben den Ausstellungsständen fanden Vorträge von Experten, die sich zum Beispiel mit der Gründungsförderung der Kreissparkasse Köln, der steuerlich optimierten Unternehmensnachfolge oder der Existenzfestigung befassten, die Aufmerksamkeit der Gäste. Abgerundet wurde die Veranstaltung mit einer einstündigen Podiumsdiskussion unter dem Titel „Chancen für Gründungs- und Wachstumsvorhaben in der Stadt Bornheim“. Unter Moderation von Thomas Becker stellten sich namhafte Vertreter der Veranstalter, so der Bürgermeister und Vertreter des Gewerbevereins, den Fragen des Publikums.

Über 200 Teilnehmerinnen und Teilnehmer nutzten den ersten Bornheimer Unternehmer- und Gründertag 2005. Wie die Auswertung eines eigens konzipierten Fragebogens ergab, äußerte sich die Mehrzahl der befragten Personen sehr positiv zu dieser Veranstaltung und befürwortete eine Fortsetzung. Auch die Veranstalter und Aussteller waren sehr erfreut über die große Besucherresonanz.

Die Kreissparkasse Köln wird auch in Zukunft, getreu ihrem Motto „In der Region – Für die Region“, den Bornheimer Unternehmer- und Gründertag tatkräftig unterstützen.

Die Königstraße – Bornheims erste Adresse

Bornheim im Vorgebirge

Victor Schamoni, *Max Ernst bei der Arbeit an einer Frottage*, Huismes 1963.
Vintage, Gelatinesilberabzug. Schenkung Dorothea Tanning

LOPLOP FINDET SEIN ZUHAUSE

VON SABINE JUNG

„WO VOR JAHREN
EIN HAUS STAND
DA WÄCHST JETZT
EIN HAUS"
aus:
Max Ernst *Das Schnabelpaar*, 1953

DAS MAX ERNST MUSEUM BRÜHL VEREINT ALLE FACETTEN DES DADAISTEN UND SURREALISTEN MAX ERNST IN EINER MUSEUMSSAMMLUNG

Fast schon prophetisch mutet uns heute dieses Zitat von Max Ernst aus *Das Schnabelpaar* an, denn fast ein halbes Jahrhundert später konnte das weltweit erste und einzige Max Ernst Museum eröffnet werden. Es gibt mit seinen derzeit 280 Kunstwerken und Dokumenten einen Überblick über das vielfältige Schaffen des gebürtigen Brühlers und lädt ein zu einer Zeitreise durch die Lebensstationen dieses fantasievollen Multitalents.

DIE VORGESCHICHTE DES MUSEUMS UND DER SAMMLUNG

Bereits 1969 beginnt die Stadt Brühl mit dem Aufbau einer Sammlung von Originalen und Grafiken des Künstlers. 1980 wird dann das *Max Ernst Kabinett* der Stadt Brühl eröffnet, das über 20 Jahre als Ausstellungs- und Forschungsstätte dient. Ende der 1990er Jahre entsteht die *Max Ernst Gesellschaft e. V.* Ihre Aktivitäten ergänzen den umfangreichen Veranstaltungsplan des Museums. Teil ihres Engagements sind aber auch Neuerwerbungen; so schenkte die Gesellschaft dem Museum am 12. Mai 2006 ein kleinformatiges Blatt des Künstlers aus der Werkgruppe der Mikroben.

Die Idee zur Museumsgründung für einen der bedeutendsten Künstler des 20. Jahrhunderts wird 1998 durch einen Besuch des damaligen Vorstandsvorsitzenden der Kreissparkasse Köln, Hans Peter Krämer, im Palazzo Peggy Guggenheim in Venedig forciert. Dieser Aufenthalt gibt im Jahr 2000 den Anstoß für den Kauf der rund 700 Grafiken umfassenden Sammlung des Arztes Dr. Peter Schneppenheim, die später als Zustiftung an das Museum übergeht. Damit umfasst die Museumssammlung nahezu das gesamte grafische Œuvre von Max Ernst.

Außerdem erwirbt die Kreissparkasse 2001 sämtliche Skulpturen aus dem privaten Nachlass des Künstlers, die fast das gesamte bildhauerische Werk dieses großen Surrealisten erschließen. Dauerleihgaben, wie die überlebensgroße Bronze *Capricorne*, 1948, der Deutschen Bank ergänzen den Bestand der Plastiken.

Mit den 36 so genannten *D-Paintings* (= Bilder für Dorothea Tanning) erwirbt die Kreissparkasse 2004 einen weiteren bedeutsamen Komplex aus dem Œuvre des Künstlers – neben Grafiken und Skulpturen der dritte Schwerpunkt der Museumssammlung.

Darüber hinaus besitzt das Museum aber auch zahlreiche Frühwerke, Schenkungen von Max Ernst an die Stadt (Grafikmappe *Maximiliana; Nordlicht am Nordrhein)* und eine weltweit einmalige fotografische Sammlung von derzeit über 700 Künstlerporträts, die von der Stadt Brühl 1991 aus Anlass des 100. Geburtstages von Max Ernst begonnen wurde.

Max Ernst, *Selbstbildnis*, 1909. Öl auf Karton

Max Ernst, *Landschaft*, um 1963. Aus der Werkgruppe der Mikroben. Mischtechnik. Schenkung der Max Ernst Gesellschaft

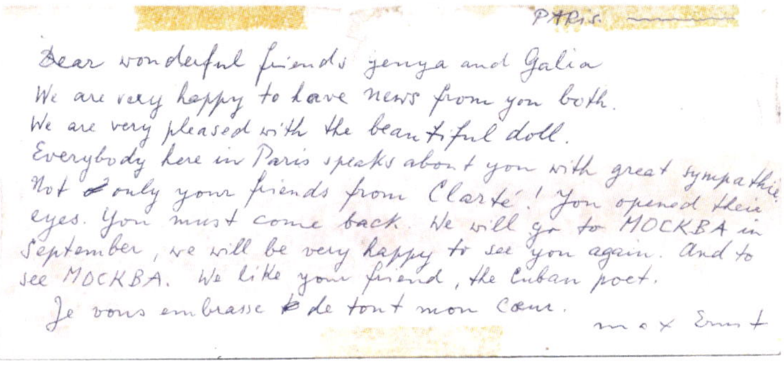

PARIS

Dear wonderful friends Jenya and Galia
We are very happy to have news from you both.
We are very pleased with the beautiful doll.
Everybody here in Paris speaks about you with great sympathie
Not only your friends from Clarté! You opened their
eyes. You must come back. We will go to MOCKBA in
September, we will be very happy to see you again. And to
see MOCKBA. We like your friend, the Cuban poet.
Je vous embrasse de tout mon cœur.
max ernst

Max Ernst als Maler, 1909.
Anonym, Vintage, Bromsilberabzug

Außenansicht Eingangsfront, mit der Bronzegruppe *Lehrerkollegium einer Schule für Totschläger*, 1967. Dauerleihgabe der Kreissparkasse Köln

Max Ernst, *Capricorne im Tanzsaal.* Bronze, 1948. Dauerleihgabe der Deutschen Bank

DIE STIFTUNG

Am 13. Februar 2001 wird die *Stiftung Max Ernst* gegründet. Stiftungspartner sind die Stadt Brühl, die Grundstück und Gebäude zur Verfügung stellt, die Kreissparkasse Köln, die große Sammlungskonvolute einbringt und der Landschaftsverband Rheinland, der sich mit beträchtlichem ideellen und materiellen Engagement beteiligt. Die Arbeit des Stiftungsvorstandes wird durch einen Stiftungsrat und ein Kuratorium begleitet.

DER MUSEUMSBAU

Der 1844 zeitgleich mit der Bahnstrecke Köln-Bonn errichtete Bau, der *Brühler Pavillon*, war bis zum Ersten Weltkrieg ein beliebtes Ausflugs- und Vergnügungslokal mit angegliedertem Hotel. Max Ernst selbst tanzte hier als Pennäler im Tanzsaal, jenem Raum, der heute von dem Figurenensemble *Capricorne* beherrscht wird.

Der klassizistische Bau hatte in seiner Geschichte die unterschiedlichsten Funktionen in kirchlicher Trägerschaft; so war er ab 1919 Kinderheim, Mütterheim, Säuglingsstation und Altenpflegeheim, diente in den neunziger Jahren als städtisches Asylantenheim bis er schließlich denkmalgeschützt zum Museum für den berühmten Sohn der Stadt, mit 11 Räumen und rund 1.000 Quadratmetern Ausstellungsfläche, wird. Der zweijährige Um- und Rückbau durch das Kölner Architektenbüro Thomas van den Valentyn – ausgewählt aus europaweit 841 Bewerbern, wovon schließlich 36 Vorschläge zugelassen wurden – zeigt wieder den ursprünglichen U-förmigen Grundriss des sog. *Brühler Pavillons*, womit die Dreiflügelanlage des benachbarten Schlosses Augustusburg aufgenommen wird. Durch den Glas-Stahl-Eingangspavillon sowie das scheinbar schwebende Eingangsplateau wird der Bau markant ergänzt. Die dreiteilige Bronzegruppe, das *Lehrerkollegium einer Schule für Totschläger*, begrüßt dort die Besucherinnen und Besucher.

In Kooperation mit dem Rheinischen Landesmuseum Bonn wird das Museum am 3. September 2005 von Bundespräsident Horst Köhler und dem Kurator der Eröffnungsausstellung, dem international renommierten Kenner des Werkes von Max Ernst, Professor Dr. Werner Spies, eröffnet.

Max Ernst, *Capricorne*, 1948. Bronze. Dauerleihgabe der Deutschen Bank

MAX ERNST – LEBEN UND WERK

1891-1914: BRÜHL UND BONN

Als Maler, Bildhauer, Grafiker und Dichter genießt Max Ernst sowohl als Dadaist wie auch als Surrealist weltweite Anerkennung.

Am 2. April 1891 wird Max(-imilian) Ernst als drittes von neun Kindern der Eheleute Philipp und Luise Ernst geb. Kopp in der Schlossstraße 21 in Brühl geboren.

Vieles von und über sich schreibt er in seinen biografischen Notizen *Wahrheit und Lügengewebe* nieder. Der Vater, ein Taubstummenlehrer, in seiner Freizeit als künstlerischer Autodidakt tätig, ist sein erster und einziger Zeichenlehrer. Mit ihm zeichnet Max die Wälder und Parks der Umgebung. Die Märchenwelt der Kinderzeit und zwei emotional bedeutsame Erlebnisse in seiner Kindheit – der frühe Verlust der ältesten Schwester Maria sowie der plötzliche Tod seines Kakadus Hornebom und die zeitgleiche Geburt der Lieblingsschwester Loni 1906 – bilden u. a. Grundlagen für seine späteren Motivwelten. Das *Sehen*, so Max Ernst, sei seine Lieblingsbeschäftigung.

Das Abiturzeugnis weist Max als guten Schüler aus, der jedoch im Zeichenunterricht „nicht teilgenommen" hat; die Schulzeitung illustriert er hingegen mit exzellenten Karikaturen.

Nach dem Abitur studiert Max Ernst ab 1910 an der Rheinischen Friedrich-Wilhelm-Universität in Bonn neben Altphilologie, Philosophie, Germanistik, Romanistik, Jurisprudenz und Psychiatrie auch Kunstgeschichte. Er interessiert sich für die Zeichnungen von Geisteskranken und begeistert sich besonders für Freuds *Traumdeutung* und Psychoanalyse.

„Chaos im Kopf. Auch in der Malerei" (Max Ernst)

Auf der Suche nach seinem eigenen Stil schließt er sich zunächst August Macke (1887-1914) und den rheinischen Expressionisten an. Durch ihn lernt er die französische Kunstszene, den Kubismus und den Orphismus kennen. Die Sonderbundausstellung in Köln 1912, die dortigen Museen, sein Ausloten der Stile jener Zeit, der eigene Kontakt nach Paris und die Bekanntschaft mit dem Straßburger Maler, Bildhauer und Dichter Hans Arp (1887-1966) im Jahr 1914 befördern seine Entwicklung und die Gewissheit einer notwendigen Erneuerung der Sichtweisen in der Kunst.

„Dada war eine Bombe" (Max Ernst)

Max Ernst, *D 1971*. Collage aus Holzbrettern auf Holzplatte montiert. Dauerleihgabe der Kreissparkasse Köln

Max Ernst, *D 1943*. Öl auf Holz, Décalcomanie. Dauerleihgabe der Kreissparkasse Köln

1914-1922: ERSTER WELTKRIEG UND DADA IN KÖLN

Während des Ersten Weltkrieges dient Max Ernst als Zeichner in einem Regimentsstab der Artillerie. Die Schrecken des Krieges entladen sich im aufkommenden Dadaismus, jener 1916 zunächst in Zürich literarisch dominierten Protestbewegung.

Nach dem Ende des Krieges und der Heirat mit Luise (Lou) Straus, seiner Studienkollegin, der Tochter eines jüdischen Hutmachers in Köln, bezieht er 1918 eine Atelierwohnung am Kaiser-Wilhelm-Ring in Köln, wo 1920 auch der gemeinsame Sohn Hans Ulrich (genannt Jimmy) geboren wird. Die Wohnung wird zur Keimzelle der Kölner Dada-Bewegung und Treffpunkt von Malern, Schriftstellern und Kunsthändlern wie Johannes Theodor Baargeld, Sophie Taeuber, Paul Klee, Tristan Tzara, Alfred Flechtheim, Paul Eluard und dessen Frau Gala. Die Kölner Dada-Ausstellung im *Brauhaus Winter* wird zum geplanten und erfolgreichen Skandal für Max Ernst und seine Mitstreiter. Die rätselhafte Poesie der Dada-Dichter findet in ihm einen kongenialen Partner, der es versteht, ihre Gedanken bildhaft zu machen. So fügt Max Ernst beispielsweise Alltagsgegenstände (Garnrollen, Töpfe, Drähte u. Ä.) zu neuen plastischen Objekten und stellt damit ironisch bürgerliche Normen und Wertvorstellungen bloß.

1922-1941: FRANKREICH

Im Herbst 1922 siedelt Max Ernst nach Paris über. Er lebt in der Nähe der Metropole, in Eaubonne, bei dem befreundeten Dichter Paul Eluard und dessen Frau Gala, wo er die Räume des Hauses mit ausmalt. Zwei der wieder entdeckten Wandfriese sind Dauerleihgaben und Bestandteil der Sammlung.

Die Schriften von André Breton und dessen erstes *Manifest des Surrealismus* von 1924 verändern das theoretische Klima der Pariser Avantgarde. Breton fordert „die Abkehr von der Herrschaft der Logik" hin zu einem „absichtsfreien Spiel der Gedanken ... wie es sich bei Träumen und Halluzinationen vollziehe". Dieser Idee verschreiben sich neben Max Ernst auch Joan Miró (1893-1983) und später Salvador Dalí (1904-1989).

Fortan malt Max Ernst Traumwelten, versucht die Bereiche des Unbewussten in surrealen, angsterfüllten und fantastischen Landschaften bildnerisch zu gestalten. In dieser Zeit entwickelt er ab 1925 die Druckreibetechnik der *Frottage*.

Max Ernst, *Les moeurs des feuilles*. Aus: Histoire Naturelle, Blatt 18, 1926. Lichtdruck nach Frottage

Max Ernst, *D 1944*. Öl auf Leinwand. Dauerleihgabe der Kreissparkasse Köln

(Die Holzmaserung des Dielenbodens eines Hotelzimmers inspiriert ihn dazu, und er hält die Strukturen mit einem auf das Holz gelegten Blatt Papier und dem Bleistiftabrieb fest.) Er sei „selbst überrascht über die jähe Intensivierung seiner visionären Fähigkeiten und der halluzinierenden Folge widersprüchlicher Bilder, die sich mit der Geschwindigkeit und Eindringlichkeit überlagern", wie man es von Erinnerungen und Visionen im Wachtraum kennt. „Diese Technik", so Max Ernst, „schließt jede bewusste mentale Steuerung (Vernunft, Geschmack, Moral) aus." Durch die *Grattage* (Abkratztechnik) entdeckt er für seine Malerei ähnliche Ausdrucksmöglichkeiten. Mit solchen indirekten Techniken, zu denen auch die der *Collage* zählt, erschließt sich Max Ernst wichtige künstlerische Mittel, die er im Bereich der Grafik, in seiner Malerei und in seinem plastischen Werk auslotet. Mit der *Décalcomanie*, einem auf dem Abdruck von Farben basierenden künstlerischen Verfahren, das bereits 1936 von Oscar Dominguez entdeckt wurde, findet eine weitere Technik Eingang in seine Malerei.

Nach der Scheidung von Luise Straus heiratet Max Ernst 1927 Marie-Berthe Aurenche, die Schwester des Filmregisseurs Jean Aurenche, von der er sich 1937 trennt. Ende der dreißiger Jahre lebt er zusammen mit der Malerin Leonora Carrington in Saint-Martin d'Ardèche. Hier gestaltet er die Außenwände eines Hauses mit plastischen Zwitterwesen und Fantasievögeln, *Loplop*-Variationen. Loplop ist stets ein männliches Vogelwesen mit autobiografischen Zügen, das bereits seit 1929 sein Werk immer wieder „bevölkert".

Zwischen 1929 und 1934 entstehen drei eindrucksvolle, in Buchform veröffentlichte Collagenromane: *La femme 100 têtes* (1929), *Rêve d'une petite fille qui volut entrer au Carmel* (1930) und *Une semaine de bonté - ou les septs éléments capitaux* (1934). Die einzelnen Collagen sind aus Holzstichen des 19. Jahrhunderts kombiniert.

Mit ihnen entführt Max Ernst den Betrachter in geheimnisvolle Bildwelten. Die Bilder sind von fabelähnlichen Wesen bevölkert und bilden in einer szenisch-dramatischen Verdichtung sequentielle Handlungsabläufe. In den teilweise alptraumhaften, oft ambivalenten Collagen spricht der Künstler einmal mehr Urängste, Tabus und verdrängte Sehnsüchte – das Unterbewusstsein – an. Vermeintlich vertraute Bilddetails führen zu Irritationen, wozu auch die von ihm gegebenen Bildtitel beitragen.

Max Ernst, *Loplop présente*, 1931. Collage. Schenkung der Kultur- und Umweltstiftung der Kreissparkasse Köln

Dorothea Tanning und Max Ernst mit der Zementplastik Capricorne, Sedona, 1948, Fotografie, Schenkung Dorothea Tanning

Max Ernst, *Nordlicht am Nordrhein*, 1968. Öl auf Holz

Max Ernst, *D 1947.* Öl auf Leinwand. Dauerleihgabe der Kreissparkasse Köln

1941-1953: AMERIKA

Nach dem Ausbruch des Zweiten Weltkrieges wird Max Ernst in zwei Nationen verfolgt: In Deutschland als entarteter Künstler verfemt, von den Franzosen als illegal eingereister Ausländer mehrfach interniert, gelingt ihm schließlich 1941 die Flucht in die USA, nicht zuletzt dank der Hilfe der Sammlerin Peggy Guggenheim, seiner dritten Frau. In den USA nimmt er zusammen mit Marcel Duchamp, Yves Tanguy und Robert Motherwell an den ersten Ausstellungen der Surrealisten in New York teil.

Mittels seiner Technik der *Oszillation* experimentiert er dort mit dem Phänomen des Zufalls. Amerikanische Künstler lassen sich hiervon zum so genannten *dripping* anregen. Damit beeinflusst Max Ernst die zeitgenössische amerikanische Kunst, etwa für das *Action Painting* von Jackson Pollock. In New York lernt der mittlerweile 50-jährige Max Ernst 1942 die amerikanische Künstlerin Dorothea Tanning kennen. Mit ihr zieht er sich in die karge Landschaft von Sedona (Arizona) zurück und beginnt wieder als Bildhauer zu arbeiten. Hier entsteht die Plastik *Capricorne,* der das Figurenensemble *Der König spielt mit der Königin* von 1944 vorausgeht. Beide sind mit vielen anderen jetzt im Brühler Museum dauerhaft zu sehen. In einem Holzhaus nahe der Reservate der Hopi- und Zuni-Indianer lebend, fühlt er sich der indianischen Kultur geradezu geistesverwandt.

1946 heiratet er schließlich Dorothea Tanning, die Liebe seines Lebens. Die gemeinsame Zeit währt 34 Jahre; 1976, am Vorabend seines 85. Geburtstages stirbt Max Ernst.

Jedes Jahr schenkt Max Ernst seiner Frau ein Werk. In diesen *D-Paintings* breitet er sein gesamtes Schaffens- und Themen-Spektrum aus, gestaltet gleichsam „Landschaften der Liebe".

Max Ernst, *Deux Assistents,* 1967. Bronze.
Dauerleihgabe Kreissparkasse Köln

1953-1976: RÜCKKEHR NACH FRANKREICH

Max Ernsts Rückkehr nach Europa bringt ihm den internationalen Durchbruch und Erfolg. 1954 erhält er auf der 27. Biennale in Venedig den *Großen Preis für Malerei.* Umfassende Retrospektiven würdigen sein Schaffen. Den Auftakt bildet 1951 die Ausstellung in seiner Heimatstadt Brühl.

1958 erhält Max Ernst, seit 1948 amerikanischer Staatsbürger, den französischen Pass. 1971 besucht er offiziell seine Heimatstadt und weiht den Max-Ernst-Brunnen ein. 1972 wird ihm die Ehrendoktorwürde der Universität Bonn verliehen.

In den letzten Jahrzehnten werden seine Gemälde unbeschwerter, gestaltet mit intensiven Farben, licht und klar. Ausgehend von Paris (1953) über Huismes (1955) und Seillans (1964) schafft Max Ernst in seinem Spätwerk aber auch eine erstaunliche Fülle an plastischen Arbeiten. „Wenn ich mit der Malerei in eine Sackgasse komme, was immer wieder vorkommt, so bleibt mir die Skulptur als Ausweg übrig, denn die Skulptur ist noch mehr Spielerei als die Malerei", so der Künstler. Daneben stellt die Veröffentlichung des Buches *Maximiliana* im Jahre 1964 nach Werner Spies gleichsam „die Summe des illustrativen Werkes von Max Ernst" dar.

Max Ernst, *Les phases de a nuit,* 1946. Öl auf Leinwand. Dauerleihgabe der Kreissparkasse Köln

BESONDERE MUSEUMSANGEBOTE

Der Tatsache, dass Max Ernst 1930 eine Filmrolle in Luis Buñuels *L'Âge d'Or* erhält, trägt der Filmemacher Peter Schamoni in seiner eigens für die Ausstellungseröffnung des Museums entwickelten Multimediaschau Rechnung, in der er weitere eindrückliche Filmdokumente mit, von und über Max Ernst zeigt.

Ein umfangreiches Veranstaltungsangebot für Schulen, Gruppen und Einzelpersonen durch fachkundige Museumspädagogen, zu buchen über *kulturinfoRheinland,* hilft bei der Vermittlung der einzigartigen Sammlung. Workshops intensivieren den kreativen Zugang zu Max Ernst, seiner Gedankenwelt, seinen Arbeitsweisen und Techniken; besondere Angebote stehen für Gäste mit Handicaps zur Verfügung.

Das Museum mit seinen unterschiedlichen Räumlichkeiten liefert darüber hinaus einen idealen Rahmen und eine perfekte Plattform für repräsentative Veranstaltungen der verschiedensten Art. Die ersten Firmenfeste, -jubiläen, Abschlussfeiern, Prämierungen, Tagungen, Lesungen, Vorträge, Konzerte, Theater-Veranstaltungen und so genannte *Come togethers* haben das bereits gezeigt.

AUSBLICK

Von September 2005 bis Mai 2006 konnte das Museum bereits mehr als 80.000 Besucher verzeichnen. Der seit dem 1. Mai 2006 im Amt befindliche neue Direktor, Dr. Achim Sommer, plant, unterstützt von den Gremien der Stiftung und dem wissenschaftlichen Leiter des Max Ernst Museums, Dr. Jürgen Pech, neben der regionalen, nationalen und internationalen Vernetzung des Museums die Sammlungsbestände durch hochkarätige Leihgaben immer wieder zu ergänzen und zu bereichern sowie durch Wechselausstellungen auf die Künstlerfreundschaften von Max Ernst zu verweisen und auch im zeitgenössischen Bereich spannende Dialoge mit diesen Großen der Kunstgeschichte anzubieten.

Das Max Ernst Museum setzt kulturpolitische Akzente weit über das Rheinland hinaus und ist zudem ein Beispiel für eine gelungene *Privat-Public-Partnership.*

MEHR INFORMATIONEN:

Max Ernst Museum Brühl
Max-Ernst-Allee 1
50321 Brühl

Öffnungszeiten:
Di. – So.: 11 – 18 Uhr
Jeden ersten Donnerstag im Monat: 11 – 21 Uhr
Mo. geschlossen

Weitere Infos und Führungsanmeldungen:
Telefon: 01 805 / 74 34 65 · Fax: 0 22 34 / 9 92 13 00,
E-Mail: info@kulturinfo-rheinland.de

Max Ernst Museum 2004, Südansicht

HERRLICHER, SILBERGRAUER GIGANT

WIEDERENTDECKUNG EINES FILMS ÜBER DIE ZEPPELINLANDUNG IN HANGELAR 1930

VON
MICHAEL KORN

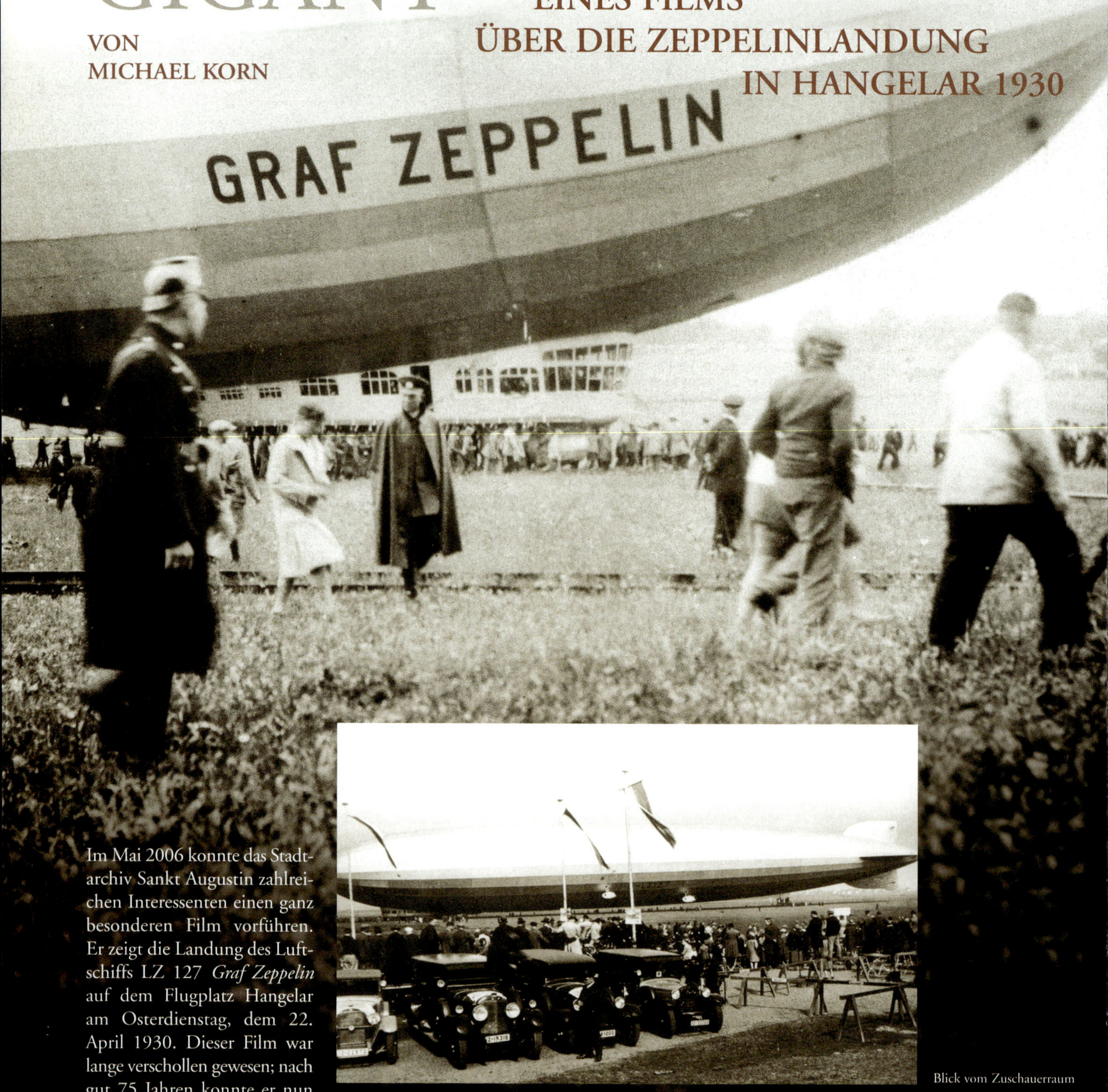

Blick vom Zuschauerraum

Im Mai 2006 konnte das Stadtarchiv Sankt Augustin zahlreichen Interessenten einen ganz besonderen Film vorführen. Er zeigt die Landung des Luftschiffs LZ 127 *Graf Zeppelin* auf dem Flugplatz Hangelar am Osterdienstag, dem 22. April 1930. Dieser Film war lange verschollen gewesen; nach gut 75 Jahren konnte er nun wieder der Öffentlichkeit gezeigt werden. Wie es dazu kam, möchte ich nach einigen Erläuterungen zur Zeppelin-Landung in Hangelar im Folgenden darstellen.

Der Niederrheinische Verein für Luftschiffahrt gab eine spezielle Festpostkarte heraus.

DIE *BLÜTENFAHRT* DES LUFTSCHIFFS *GRAF ZEPPELIN* AM 22. APRIL 1930

Offizielle
Fest-Postkarte
des Luftverkehr Siebengebirgsflug und des Niederrhein. Vereins für Luftschiffahrt e. V.
Sektion Bonn
zur ersten Landung des Luftschiffes
„Graf Zeppelin"
auf dem Flughafen Bonn-Hangelar
Ostern 1930

POSTKARTE

Rückseite der Festpostkarte

Eine ausführliche Schilderung der Zeppelin-Landung in Hangelar findet sich im umfangreichen und sorgfältig recherchierten Standardwerk zur Flugplatzgeschichte von Hartmut Küper (Bonn-Hangelar. Geschichte eines Flugplatzes, Band 2: 1926-1936, Siegburg 2005, S. 123-130), auf dessen Recherchen ich an dieser Stelle weitgehend zurückgreife.

Die bereits 1912 erfolgten Bemühungen, mit der *Deutschen Luftschiffahrts-Aktiengesellschaft* einen Vertrag über eine Landungsfahrt mit dem Luftschiff *Viktoria Luise* nach Hangelar abzuschließen, waren leider gescheitert. Ende 1929 trat der Luftverkehr *Siebengebirgsflug* an die Firma *Luftschiffbau Zeppelin* heran und schlug eine Fahrt nach Hangelar vor. Da bis zu diesem Zeitpunkt noch kein Luftschiff eine Landungsfahrt in das befreite Rheinland unternommen hatte, waren auch andere rheinische Städte – insbesondere Köln – an einem solchen Unternehmen interessiert. Dank der guten Kontakte und unermüdlichen Bemühungen des Hangelarer Flughafenleiters Albert Sonntag fiel die Entscheidung zu Gunsten von Hangelar, was insbesondere den damaligen Kölner Oberbürgermeister Konrad Adenauer sehr erbost haben soll. In den frühen Morgenstunden des 22. April 1930 verließ das 236 Meter lange Luftschiff LZ 127 *Graf Zeppelin* Friedrichshafen und trat die Fahrt in das blühende Rheinland (daher der Name *Blütenfahrt*) an.

Hier hatte man in den vergangenen Tagen rege vorgearbeitet und sehr viel Werbung gemacht, und so standen für die Großveranstaltung bereit: 40.000 Quadratmeter abgegrenzter Zuschauerraum; 1.010 nummerierte Plätze im Presseraum; 4.000 Plätze in den Wirtschaftszelten; 75.000 Quadratmeter Autoparkfläche; ein Hilfspostamt; fünf Telefonzellen für die Presse; zwei öffentliche Telefonzellen sowie mehrere Sanitätsstationen; 850 Polizisten sowie eine Haltemannschaft für den Zeppelin mit 150 Personen. 20 Kassen mit 115 Mann Kassen- und 45 Mann Hilfspersonal konnten dem großen Andrang von ca. 150.000 Personen nicht immer Herr werden.

Nach einer Fahrzeit von fünf Stunden und 40 Minuten erreichte LZ 127 mit 16 Passagieren und 35 Mann Besatzung unter Kapitän Lehmann gegen 13.30 Uhr Hangelar. Nach der Landung begaben sich u. a. der Oberpräsident der Rheinprovinz Johannes Fuchs und der Landrat des Siegkreises Dr. Eduard Wessel zur Begrüßung der Besatzung an Bord. Während des kurzen Aufenthalts konnte das Luftschiff besichtigt werden. Vom Dach der alten Flugzeughalle verfolgten „Filmoperateure", Fotografen und Maler das Spektakel. Die Veranstaltung wurde von einer Kölner Radiostation übertragen. Gegen 15.00 Uhr erfolgte die Rückfahrt nach Friedrichshafen.

DIE WIEDERENTDECKUNG DES FILMS

Die Geschichte der Wiederentdeckung begann für uns 2004 mit dem Besuch des neuen *Zeppelin NT* auf dem Flugplatz Hangelar. Kurze Zeit später erhielt ich im Stadtarchiv Sankt Augustin einen Anruf des Siegburgers Peter Schreckenberg. Dieser fragte an, ob wir eventuell Interesse an einem älteren Film hätten, den er seit Längerem in seiner Filmsammlung hatte. Den genauen Inhalt kenne er nicht, es wären jedoch Aufnahmen des Zeppelins dabei und es könnte sich um Hangelar handeln. Den Film hatte er Ende der 1960er Jahre buchstäblich aus dem Müll gerettet.

Die Landung des Zeppelins am Osterdienstag 1930 war das bislang meistbesuchte Ereignis der Stadtgeschichte des späteren Sankt Augustin. Hierzu gibt es zwar zahlreiche Fotos und schriftliche Unterlagen, eine Filmkopie war jedoch nicht mehr bekannt, so dass unser Interesse natürlich sehr groß war. Herr Schreckenberg brachte einen leicht nach Essig riechenden, schwarz-weißen 35-mm-Film ins Stadtarchiv mit. Da dieses nicht über einen geeigneten Filmprojektor verfügt, konnten wir nur anhand einiger ausgeschnittener Bilder erkennen, dass es sich zumindest um jenes Luftschiff handelte, das 1930 den Flugplatz Hangelar besucht hatte. Nun benötigten wir aus zwei Gründen die Unterstützung von Film-Fachleuten: Zum einen wollten wir den Film selbst sehen und in Erfahrung bringen, ob er wirklich die Hangelarer Landung zeigte, zum anderen stellten sich konservatorische Probleme, da befürchtet werden musste, dass der Film aus Nitrocellulose bestand. Dieses war von etwa 1890 bis in die 1950er Jahre das gängige Trägermaterial für Filmnegative. Es setzt mit der Zeit Säuren frei, ist explosiv und leicht brennbar sowie schon bei verhältnismäßig niedrigen Temperaturen sogar selbstentzündlich, so dass es in der Vergangenheit häufiger zu oft verheerenden Bränden in Kinos, Filmlagern und Archiven gekommen ist. So war höchste Vorsicht im Umgang mit dem Film geboten.

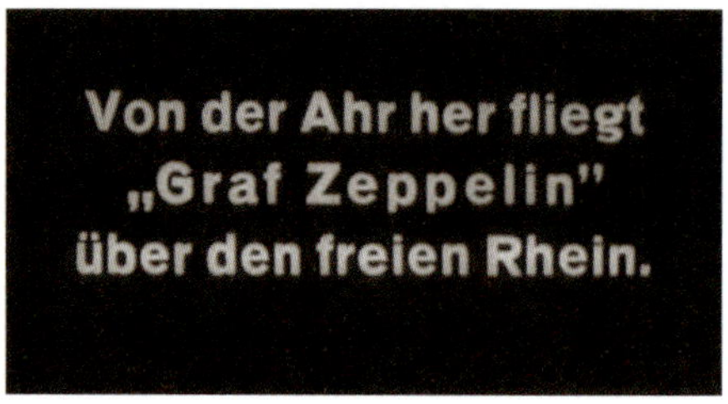

Zwischentitel erläutern das Geschehen. (Filmausschnitt)

Der Zeppelin setzt zur Landung an. (Filmausschnitt)

Die wohl größte Erfahrung mit solchen Filmen hat im deutschen Archivwesen das Bundesarchiv, das über eine eigene große Filmabteilung in Koblenz und Berlin verfügt. Nachdem die Koblenzer Mitarbeiterin Alexandra Kosubek die entsprechende Unterstützung zugesichert hatte, brachte ich den Film zur Außenstelle des Bundesarchivs in Hangelar, von wo es noch am selben Tag per Dienstpost zum Standort Koblenz des Filmarchivs weitertransportiert wurde.

Nachfragen beim besten Kenner der Flugplatzgeschichte, Herrn Hartmut Küper, hatten mittlerweile ergeben, dass die Kölner Firma *Bild- und Film-Zentrale GmbH* einen ca. 220 Meter langen Film von der Zeppelinlandung in Hangelar angefertigt hatte, der 1930 in „den ersten Theatern von Bonn, Köln und Düsseldorf" gezeigt worden war. Alle Kopien galten jedoch als verschollen. Gleiches gilt für einen Amateurfilm, der ebenfalls angefertigt worden war.

Einige Tage später teilte mir Frau Kosubek telefonisch mit, dass es sich bei unserem Film um einen professionell gemachten Film auf Nitrocellulosebasis handelt, ohne Ton, Vollbild, Länge ca. 150 Meter, und dass sich der Film in erstaunlich gutem Zustand befände. Zudem machte sie einige inhaltliche Angaben, die grundsätzlich dafür sprachen, dass es sich um die Landung in Hangelar handelte.

Um Gewissheit zu bekommen und natürlich auch, um die eigene Neugier zu befriedigen, fuhren Herr Schreckenberg, Herr Küper und ich nach Koblenz, wo wir am Schneidetisch den Film vorgeführt bekamen. Da es sich eindeutig um die Landung in Hangelar handelte, war unsere Freude groß.

Über 150.000 Besucher ließen sich die Gelegenheit nicht entgehen. (Filmausschnitt)

Die Halle steht als einziges Gebäude noch heute. (Filmausschnitt)

DER INHALT DES FILMS

Vom ursprünglichen Film (ca. neun Minuten) haben sich die ersten knapp sechs Minuten erhalten: Der Film beginnt mit blühenden Bäumen *(Blütenfahrt)*. Im Folgenden sieht man sehr gut und in verschiedenen Einstellungen das Gelände und die Gebäude des Flugplatzes Hangelar, im Hintergrund das Kloster der Steyler Missionare und mehrere Häuser des heutigen Sankt Augustin (-Ort). Der Flugplatz ist bevölkert mit wahren Menschenmassen (u. a. auf Dächern und in den Bäumen, um besser sehen zu können), die offensichtlich in sehr freudiger Stimmung auf das Eintreffen des Zeppelins warten. Zahlreiche Polizisten, teils zu Pferd, waren eingesetzt, der Bonner Oberbürgermeister Dr. Falk hält eine Ansprache, der Rundfunk überträgt das Geschehen. Zu sehen sind Autos und sonstiges Gerät. Dann kommt der Zeppelin langsam ins Bild und landet schließlich mit Unterstützung der Haltemannschaft. Menschen laufen zum Zeppelin, Kapitän Lehmann wird befragt, Post wird übergeben, es gibt verschiedene Einstellungen innerhalb und außerhalb des Zeppelins, in denen u. a. erneut die ungeheure Größe des Luftschiffs deutlich wird. Hinzu kommen diverse originale Zwischentitel von 1930, die das Geschehen erläutern bzw. kommentieren, zum Beispiel „Bäume mit lebenden Früchtchen", „Herrlicher, silbergrauer Gigant" oder „Holterdipolter, die Kamera nimmt, was sie kriegen kann. Kapitän Lehmann ist das erste Opfer".

SICHERUNG UND VERÖFFENTLICHUNG DES FILMS

Mit dem Bundesarchiv wurde vereinbart, dass dieses den Film, den Herr Schreckenberg dem Stadtarchiv mittlerweile geschenkt hatte, restauriert und nasskopiert und so eine sehr gute 35-mm-Kopie auf Polyesterbasis erstellt. Diese Kopie wurde im Filmarchiv Berlin deponiert, dafür trug dies die hierfür erforderlichen (sehr hohen) Kosten vollständig, das Stadtarchiv Sankt Augustin erhielt eine kostenlose Kopie. Das Original des Films wurde zunächst in einer explosionssicheren Kammer in Koblenz aufbewahrt und nach Abschluss der Arbeiten aus Sicherheitsgründen vernichtet. Die Kopie des Stadtarchivs ließen wir Ende 2005 mit neuen Vor- und Nachtiteln versehen und verfügen nun über mehrere Kopien auf verschiedenen Trägermaterialien. So konnte der Film am 5. Mai 2006 der Öffentlichkeit vorgestellt werden. Im Rahmen des „Tags der offenen Tür des Stadtarchivs Sankt Augustin" wurde der Film halbstündlich gezeigt. Die Filmvorführungen fanden mit fast 200 Interessenten sehr großen Anklang; unter ihnen waren auch mehrere Zeitzeugen, die die Zeppelinlandung 1930 als Kinder selbst erlebt hatten. Auf großes Interesse stießen auch die begleitenden mündlichen Erläuterungen von Hartmut Küper bzw. Heinrich Dittmar, beide Mitglieder des Heimatgeschichtlichen Arbeitskreises der Stadt Sankt Augustin, sowie eine kleine Ausstellung zur Zeppelinlandung von Herrn Küper. Weitere Interessierte können den Film derzeit im Rahmen von Führungen durch das Stadtarchiv Sankt Augustin sehen.

Die Veranstaltung wurde von einem Kölner Rundfunksender übertragen und auf dem Flugplatz über Lautsprecher kommentiert. (Filmausschnitt)

Mit einem Durchmesser von 30,5 Metern war „Graf Zeppelin" wesentlich größer als heutige Luftschiffe. (Filmausschnitt)

Eine der letzten Einstellungen des Films (Filmausschnitt)

Von der Ahr her kommt der Zeppelin. (Filmausschnitt)

850 Polizisten wurden bei dem Großereignis eingesetzt. (Filmausschnitt)

Links (im Mikrofon) das Haus der Steyler Missionare. (Filmausschnitt)

ANMERKUNGEN AUS DER SICHT DES RHEIN-SIEG-KREISES

VON
RAINER LAND

Etwa in den1920er Jahren wurden im gesamten Deutschen Reich die über Jahrzehnte so genannten Bildstellen gegründet. In dieser Zeit dürfte auch die Kreisbildstelle des Siegkreises eingerichtet worden sein. Aus ihr ist das Medienzentrum des Rhein-Sieg-Kreises hervorgegangen, das heute der Kulturabteilung der Kreisverwaltung angegliedert ist. Deshalb kam Peter Schreckenberg, bis zu seiner Pensionierung langjähriger Mitarbeiter des Kreises, im Winter 2006 in mein Büro, um mir von dem Film über die Landung des *Grafen Zeppelin* zu erzählen. Denn der „Müll", aus dem Herr Schreckenberg das historische Dokument vor rund 40 Jahren gerettet hatte, war ein Abfallhaufen im Keller des alten Kreishauses, auf dem noch andere Filme gelegen hatten. Da zudem die Kreisbildstelle ganz in der Nähe untergebracht war, lag die Vermutung nahe, der Film könne in deren Bestand gewesen oder zumindest dort aufbewahrt worden sein.

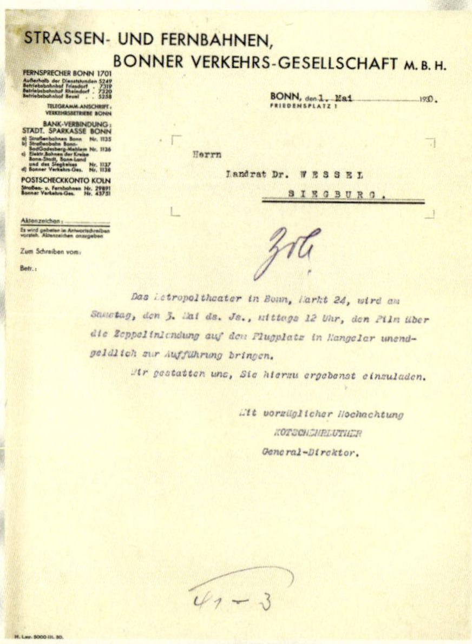
STRASSEN- UND FERNBAHNEN,
BONNER VERKEHRS-GESELLSCHAFT M. B. H.

BONN, den 1. Mai 1930.

Herrn
Landrat Dr. W E S S E L
S I E G B U R G.

Das Metropoltheater in Bonn, Markt 24, wird am Samstag, den 3. Mai ds. Js., mittags 12 Uhr, den Film über die Zeppelinlandung auf dem Flugplatz in Hangelar unentgeldlich zur Aufführung bringen.

Wir gestatten uns, Sie hierzu ergebenst einzuladen.

Mit vorzüglicher Hochachtung
General-Direktor.

Es stellte sich also die interessante Frage, ob sich noch Spuren des Films im Kreishaus finden ließen.

Gegen die Annahme, es könne sich um einen Film aus dem Ausleihbestand der Kreisbildstelle (für Schulen und vergleichbare Einrichtungen) handeln, spricht das Format.

Filme im Kinofilm- (35-mm-)Format gehörten üblicherweise nicht zum Schulfilmbestand. Hier war im Grunde von Anfang an der 16-mm-Film (Schmalfilm) das gängige Format. Vereinzelt mögen auch Kinofilme im Unterricht eingesetzt worden sein – es spricht jedoch nichts dafür, dass parallel zum 16-mm-Unterrichtsfilm auch 35-mm-Filme im Verleih gewesen wären, für die andere und aufwändigere Projektionstechnik hätte vorgehalten werden müssen.

Wie von Hartmut Küper in seiner *Geschichte eines Flugplatzes* erwähnt, hat die Kölner Firma *Bild- und Film-Zentrale GmbH* einen 220 Meter langen Film über die Landung von LZ 127 gedreht. Im Archiv des Siegkreises befindet sich ein Brief dieser Firma, die ihren Film, der „z. Zt. in den ersten Theatern von Bonn, Köln und Düsseldorf vorgeführt" werde, vorstellt und dem Kreis zum Kauf anbietet. Dieser Brief vom 26. April 1930 trägt ebensowenig

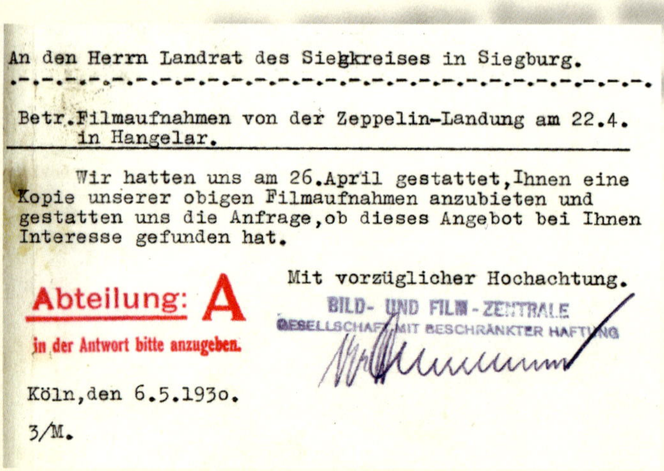
An den Herrn Landrat des Siegkreises in Siegburg.

Betr. Filmaufnahmen von der Zeppelin-Landung am 22.4. in Hangelar.

Wir hatten uns am 26. April gestattet, Ihnen eine Kopie unserer obigen Filmaufnahmen anzubieten und gestatten uns die Anfrage, ob dieses Angebot bei Ihnen Interesse gefunden hat.

Abteilung: A
in der Antwort bitte anzugeben.

Mit vorzüglicher Hochachtung.
BILD- UND FILM-ZENTRALE
GESELLSCHAFT MIT BESCHRÄNKTER HAFTUNG

Köln, den 6.5.1930.
3/M.

ELEKTRISCHE BAHNEN DER KREISE
BONN-STADT, BONN-LAND UND
DES SIEGKREISES
Abteilung: LUFTVERKEHR SIEBENGEBIRGSFLUG
FERNRUF: Direktion Bonn 1701, außerhalb der Dienststunden 5249; Flughafen Bonn-Hangelar, Bonn 4570
Telegramm-Anschrift: Verkehrsbetriebe Bonn

BONN, den 10. September 1930
Friedensplatz 1

Herrn
Landrat
S i e g b u r g

Betr.: Zeppelin=Landung am 22.4.1930

Kreis-Ausschuß des Siegkreises
Eing. 14. SEP 1930
A.I.J.Nr. 7572

In der Anlage überreichen wir Ihnen Rundbild und Film von der Landung des Luftschiffes " Graf Zeppelin " auf unserem Flughafen Hangelar.

einen Bearbeitungsvermerk wie die Nachfrage vom 6. Mai. Der Kreis hat offenkundig nicht auf dieses Angebot reagiert.

In diesem Aktenstück befinden sich noch weitere Hinweise auf Filmaufnahmen. Mit Schreiben vom 1. Mai 1930 teilt der Generaldirektor der *Elektrischen Bahnen der Kreise Bonn-Stadt, Bonn-Land und des Siegkreises*, Kotschenreuther, dem Siegburger Landrat Dr. Wessel mit, das Metropoltheater Bonn werde am 3. Mai „den Film über die Zeppelinlandung auf dem Flugplatz Hangelar unendgeldlich zur Aufführung bringen".

Die Abteilung *Luftverkehr Siebengebirgsflug* der *Elektrischen Bahnen der Kreise Bonn-Stadt, Bonn-Land und des Siegkreises* sendet dem Landrat dann am 10. September 1930 *Rundbild und Film von der Landung des Luftschiffes.* Der Landrat bestätigt am 14. September den Empfang und verfügt: „Der Film ist aufzubewahren." Dass es sich bei dem Film, der so in den Besitz des Kreises gelangte, um das Material der *Bild- und Film-Zentrale* handelt, ist zu vermuten, obwohl ein endgültiger Nachweis darüber fehlt.

Was mit dem Film danach weiter geschehen ist, lässt sich nicht unmittelbar nachvollziehen. Mit der Kreisbildstelle ist er hier noch nicht in Verbindung zu bringen. Allerdings enthält die Akte einen recht interessanten Schriftverkehr zwischen dem Lehrer Franz Schneid und dem Landrat einerseits sowie dem Landrat und dem Flughafenbetreiber andererseits, in dem es um „photograph. Aufnahmen im Interesse der Heimatkunde" geht. Schneid beschwert sich, ihm seien während der Landung des *Grafen Zeppelin* und während der späteren Damenkunstflugmeisterschaften nicht ausreichend Rechte und Vergünstigungen eingeräumt worden. Schneid beendet die aus seiner Sicht nicht erfolgreiche Auseinandersetzung mit dem Satz, er werde „in Zukunft den Flugplatz Hangelar meiden". Schneid wird in anderen Unterlagen später als „Kreisbildstellenleiter" bezeichnet. An anderer Stelle befindet sich jedoch eine weitere Spur.

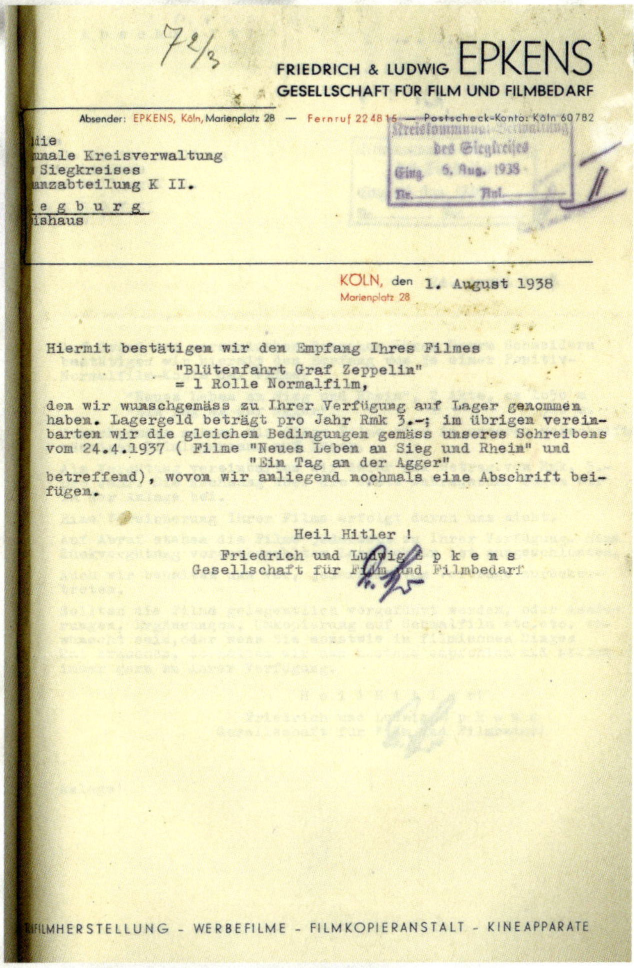

72/3

FRIEDRICH & LUDWIG EPKENS
GESELLSCHAFT FÜR FILM UND FILMBEDARF

Absender: EPKENS, Köln, Marienplatz 28 — Fernruf 224816 — Postscheck-Konto: Köln 60782

die
...nale Kreisverwaltung
... Siegkreises
...anzabteilung K II.
...egburg
...ishaus

Kreiskommunal-Verwaltung des Siegkreises
Eing. 6. Aug. 1938
Nr. ... Anl. ...

KÖLN, den 1. August 1938
Marienplatz 28

Hiermit bestätigen wir den Empfang Ihres Filmes
"Blütenfahrt Graf Zeppelin"
= 1 Rolle Normalfilm,
den wir wunschgemäss zu Ihrer Verfügung auf Lager genommen haben. Lagergeld beträgt pro Jahr Rmk 3.-; im übrigen vereinbarten wir die gleichen Bedingungen gemäss unseres Schreibens vom 24.4.1937 (Filme "Neues Leben an Sieg und Rhein" und "Ein Tag an der Agger" betreffend), wovon wir anliegend nochmals eine Abschrift beifügen.

Heil Hitler !
Friedrich und Ludwig E p k e n s
Gesellschaft für Film und Filmbedarf

FILMHERSTELLUNG - WERBEFILME - FILMKOPIERANSTALT - KINEAPPARATE

Die fünf Maybach-Motoren mit je 530 PS erlaubten eine Reisegeschwindigkeit von 115 km/h. (Filmausschnitt)

Die Haltemannschaft hat alle Hände voll zu tun. (Filmausschnitt)

Ein Aktenstück des Kreisarchivs ist mit „Kulturhistorische Sammlung des Kreises, Bildaufnahmen, Landkreisfilme" betitelt. Ein großer Teil der Akte befasst sich mit dem so genannten Kreisfilm *Neues Leben an Sieg und Rhein*, der 1933/34 „im Auftrage des Landrats und des politischen Kreisleiters der NSDAP in Siegburg" (so ausdrücklich auf der in der Akte befindlichen *Zensurkarte* vermerkt) von *Naturfilm Hubert Schonger, Berlin* hergestellt worden ist. Dieser Film wurde, nachdem er „als Beifilm bei den Filmvorführungen der NSDAP" in der Region gezeigt worden war, zunächst am 11. März 1937 „der Kreisfilmstelle und zwar dem Lehrer Schneid" übergeben. Im April 1938 schließlich übergibt der Siegkreis den Film der Firma *Friedrich und Ludwig Epkens – Gesellschaft für Film und Filmbedarf* in Köln zur Aufbewahrung – gemeinsam mit dem Film *Ein Tag an der Agger*, der nicht weiter aktenkundig ist. In diesem Zusammenhang enthält die Akte eine Bestätigung der Firma *Epkens* an den Kreis vom 1. August 1938 über „den Empfang Ihres Filmes *Blütenfahrt Graf Zeppelin* = 1 Rolle Normalfilm, den wir wunschgemäß zu Ihrer Verfügung auf Lager genommen haben." Danach verlieren sich sämtliche Spuren.

Auch wenn es sich nicht mit letzter Sicherheit nachweisen lässt, so darf doch angenommen werden, dass Herr Schreckenberg jenen von der Kölner *Bild- und Film-Zentrale* gedrehten Film der Nachwelt gerettet hat. Der Film wäre über die Flughafengesellschaft an den Kreis gelangt und dann – wie beschrieben – bei der Firma *Epkens* gelandet, von wo er, wann und wie auch immer, wieder in das Kreishaus zurückgelangt sein muss – bis er in den 1960er Jahren, vielleicht dem damaligen Zeitgeist geschuldet, beinahe auf dem Müllhaufen sein Schicksal gefunden hätte. Es ist müßig, darüber zu spekulieren, ob die beiden anderen Filme diesen Weg der Vernichtung gegangen sind. Auch sie wären heute bemerkenswerte historische Dokumente.

WIE KOMMT DAS „SIEBENGEBIRGE" ZU SEINEM NAMEN?

VON KLAUS BREUER

Das Siebengebirge hat stets das Interesse der Menschen geweckt: mit seinen Spuren frühester Besiedlung aus dem ersten Jahrhundert. v. Chr. auf dem Petersberg, mit seinen im ersten Jahrhundert n. Chr. entstandenen Steinbrüchen der Römer am Drachenfels, mit seinen Burgen des Mittelalters auf Drachenfels, Wolkenburg, Löwenburg und Rosenau, mit seiner Anfang des 13. Jh. gegründeten Abtei Heisterbach, mit seinen ab dem 13. Jh. und verstärkt ab dem 19. Jh. betriebenen Steinbrüchen, mit der Wertschätzung seiner landschaftlichen Schönheit durch die holländischen Maler im 17. Jh. und besonders durch die englischen Rheinreisenden zweihundert Jahre später.

Wie aber kam dieses Gebirge, das nicht aus sieben, sondern aus rund vierzig Kuppen vulkanischen Ursprungs besteht, zu seinem Namen? Heute zählen wir, der Höhe nach geordnet, die folgenden sieben Berge dazu: Oelberg (461 Meter), Löwenburg (455 Meter), Lohrberg (435 Meter), Nonnenstromberg (335 Meter), Petersberg (331 Meter), Wolkenburg (324 Meter), Drachenfels (321 Meter). In nahezu allen Schriften zählten Oelberg, Löwenburg, Petersberg, Wolkenburg und Drachenfels zu den sieben, während die Auslese der beiden weiteren höchst unterschiedlich war.

B. H. Hundeshagen (Zeichnung) und E. Grünewald (Stich): Das Siebengebirge vom Alten Zoll zu Bonn, 1831

In seinem 1570 in Köln erschienenen lateinischen Gedicht über unsere Gegend betrachtet der Münsteraner Kanoniker Bernhard Moller noch Blankenberg und den Dadenberg bei Linz als zu den sieben Bergen gehörend. Der Bonner Mineraloge Carl Wilhelm Nose, der als Erster das Siebengebirge erforschte, rechnete in seinem 1789 veröffentlichten Werk *Orographische Briefe über das Siebengebirge* statt des Lohrbergs und des Nonnenstrombergs noch den Breiberg (313 Meter) und den Himmerich (366 Meter) dazu. Dieser Auffassung schloss sich 1805 der Godesberger Arzt Ferdinand Wurzer in seinem *Taschenbuch zur Bereisung des Siebengebirges und der benachbarten vulkanischen Gegenden* an. Selbst 1837 zählte der Kölner Gymnasiallehrer Ernst Weyden in seinem Büchlein *Godesberg, das Siebengebirge und ihre Umgebungen* statt des Lohrbergs noch den Himmerich zu den sieben und merkte weiter an: „Von vielen wurden aber statt des Hemmerich auch die Rosenau, der Breiberich oder der Tränkberg als die siebente Höhe angeführt.“ H. von Dechen, der Bonner Geologe, benannte in seinem 1861 herausgegebenen Buch *Geognostischer Führer in das Siebengebirge am Rhein* die heute üblichen sieben Berge, doch trifft seine Aussage, dies seien zugleich die höchsten, nicht zu: „In der Nähe des Drachenfels nach der Löwenburg hin erhebt sich die Wolkenburg; in der Nähe des Petersbergs der Nonnenstromberg, zwischen dem Oelberg und der Löwenburg der Lohrberg, welches die höchsten und hervorragendsten Berge sind, welche die Siebenzahl ausmachen. Am weitesten sichtbar sind der Oelberg, die Löwenburg und der Lohrberg. Dennoch wird anstatt des Lohrbergs und des Nonnenstrombergs der Breiberg und der Hemmerich oder anstatt des Lohrbergs der nahe bei demselben gelegene Tränkeberg zu den sieben gezählt.“ Die heutige Zusammenstellung der sieben Berge hat sich also erst um die Mitte des 19. Jh. herauskristallisiert. Wie aber kam das Siebengebirge dann zu seinem Namen, wenn man bis dahin nicht einmal wusste, welche Berge zu den heute sieben ausgewählten gehörten?

Vielfach wird behauptet, der Name stamme von der Anzahl der für den von Köln stromauf Reisenden sichtbaren sieben Gipfel.

F. M. Jansen: Das Siebengebirge im Herbst, 1941

Demnach sollen sich für den aus der niederrheinischen Ebene Kommenden sieben markante Berge gegen den Horizont abheben. Dies trifft von einigen wenigen Punkten durchaus zu, so zum Beispiel von den Steinbrüchen bei Berkum oder vom alten Zoll in Bonn. Doch bei geringem Ortswechsel bereits ändert sich die Zahl, und es bestimmen mehr als sieben oder auch weniger Berge die Silhouette des Siebengebirges. Dies erkannte auch der Godesberger Lehrer Carl Ruckstuhl in seinem 1817 verfassten und Goethe zugedachten Bericht *Ein Tag am Siebengebürg*, als er bemerkte: „Allein das Gebürg erscheint ihm auf jedem Standpunkt in anderer Gestalt und verschiebt seine Gipfel ganz wunderlich.“ J. H. Dielhelm sah dies

Rheinlaufkarte des J. v. d. Heyden, Straßburg 1636

Besteht überhaupt ein Zusammenhang zwischen dem Namen „Siebengebirge" und der Zahl Sieben?

Es gibt eine Reihe von Untersuchungen, die diesen Zusammenhang bestreiten, so u. a. R. Fuchs, 1951, B. Kürten, 1989, und K. Brandt, 2001. Sie sehen das Siebengebirge als das Gebirge der *Siefen* oder *Siepen*. So nennt man langsam fließende, tröpfelnde Bäche oder Wasserläufe (siefen, siepen = tröpfeln, sickern), von denen das Siebengebirge durchzogen ist. Zwar gibt es im Siebengebirge einige Flurnamen auf „-siefen", so *Brucksiefen, Klappersiefen, Keltersiefen, Mennesiefen, Rottsiefen*, doch finden sich diese Namen nach Dittmaier im gesamten Rheinischen Schiefergebirge und sind nicht typisch für das Siebengebirge. Zudem tragen die bedeutenden Wasserläufe des Siebengebirges nicht die Bezeichnung „siefen", sondern heißen Heisterbach, Mirbesbach, Mittelbach, Lauterbach, Logebach oder O-bach. E. Heinen weist zu Recht darauf hin, dass bei der Betrachtung des Raumes charakteristisch und auffällig die Berge und „nicht die zwischen ihnen liegenden unscheinbaren Täler sind". Im Übrigen gibt es meines Wissens keine einzige Textstelle, keine Reisebeschreibung, keine Karte, die vom „Siefengebirge" spricht.

in seiner Rheinstrombeschreibung *Denkwürdiger und nützlicher rheinischer Antiquarius* 1744 ebenso: „Wandelt man aber in dem Siebengebirge selbst, oder hart daran, so erblickt man der Kuppen viel mehr, und kann außer den fünf, die am mehrsten hervortreten, die sechste und siebente nicht recht herausfinden. Vom Kühkopf bei Coblenz aus gewahrt man indessen nur drei Kuppen." Wenn also nicht sieben prominente Gipfel den Namen bestimmen und auch der Blick aus der Ferne nicht durchgehend die Siebenzahl erkennen lässt, woher stammt der Name dann?

Doch sucht man auch nach dem Namen „Siebengebirge" in alten Urkunden, Akten und Karten vor dem Beginn des 19. Jh. vergebens. Auf 18 alten Rheinlaufkarten des 16. bis 18. Jh., angefangen von der ältesten des Sebastian Münster aus dem Jahre 1544, des Caspar Vopel von 1555,

P. Schenk: Het Sevengebergte, 1650

J. A. Lasinsky: Das Siebengebirge, 1828

bis zu der des Johann Philipp Steudner von 1790, finden sich für unseren Raum nur die Namen einzelner Berge eingetragen – in nahezu allen *Drakenfels/ Drakenweltz, Lewenburg/Lowenburg* und gelegentlich *Wolckeburg/Wolckenburg* – jedoch keine anderen und nie die Bezeichnung „Siebengebirge“ zur Benennung der Gesamtlandschaft. Auch im ersten geografischen Handbuch, der *Cosmographia* des Sebastian Münster, gedruckt 1550 in Basel, und der Topografie des Matthias Merian aus dem Jahre 1646 wird das Siebengebirge namentlich nicht genannt.

Es gibt zwar Autoren, wie E. Weyden, K. Simrock oder B. Stürtz, die den Namen des Siebengebirges für sehr alt halten, da er als *Setmunt,* wohl entwickelt aus Septimontanum, bereits in der Literatur des 13. Jh. in Gottfried v. Straßburgs Tristandichtung zu finden sei. O. Jänicke hat in seinem Aufsatz *Setmunt in Gottfrieds Tristan* alle urkundlichen Nachweise von Septimontium, septem montes, Setmunt und Mons Septimus, die gleichbedeutend verwandt werden, gesammelt und weist nach, dass damit der vom Comersee zum Bodensee führende Septimerpass gemeint ist, der im Mittelalter – neben dem benachbarten Julierpass – bei vielen Kaiserzügen nach Italien benutzt wurde.

Der älteste bisher bekannte Beleg des Namens „Siebengebirge“ stammt aus dem Jahre 1570. In diesem Jahr erschien das erste Rheinbuch des Münsteraner Prälaten Bernhard Moller (Bernardus Mollerus), der ein langes lateinisches Gedicht über das Rheinland verfasste.

Der Titel hört sich viel versprechend und hochtrabend zugleich an: *Rhenus et eius descriptio elegans, a primis fontibus usque ad Oceanum Germanicum, ubi Urbes, Castra et Pagi adiacantes, item flumina et rivuli in Hunc influentes.* Er verspricht also eine feine, korrekte Beschreibung des Rheins von den Quellen bis zur Mündung, wo Städte, Burgen und Landschaften angrenzen und Flüsse und Wasserläufe in den Rhein münden. Moller nennt hier zum ersten Mal – soweit bekannt – das Siebengebirge schriftlich mit Namen. Er nennt es *Septem Montes,* die Sieben Berge.

Stant procul a dextro ***septeni*** *limite* ***montes***
Altius in quorum vertice castra sedent.
Pars homini colitur necdum descivit ab usu:
Pars homini nescit; monstra fovere solet.
Hic Lemurum formae vulgus terrore fatigant.

In freier Übertragung:
Zur Rechten des Stromes, ihn begrenzend, ragt ferne das ***Siebengebirge.***
Höher noch reckt sich empor hoch auf dem Gipfel die Burg.
Einige Hänge bebauen und nutzen fleißige Menschen.
Öde sind andre und wüst, manches Scheusal dort hauset.
Höllischer Spuk plaget mit Schrecken das Volk dort.

F. M. Jansen: Das Siebengebirge von Unkel aus, 1941

P.Schenk: De Sevenbergen, 1650

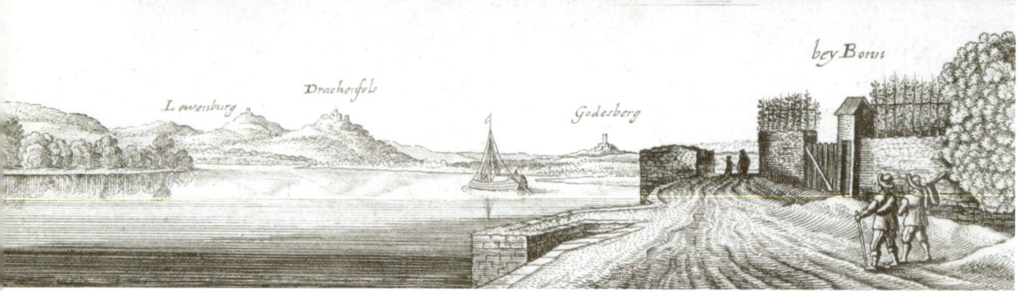

Wenzel Hollar: Der Rhein bei Bonn, 1635

Es ist unwahrscheinlich, dass Moller den Namen „Sieben Berge“ selbst geprägt hat. Er hat ihn wohl eher in der weiteren Umgebung vorgefunden und ihn kaum von Bewohnern des Siebengebirgsraumes selbst erfahren. Diese verwandten zur Ortsangabe, zum Beispiel bei Pachtverträgen, die Namen einzelner Berge. Für sie bestand kein Anlass, die Einzelberge zu einem Sammelnamen zusammenzufassen. Insofern ist der Sammelname „Siebengebirge“ wohl von außerhalb erfunden worden, von Fremden, die aus der Ferne kommend, die Vielzahl der Gipfel als Einheit, als zusammenhängendes, in sich geschlossenes Ganzes wahrnahmen. Moller selbst ist nicht im Siebengebirge gewesen. Er kannte es nur aus der Distanz oder nur vom Hörensagen. Er bezeichnet die vielkuppige Gebirgslandschaft als „Septem Montes“, d. h. Sieben Berge, wobei es höchst unwahrscheinlich ist, dass er das Zahlwort „Sieben“ mit „Siefen“ verwechselt hat.

Für den Fremden war das innere Waldgebiet des Siebengebirges eine gänzlich unbekannte Welt, die, wie Moller beschreibt, die Heimat nachts spukender Gespenster und Scheusale sei, die die Bewohner erschreckten. Die mittelalterlichen Burgruinen waren bis ins 19. Jh. Orte von Sagen, Spuk- und Gespenstergeschichten. So rief u. a. in Anne Radcliffs 1795 in London veröffentlichtem Werk *A journey made in the summer of 1794 through Holland and the Western Frontier of Germany with a Return down the Rhine* der Anblick des Siebengebirges bei ihr Assoziationen mit „terror“, „horror“, „stupendous precipices of rock“ hervor, also mit Furcht, Schrecken, gähnenden Felsabgründen. J. G. Lang kann in seiner *Reise auf dem Rhein*, Teil II, im Jahre 1790 dem Siebengebirge auch keine Reize abgewinnen: „…währenddem sich mein Auge mit den schwarzen, himmelansteigenden Siebenbergen beschäftigte. Abgesondert von aller menschlichen Gesellschaft möchte ich, dachte ich bei mir, eben da nicht wohnen.“ Noch 300 Jahre nach Moller behauptet Karl Simrock 1865: „… nach dem Volksglauben des Niederlandes ist das Siebengebirge ein Art Vorhölle, in dem die armen Seelen, die am jüngsten Tag kein gutes Urtheil zu erwarten haben, einstweilen dahin verbannt werden.“ Mit seinen Legenden, Hexen und wilden Tieren, mit seiner „schrecklichen Schönheit“, stellte es eine ängstigende Gegenwelt zur kultivierten Wohnwelt des Rheintals dar und verlor erst im 19. Jh. mit der Anlage von Wegen sowie der wirtschaftlichen Nutzung der Gesteine diesen Charakter. Für die Rheinreisenden bis Mitte des 18. Jh. war das Siebengebirge lediglich Kulisse, nicht aber Raum, der erwandert, erkundet wurde. Deshalb waren den auf dem Fluss entlang Fahrenden die „Siefen“ des Gebirgsinneren unbekannt. Selbst der Geologe C. W. Nose, der 1789 die Orographie des Siebengebirges detailliert beschrieb, stellte keine „Siefen“ als Charakteristikum des Siebengebirges heraus.

Das älteste bekannte und mit dem Namen „Die Siebenbergen“ gekennzeichnete Bild verdanken wir dem 1607 in Prag geborenen Zeichner Wenzel Hollar. 1627 verließ er seine Heimat und sammelte in Deutschland erste Erfahrungen in Landschaftsskizzen. 1629 unternahm er eine Reise von Straßburg nach Köln, bei der außer anderen Werken auch die Federzeichnung der Ansicht der Burg Drachenfels entstand, die von 1629 datiert ist. 1636 begegnete er in Köln dem englischen Gesandten T. H. Arundel, der in diplomatischer Mission auf dem Weg zu

A. Karstein, Ansicht von Königswinter, 1864

Kaiser Ferdinand II. war und Hollar als Zeichner mit auf die Reise nach Wien und Prag nahm. Auf dieser Reise entlang des Rheins und der Donau entstanden Hollars Hauptwerke als Zeichner. Bonn und den Drachenfels kannte er bereits von seiner früheren Reise. Er malte sie von neuem aus einer anderen Sicht, trug in die Skizze den Namen „Die Siebenbergen" ein und signierte seine Zeichnung links unten mit WH 1635.

Bis zum 17. Jh. taucht die Siebengebirgslandschaft in Literatur und Malerei durchgehend unter den Bezeichnungen auf: *Die Sieben Bergen, De Sevenbergen* (ndl.), *Les Sept Montagnes* (frz.), *The Seven Mountains* oder *The Seven Hills* (engl.), so u. a. auf einer Karte der Jagdgrenzen der Abtei Siegburg von 1676 unter der Überschrift „sieben Berge" oder im 1685 in Nürnberg in dem in deutscher Übersetzung gedruckten Reisebericht des englischen Arztes Edward Brown: „Diese Nacht hatten wir unser Verbleib an dem Fuß des Berges / welcher unter den sieben hohen Bergen am Rheinstrom der Höchste ist."

Im 1744 in Frankfurt herausgegebenen Bericht *Denkwürdiger und nützlicher rheinischer Antiquarius* lesen wir: „In selbiger Gegend im Herzogthum Bergen, rechter Seits am Rhein, bemerket man das sogenannte Siebengebürg." Dieser Sammelname „Siebengebirge", ebenso wie „Sevengebergte", „Siebengebürge", setzt sich anstelle des Plurals zunehmend im 18. Jh. durch. Dies geschieht wohl auch im Zusammenhang mit der Entwicklung einer wissenschaftlichen Terminologie, zum Beispiel derjenigen der Geologen, für diesen Raum. In etlichen Schriftstücken, auch Karten, wird die Sieben auch als Ziffer aufgezeichnet, so bei P. Gerken (1786) in seinen *Reisen durch die Provinzen des Kurkrayses an Rhein, Mosel und Lahn in den Jahren 1779–85*: „Gegenüber auf der anderen Seite des Rheins sieht man die vorgedachten 7 Bergen sehr deutlich."

Das Siebengebirge, die Sieben Berge dürften als Raumbezeichnung Ende des 17. sowie im 18. Jh. in deutschen Landen, zumindest im Rheinland, durchaus bekannt gewesen sein. So bezeichnete sich der 1690 in Honnef verstorbene Pfarrer und Poeta Laureatus Franz Xaver Trips als „... pastore septimontano in Honneff", also als Siebengebirgspfarrer. Der Kaufmann und Rechenmeister Gabriel Adrian aus Oberkassel gab sich in seinem 1792 in der kurfürstlichen Hofdruckerei Bonn veröffentlichten zweiteiligen Rechenbuch den fast stolz klingenden Titel: „Der bei den sieben Bergen am Rhein wohnende Rechenmeister Gabriel Adrian." Eigenartigerweise finden sich im 17. und 18. Jh. zwei andere Namen für das Siebengebirge: „Rhetico" oder „Mons Rhetico", so u. a. 1650 auf deutsch, holländisch und latein

H. de Lette (Zeichnung), F. W. Grebe, (Stich): De Seeven Bergen, 1796

nisch beschrifteten Kupferstichen des Holländers Peter Schenk und in der Beschreibung des Siebengebirges von E. Weyden 1837, wenn er feststellt: „Der Mons rhetico, den wir in den Berichten der Feldzüge der Römer zuweilen mit dem Taunus angeführt finden, ist wohl kein andres Gebirge als das unsrige." Der Name „Bonner Alpen" in den Vulkanuntersuchungen zum Siebengebirge des schweizerischen Geologen J. A. de Luc 1790 bringt die bisweilen ins Bizarre gesteigerte Bergwelt des Siebengebirges in der Rheinromantik zum Ausdruck, hielt sich jedoch nicht lange. Dagegen hatte der Name „Mons Rhetico" fast 200 Jahre lang Bestand. Noch 1831 hielt der Bonner Professor A. B. Minola die Bezeichnung „Rhetico" des römischen Geographen P. Mela aus dem 1. Jh. n. Chr. „Montium altissimi Taunus et Rhetico" als für das Siebengebirge zutreffend. „Rhetico" – darin stecke das Wort „Riese" – sei ein hoch aufragendes Gebirge, doch sei auch ein Schreibfehler denkbar: Rhetico statt des gemeinten Rhenico, d. h. Rheingebirge. Der Name „Septem Montes" – Sieben Berge – wurde nachweislich vor über 400 Jahren geprägt und hat seit dem 18. Jh. einen Wandel zur Kollektivbezeichnung „Siebengebirge" erfahren. Wie aber kamen die Menschen gerade auf die Zahl Sieben? Die Ansicht, dass die Bezeichnung „Siebengebirge" auf die sieben Hauptgipfel hinweist, ist nicht schlüssig, da die heute prominenten sieben in dieser Sammlung erstmals im 19. Jh. zusammengefasst wurden. Die andere Erklärung, dass sich von den über 40 Gipfeln jeweils sieben gegen den Horizont abheben, wenn man von Norden oder Westen kommt, trifft ebenfalls nicht zu.

Von den meisten Standpunkten aus sieht man mehr Kuppen, und dies soll wohl auch mit der Zahl Sieben zum Ausdruck gebracht werden. Die Sieben steht hier stellvertretend für eine größere Menge, sie ist die Zahl der Fülle. Dies ist die Botschaft, die hinter der Zahl steht. Der ägyptische Pharao schaute im Traum sieben fette und sieben magere Kühe und sieben dicke und sieben dünne Ähren. Diese Zahlen kündigen sieben gute und sieben schlechte Jahre an, d. h. jeweils eine Vielzahl an Jahren, je nach Höhe der unterschiedlich ausfallenden Nilhochwasser. Auch hier ist die Sieben Mengenbegriff, kein Zahlwort. Die griechische Mythologie spricht von sieben Weltwundern, obwohl man mehr als sieben kannte. Was zu den sieben Weltwundern gezählt wurde, wechselte im Lauf der Geschichte öfter, ihre Anzahl indes blieb immer bestehen. Unverständliches, Geheimnisvolles ist ein „Buch mit sieben Siegeln". Es gibt eine Reihe weiterer Beispiele, wo die Sieben das Übermaß anzeigt: die „sieben Schmerzen Mariens" als Bündelung ihrer Leiden; die Siebenmeilenstiefel der Gebrüder Grimm; das tapfere Schneiderlein, das Sieben auf einen Streich erlegt; die Plejaden, das Siebengestirn am Himmel, das weit mehr Sterne aufweist. Als „Siebenschlau" werden besserwisserische Menschen bezeichnet; aus dem Struwwelpeter kennen wir „Pack deine Siebensachen"; in „sieben Sprachen schweigen" heißt überhaupt nichts sagen. In all diesen Beispielen ist die Sieben nicht die mathematisch exakte Zahl, sondern bezeichnet eine größere, nicht genau festgelegte Menge, die mit einem Blick nicht mehr überschaubar ist. Einen Namensvetter hat das rheinische Siebengebirge unweit Alfeld an der Leine: die „Sieben Berge", insgesamt neun an der Zahl, die durch über 100 Meter tiefe Täler voneinander getrennt sind. Die Berge tragen ebenso wie die Täler Einzelnamen,

wobei die Täler „Schleihen", nicht „Siefen" genannt werden. Ähnlich wie beim Siebengebirge gibt es hier keinen markanten Punkt, von dem aus genau sieben Berge erkennbar sind. Auch hier kann die Zahl Sieben nur den Mengenbegriff bezeichnen.

Dies trifft auch für das Siebengebirge zu. Die Zahl ist nicht wörtlich zu nehmen, sondern als Begriff zu verstehen – wie beim Wort „Siebenstich" für den Schneider – mit dem das nachfolgende Wort verstärkt wird, um hier eine nicht zu fassende Zahl von Bergkuppen auf engem Raum zu bezeichnen. Dabei wurde der Name „Siebengebirge" von außen geprägt, nicht von der einheimischen Bevölkerung, die es jedoch geschickt verstand, den geologischen, landschaftsästhetischen und seit dem Befreiungskrieg gegen Napoleon 1813/14 auch patriotischen Ruf des Siebengebirges touristisch bestens zu nutzen.

Etliche Hinweise verdanke ich dem 1975 verstorbenen Königswinterer Heimatforscher Theo Hardenberg, dessen Andenken dieser Artikel gewidmet ist.
Eine mit Fußnoten versehene Version des Aufsatzes stellt Ihnen die Redaktion gerne zur Verfügung.

Literaturangaben:

Mollerus Bernardus: Rhenus et eius descriptio elegans a primis fontibus usque ad Oceanus Germanicum. Köln 1570.

C. W. Nose: Orographische Briefe über das Siebengebirge. Frankfurt 1789.

F. Wurzer: Taschenbuch zur Bereisung des Siebengebirges und der benachbarten zum Theil vulkanischen Gegenden. Köln 1805.

E. Weyden: Godesberg, das Siebengebirge und ihre Umgebungen. Bonn 1837.

H. v. Dechen: Geognostische Beschreibung des Siebengebirges am Rhein. Bonn 1852.

Theo Hardenberg: „Ein Tag am Siebengebürg". Ein Bericht von C. Ruckstuhl aus dem Jahre 1817, einst Goethe zugedacht. Sonderdruck 13 Seiten, Königswinter o.J.

J. H. Dielhelm: Denkwürdiger und nützlicher rheinischer Antiquarius. Frankfurt 1744.

R. Fuchs:. Von der ältesten Erwähnung des Siebengebirges und der Deutung seines Namens. In: Heimatblätter des Siegkreises, 19.Jg, 1951.

B. Kürten: Kennst Du das Land, wo „Sieben Berge" steh´n? Köln 1989.

K. Brandt: Das Siebengebirge und seine Geschichte. Bonn 2001.

H. Dittmaier: Rheinische Flurnamen, Bonn 1963.

E. Heinen, Der Name Siebengebirge. In: Oberhau-Aktuell, Ausgabe August 2002.

Sebastian Münster: Die erst, andere und dritte Tafel des Rheinstroms. Basel 1544.

Caspar Vopel: Recens et Germana bicornis ac vvidi Rhenei. Köln 1555.

Johann P. Steudtner: Totius Rheni a fontibus usque as Ostia Novissima Descriptio. Augsburg 1690.

K. Simrock: Das malerische und romantische Rheinland. Bonn 1865.

B. Stürtz: Führer durch das Siebengebirge. Bonn 1893.

O. Jänicke: Setmunt in Gottfrieds Tristan. In: ZS für deutsche Philologie II, 1870.

A. Radcliff: A Journey made in the Summer of 1794 through Holland and the Western Frontier of Germany with a Return down the Rhine, Dublin 1795.

J. G. Lang: Reise auf dem Rhein. Theil II, von Mainz bis zum Siebengebirge. Frankft. 1789.

K. Simrock: Das malerische und romantische Siebengebirge. Bonn 1865.

Karte der Jagdgrenzen der Abtei Siegburg von 1676 (Delineatico Venationis in vim Clementissime respec. Concessionis et permutationis de Anno 1676). Staatsarchiv Düsseldorf.

E. Brown: Sehr merkwürdige und Sonderbare Reise. Nürnberg 1685.

P. Gerken: Reisen durch die Provinzen des Kurkrayses an Rhein, Mosel und Lahn in den Jahren 1779–85. Stendal 1786.

F. X. Trips: Fünfjähriger Aufstand u. das widerspenstige Verhalten der Kölner. Leipzig 1704.

Oberkasseler Persönlichkeiten: A. Hansmann, Gabriel Adrian. Nr. 11 Schriftenreihe des Heimatvereins Oberkassel, 1993.

A. B. Minola: Kurze Übersicht dessen, was sich am Rheinstrome Merkwürdiges ereignete. Köln 1816.

182

RÜCKBLICK

DAS NEUESTE AUS DEM RHEIN-SIEG-KREIS

2005-2006

CHRONIK VOM 1. JULI 2005 BIS 30. JUNI 2006

VON KATJA ESCHMANN

Juli 2005

„Kreisbauernschaft Bonn – Rhein-Sieg der Landwirte, Obst- und Gemüsebauern" – das ist seit Monatsbeginn der neue Name der organisatorisch zusammengeführten Kreisbauernschaften Bonn und Rhein-Sieg. Sinkende Mitgliederzahlen sind Ursache der Fusion, die zum 1. Januar 2008 vollzogen werden soll.

120 Kilometer von Siegburg bis zur Siegquelle hinter Netphen gehören zum inzwischen zehnten Mal für einen Tag den Radlern, Skatern und Fußgängern. Unter dem Motto „Siegtal pur" rollen Zehntausende die Sieg entlang – während die einen die zahlreichen Attraktionen und kulinarischen Höhepunkte genießen, proben andere scheinbar bereits für die Tour de France im nächsten Jahr.

Als letztes Ausgleichsprojekt präsentiert Bundesminister Stolpe gemeinsam mit Landrat Frithjof Kühn und Oberbürgermeisterin Bärbel Dieckmann die „Potenzialanalyse der Region Bonn/Rhein-Sieg/Ahrweiler". Mit den in 90 Projekte und 210 Einzelmaßnahmen investierten 1,437 Milliarden Euro Ausgleichsmitteln wurde eine erfolgreiche Strukturpolitik betrieben, so das Fazit der Studie. Um den dennoch ausgewiesenen Defiziten bei der Kooperation zwischen Wissenschaft und Wirtschaft sowie bei der Betreuung von Gründern und Jungunternehmern entgegenzuwirken, wird der Ausschuss für regionale Wirtschafts- und Strukturförderung des Rhein-Sieg-Kreises im November das Konzept „Gründungsfreundlicher Rhein-Sieg-Kreis" auf den Weg bringen, das auf dem Aufbau einer Gründungsakademie Rhein-Sieg, finanziellen Hilfen für Existenzgründer und der Durchführung von Markt- und Machbarkeitsstudien basiert.

Im verflixten siebten Jahr muss sich Monika Lohr trennen: Die in Kuala Lumpur geborene Künstlerin Yin Peng Hoh, deren Leihgaben nun über einige Jahre hinweg das Büro der kunstbegeisterten Kreisdirektorin schmückten, holt ihre Bilder ab. Die zuletzt in Sankt Augustin lebende 46-Jährige, die in ihren Werken die traditionelle chinesische Tuschemalerei mit moderner westlicher Malerei verbindet, hatte den Rhein-Sieg-Kreis Richtung Malaysia verlassen und verband nun ihren Deutschlandaufenthalt mit einer Finissage im Kreishaus.

Auf der B 56 in Alfter-Impekoven fließt der Verkehr erstmals über die um neun Meter tiefer gelegte Bundesstraße. Im Rahmen der im Herbst 2002 begonnenen Bauarbeiten mit einem Finanzvolumen von 13 Millionen Euro wurden 90.000 Kubikmeter Erde bewegt. In abschließenden Arbeiten müssen nun noch an den Kreuzungen die Niveau-Anpassungen vorgenommen werden. In nur zwei Monaten soll auch der Bau des Kreisels im Kreuzungsbereich der K 12 n mit der K 5 fertig gestellt sein. Auf Grund von meist überhöhter Geschwindigkeit hatte sich in diesem Bereich bereits wenige Monate nach Eröffnung der K 12 n eine Unfallhäufungsstelle entwickelt. Ein weiterer Kreisel soll nach Abschluss des Planfeststellungsverfahrens in Höhe der Einmündung der K 12 n in die L 183 entstehen – auch hier war es vermehrt zu Unfällen gekommen.

Wen es nicht nur am schon institutionalisierten „Tag des Fahrrads“ auf den Drahtesel zieht, dem bietet die „Bonner Burgen-Runde“ einen Radführer, der insgesamt 50 Burgen zwischen Wesseling, Brühl, Meckenheim, Berkum und Bonn auf verschiedenen Routen beschreibt. Auch die Kultur-Rallye des Vereins Rhein-Voreifel-Touristik will mit den an 36 Stationen gestellten Aufgaben das Interesse für die kulturellen Reichtümer im linksrheinischen Rhein-Sieg-Kreis wecken.

Eine siebenköpfige Delegation aus Kambodscha besucht im Rahmen einer Studienreise den Rhein-Sieg-Kreis, der sich bereits zum zweiten Mal an einem von der europäischen Union geförderten Programm zum Aufbau von Kommunalverwaltungen in Kambodscha beteiligt. Die insbesondere in den Bereichen Bürgeramt, Steuer- und Gebührenwesen, Finanzwesen und Öffentlichkeitsarbeit hospitierenden Vertreter aus Politik und Verwaltung lernten auch den UN-Sonderbotschafter für Kambodscha, Alfred Biolek, kennen. Vertreter des Rhein-Sieg-Kreises werden bereits im April erneut nach Kambodscha reisen, um die bisherigen Erfahrungen in ein Gesetz einzubringen, das Kommunalisierung und Dezentralisierung des Landes festschreiben soll.

„Need 2 meet“ – 16 Jugendliche zwischen 16 und 21 Jahren aus dem Rhein-Sieg-Kreis und dem Kreis Bunzlau beschäftigen sich unter den Aspekten Heimat und Migration mit dem Thema „Gemeinsame Geschichte – Gemeinsame Zukunft“. In zehn gemeinsamen Tagen besuchen sie Museen, interviewen Zeitzeugen und arbeiten die deutsch-polnische Geschichte auf.

Juli 2005, Umwelt und Natur

Die Folgen eines starken Gewitters halten im Rhein-Sieg-Kreis mehr als 600 Feuerwehrleute sowie 100 weitere Einsatzkräfte des Technischen Hilfswerks und der kommunalen Bauhöfe in Atem. Besonders stark betroffen ist die Stadt Lohmar – 65 Liter Regenwasser pro Quadratmeter und der daraufhin anschwellende Jabach verursachen Schäden in Millionenhöhe. Ein Radarwarnsystem, Hochwassergefährdungskarten sowie die Verlegung des Jabachs sollen in Zukunft die Bewohner bei möglichen weiteren sintflutartigen Regenfällen schützen.

Mit dem Bau des Hochwasserschutzdeiches zwischen Lülsdorf und Porz-Langel kann begonnen werden. Um das nördliche Stadtgebiet vor einem 200-jährigen Hochwasser zu schützen, soll im „Langeler Bogen" ein Überflutungsbecken entstehen, ein Hochwasserschutzdeich für die Uferstraße gebaut und mit dem Bau des „Degussa-Deiches" das tiefer gelegene Werk Lülsdorf der Degussa vor Hochwasser geschützt werden. Sämtliche Rechtsmittel gegen den inzwischen variierten Planfeststellungsbeschluss der Bezirksregierung Köln aus dem Jahr 2003 blieben erfolglos.

Zum zweiten Mal findet in Königswinter die Sommerakademie der Hochbegabten-Stiftung der Kreissparkasse Köln statt. 50 Schülerinnen und Schüler der Klassen elf bis dreizehn befassen sich eine Woche lang mit chemischen Verbindungen, Hirnforschung, Zahlentheorie, Mengenlehre, William Shakespeare und Immanuel Kant. Nur drei Monate später werden sich in Siegburg bei der Kinderakademie der Hochbegabten-Stiftung 70 besonders begabte Kinder zwischen acht und zehn Jahren mit Fächern beschäftigen, die in der Grundschule nicht auf dem Lehrplan stehen.

Juli 2005, Was sonst vor Ort geschah

Die Malteser in Hennef feiern ihr 50-jähriges Jubiläum. Die Hilfsorganisation, die neben dem Rettungsdienst Krankentransporte und Behindertenfahrdienste anbietet, umfasst 170 Aktive und elf Fahrzeuge.

Der Rhein-Sieg-Kreis übernimmt die Erziehungs- und Familienberatung in Bornheim. Nachdem sich die Stadt aus dem Kreisjugendamt ausgeklinkt und dessen Aufgaben selbst übernommen hatte, war auch die Zuständigkeit für die Beratung mit auf sie übergegangen – diese Aufgabe soll nun wieder die seit 25 Jahren in Bornheim tätige Beratungsstelle des Rhein-Sieg-Kreises übernehmen.

Der zentrale Omnibus-Bahnhof in Troisdorf wird nach einem Jahr Bauzeit für den Verkehr freigegeben – sechs Busse finden nun gleichzeitig unter der transparenten Konstruktion Platz. Namensgeber des neu gestalteten Platzes ist Ex-Bürgermeister Hans Jaax, der 2000 im Alter von 67 Jahren verstarb.
Auch die Fußgänger-Unterführung am Eitorfer Bahnhof wird eröffnet – der Umweg vom und zum Bahnsteig in Richtung Köln hat nun ein Ende.

Ein Reisebus kommt am Meckenheimer Kreuz von der Fahrbahn ab und stürzt um. Die 35 Insassen und der Fahrer, der bei dem voraussichtlich durch eigenen Sekundenschlaf ausgelösten Unfall schwer verletzt wurde, befanden sich auf einer Kaffeefahrt. 22 Rettungs- und elf Notarztwagen sowie drei Rettungshubschrauber rücken aus, um die Verletzten in die umliegenden Krankenhäuser zu bringen.

August 2005

Das Zentrum für Nachrichtenwesen der Bundeswehr bleibt in Grafschaft-Gelsdorf im benachbarten Kreis Ahrweiler bestehen, die Verlagerung von 270 Dienstposten nach Berlin werde durch einen Aufgabentransfer aus anderen Bereichen der Bundeswehr kompensiert – das bestätigte das Bundesverteidigungsministerium. Der Kreistag hatte nach Gerüchten über eine Auflösung der Einrichtung eine Resolution für deren Erhalt verfasst.

In Übereinstimmung mit der Bezirksregierung Köln entscheidet die Kommunalaufsicht des Rhein-Sieg-Kreises, die Ortsvorsteherwahlen in Bornheim nicht zu beanstanden, da es rechtlich nicht eindeutig sei, inwieweit die Stimmverhältnisse bei der Ortsvorsteherwahl berücksichtigt werden müssten. Unstimmigkeiten hatte es gegeben, weil die „Bunte Liste" im Stadtrat aus SPD, GRÜNEN, UWG/FORUM und FDP in den Ortschaften, in denen das Bündnis die Mehrheit erhalten hatte, auch die Ortsvorsteher bestimmt hatte, die jedoch bei der vorangegangenen Kommunalwahl weniger Stimmen erhalten hatten als die CDU-Kandidaten.

Der Chef des Regierungsbezirks Köln kommt seit Monatsbeginn aus dem Rhein-Sieg-Kreis – der Hennefer Hans Peter Lindlar löst Jürgen Roters ab. Der 59-Jährige, den der Ruf von Ministerpräsident Jürgen Rüttgers im Italien-Urlaub erreichte, ist nun für acht Kreise mit 95 kreisangehörigen Gemeinden sowie für vier kreisfreie Städte verantwortlich. Den Antrittsbesuch in seinem Heimatkreis stattete er im November ab. Der neue Regierungspräsident war lange Mitglied im Kreistag des Rhein-Sieg-Kreises und gehörte bis zu seiner Amtsübernahme dem Landtag an.

Der neue Pflegplan für den Rhein-Sieg-Kreis ist fertig – er dient der Bestandsaufnahme und der Prüfung von Quantität und Qualität des Hilfsangebots. Dass die Pflegeinfrastruktur im Rhein-Sieg-Kreis bedarfsgerecht ist, wird eine Begutachtung Ende des Jahres ergeben. 4.400 vollstationäre Pflegeplätze gibt es im Rhein-Sieg-Kreis – ergänzt durch 111 Kurzzeitpflegeplätze, 36 Tagespflegeplätze und 54 ambulante Pflegedienste. Da sich die Zahl der über 80-Jährigen jedoch in den nächsten Jahren verdoppeln wird, sollen mehr Angebote geschaffen werden, die den Senioren so lange wie möglich den Verbleib in der eigenen Wohnung ermöglichen.

August 2005, Namen und Personen

Im Alter von 64 Jahren stirbt Robert Rösgen an den Folgen einer unheilbaren Krankheit. Der CDU-Politiker aus Eitorf gehörte seit 1975 dem Eitorfer Gemeinderat und seit 1999 dem Kreistag des Rhein-Sieg-Kreises an.

Der FDP-Politiker Erich B. Uebel scheidet nach schwerer Krankheit mit nur 60 Jahren aus dem Leben. Der Siegburger gehörte seit dem Jahr 1971 der FDP an und saß für diese sowohl im Kreistag als auch im Siegburger Stadtrat. Er engagierte sich insbesondere in der Jugend- und Sozialpolitik sowie im Kulturbereich.

Sankt Augustins Ex-Bürgermeister Wilfried Wessel feiert seinen 75. Geburtstag. Der Niederpleiser CDU-Politiker war von 1994 bis zum Jahr 2004 Mitglied des Kreistags.

August 2005, Was sonst vor Ort geschah

Vor mehr als fünfzig Jahren begann der Bau der Wahnbachtalsperre. Heute versorgt der Wahnbachtalsperrenverband rund 800.000 Menschen in der Region Bonn/Rhein-Sieg/Ahr mit Trinkwasser. Zur Überwachung der Trinkwasserqualität und Einhaltung des hohen Wasserstandards hatte man im Juli ein Kuratorium eingesetzt. Nach sieben Jahren Bauzeit kann nun endlich auch die neue Trinkwasser-Transportleitung von der Trinkwasseraufbereitungsanlage in Siegburg-Siegelsknippen zum Hochbehälter in Much-Nackhausen in Betrieb genommen werden.

Beim Wasserbeschaffungsverband Thomasberg wird Clemens Türich neuer Geschäftsführer. Er tritt die Nachfolge von Lutz Connemann an.

20. WELTJUGENDTAG 2005

Mit diesen Worten lud Papst Johannes Paul II. während der Abschlussmesse beim XVII. Weltjugendtag in Toronto die Jugend der Welt nach Deutschland ein. 410.000 registrierte Pilger folgten zwischen dem 11. und dem 21. August 2005 seinem Ruf.

47 Gruppen mit 480 ehrenamtlichen Mitarbeitern aus 124 Pfarreien waren im Rhein-Sieg-Kreis im Einsatz, um einen Teil von ihnen zu betreuen. Sie requirierten knapp 15.000 Schlafplätze in 4.850 Privatquartieren, stellten 26.000 Plätze in Gemeinschaftsunterkünften zur Verfügung, verteilten die Mahlzeiten und vieles mehr. 5.000 ehrenamtliche Rettungskräfte standen darüber hinaus für ihren Einsatz bereit.

Unter dem Motto „Wir sind gekommen, um IHN anzubeten" kamen die Pilger aus aller Welt nach Köln und in die nähere Umgebung der Domstadt zum Fest der Begegnung. Ihr gemeinsames Ziel – die Abschlussmesse mit Papst Benedikt XVI. auf dem Marienfeld.

„Fast eine Million Schäfchen wollen zum Papst. Wir bringen sie hin" – mit diesen Worten warb die RSVG. Knapp eine Million Jugendliche, 600 Bischöfe – mehr als 20 von ihnen bezogen ihr Quartier auf dem Michaelsberg – und 4.000 Priester fanden tatsächlich den Weg ins Rheinland.

„In der beeindruckenden Kathedrale von Köln werden die Heiligen Drei Könige verehrt, die Weisen aus dem Morgenland, die sich vom Stern leiten ließen, der sie zu Christus führte. Euer Pilgerweg nach Köln beginnt heute. Christus erwartet euch dort zur Feier des XX. Weltjugendtags."

DER XX. WELTJUGENDTAG IN KÖLN IN EINIGEN ZAHLEN:

410.000 registrierte Pilger
188 Nationen
23.000 Freiwillige
über 1.000 Veranstaltungen
350.500 Gemeinschaftsunterkünfte
91.245 Privatunterkünfte bei 30.000 Herbergsfamilien
500.000 Pilgerrucksäcke
5.000 Tonnen Verpflegung
6.000.000 Mahlzeiten
7.000 Reisebusse von Pilgergruppen
1.250 zusätzliche Züge im Nahverkehr

Der Europaplatz vor dem ICE-Bahnhof in Siegburg wird eingeweiht. Im September 2003 hatten die Bauarbeiten begonnen, in deren Zuge 1.400 Quadratmeter befestigte Fläche saniert und 5.200 Kubikmeter Erdreich bewegt wurden. 2,7 Millionen Euro kostete das ehrgeizige Projekt, mit dem ein neues Tor zur Kreisstadt geschaffen wurde. Ärger gibt es jedoch mit den Taxifahrern – diese fordern einen Taxistand direkt neben dem Ein- und Ausgang des Empfangsgebäudes in der Fußgängerzone. Dagegen wehrt sich jedoch die Stadt unter Hinweis auf die Taxistände an der Bahnhofs-Rückseite – sie will diesen Bereich so weit wie möglich vom Straßenverkehr freihalten

In Wachtberg-Adendorf wird auf dem Marktplatz ein Nachbau eines historischen Brennofens installiert. Der letzte Ofen dieser Art wurde in dem Töpferort 1927 erbaut.

August 2005, Umwelt und Natur

Die Fischerei-Bruderschaft Bergheim gestaltet an der Siegmündung ein 1.000 Quadratmeter großes Feuchtbiotop neu – Gras- und Wasserfrösche, Erdkröten, Molche und Libellen finden hier ein neues Zuhause. Bereits im Dezember wird die Nordrhein-Westfalen-Stiftung beschließen, den Umbau und die Erweiterung des nahe liegenden, 1987 errichteten Fischereimuseums mit 500.000 Euro zu unterstützen.

Der NABU Rhein-Sieg kauft den Steinbruch in Hennef-Eulenberg. Der Basaltsteinbruch, in dem sich neben Kröten, Eidechsen und Ringelnattern mehr als 40 bedrohte und auf der roten Liste ausgewiesene Schmetterlingsarten angesiedelt haben, soll künftig dauerhaft der Natur dienen.

August 2005, Kunst und Kultur

In unmittelbarer Umgebung des S-Carrés in Siegburg ensteht ein zeitlich befristeter Skulpturenweg. Die Werke der Künstler Benedikt Birckenbach (Troisdorf), Paul-Dieter Krämer (Weilerswist), Andreas Kuhlmann (Bornheim) und Ansgar Nierhoff (Köln) wurden durch eine namhafte Fachjury ausgewählt.

Die Eitorfer Kunsttage gehen in ihre zweite Runde – in der historischen Werkshalle der Schoeller AG präsentieren sich Maler, Bildhauer und Video-Künstler. Die zehn Künstler – unter ihnen Benedikt Birckenbach und Victor Bonato – wurden in diesem Jahr nicht durch einen Wettbewerb ermittelt, sondern von einem Kuratorenteam ausgewählt. Bereits im November werden Eitorfer Künstler wie Sabine Hack, Fritz Küchle und Jan Bresinski zu Tagen mit bildender Kunst und Musik in ihre Ateliers auf dem Werksgelände der Schoeller AG einladen.

DIE DEUTSCHE HERZSTIFTUNG E.V.

Das Klinikum Siegburg tritt der Deutschen Herzstiftung bei. Damit erhält die schon länger bestehende intensive Zusammenarbeit zwischen der heutigen Helios-Klinik und der auch im Rhein-Sieg-Kreis erfolgreich tätigen Gesundheitsorganisation einen festen Rahmen. Chefarzt Professor Dr. med. Eberhard Grube, der dem Wissenschaftlichen Beirat der Herzstiftung angehört, bezeichnet die Aufklärungs- und Präventionsarbeit als große Stärke der Stiftung. Sie kann ihre Informationen nun im Siegburger Herzzentrum unmittelbar an den Mann (und an die Frau) bringen.

Die Deutsche Herzstiftung e.V. wurde 1979 gegründet. Ihr Ziel ist es, herzkranken Menschen Hilfe und Rat bei der Bewältigung ihrer Krankheit zu geben, aber auch Möglichkeiten und Wege aufzuzeigen, wie Herzerkrankungen vermieden werden können. Mit ihren Ergebnissen in der Präventionsarbeit, bei der Unterstützung der Herz-Kreislaufforschung und als Ansprechpartnerin für Betroffene hat die Stiftung große Anerkennung als führende Hilfsorganisation in allen Fragen der Herz-/ Kreislaufkrankheiten gefunden.

Schirmherrin der in Frankfurt am Main ansässigen Deutschen Herzstiftung e.V. ist Barbara Genscher. Die Gattin des früheren Außenministers ist Bürgerin des Rhein-Sieg-Kreises und bei Veranstaltungen der Deutschen Herzstiftung im Kreis gern und oft dabei. Bei ihren Projekten setzt die Deutsche Herzstiftung auf ehrenamtliche Mitarbeit. Sie wird von über 600 Helferinnen und Helfern und 96 Beauftragten im gesamten Bundesgebiet unterstützt. Hauptamtlich arbeiten in der Frankfurter Geschäftsstelle 23 Mitarbeiter. Im Rhein-Sieg-Kreis wird die Deutsche Herzstiftung von dem ehrenamtlichen Beauftragten Rainer Walterscheid repräsentiert. Er löste 2004 Fritz Wagner ab, der die Aufgaben vor Ort mehr als 17 Jahre lang mit großem Engagement wahrgenommen hatte.

Die Deutsche Herzstiftung versteht sich als Mittlerin zwischen Arzt und Patient. Kontinuierlich verbreitet sie medizinisches Wissen durch patientengerechte Informationen in ihrer Zeitschrift *Herz heute*, durch Veranstaltungen verschiedenster Art – insbesondere während der alljährlich im November stattfindenden Herzwoche –, in den Medien, durch die Beantwortung von Patientenfragen und mittels Publikationen.

Mit Patientenseminaren und Herzwochen bringt die Deutsche Herzstiftung ihr Anliegen der Bevölkerung nahe. Die Patienten haben hier Gelegenheit, Herzspezialisten auch außerhalb ihrer Klinikfunktionen zu sehen und speziell auf sie zugeschnittene Vorträge zu hören. Hierdurch entsteht ein neuer Dialog zwischen Ärzten und Patienten. Auch in verschiedenen Städten und Gemeinden des Rhein-Sieg-Kreises finden solche Veranstaltungen statt.

Zu den Aktivitäten im Rhein-Sieg-Kreis zählen auch Telefonaktionen in Zusammenarbeit mit der Presse, bei denen Fachärzte Rede und Antwort stehen. Eine Herz-Gesprächsgruppe „Rund ums Herz“, die sich als Selbsthilfegruppe versteht, etablierte sich im Februar 2006 auf Initiative des Siegburger Kardiologen Dr. Rami Rabahieh und des Regionalbeauftragten Rainer Walterscheid.

Telefonaktion der Deutschen Herzstiftung bei der Redaktion des Rhein-Sieg-Anzeigers in Siegburg mit den Oberärzten Christian Gebhardt (Kardiochirurg, rechts) und Dr. Andreas Bootsveld (Kardiologe)

Barbara Genscher verabschiedet Fritz Wagner (links) nach 17-jähriger ehrenamtlicher Tätigkeit als Regionalbeauftragter und übergibt das Amt an Rainer Walterscheid. Rechts: Vizebürgermeisterin Doris Römer, Siegburg

„UNTERWEGS NACH TUTMIRGUT“

Liebe Fluggäste,
wir begrüßen euch ganz herzlich auf dem Rundflug über Tutmirgut. Unser Zielflughafen ist „Tutmirgut-Stadt“.

Unsere Flugzeit beträgt ungefähr fünf Minuten. Wir bitten jetzt um eure Aufmerksamkeit. Wir möchten euch darauf hinweisen, dass während des Fluges möglichst nicht gesprochen werden sollte. Sich freuen und neugierig sein ist zu jeder Zeit erlaubt. Bei Fragen könnt ihr euch nach der Landung gleich an die Flugbegleiter wenden. Unsere Flugbegleiter werden euch während des gesamten Fluges über Orte und Sehenswürdigkeiten von Tutmirgut informieren. Wir sind jetzt zum Start bereit und wünschen euch einen guten Flug.

Jetzt wird es windig. Wir befinden uns direkt über Pumpolonien ….
(Originaltext der Einführungs-CD zur Ausstellung)

Pumpolonien, Gefühlsmemory und Blaue Grotte – die Wanderausstellung „Unterwegs nach Tutmirgut“ machte Station im Kreishaus. Kreiert wurde die interaktive Erlebnisausstellung zum Thema Gesundheitsförderung, die vom 28.09. bis 23.12. in Siegburg zu sehen war, von der Bundeszentrale für gesundheitliche Aufklärung und dem Labyrinth-Kindermuseum in Berlin. 6.000 Kinder im Alter von fünf bis zehn Jahren tobten im Ballpool, übten sich im Wellenreiten und testeten das Erste-Hilfe-Center – spielerisch befassten sie sich dabei mit den Themen Ernährung, Bewegung, Entspannung, Wahrnehmung des eigenen Körpers und Umgang mit Gefühlen.

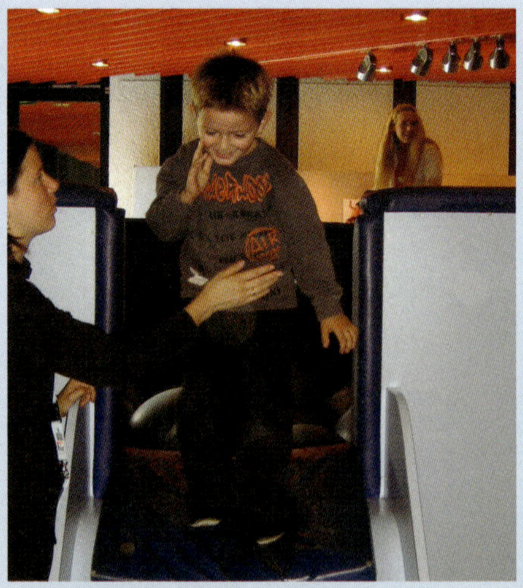

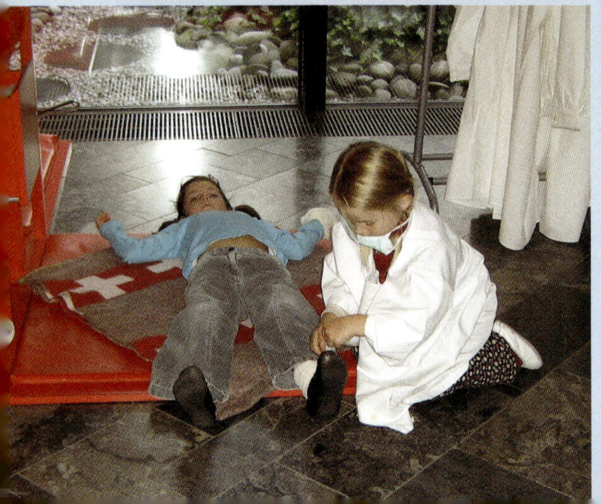

Die Bürgerinnen und Bürger des Rhein-Sieg-Kreises haben ihre Stimmen für die Wahl des 16. Deutschen Bundestages abgegeben. Elisabeth Winkelmeier-Becker (CDU, 45,5 %) und Dr. Norbert Röttgen (CDU, 51,8 %) heißen die Gewinner der Bundestagswahlkreise 98 und 99. Über die Zweitstimme erreichten die CDU 39,3 %, die SPD 32,6 %, die FDP 13,4 % und Bündnis 90 / Die Grünen 8,2 %. Ulrike Merten schafft über die Reserveliste den Sprung in den Landtag. Am Wahlabend gibt der 60-jährige Uwe Göllner bekannt, dass er nach dem Verlust des Wahlkreises 98 und 38 Jahren politischer Tätigkeit die Bühne verlassen will. Seine Nachfolge als SPD-Kreisverbandsvorsitzender tritt der 28-jährige Bornheimer Sebastian Hartmann an.

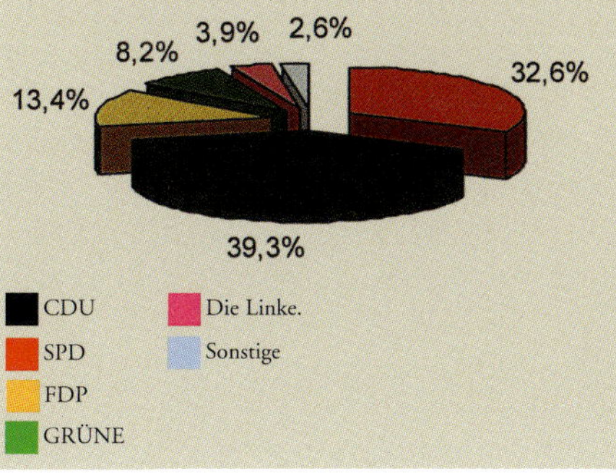

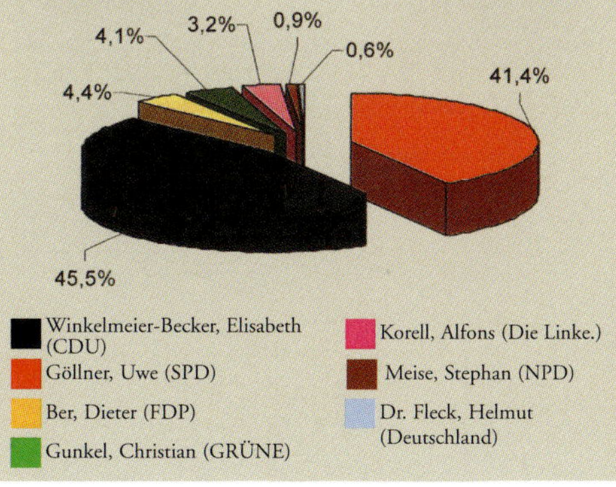

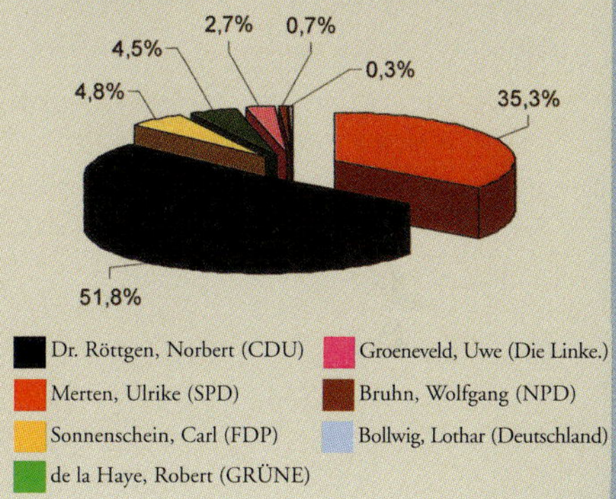

September 2005

Die Teilnahme am Modellversuch „Fahren mit 17" kann beantragt werden. Die vom Gesetzgeber vorgeschriebenen und namentlich zu benennenden drei Begleitpersonen, die die 17-Jährigen nach abgeschlossener Fahrprüfung im Straßenverkehr begleiten, müssen mindestens 30 Jahre alt sein, den Führerschein seit mindestens fünf Jahren besitzen und dürfen höchstens drei Zähler auf dem Punktekonto in Flensburg gesammelt haben.

Endgültiges Aus für die „technische Fraktion": Das Bundesverfassungsgericht in Karlsruhe nimmt die Verfassungsbeschwerde der Kreistagsabgeordneten Uwe-Bernd Griesert (parteilos), Stephan Meise (NPD) und Helmut Fleck (Bündnis für Deutschland) nicht zur Entscheidung an und bestätigt damit das Urteil des Oberverwaltungsgerichts. Die Münsterer Richter hatten bereits zu Jahresbeginn entschieden, dass die drei Kreistagsabgeordneten keine Fraktion bilden können, da es „am Merkmal grundsätzlicher politischer Übereinstimmung" fehle.

September 2005, Umwelt und Natur

Eine Amphibie beschäftigt wieder die Stadt Sankt Augustin: Nachdem die in der Hangelarer Heide ansässige Kreuzkröte bereits die geplante Papstmesse zum Abschluss des Weltjugendtages verhindert hatte, wird nun über ein Kammolch-Biotop diskutiert. In der ehemaligen Grube Deutag in der Nähe von Meindorf hatte die Schutzgemeinschaft Hangelarer Heide zwei Feuchtbiotope für das auf der roten Liste der schützenswerten Arten mit höchster Priorität versehene Tier angelegt. Es wird befürchtet, dies könne sich negativ auf die geplante Erweiterung des Gewerbegebietes Menden-Süd auswirken.

September 2005, Namen und Personen

In den USA stirbt Harald Tams in einer Klinik an den Folgen eines Herzinfarktes. Der 52-jährige Sprecher der Kreispolizeibehörde und leidenschaftliche Motorradfahrer war seit August mit einer Reisegruppe im Osten der USA und im Süden Kanadas unterwegs gewesen.

Ingrid Matthäus-Meier feiert ihren 60. Geburtstag. Die in Sankt Augustin-Birlinghoven wohnende Sozialdemokratin saß 22 Jahre im Deutschen Bundestag, bevor sie zur Kreditanstalt für Wiederaufbau wechselte. Ab Oktober 2006 wird sie die Nachfolge von Hans Reich an der Spitze des Instituts antreten.

Leitender Kreisverwaltungsdirektor Wolfgang Schmitz geht in den Ruhestand. Er trat 1968 in den Dienst der Kreisverwaltung. Seit 1986 war er Dezernent des Katasteramtes – später kamen die Bereiche Bauen und Planung hinzu.

Siegburgs Technischer Beigeordneter Helmut Löhr geht in den Ruhestand. Der 65-Jährige, der unter anderem für Großprojekte wie die Fußgängerzone, die Brauhof- und Marktpassage, den ICE- und Busbahnhof sowie das S-Carré zuständig war, hat in seiner 24-Jährigen Tätigkeit die städtebauliche Fortentwicklung Siegburgs maßgeblich mitgestaltet.

Der CDU-Politiker Clemens Bruch wird 70. Der Vorsitzende des Katholischen Vereins für Soziale Dienste im Rhein-Sieg-Kreis (SKM) und langjährige Geschäftsführer der CDU-Kreistagsfraktion erhielt 2003 das Bundesverdienstkreuz erster Klasse.

September 2005, Was sonst vor Ort geschah

In Bad Honnef ist nach insgesamt 18 Monaten der Umbau der Jugendherberge abgeschlossen – 4,8 Millionen Euro, die zu einem großen Teil noch aus Ausgleichsmitteln kamen, wurden in die Einrichtung aus den 50er Jahren investiert. Diese verfügt nun neben einer Lernküche über ein Amphitheater mit Open-Air-Bühne, das 200 Zuschauern Platz bietet.

Unter dem Titel „ILEK – Integriertes ländliches Entwicklungskonzept“ arbeiten die Kommunen Hennef, Eitorf und Windeck zusammen – 30.000 Euro stellt das Amt für Agrarordnung zur Verfügung, um zukunftsweisende Ideen zu sammeln, diese zu Projekten weiterzuentwickeln und im Idealfall das passende Förderprogramm zu finden. Mehr als 40.000 Euro werden für das ILEK „Ville/Voreifel“ mit den teilnehmenden Kommunen Alfter, Bornheim, Meckenheim, Rheinbach, Swisttal und Wachtberg bereitgestellt. Auch die Gemeinde Much arbeitet künftig mit Lohmar, Neunkirchen-Seelscheid und Overath zusammen, um die Kräfte in der Region zu bündeln und die Entwicklung voranzutreiben.

September 2005, Kunst und Kultur

Die Städte Bonn, Siegburg, Sankt Augustin und Troisdorf stellen ihr neues Kooperationsprojekt mit dem Titel „ORIENT-ierung“ vor. Das Kulturprojekt, an dem sich u. a. die Künstler Masoud Sadedin, Tor Michael Sönksen und Rolf Mallat, das Bilderbuchmuseum und die Kreativ-Werkstatt in Troisdorf, die Brotfabrik und das Theater „Die Raben“ in Bonn sowie die Autorin Arzu Toker beteiligen, soll Kinder und Jugendliche Gemeinsamkeiten und Unterschiede zwischen der Kultur des Morgen- und des Abendlandes erkennen lassen.

Die Förderschule für emotionale und soziale Entwicklung des Rhein-Sieg-Kreises in Troisdorf-Sieglar mit Dreifachturnhalle, Therapie- und Informatikraum wird eingeweiht. Bis zu 80 Schülerinnen und Schüler sollen hier künftig lernen, ihren Platz im Leben zu finden. Derzeit kommen 40 Kinder in den Genuss des neuen Gebäudes mit einem Investitionsvolumen von 6,7 Millionen Euro. Gleichzeitig wird das Pädagogische Bauzentrum am Berufskolleg Hennef eröffnet. In dem knapp 300 Quadratmeter großen, zweigeschossigen Gebäude sollen die angehenden Handwerker Teamfähigkeit auf der Baustelle erlernen.

Zum siebten Mal findet auf dem wohl politisch bedeutendsten Berg des Rhein-Sieg-Kreises das Symposium „Petersberger Perspektiven" statt. Der ehemalige Außenminister Dr. Klaus Kinkel, Peter Hartmann (früherer Botschafter in Paris), Prof. Dr. Hans-Peter Schwarz und Christian Trippe, Leiter des Hauptstadtstudios Berlin der Deutschen Welle, beschäftigen sich mit der Deutschen Außen- und Sicherheitspolitik seit der Wiedervereinigung. In diesen Tagen feiert der Petersberg mit zahlreichen prominenten Gästen zwei Jubiläen: 115 Jahre Grandhotel und 15 Jahre Gästehaus des Bundes.

Der Rhein-Sieg-Kreis vergibt zum dritten Mal den Förderpreis für das soziale Ehrenamt. Mit Preisgeldern in Höhe von insgesamt 2.400 Euro für ihr beispielhaftes ehrenamtliches Engagement werden ausgezeichnet: die Initiative „Jump Plus – Neue Pfade für Jugendliche", die arbeitslose Jugendliche beim Einstieg in das Berufsleben unterstützt, die Eitorferin Gerdi Thelen, die mit Jugendlichen eine Skaterbahn errichtete und instand hält, der „Arbeitskreis Tagesmüttervermittlung Bad Honnef-Tal und Bad Honnef-Aegidienberg", die „Initiative Tschernobylkinder Lohmar e. V.", Khadidja Maduar aus Much, die Integrationsarbeit für Asylbewerberinnen und Asylbewerber und ausländische Mitbürgerinnen und Mitbürger leistet, Willy Trost, der sich in Niederkassel im Seniorenbereich engagiert, und Bernd Overhaus aus Windeck, der sich für Kinder und Jugendliche in seiner Heimatgemeinde einsetzt.

Das erste der zukünftig sieben ARGE-Center nimmt zehn Monate nach der Arbeitsmarktreform in Siegburg seinen Dienst auf. Seit dem 1. Juli arbeiten die Agentur für Arbeit Bonn und der Rhein-Sieg-Kreis bereits zusammen, um langzeitarbeitslosen Menschen Hilfe aus einer Hand zu bieten – von der Beratung und Betreuung über die Leistungsgewährung bis hin zur Integration in den Arbeitsmarkt. Insgesamt 270 Mitarbeiter werden in den kommenden Monaten an den Standorten in Siegburg, Troisdorf, Sankt Augustin, Eitorf, Bad Honnef, Alfter und Meckenheim ihre Arbeit aufnehmen. Über 33.000 Arbeitslose sollen dort von festen Ansprechpartnern betreut werden. Schnell stellt sich heraus, dass steigende Fallzahlen, vor allem aber auch die bei der Verabschiedung der Reform viel zu niedrig eingeschätzten Unterbringungskosten zu hohen Mehraufwendungen führen, die ein gewaltiges Loch in den Kreishaushalt reißen.

Oktober 2005, Kunst und Kultur

194

Unter dem Motto „Der alternative Blick – der andersARTIGE Dialog" präsentiert die Initiative Kunst Hennef die Hennefer Kunsttage. 23 Künstlerinnen und Künstler zeigen in der Meys-Fabrik ihre Werke.
In Siegburg eröffnet der Verein „Junges Forum Kunst" im November im alten CVJM-Heim auf 1.000 Quadratmetern Fläche sein temporäres Kunstkaufhaus. Von Steinplastiken über Rauminstallationen bis hin zu Gemälden reicht das Spektrum der zeitgenössischen Kunst, das 50 Künstlerinnen und Künstler während eines Wochenendes dem interessierten Publikum zugänglich machen.

Oktober 2005, Namen und Personen

Dieter Heuel feiert seinen 65. Geburtstag. Der CDU-Politiker, der lange Jahre in der CDU-Bundesgeschäftsstelle verantwortungsvolle Aufgaben wahrnahm, ist seit 1994 Mitglied des Kreistages, seit 1999 Vorsitzender der CDU-Kreistagsfraktion.

Oktober 2005, Umwelt und Natur

Camp Altenrath wird Ausgleichsfläche: Eine Fläche von 7,7 Hektar wird dort entsiegelt und renaturiert, um die mit dem Bau der nun achtspurigen A 3 zwischen Köln-Dellbrück und Köln-Mühlheim drohenden ökologischen Verluste zu kompensieren.

Oktober 2005, Was sonst vor Ort geschah

Fünf zusätzliche ICE werden ab Inkrafttreten des neuen Winterfahrplans im Dezember in Siegburg halten und damit der stetig wachsenden Anzahl der Reisenden Rechnung tragen. Betroffen von dieser Veränderung ist auch der Flughafen Köln/ Bonn: Die hier bisher verkehrenden Züge der Verbindung Köln – Stuttgart wird es nicht mehr geben, sondern die ICE, deren Anzahl sich ebenfalls reduziert, werden künftig nur noch zwischen Köln und Mainz pendeln.

Die Fachhochschule Bonn-Rhein-Sieg, die in Hochschulrankings mit dem Bereich Wirtschaft stets zur Spitzengruppe zählt, feiert ihren zehnten Geburtstag. Im Oktober 1995 wurde der Lehrbetrieb aufgenommen – insgesamt sind fast 206 Millionen Euro Ausgleichsgelder in die Fachhochschule geflossen, die mit fast 4.500 Studentinnen und Studenten die ursprünglich angestrebte Zahl von 2.500 weit hinter sich gelassen hat. Fast 40 % der Studierenden kommen inzwischen nicht aus der Region sondern aus ganz Deutschland, darüber hinaus etwa 12 % aus dem Ausland. Im November werden die Fachhochschule und die Uni Bonn erstmals gemeinsam zum Unternehmertag einladen – dann können wieder direkte Kontakte zwischen Unternehmen, Studierenden, Absolventen und Hochschullehrern geknüpft werden.

In Bad Honnef wird nach zehn Monaten Bauzeit das Nell-Breuning-Berufskolleg für Wirtschaft und Verwaltung in der Trägerschaft der Josefsgesellschaft gGmbH eröffnet. Dort soll nun 125 jungen Menschen mit einer körperlichen Behinderung die Chance geboten werden, eine Handelsschul- oder Berufsschulausbildung zu absolvieren.

Im Kloster Geistingen werden 52 Eigentumswohnungen entstehen. Der Orden der Redemptoristen hatte die Klosteranlage mit angrenzender Kirche Anfang des 20. Jahrhunderts als Ausbildungsstätte für die Ordensmitglieder gebaut und sah sich nun gezwungen, den Standort aufzugeben und zu veräußern. Im Januar findet in der Klosterkirche der letzte Gottesdienst statt – sie soll zu einer Wellness-Oase werden.

An der Asklepios-Kinderklinik in Sankt Augustin wird das sozial-pädiatrische Zentrum eröffnet. Hier sollen zukünftig chronisch kranke Kinder ambulant disziplinübergreifend behandelt werden. Gleichzeitig geht in Zusammenarbeit mit dem Klinikum Siegburg das Zentrum für Perinatalmedizin an den Start. Auch personell verändert sich einiges: Nach über 24 Jahren war im Juli bereits der ärztliche Direktor und Chefarzt der Kinderheilkunde Prof. Dr. Klaus von Schnakenburg in den Ruhestand entlassen worden. Seine Nachfolge als Leiter des nun eine Einheit bildenden Zentrums für Kinder- und Jugendmedizin tritt bzw. trat Prof. Dr. Gert Horneff, seine Nachfolge als ärztlicher Direktor der Chefarzt der kinderchirurgischen Abteilung, Heiko Birkhold, an.

November 2005

Ein Unfall mit einem Schulbus nimmt auf der B 484 in Höhe Lohmar-Kreuznaaf ein tödliches Ende – eine 22-jährige Windeckerin und ein 25 Jahre alter Lohmarer sterben nach der Kollision mit einem entgegenkommenden Schulbus in den Trümmern ihres Fahrzeuges. Der Busfahrer und sieben der Schulkinder werden verletzt. Elf Rettungswagen, ein Rettungshubschrauber, sieben Notärzte und zehn Feuerwehrfahrzeuge sind im Einsatz.

Es wird bekannt, dass ein Mitarbeiter der Kreisverwaltung über Jahre hinweg die Unterschrift eines Kollegen gefälscht und Bundesmittel für den Katastrophenschutz auf das eigene Konto abgezweigt hat. Polizei und Staatsanwaltschaft ermitteln. Um einen solchen Fall zukünftig zu vermeiden, führt die Kreisverwaltung neue Sicherheitsmaßnahmen ein.

Der Fleischskandal erreicht auch den Rhein-Sieg-Kreis – Lebensmittelkontrolleure des Rhein-Sieg-Kreises stellen bei einer Routinekontrolle in Troisdorf-Spich rund 1,5 Tonnen teils umettikettiertes, teils verdorbenes Fleisch sicher. Der Betrieb wird umgehend geschlossen, der Inhaber des Fleischwarenhandels wird zunächst festgenommen, ihm droht eine Haftstrafe bis zu einem Jahr. Die Firma war bereits bei Kontrollen in der Vergangenheit negativ aufgefallen. Im Zuge der weiteren Untersuchungen werden rund acht Tonnen Gammelfleisch – zum Teil sind noch DM-Preise an der Ware – unter Aufsicht des Kreisveterinäramtes entsorgt.

Die Verkehrskommission des Regionalrates Köln fordert in einer Resolution die Sanierung und den Ausbau der L 333 zwischen Hennef und Eitorf. Die in Eitorf ansässigen Unternehmen hatten sich bereits gemeinsam mit der Gemeinde Eitorf gegen ein geplantes Tempolimit zur Wehr gesetzt und stattdessen Sanierungsmaßnahmen gefordert. Zunächst sollen jetzt defekte Fahrbahnränder ausgebessert und auf maroden Abschnitten die Fahrbahndecke erneuert werden. Langfristiges Ziel ist der Ausbau der Fahrbahn an kritischen Stellen bis zum Jahr 2015 – dies wird auch Landes-Verkehrsminister Oliver Wittke im März nächsten Jahres vor Ort bekannt geben.

Nach 35 Jahren verlassen die Beamten der Autobahnpolizei die im Volksmund als „Frittenbude“ bekannte Wache an der Bonner Nordbrücke. Der zweigeschossige Neubau an der A 560 in Menden mit einer Fläche von fast 400 Quadratmetern entstand in nur einem Jahr Bauzeit – von dort aus werden zukünftig rund 130 Kilometer Autobahn überwacht.

Auch der Bau der seit langem geplanten Ortsumgehung Leuscheid zeichnet sich ab. Die 1,2 Kilometer lange Strecke, die die Anbindung an die B 8 und die A 3 verbessern soll, wird nach Information der Verkehrskommission des Regionalrates Köln im Jahr 2007 gebaut. Dies wird jedoch nicht die einzige größere Straßenbaumaßnahme sein – der geplante Kreisel an der Präsidentenbrücke, der den als Unfallhäufungsstelle bekannten Knoten von L 333, B 256 und K 7 entschärfen soll, wurde durch Beschluss der Verkehrskommission in die Priorität eins aufgenommen. Gekippt jedoch wurde die Ortsumgehung Dattenfeld/Schladern, die nach Jahren der Versenkung zum Erstaunen aller Beteiligten vom Land Nordrhein-Westfalen als vordringlich anerkannt wurde und bis zum Jahr 2015 geplant, finanziert und gebaut sein sollte.

November 2005, Kunst und Kultur

Zur Erinnerung an die Geschehnisse in der so genannten Reichspogromnacht findet in der Gedenkstätte Landjuden an der Sieg in Windeck-Rosbach eine Gedenkveranstaltung statt. Ehrengast ist Dr. Franz Freiherr von Hammerstein aus Berlin, dessen Familie am gescheiterten Attentat auf Hitler am 20. Juli 1944 beteiligt war. Der Abend mit dem Theologen und Mitbegründer der „Aktion Sühnezeichen" ist nur eine von zahlreichen Veranstaltungen im ehemaligen Wohnhaus der Familie Seligmann – im August war bereits das Klezmerensemble „nu" zu Gast, Vorträge zu „Thora und Talmud", „Judentum und Antisemitismus in der Publizistik" und viele mehr schließen sich an.

Indianer, Cowboys, Ritter, Bauarbeiter und wilde Tiere geben sich die Hand – das Troisdorfer Bilderbuchmuseum präsentiert die Wanderausstellung „30 Jahre Playmobil". Die ersten der nicht nur bei Kindern sehr beliebten Figuren entstanden im Februar 1974 – Auslöser war die Ölkrise, auf Grund derer man neue, Rohstoff sparende Produkte auf den Markt brachte.

November 2005, Namen und Personen

Dr. Franz Möller wird 75. Der „Landrat aus Leidenschaft", der von 1976 bis 1994 im Deutschen Bundestag saß, repräsentierte 25 Jahre lang den Rhein-Sieg-Kreis. Nachdem er als dienstältester Landrat Nordrhein-Westfalens 1999 auch aus der Kommunalpolitik ausschied, wurde er zum Ehrenlandrat ernannt.

Chefwechsel bei der GSG 9 – Friedrich Eichele verlässt nach acht Jahren die erste Anti-Terror-Einheit Europas. Seine Nachfolge an der Spitze der Spezialeinheit tritt sein bisheriger Stellvertreter Olaf Lindner an.

November 2005, Was sonst vor Ort geschah

In Much wird es keine Vorrangflächen für die Errichtung von Windenergieanlagen geben – das beschloss der Planungs- und Verkehrsausschuss der Gemeinde in seiner jüngsten Sitzung. Mit einem Erlass hatte die nordrhein-westfälische Landesregierung bereits im September den Neubau von Windrädern erschwert – nach der neuen Regelung können Kommunen künftig einen Abstand von 1.500 Metern zwischen Windanlagen und Wohngebieten verlangen.

Die Stadt Meckenheim ernennt den dritten Ehrenbürger – der letzte ehrenamtliche Bürgermeister Albert Graen erhält die Auszeichnung. Der 80-Jährige übte neben diesem Amt von 1968 bis 1999 verschiedene Funktionen als sachkundiger Bürger, Ratsmitglied, Ausschussvorsitzender und Fraktionsvorsitzender aus.

Einen Bürgerentscheid über die Einbahnstraßenregelung für die Niederkasseler Hauptstraße wird es nicht geben – das Bürgerbegehren der „Bürgerinitiative gegen die Einbahnstraßenregelung in Niederkassel" sei wegen Fristablaufs unzulässig, entschied der Stadtrat. Die Gemeindeordnung sieht für die Einreichung eines Bürgerbegehrens eine Drei-Monats-Frist vor. Diese sei jedoch bereits im November 2003 bei der Entscheidung des Rates über den Rückbau der Hauptstraße in Gang gesetzt worden und nicht erst mit dem bestätigenden Beschluss im Juni dieses Jahres, so die Stadt Niederkassel. Bereits im September hatten die umstrittenen Umbauarbeiten an der Hauptstraße, die die Attraktivität des Ortskerns steigern sollten, begonnen. Die Bürgerinitiative, der die Anwohner der nun stärker belasteten Parallel- und Nebenstraßen sowie die Geschäftsleute der Hauptstraße, die zum Teil existenzgefährdende Umsatzeinbußen beklagen, angehören, wird nicht gegen die Ablehnung des Bürgerbegehrens klagen – Privatleute beantragen jedoch einige Monate später beim Verwaltungsgericht in Köln eine einstweilige Anordnung zur Einstellung der Umbauarbeiten, jedoch ohne Erfolg.

Im Siebengebirgsmuseum ist die von Studenten der Uni Konstanz entwickelte Ausstellung „Wunderbare Welten. Die Romane Eduard Rheins“ zu sehen. Die Besucherinnen und Besucher müssen sich jedoch nicht auf das reine Betrachten der Ausstellung konzentrieren – in einer nachgestellten Szene aus Eduard Rheins „Eheinstitut Aurora“ können sie in einem Mordfall selbst ermitteln. Der Schöpfer und zeitweise auch Chefredakteur der HÖR ZU (1946-1965) gab dem Igel des Malers und Puppenfilmers Ferdinand Diehl aus dem Film „Wettlauf zwischen Hase und Igel“ den Namen Mecki.

Die 27-jährige Altenpflegerin, die im Wachtberg-Berkumer Limbachstift zwischen 2003 und 2005 neun Patienten getötet haben soll, wird des vierfachen heimtückischen Mordes, des Totschlags in vier Fällen und der Tötung auf Verlangen in einem Fall beschuldigt. Sie hatte im Oktober ihr Geständnis widerrufen. Nachdem ein Gutachter ihre volle Schuldfähigkeit bestätigt hatte, verurteilte sie das Landgericht Bonn zu einer lebenslangen Haftstrafe.

Wo im Sommer noch das von Johann Portugall verfasste Drama rund um Graf Konrad von Windeck, seine Tochter Berta und deren unglückliche Liebe zu Ritter Heinrich aufgeführt wurde, dreht nun das Produktionsteam von Kai Pflaume. Im alten Gemäuer der im Schweinwerferlicht erstrahlenden Burgruine Windeck entsteht ein Beitrag zur TV-Serie „Nur die Liebe zählt“.

Das Bodenpersonal der Lufthansa am Standort Köln bangt um seine Arbeitsplätze. Nachdem die Zahl der Lufthansa-Flüge von und nach Köln bereits seit Jahren rückläufig ist, besteht nun die Befürchtung, die Fluggesellschaft könne Ende des Jahres 2006 den Flughafen Köln / Bonn aus dem Flugplan streichen.

Dezember 2005

Die Suche nach dem Lieblingsschmöker kann im Rhein-Sieg-Kreis nun weitestgehend vom heimischen PC aus erfolgen. Die Hochschul- und Kreisbibliothek Bonn-Rhein-Sieg sowie die Stadtbibliotheken von Bornheim, Sankt Augustin, Siegburg und Troisdorf haben sich zum Verbund „Rhein-Sieg-Bib“ zusammengeschlossen, der einen digitalen Zugriff auf die Bücher, CDs, DVDs, Zeitschriften u. v. m. der angeschlossenen Büchereien möglich macht.

Die Standorte der zentralen Verwaltung der Landwirtschaftskammer Nordrhein-Westfalen bleiben für die kommenden zehn Jahre in Bonn und Münster. Präsident der Einrichtung und damit Nachfolger von Karl Meise wird der 56-jährige Kreislandwirt Johannes Frizen aus Alfter-Impekoven.

Die Fünfkämpferin Lena Schöneborn erhält zum zweiten Mal den inzwischen mit 5.000 Euro dotierten Rhein-Sieg-Sportförderpreis der Kreissparkasse Köln. Die 19-Jährige, die in Berlin studiert und für die Schwimmsportfreunde Bonn startet, gewann die erste deutsche Einzel-Weltmeisterschaft der Juniorinnen im Modernen Fünfkampf und sicherte sich mit der deutschen Frauen-Staffel bei den Weltmeisterschaften ebenfalls den obersten Platz auf dem Treppchen. Die Einzeldisziplinen Schwimmen, Laufen, Fechten, Schießen und Reiten trainiert die in der Kategorie „herausragende sportliche Leistungen“ ausgezeichnete Sportlerin auch bereits im Kader für die Olympischen Spiele 2008 in Peking. Die Preise für herausragendes soziales Engagement gingen an den Verein Campus 15 aus Lohmar, den Reiterverein Niederbachem und die Kanu- und Skiabteilung des Siegburger TV 62/92.

Nachdem bei schwerwiegenden Schneefällen im Münsterland 50 Strommasten eingeknickt waren, wird auch im Rhein-Sieg-Kreis der Ruf nach Informationen über den Zustand des Stromnetzes und der Hochspannungsmasten laut. 808 der 1.268 RWE-Strommasten im Kreisgebiet sind aus dem bei Extrembelastung bruchgefährdeten Thomasstahl gefertigt, teilt der Energieversorger mit. Die noch ausstehenden Sanierungen der Dringlichkeitsstufe eins (sechs Masten) sowie der Dringlichkeitsstufe zwei (539 Masten) sollen bis 2006 bzw. bis 2015 abgeschlossen sein.

Last-Minute in den Bauämtern im Kreisgebiet – der Wegfall der Eigenheimzulage, den die Bundesregierung in ihrer Koalitionsvereinbarung besiegelt hatte, lässt die Anzahl der Bauanträge rasant ansteigen, denn wer bis zum 31.12.2005 seinen Antrag eingereicht hat, kommt noch in den Genuss der staatlichen Förderung. Im Vergleich zum Dezember des Vorjahres ergibt sich ein Plus von 70 %.

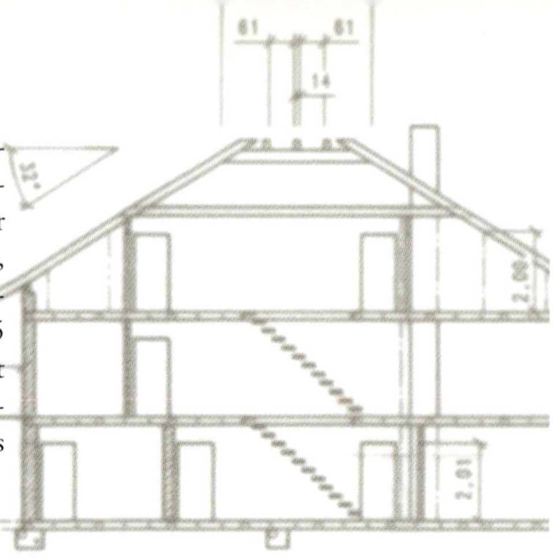

Das Landeskabinett billigt die Eckpunkte für ein neues Schulgesetz – für den Übergang auf eine weiterführende Schule soll künftig allein das Gutachten aus der vierten Klasse entscheidend sein. Ebenso sollen Kinder vor der Einschulung zum Sprachtest müssen. Bereits im September hatte der nordrhein-westfälische Landtag die Aufhebung der Schulbezirksgrenzen für die Grundschulen beschlossen – Eltern sollen künftig allein die Schule für ihr Kind auswählen können. Kritiker rügen, diese Entscheidung verhindere eine geordnete Schulentwicklungsplanung, gefährde Investitionsentscheidungen und führe zu einer stärkeren sozialen Auslese. Betroffen von der Änderung sind zudem auch die Berufsschulen, in denen die Auszubildenden ihre berufsbegleitende Schulzeit verbringen.

Die achte Ausgabe der Siegburger Blätter erscheint – Schwerpunktthema ist das alte Kreishaus. Das 1907 eingeweihte Gebäude wurde nach den Bauplänen des bekannten Architekten Carl Moritz errichtet, der 1899 auch den Auftrag für den Bau des Kölner Opernhauses erhalten hatte. Als die Räumlichkeiten nicht mehr ausreichten, entschied man sich in den 70er Jahren für den Abriss und Neubau des Verwaltungsgebäudes.

HANNS DIETER HÜSCH: ZU HAUSE IN WINDECK

Eine Würdigung des Künstlers, der am 6. Dezember 2005 im Windecker Ländchen verstarb, von ***Dr. Wolf-Rüdiger Weisbach****, Ehrenvorsitzender des Matineevereins Windeck*

Hüsch und Weisbach, Herchen 1999

Hüschs 70. Geburtstag in Herchen

Hanns Dieter Hüsch, Kleinkünstler und Kabarettist aus Leidenschaft, entdeckte in den neunziger Jahren nach dem Tode seiner ersten Frau seine zweite große Liebe im Windecker Ländchen: die zu Chris Rasche. Hüsch wurde nun immer häufiger Gast auf dem Lande; aus der Hektik der Städte Mainz und Köln zog er sich in sein idyllisch am Rande großer Wiesen und Felder gelegenes Haus zurück, um Energie für seinen prall gefüllten Terminplan zu tanken. Hüsch und ich lernten uns anlässlich mehrerer Kontakte kennen. Auch Künstler brauchen dann und wann einen Hausarzt. Wir wurden zu Freunden.

Irgendwann im Jahre 1992 legten wir beide mit Unterstützung von Chris Hüsch – Hanns Dieter und sie waren inzwischen verheiratet – den Grundstein für eine erste Veranstaltung mit Hüsch im Haus des Gastes in Windeck-Herchen (30. August, „Aus dem Leben gegriffen"). Hüsch war begeistert von dem Ambiente des Ortes und zog innerhalb der folgenden Jahre zahlreiche befreundete rheinische Kabarettisten in das Haus. Ein Markenzeichen wurde geboren: die Windecker Matineen!

Geistiger Mittelpunkt der kreativen Herchener Initiative war Hanns Dieter Hüsch, der immer wieder in seinem künstlerischen Umfeld bei Freunden auf unsere Bühne, auf unser engagiertes Windecker Publikum hinwies und der vor allem sich selbst auf der Bühne einbrachte. Der damalige Regierungspräsident und Freund der Familie Hüsch war Ehrengast, als der Künstler 1998 zum Ehrenvorsitzenden des Matineevereins gekürt wurde.

Hüschs Auftritte im Haus des Gastes bleiben unvergessliche Stunden, geprägt von seiner menschlichen Persönlichkeit. Ein denkwürdiges Erlebnis war sein erster Auftritt nach schwerer Krankheit. Eine 45-Minuten-Vorstellung war geplant, der Künstler unterhielt uns ganze 80 Minuten, in denen er sein ganzes Können zeigte und mit stehendem Applaus verabschiedet wurde.

Wir sind dankbar, dass Hanns Dieter Hüsch uns über fast zwei Jahrzehnte mit Rat und Tat begleitet hat. Sein Geist und seine Kraft, Menschen mit einfachen Worten zu faszinieren, werden weiterhin unsere Veranstaltungen prägen. Wir sind stolz, ihn in unserer Mitte gehabt zu haben, stolz darauf, dass er hier im Windecker Ländchen sein letztes Zuhause gefunden hat, ein Zuhause, das er auf einer Veranstaltung in Österreich mit den folgenden Worten beschrieb:

Zuhause das ist:
Ein unsichtbares Bild
Ein Zauberwort

Ein altes Lied
Ein Kinderwunsch
Der sich am Ende erst erfüllt

Dezember 2005, Namen und Personen

In Siegburg stirbt der Benediktinerpater Dr. Gabriel Busch. Der gebürtige Eitorfer, der 1939 auf dem Michaelsberg zum Priester geweiht wurde, gehörte zu den Mönchen, die nach dem Zweiten Weltkrieg das Kloster der Benediktiner wieder aufbauten. Er arbeitete 40 Jahre lang als Seelsorger in der Siegburger Justizvollzugsanstalt, setzte sich für die Schaffung von Obdachlosenheimen in der Kreisstadt ein und verfasste zahlreiche Bücher.

Dezember 2005, Kunst und Kultur

Das Dance 4 Fans-Team „New Generation" der Tanzschule Breuer aus Troisdorf und Hennef holt in der Kategorie „Team Juniors" den Europameistertitel. Die 9-köpfige Formation, die sich in Saarbrücken gegen starke Konkurrenz aus Deutschland, Österreich, der Schweiz, den Beneluxländern und aus Osteuropa durchsetzen konnte, hatte sich bereits im April in Hamburg den deutschen Meistertitel gesichert.

Vor 40 Jahren fuhr der letzte „Rhabarberschlitten“ nach Wahn – hieran erinnert eine Ausstellung im Verwaltungsgebäude der RSVG. Die Kleinbahn Siegburg-Zündorf, deren Strecke von Anfang an elektrifiziert war, zuckelte nicht nur die Felder entlang, sondern prägte auch in Siegburg seit dem Jahr 1914 das Stadtbild.

Großer Andrang im Kreishaus – im großen Sitzungssaal findet das Preisträgerkonzert des 26. Wettbewerbs „Musizierende Jugend im Rhein-Sieg-Kreis“ statt. 408 Kinder und Jugendliche haben sich in diesem Jahr beteiligt – den Sonderpreis „Wolfgang Amadeus Mozart“ erhält Carolin Katzenburg.

Dezember 2005, Umwelt und Natur

Im ehemaligen Eitorfer Bahnhofsgebäude eröffnet die für die Pflege und Entwicklung der 91 Naturschutzgebiete im Rhein-Sieg-Kreis zuständige Biologische Station. Dort werden zukünftig auch die Land- und Forstwirte aus dem Kreisgebiet in allen Fragen rund um den Naturschutz beraten. Der Fortbestand der bisher im Troisdorfer Rathaus ansässigen Einrichtung erscheint gesichert – Landes-Umweltminister Uhlenberg hatte im August erklärt, die Stationen sollten fester Bestandteil der Naturschutzpolitik der neuen Landesregierung sein. In der Eschmarer Mühle in Troisdorf, die ursprünglich als Standort der Station ins Auge gefasst worden war, jedoch auf Grund immenser Kosten für Restaurierung und Umbau letztlich ausschied, ist derweil ein Gesundheitszentrum geplant.

Der Naturpark Kottenforst-Ville heißt künftig Naturpark Rheinland. Das beschloss die Verbandsversammlung, um das 1.000 Quadratkilometer große Gebiet von Pulheim über Bergheim, Frechen, Hürth, Brühl bis nach Bonn besser vermarkten zu können.

Der zweite Bauabschnitt des Projektes „Werkhaus“ wird an der Alanus-Hochschule in Alfter eingeweiht – entstanden sind, wiederum aus Ausgleichsmitteln, neue Ateliers, Schulungs- und Begegnungsräume. 2002 erhielt die Bildungseinrichtung mit inzwischen 270 Studierenden als erste private Kunsthochschule in Nordrhein-Westfalen die staatliche Anerkennung. Bereits zu Beginn des nächsten Jahres werden dort der Stiftungs-Lehrstuhl „Organische Architektur“ und die erste deutsche Professur für Eurythmie eingerichtet; der neue dreijährige Studiengang Wirtschaftswissenschaften kombiniert wirtschaftsnahe Praxisphasen in Privatunternehmen mit Kunst und Kultur. Ab Mai nächsten Jahres wird ein Kuratorium unter Vorsitz von Kreisdirektorin Monika Lohr die Hochschule in ihrer zukünftigen Entwicklung begleiten.

Dezember 2005, Was sonst vor Ort geschah

Nach 33 Jahren wird das Katholische Jugendamt Siegburg im Zuge des Projektes „Zukunft heute“, mit dem das Erzbistum Köln in den nächsten Jahren 90 Millionen Euro einsparen will, aufgelöst. Zum Jahreswechsel entsteht aus der Siegburger Einrichtung und den katholischen Jugendämtern Euskirchen, Altenkirchen und Bonn die „Fachstelle für Jugendhilfe und Jugendpastoral“ mit Sitz in Bonn.

Die Stadt Troisdorf kauft von der Essener Rütgers-Holding das ehemalige Werksgelände der HT Troplast. Neben dem Werksgelände übernimmt die städtische Holding TroiKomm auch die Flächen rund um das alte Wasserwerk der Dynamit Nobel an der Flughafen-Autobahn und die beiden Firmen TroPark und IPT mit 137 Mitarbeiterinnen und Mitarbeitern. 180 Hektar Fläche gehen damit in das Eigentum der Stadt Troisdorf über – rund 60 Firmen mit zurzeit 2.500 Arbeitsplätzen sind auf dem Gelände angesiedelt.

In Windeck wird die Spätsteinzeit mit dem Fund eines zwischen 13.000 und 15.000 Jahre alten Werkzeuges, einem so genannten Retuscheur, lebendig, Der flache, 87 Millimeter breite Stein, der sich jetzt im Rheinischen Landesmuseum in Bonn befindet, trägt eine eingeritzte Elchkuh.

Die Lux-Werft übernimmt ab kommenden Monat den Fährbetrieb in Mondorf. Auch der Betrieb der Lülsdorfer Rheinfähre ist bis Ende 2006 gesichert. Seit September steht fest, dass die Stadtwerke Niederkassel und Wesseling gemeinsam die unternehmerische Verantwortung für den Fährbetrieb übernehmen. Nachdem bei der seit Jahren rote Zahlen schreibenden Fähre ein fünfstelliger Betrag für die Erneuerung des Fähranlegers erforderlich geworden war, hatte man im Juli vorsorglich den Vertrag mit dem Fährmann gekündigt.

Weg frei für das neue Bauvorhaben an der Internationalen Fachhochschule für Tourismus in Bad Honnef – der Stadtrat beschließt über den Bebauungsplan. In dem neuen Gebäude sollen die Hochschulverwaltung, Professorenräume und die Bibliothek ihren Platz finden. Ab dem Semester 2006/2007 bietet die knapp 1.000 Studentinnen und Studenten beherbergende Bildungseinrichtung gemeinsam mit dem Deutschen Reise-Verband einen Bachelor-Studiengang im Internationalen Tourismusmanagement an – auch der Master of Business Administration kann künftig in Bad Honnef abgeschlossen werden.

Seit Anfang des Monats sind in Königswinter Haie, Seepferdchen und viele andere Meeresbewohner zu besichtigen – am Fuß des Drachenfelses hat in unmittelbarer Nähe des Rheins das achte deutsche Sealife-Center eröffnet. Mehr als 6.000 Tiere schwimmen nun durch die versunkene Stadt Atlantis, die Drachenfelshöhle mit den sagenumwobenen Nibelungen und zahlreiche andere Unterwasser-Aktionen – die Besucher hingegen bewegen sich durch eine in Deutschland einzigartige, rundum durchsichtige Acrylglasröhre. Bereits im Vorfeld hatte das Center die Wellen hochschlagen lassen – zwei Anwohner hatten zuletzt im Juli mit einem Eilantrag beim Oberverwaltungsgericht vergeblich versucht, den Bau des Riesenaquariums zu stoppen.

Auch die geplante Gestaltung des Vorplatzes sorgt für Diskussionsstoff – im Frühjahr nächsten Jahres wollen die Stadt Königswinter und das britische Betreiber-Unternehmen Merlin Entertainments über das „Design“ für das Tor zur Altstadt verhandeln.

Januar 2006

Ministerin Ulla Schmidt genehmigt den Umzug der AOK-Zentrale nach Berlin. Mitte 2008 soll der Dachverband der Allgemeinen Ortskrankenkassen sein neues Domizil in der Stadt an der Spree beziehen. Auch die sieben Mitgliedskassen des Verbands der Angestellten-Krankenkassen mit Sitz in Siegburg haben den Umzug beschlossen – der VdAK soll ab 2009 ebenfalls in Berlin ansässig sein. Landrat Kühn und viele andere Politiker der Region haben sich massiv für den Verbleib der Einrichtungen eingesetzt; für sie stehen die Umzüge im Widerspruch zum Berlin/Bonn-Gesetz, das den Erhalt und die Förderung des Politikbereiches Gesundheit in der Region Bonn vorsieht.

Auch Aufsichtsratsmitglieder der Troisdorfer Stadtwerke, der Rhenag Siegburg und der Bad Honnef AG sollen auf Kosten von E.ON Ruhrgas an Reisen „nicht dienstlicher Art“ teilgenommen haben. Die Staatsanwaltschaft Köln ermittelt gegen rund 150 Kommunalpolitiker in mehr als 20 Kommunen in Nordrhein-Westfalen wegen des Verdachts der Vorteilsannahme. Im Fokus der Aufmerksamkeit stehen dabei Reisen nach Brügge, Barcelona, Sankt Petersburg und Norwegen, die E.ON Ruhrgas gesponsert haben soll.

Januar 2006, Kunst und Kultur

Der Kunstverein für den Rhein-Sieg-Kreis feiert sein 25-jähriges Bestehen. Im Rahmen einer Jubiläumsausstellung im Siegburger „Pumpwerk“ präsentieren 50 Mitglieder des Vereins ihre Bilder und Skulpturen. Jede bzw. jeder von ihnen hat zugleich ein Bild, eine Fotografie oder eine Radierung geschaffen, die die Besucher ohne Kenntnis des Inhalts erwerben und untereinander tauschen können.

Januar 2006, Namen und Personen

Ludwig Neuber wird 65. Der Ruppichterother verabschiedet sich nach 28 Jahren zugleich als Leiter der Grundschule Ruppichteroth. Im Juli vergangenen Jahres konnte er bereits die 30-jährige Mitgliedschaft im Kreistag feiern. Seit dem vergangenen Monat ist der Neubürgerbeauftragte des Rhein-Sieg-Kreises Träger des Ordens „Medal of Development“, mit dem der Staat Laos sein ehrenamtliches Engagement in der Entwicklungshilfe würdigte.

Abschiedsmatinee für Hans-Peter Krämer – nach 16 Jahren an der Spitze der Kreissparkasse Köln gibt er sein Amt aus Altersgründen ab. Seine Nachfolge tritt der 44-jährige Alexander Wüerst an, der damit Chef der drittgrößten deutschen Sparkasse mit mehr als 3.800 Mitarbeitern wird.

Januar 2006, Was sonst vor Ort geschah

Die Gemeinde Swisttal kann ab dem kommenden Schuljahr zwei Schulformen vorweisen – in einem Modellprojekt entsteht dort durch die Angliederung eines zunächst einzügigen Realschulzweigs an die Georg-von-Boeselager-Hauptschule die zweite Verbundschule Nordrhein-Westfalens. Den Bedarf für eine Realschule im Einzugsbereich der Gemeinde Swisttal wiesen bereits im Juni vergangenen Jahres die neuen Bedarfszahlen für die Schulentwicklungsplanung aus – die Änderung des nordrhein-westfälischen Schulgesetzes ermöglicht nun erstmals die Zusammenführung von zwei oder mehr Schulformen in einem organisatorischen Verbund, ohne dass über zehn Jahre hinweg die Zweizügigkeit gesichert sein muss. Auch in Alfter, Bornheim und Wachtberg wird über die mögliche Einführung einer Verbundschule diskutiert.

Die Hennefer Tafel darf sich über eine Spende in Höhe von 3.392,56 Euro freuen – sie erhält die von den Beschäftigen des Rhein-Sieg-Kreises gefüllte Restcentkasse. Mehr als 40 ehrenamtliche Helferinnen und Helfer sind in Hennef im Einsatz, um Lebensmittel an Bedürftige auszugeben – die Spende soll nun in lagerfähige Waren und neue Gefrierschränke investiert werden.

Das CJD-Kreativhaus an der Jugenddorf-Christophorus-Schule in Königswinter wird nach nur einem Jahr Bauzeit eröffnet. Zukünftig stehen dort Zeichen- und Computerräume, ein Videostudio, ein Musik- und Tanzsaal sowie Werkstätten zur Holz-, Metall- und Kunststoffverarbeitung und ein Fotolabor zur Verfügung. Auch diese Einrichtung ist – als eine der letzten – mit Hilfe von Ausgleichsmitteln entstanden. Hans-Joachim Gardyan wird im Juni nach 14 Jahren als Leiter der Einrichtung in den Ruhestand verabschiedet werden. Das künftige Führungsteam besteht aus Reinhard Koglin, Dr. Jörg Möller und Dr. Johannes Heide.

Möbel Hausmann wird nicht in die Hennefer Messe ziehen – trotz beengter Platzverhältnisse wird das zur Möbelhaus-Kette Porta gehörende Unternehmen an seinem Standort in Rheidt festhalten. Den Ausschlag gab die dort ansässige Stammkundschaft, deren Treue man durch einen Umzug nicht gefährden wollte. Damit erleiden die Bemühungen, eine Nachfolgenutzung für das Messegelände zu finden, einen Rückschlag.

Ein Brand in einem Wohnhaus in Hennef endet für eine der Bewohnerinnen tödlich – das 14-jährige, geistig behinderte Mädchen hatte sich im Wandschrank versteckt. 150 Feuerwehrleute aus Hennef und Eitorf waren im Einsatz – sie konnten jedoch nicht mehr in das Innere des Gebäudes vordringen.

Much feiert seinen 875. Geburtstag. Urkundlich erwähnt wird der Ort erstmals 1131, als der damalige Papst Innocenz II. dem Bonner Cassiusstift die Erlaubnis zur Erhebung einer Steuer im Gebiet der „ecclesia mucha“ erteilte.

Die Stadt Hennef, die Sparkasse Hennef, die Kreissparkasse Köln und der Kreissparkassen-Zweckverband unterzeichnen den Fusionsvertrag. Zum 31.05.2006 tritt die Sparkasse Hennef dem Zweckverband Kreissparkasse Köln bei. Ein hoher Bedarf an Wertberichtigungen im Kreditgeschäft brauchte in den vergangenen Jahren die erwirtschafteten Erträge auf. Die Kreissparkasse, deren Bilanzsumme durch die Fusion auf 22,5 Milliarden Euro anwächst, wird nun auch ihre Stiftungsarbeit auf das Gebiet der Stadt Hennef ausdehnen. Nach dieser Fusion ist die Stadtsparkasse Bad Honnef die einzige noch selbstständige Sparkasse im Rhein-Sieg-Kreis.
Heinz-Josef Fassbender, seit 1984 Chef der Sparkasse Hennef, wird diese im Juni aus Altersgründen verlassen. Er war bereits seit seinem 14. Lebensjahr in Diensten des Unternehmens tätig – 1956 begann er dort seine Lehre als Bankkaufmann.

Der Landesverband der Jüdischen Gemeinden von Nordrhein nimmt in Ruppichteroth im Rahmen einer Feierstunde zum Holocaust-Gedenktag die Gründungsurkunde des Synagogenvereins Ruppichteroth aus dem Jahr 1900 entgegen. Einige in Ruppichteroth ansässige jüdische Familien hatten während der Judenverfolgung im Nationalsozialismus Dokumente und persönliche Gegenstände in die Obhut einer Ruppicherother Familie gegeben – in der Hoffnung, sie einmal wieder in Empfang nehmen zu können. Nach 1945 konnten diese Stücke den Überlebenden bzw. Hinterbliebenen zurückgegeben werden. Lediglich die Gründungsurkunde verblieb im Besitz der Ruppichterother Familie und geriet in Vergessenheit, bis sie von einem Enkel nach dem Tod des Großvaters wieder entdeckt wurde.

Seit 25 Jahren tragen die Kommunen Bornheim, Hennef, Lohmar und Niederkassel den Namen Stadt – gemeinsam mit Bad Honnef, Königswinter, Meckenheim, Rheinbach, Sankt Augustin und Siegburg, die bereits vorher Städte waren, nehmen sie seit 1981 zusätzliche Aufgaben als mittlere kreisangehörige Städte wahr.

Februar 2006

Die RSAG kauft für 6,9 Millionen Euro den Betriebshof für Müllwagen in Troisdorf-Friedrich-Wilhelms-Hütte von Remondis. Bereits im Oktober des Vorjahres hatte der Kreistag die Weichen für die Neuausrichtung der Rhein-Sieg-Abfallwirtschaftsgesellschaft gestellt, die die Müllabfuhr unter Berücksichtigung des bevorstehenden Auslaufens großer Verträge wieder selbst in die Hand nehmen will. Zum Zwecke der Rekommunalisierung der Entsorgung werden drei Tochtergesellschaften gegründet, die in Zukunft die Abfuhr im gesamten Kreisgebiet übernehmen sollen.

Der Regionalrat befasst sich mit der „Integrierten Gesamtverkehrsplanung" des Landes Nordrhein-Westfalen – erstmals werden Schiene und Straße hierin gemeinsam betrachtet. Ein Nutzen-Kosten-Quotient entscheidet über die Aufnahme in den Infrastrukturbedarfsplan, in den alle Projekte einfließen, die bis zum Jahr 2015 realisiert werden sollen. 600 Millionen Euro stehen für neue Schienenverbindungen, 1 Milliarde Euro für Straßenbauprojekte zur Verfügung – sechs Maßnahmen höchster Priorität wurden im Rhein-Sieg-Kreis berücksichtigt.

44 Kindertollitäten regieren für einen Tag das närrische Kreishaus – unter ihnen ein Prinz, sechs Prinzessinnen, ein Dreigestirn und 17 Prinzenpaare. Beim Prinzenempfang der großen Tollitäten richten sich viele Augen auf den Mann mit dem gelben Pullover – Außenminister a. D. Hans-Dietrich Genscher nahm als Ehrengast im traditionellen Outfit an der Veranstaltung teil.

Der Rhein-Sieg-Kreis sperrt die Turnhallen der Berufskollegs in Hennef und Bonn-Duisdorf auf Grund von Mängeln an den abgehängten Decken, die im Rahmen der regelmäßigen Besichtigung aufgefallen waren. Anders als bei den Unglücksfällen in Bad Reichenhall und in Kattowitz ist die Statik der Gebäude jedoch nicht betroffen.

Landrat Frithjof Kühn strukturiert die Kreisverwaltung um. Nachdem die Ausschreibung der vakant gewordenen Stelle des Kreisplanungsdezernenten aus finanziellen Gründen abgebrochen worden war, wird die bisherige Sozialamtsleiterin Annerose Heinze neue Planungsdezernentin. Doch dies bleibt nicht die einzige Veränderung – Hauptamtsleiter Bernd Carl (Dezernat für Personal, Organisation, Kommunalaufsicht und Allgemeine Dienste), Kämmerer Karl-Hans Ganseuer (Dezernat für Finanzwesen, Wohnungsbauförderung und Gebäudewirtschaft) und Schulamtsleiter Norbert Keusen (Dezernat für Schule und Kultur) erhalten ebenfalls ein eigenes Dezernat, bleiben jedoch Amtsleiter ihrer bisherigen Ämter.

Der Rhein-Sieg-Kreis legt den Gesundheitsbericht zur Suchtkrankenversorgung vor, den der Kreissozialausschuss im Zwei-Jahres-Turnus beim Gesundheitsamt des Rhein-Sieg-Kreises in Auftrag gegeben hatte. Immer mehr junge Menschen greifen immer früher zu Drogen, so das Fazit der Untersuchung, die neben Statistiken zum Konsum von legalen und illegalen Drogen u. a. einen Überblick über das vorhandene Hilfs- und Betreuungsangebot ermöglicht.

JUGEND MUSIZIERT 2006

VON URSULA KEUSEN-NICKEL

EIN REKORDWETTBEWERB

MIT EINEM BLICK HINTER DIE KULISSEN VON ANKE-VEHMEIER

184 JUNGE MUSIKER ZEIGEN IM RHEIN-SIEG-KREIS HERVORRAGENDE LEISTUNGEN

Aus der Ausschreibung 2006 zum 43. Wettbewerb (Deutscher Musikrat):

„Jugend musiziert" – der große musikalische Jugendwettbewerb motiviert Jahr für Jahr Tausende von jungen Musikerinnen und Musikern zu besonderen künstlerischen Leistungen. Er ist eine Bühne für viele, die als Solisten oder im Ensemble ihr musikalisches Können in der Öffentlichkeit zeigen und sich einer fachkundigen Jury präsentieren wollen. Neben dem musikalischen Wettbewerb geht es bei „Jugend musiziert" um die Begegnung musikbegeisterter Jugendlicher und um die Bewältigung einer besonderen künstlerischen Herausforderung. Die konzentrierte Arbeit mit dem Musikinstrument oder der Singstimme, die Auseinandersetzung mit Werken verschiedener Musikepochen oder das gemeinsame Erlebnis beim Musizieren im Ensemble bereichern alle Teilnehmerinnen und Teilnehmer und fördern ihre Entwicklung. „Jugend musiziert" hat in mehr als 40 Jahren wesentliche Impulse für das Musikleben in Deutschland gegeben. Der Wettbewerb hat künstlerische Maßstäbe gesetzt und auch für weniger gebräuchliche Instrumente, für weniger bekannte Werke und neue Stilrichtungen eine Plattform geschaffen. Die jährlich wechselnden Instrumental- und Vokal-Kategorien liefern wichtige Literaturtipps und geben Anregungen und Ziele für die Arbeit im Unterricht.

„Jugend musiziert" wird von Musikschulen und allgemein bildenden Schulen, von privaten Musikerziehern und Hochschullehrern sowie von vielen musikpädagogischen Verbänden und Interessengemeinschaften gefördert und unterstützt. Der Deutsche Musikrat mit seiner Projekt-GmbH, die Landesmusikräte, öffentliche Musikschulen und Privatpersonen sichern die organisatorische Durchführung; Bund, Länder und Gemeinden sowie die Sparkassen-Finanzgruppe und zahlreiche weitere private sowie öffentliche Geldgeber stellen die notwendigen Finanzmittel zur Verfügung.

„Jugend musiziert" ist offen für Schülerinnen und Schüler, Auszubildende, junge Berufstätige und Studierende, die nicht in einer musikalischen Berufsausbildung stehen.

Der Wettbewerb gliedert sich in drei Phasen: Aus mehr als 140 Regionalwettbewerben gehen die Teilnehmerinnen und Teilnehmer der Landeswettbewerbe hervor. Die ersten Landespreisträgerinnen und Landespreisträger werden zum Bundeswettbewerb entsandt.

Auf allen drei Wettbewerbsebenen werden Urkunden und Preise vergeben. Die besten Leistungen im Bundeswettbewerb zeichnet die Bundesministerin für Familie, Senioren, Frauen und Jugend aus. Stiftungen, Organisationen, Institutionen und Privatpersonen vergeben darüber hinaus zahlreiche Sonderpreise und Stipendien.

„Jugend musiziert“ steht unter der Schirmherrschaft des Bundespräsidenten.

***Ursula Keusen-Nickel** trägt seit 21 Jahren als Vorsitzende des Regionalausschusses Rhein-Sieg Verantwortung für den Regionalwettbewerb im Rhein-Sieg-Kreis. Sie fasst die Ausscheidung 2006 zusammen:*

Am 21. und 22. Januar 2006 fand der 43. Regionalwettbewerb in Siegburg und Sankt Augustin statt.

Schon die hohe Teilnehmerzahl von insgesamt 184 ließ ein besonderes Ereignis erwarten. Bei den Blasinstrumenten dominierten Querflöte und Blockflöte, wobei bei der letzteren Kategorie besonders die jüngsten Teilnehmer (unter 10 Jahren) mit ihren Leistungen überraschten. Anders als in den Vorjahren waren diesmal alle Bläser von Oboe und Klarinette bis zu Fagott, Horn, Trompete und Posaune vertreten und machten Preise. Die Streichinstrumente traten im Duo mit dem Klavier auf. Diese Kategorie, eine der jüngsten im Wettbewerb, fand diesmal viel Zuspruch und zeigte große Erfolge. Neu im Wettbewerb und gleichzeitig ein Pilotprojekt für Nordrhein-Westfalen war die Sparte Rock/Pop. Hier beteiligten sich Keyboarder, E-Gitarristen und Drummer.

Es gab völlig neue Töne, andere Jury-Besetzungen und auch hier erstaunliche Leistungen der jugendlichen Spieler.

Die Wertungsergebnisse dokumentierten das hohe Niveau des gesamten Wettbewerbs: 82 Teilnehmer errangen die Qualifikation für den Landeswettbewerb.

So kam es, dass in den drei Preisträgerkonzerten im Kreishaus Siegburg, im Schloss Birlinghoven und im Glasmuseum Rheinbach nur diejenigen auftreten konnten, die erste Preise mit Weiterleitung gewonnen hatten. Die Konzertprogramme waren bunt gemischt und spiegelten die Vielfalt der Wettbewerbskategorien mit hervorragenden Leistungen der jungen Musiker wider. Bei den Kreis- und Kommunalpolitikern fanden diese Konzerte reges Interesse, so dass sich die Preisträgerinnen und Preisträger über den guten Besuch, viele lobende Worte, so von Landrat Frithjof Kühn und Ursula Keusen-Nickel, sowie ausgezeichnete Presseberichte freuen konnten.

*Die Journalistin **Anke Vehmeier** hat sich einmal hinter den Kulissen umgesehen:*

Adrian und Gerrit spielen ausgelassen Fangen auf dem langen Flur, in einem Vorbereitungsraum übt Kathrin Neidel für ihren Auftritt an der Trompete, in der Aula stellt sich Rupprecht Köpke der Jury. Im Treppenhaus der Engelbert-Humperdinck-Musikschule bekommen einige Mädchen und Jungen noch schnell ein paar Tipps vom Lehrer oder den Eltern mit auf den Weg: „Denk daran, den Notenständer richtig einzustellen!“, „Vergiss das Entwässern nicht!“.

Eine nervöse Mutter fragt nach dem Weg zur Toilette. Es liegt ein Knistern in der Luft beim Regionalwettbewerb „Jugend musiziert“. 184 Kinder und Jugendliche waren am Wochenende des 21./22. Januar 2006 in die Musikschulen Sankt Augustin und Siegburg sowie in die Engelbert-Humperdinck-Musikwerkstatt und in den Sankt Augustiner Ratssaal gekommen, um ihr Können zu zeigen. Das war eine Rekordbeteiligung mit herausragenden Leistungen.

„Ich war nicht schlecht, wobei ich doch noch besser hätte sein können. Nur um einen Punkt bin ich nicht weitergekommen“, berichtet Rupprecht Köpke nach seinem Auftritt. Seit November hatte sich der 16 Jahre alte Hornist auf den Wettbewerb vorbereitet. Begleitet wird der Thomasberger von Leonie Müller-Moewes am Klavier.

Im dunklen Anzug mit einem roten Einstecktuch wartet Adrian Graf von Kageneck-Schlick auf seinen Einsatz. Der 9-jährige tritt zum ersten Mal bei „Jugend musiziert“ auf. Er ist konzentriert, hält die Trompete fest und legt die Stirn leicht in Falten. Als es dann endlich losgeht, zeigen Gestik und Mimik des jungen Musikers, dass er Spaß an dem Wettbewerb hat. „Ich war schon ein bisschen aufgeregt, aber jetzt bin ich sehr zufrieden“, sagt Adrian nach seinem Auftritt. Der Junge hatte in der musikalischen Früherziehung auf Anhieb Töne aus der Trompete bekommen. Seitdem übt er fleißig. Das hat sich gelohnt, denn Adrian hat gleich bei seinem ersten „Jugend musiziert“-Auftritt einen ersten Preis geholt. Außerdem hat Adrian ein großes Ziel: „Ich möchte später einmal Trompeter werden“, sagt der Bergheimer.

Der letzte Ton ihres ersten Stückes klingt noch in der Aula nach, da lächelt Kathrin Neidel über das ganze Gesicht. Die Anspannung ist verflogen, sie hat richtig Spaß an ihrem Auftritt. „Ich war gar nicht so aufgeregt und bin jetzt sehr mit mir zufrieden“, sagt Kathrin anschließend. Das kann sie auch, denn die Niederkasselerin hat sich selbst ein tolles Geburtstagsgeschenk gemacht. Einen Tag vor dem Wettbewerb ist sie zehn Jahre alt geworden. „Wenn ich den ersten Platz hole, bekomme ich von meiner Oma den Flügel meines Opas und Unterricht geschenkt“, sagt sie. Und tatsächlich: Familie Neidel konnte den Umzugsunternehmer inzwischen anheuern und heute übt Kathrin fleißig auf dem Flügel.

Sie hat einen ersten Preis gewonnen. „Für den Wettbewerb habe ich viel geübt. In der letzten Woche davor sogar jeden Tag 20 bis 25 Minuten", sagt Kathrin. Sie hätte statt der Trompete auch gerne Saxophon gelernt. „Aber dafür hätte ich auf einen Stuhl steigen müssen."

Nachfolgend die Ergebnisse des Regionalwettbewerbs:

ERSTE PREISE MIT WEITERLEITUNG ZUM LANDESWETTBEWERB ERHIELTEN:

Christina Buchsbaum, Marcel Schneid, Elisabeth Seidel (Alfter);
Theresa Lier, Christoph Lier, Matthäus Weinhardt, Marina V. Wulff (Bad Honnef);
Rafael Cierpka, Philipp Graham (Bonn);
Lisa Greve, Marius Mettelsiefen (Bornheim);
Thomas Esch (Brühl);
Marianne Dahmen, Yuval Dvoran (Euskirchen);
Anh-Tuan Bui, Quynh-Anh Bui (Geldern);
Berit Saskia Brüntjen, Isabel Laudan, Sebastian Neufeld, Antje Thiele, Franz Thiele, Johanna Thiele (Hennef);
Maximilian Bilov, Katharina Bolte, Anna Hübner, Carolin Katzenburg (Köln);
Dina Fassbender, Melissa Halm (Königswinter);
Roman Nagel (Lindlar);
Vivianne Bigdon, Ralf Forge, Robin Mülfarth, Paula Stegert (Lohmar);
Johanna K. Brüstle, Daniel Lauwers, Friederike Müller-Breitenkamp, Eva-Maria Pfisterer, David Witsch (Meckenheim);
Kevin Kott (Neunkirchen-Seelscheid);
Christian Casleanu, Jonas Frevel (Niederkassel);
Johanna Bäß, Susanne Bäß (Nümbrecht);
Wolfgang Aldus, Constanze Lademann (Rheinbach);
Lasse Opriel (Rheidt);
Martin Benderscheid, Christina Gusakov, Henner Wessel (Sankt Augustin);
Omid Aghdami, Rebekka Gocht, Gesa Limbach, Maxime Mäurer, Michèle Mäurer (Siegburg);
Johanna Fröhlich, Heinrich Klassen (Swisttal);
Christine Herzog, Simone Klein, Nikola Krause, Amelie Krause, Alina Loewenich (Troisdorf);
Kathrin Axtmann, Tristan Müller, Alexander Stengel, Nastassja Zalica (Wachtberg);
Johanna Büter, Maria-Liza Müller, Nils-Hendrik Wrasse (Windeck).

ERSTE PREISE WURDEN ZUERKANNT:

Jana Feldkamp, Sabine Lorenz, Benedikt Meyer, Kim Riquier (Alfter);
Juliana Bisping, Marie-Ch. Buelau (Bad Honnef);
Anna Lück (Bad Münstereifel);
Markus Alexandru, Gabriel Denhoff, Katharina Regel, Felix Wahl, Jonas Wittrock, Lisheng Zi (Bonn);
Paul Geffert, Georg Linden, Anne Melcher, Benedikt von Spankeren, Berenike von Spankeren (Bornheim);
Andreas Grund (Brühl);
Katharina Peters (Buchholz);
Georgios Samaras (Eitorf);
Nadja Wester (Erpel);
Annika Neid, Dina Lucia Weiss, Annika Wiebe (Hennef);
Alina Fischer (Köln);
Dina Sophie Fassbender, Markus Joppich, Rupprecht Köpke, Julian Wadephul (Königwinter);
Linus Klug, Svenia Schmidt, Falk Weber (Lohmar);
Gerrit Arnold, Kathrin Neidel (Niederkassel);
Angela Groetchen, Nadine Kasemann, Waldemar Kinas, Andrea Schlett, Timo Stomberg (Rheinbach);
Jacqueline Höfer, Philipp Kammel, Alexander Kuhn, Marina Kuzmanovic, Verena Post, Caroline Welk (Sankt Augustin);
Harry Herchenroth, Ronald Janzen, Sarah Knodt, Marcel Schmidt (Siegburg);
Philipp Bremer, Franziska Gandelau, Adrian Graf v. Kageneck-Schlick, Helena Kamper, Nikola Krause, Amelie Krause, Inga Löser, Alexander Paus (Troisdorf);
Clara Röhl (Wachtberg).

ZWEITE PREISE ERHIELTEN:

Julia Dalhoff, Julia Schöpe (Alfter);
Evelyn Kreutzer (Bad Münstereifel);
Selma Lyn Kalkutschke (Bonn);
Isabel Duda, Anita Huk, Carmen Höynck, Veronika Mohr, Daniel Zent (Bornheim);
Benedikt Zopes (Brühl);
Alice-Joyce Juhasz, Lena Telohe (Königswinter);
Arthur Schmitz, Agnes Vosen (Lohmar);
Arisa Hermsen (Meckenheim);
Lucca Fischer, Waldemar Kinas (Rheinbach);
Theresa Löffelholz (Siegburg);
Sina Merdon (Troisdorf);
Anne Peusquens (Wachtberg).

DRITTE PREISE WURDEN VERGEBEN AN:

Anna-Sophie Schütte (Bad Honnef),
Ben Gruber (Bonn);
Regina Thome, Margarethe Kelm (Bornheim);
Niklas Heinen (Burscheid);
Esther Jaeckel, Judith Jaeckel (Eitorf);
Sebastian Limbach (Hennef);
Annika Klute-Maeler (Königswinter);
Thekla Ennen (Meckenheim).

ERFOLGREICH TEILGENOMMEN HATTEN:

Dominik Hauser, Juliana Hauser (Niederkassel).

Der **Landeswettbewerb für Nordrhein-Westfalen** fand vom 17. bis 21. März 2006 in Köln statt. Für die Teilnehmer aus dem Rhein-Sieg-Kreis gab es folgende Ergebnisse:

ERSTE PREISE MIT WEITERLEITUNG ZUM BUNDESWETTBEWERB:

Nastassja Zalica (Wachtberg),
Antje Thiele (Hennef),
Eva-Maria Pfisterer (Meckenheim),
Theresa Lier (Bad Honnef),
Christina Buchsbaum (Alfter),
Berit Saskia Brüntjen (Hennef),
Sebastian Neufeld (Hennef).

ERSTE PREISE:

Eva Bode (Bornheim),
Gabriel Craxton (Swisttal),
Rebekka Gocht (Siegburg),
Annika Neid (Hennef),
Daniel Lauwers (Meckenheim),
Omid Aghdami (Siegburg),
Marcel Schneid (Alfter),
Milad Raha (Sankt Augustin),
Kevin Kott (Neunkirchen-Seelscheid),
Johanna Thiele (Hennef),
Franz Thiele (Hennef).

ZWEITE UND DRITTE PREISE:

Kathrin Axtmann (Wachtberg),
Annika Frey (Bornheim),
Monika Barthelme (Bornheim),
Alina Loewenich (Troisdorf),
Simone-Lea Klein (Troisdorf),
Christina Buchsbaum (Alfter),
Markus Joppich (Königswinter),
Nikola Krause (Troisdorf),
Amelie Krause (Troisdorf),
Annika Schließer (Bornheim),
Dina Fassbender (Königwinter),
Helena Kamper (Troisdorf),
Juliana Bisping (Bad Honnef),
Heinrich Klassen (Swisttal),
Friederike Müller-Breitenkamp (Meckenheim),
Lisa Greve (Bornheim),
Constanze Lademann (Rheinbach),
Paul Geffert (Bornheim),
Nils-H. Wrasse (Windeck),
David Witsch (Meckenheim),
Marina V. Wulff (Bad Honnef),
Markus Mettelsiefen (Bornheim),
Tristan Müller (Wachtberg),
Alexander Stengel (Wachtberg),
Jonas Frevel (Niederkassel),
Melissa Halm (Königswinter),
Martin Benderscheid (Sankt Augustin),
Henner Wessel (Sankt Augustin),
Lea Jendreizik (Lohmar),
Joanna Gianetti (Sankt Augustin),
Michèle Mäurer (Siegburg),
Maxime Mäurer (Siegburg),
Isabel Laudan (Hennef),
Johanna Thiele (Hennef),
Christoph Lier (Bad Honnef),
Theresa Lier (Bad Honnef),
Johanna K. Fröhlich (Swisttal),
Christine Herzog (Troisdorf),
Gesa Limbach (Siegburg).

MIT GUTEM ERFOLG TEILGENOMMEN:

Christina Gotter (Königswinter);
Maria-Liza Müller (Windeck);
Christina Gusakov (Sankt Augustin);
Matthäus Weinhardt (Bad Honnef).

Auch auf Bundesebene waren Musikerinnen und Musiker aus dem Rhein-Sieg-Kreis erfolgreich. Beim 43. Bundeswettbewerb, der vom 31. Mai bis zum 7. Juni 2006 in Freiburg ausgetragen wurde, erzielten sie folgende Ergebnisse:

Antje Thiele (Hennef),
Querflöte: erster Preis

Nastassja Zalica (Wachtberg),
Querflöte: zweiter Preis

Annika Neid (Hennef),
Instrumentalbegleitung:
erster Preis

Gabriel Craxton (Swisttal),
Instrumentalbegleitung:
zweiter Preis

Berit Saskia Brüntjen (Hennef),
Violine, und Sebastian Neufeld (Hennef),
Viola, als Ensemblemitglieder:
zweiter Preis

Theresa Lier (Bad Honnef),
Violine, und Christina Buchsbaum (Alfter),
Harfe, als Ensemblemitglieder:
dritter Preis

Februar 2006, Kunst und Kultur

Die zweite Trägerin des Rheinischen Kunstpreises, Gabriele Pütz aus Bad Honnef, zeigt im Rheinischen Landesmuseum Bonn ihre mit dem Titel „Die Gefahr der Worte" überschriebene Ausstellung. Diese Werkschau ist Teil der vom Rhein-Sieg-Kreis verliehenen Auszeichnung, die Frau Pütz 2004 erhielt.

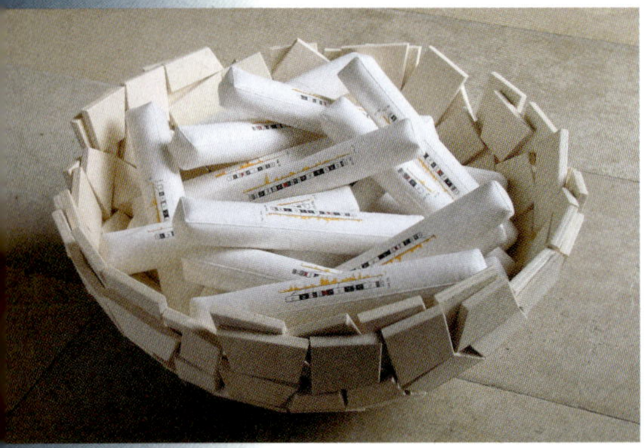

Februar 2006, Namen und Personen

Neuer ehrenamtlicher Leiter des Regionalverbandes Bonn/Rhein-Sieg/Euskirchen der Johanniter-Unfallhilfe ist Axel von Blomberg. Er löst Raimund Wengel ab und wird zukünftig für 170 haupt- und 250 ehrenamtliche Mitarbeiter zuständig sein.

Februar 2006, Was sonst vor Ort geschah

Das Dominikaner-Kloster Walberberg schließt seine Pforten – das beschließt das Provinzkonzil. Zum 31.12.2007 werden die Patres den Ort verlassen, der seit über 80 Jahren die Heimat ihres Ordens war. Personelle und wirtschaftliche Entwicklungen, von denen auch andere Ordensgemeinschaften und kirchliche Einrichtungen betroffen sind, hatten auch vor Bornheim nicht Halt gemacht. Für das Gebäude soll nun ein Käufer gefunden werden.

Als erste Hauptschule im Rhein-Sieg-Kreis nimmt die Hauptschule in Neunkirchen bereits am 1. Februar den Ganztagsbetrieb auf. Auf dem nachmittäglichen Stundenplan stehen nun neben der Hausaufgabenbetreuung und gezieltem Förderunterricht insbesondere Musik, Sport und Spiel. Seit Januar konnten die Hauptschulen in Nordrhein-Westfalen im Rahmen der „Qualitätsoffensive Hauptschule" einen Antrag auf Umwandlung in eine echte Ganztagsschule stellen – von den zehn weiteren Hauptschulen aus dem Kreisgebiet, die sich um die Landesförderung, die die Einrichtung von 1.100 Ganztagsschulen mit rund 70.000 Plätzen zum Ziel hat, beworben haben, werden nur die Troisdorfer Hauptschule in der Lohmarer Straße sowie die Geschwister-Scholl-Hauptschule in Meckenheim die Genehmigung erhalten. Im Grundschulbereich boomt die offene Ganztagsschule – zahlreiche neue sind bereits zum Schuljahr 2005/2006 entstanden, weitere werden im kommenden Schuljahr folgen.

Während des Karnevalsumzuges gibt der Festausschuss „850-Jahrfeier Kardorf 2006" einen Vorgeschmack auf die Feierlichkeiten anlässlich des bevorstehenden Jubiläums. Kaiser Friedrich Barbarossa hat die Ortschaft erstmals im September 1156 in einer Urkunde erwähnt.

Der Fortbestand des Stadtforums Bad Honnef ist gefährdet. Die 1991 gegründete, eigenständige Marketinggesellschaft hatte bereits im vergangenen Jahr, nachdem der bisherige städtische Zuschuss in Höhe von 76.000 Euro weggefallen war, ein Konzept vorgelegt, das es ihr ermöglichen sollte, sich weitgehend selbst zu finanzieren. Neben der Übernahme der Vermarktungsrechte an der Insel Grafenwerth sowie an den öffentlichen Werbeflächen im Stadtgebiet wollte die Gesellschaft die Parkraumbewirtschaftung übernehmen. Die Stadt sah sich jedoch zu einer europaweiten Ausschreibung verpflichtet, im Rahmen derer eine Stuttgarter Firma das beste Angebot abgab. Gegen die Vergabe wehrt sich das Stadtforum Bad Honnef und schaltet das Verwaltungsgericht ein. Gleichzeitig gibt es Überlegungen der Stadt, den aus dem Parkraumgeschäft zu erwartenden Gewinn in eine neue Gesellschaft für Stadtmarketing und Wirtschaftsförderung einzubringen, an der die Stadt einen Anteil von 51 %, das Stadtforum einen Anteil von 49 % halten könnte.

März 2006

Der Zweckverband GKD fährt im Hinblick auf das Neue Kommunale Finanzmanagement künftig zweigleisig, so die Entscheidung der Verbandsversammlung. Mit diesem Beschluss, der Mehrkosten in Höhe von 320.000 Euro nach sich ziehen wird, reagiert man auf die Dispute über die künftig einzusetzende Software für die Buchhaltung der Städte und Gemeinden – nachdem sich vor zwei Jahren alle Bürgermeister aus dem Rhein-Sieg-Kreis und dem Oberbergischen Kreis für ein bestimmtes Angebot entschieden hatten, wollen jetzt einige Kommunen eine andere Software nutzen, die benutzerfreundlicher sein soll.

Die Kreisholding Rhein-Sieg-GmbH ist geboren – in seiner ersten Sitzung im Jahr 2006 beschließt der Kreistag des Rhein-Sieg-Kreises mit breiter Mehrheit die Gründung der neuen Kreistochter. Durch den Querverbund der darin zusammengefassten Gesellschaften, die ihre Geschäftsanteile auf die Holding übertragen werden, können beispielsweise Gewinne im Energiesektor mit Verlusten im öffentlichen Nahverkehr verrechnet werden – eine Ersparnis im sechsstelligen Bereich soll durch Zins- und Steuervorteile sowie bessere Finanzierungs- und Organisationsmöglichkeiten künftig erzielt werden. Mit an Bord sind zunächst die Rhein-Sieg-Verkehrsgesellschaft (RSVG), die Elektrischen Bahnen der Stadt Bonn und des Rhein-Sieg-Kreises (SSB), die linksrheinische Verkehrsgesellschaft (LVG), die Beteiligungsgesellschaft Bonn/Rhein-Sieg (BRS) und die Gemeinnützige Wohnungsbaugesellschaft (GWG).

Der Planungs- und Verkehrsausschuss des Rhein-Sieg-Kreises stimmt der Kostenbeteiligung des Kreises an der bereits umgesetzten Taktverdichtung der Linie 66 in den Abendstunden und am Wochenende zu. Seit 2004 hatte man sich geweigert, für ein Angebot zu bezahlen, das die Stadt Bonn damals im Alleingang eingeführt hatte. Neben der Taktverdichtung sollen auch bestimmte Qualitätskriterien wie Pünktlichkeit und Sauberkeit feste Bestandteile der neuen Vereinbarung werden. Pro Jahr befördert die Linie 66 rund 12 Millionen Fahrgäste.

Der Kreistag verabschiedet mit den Stimmen von CDU, GRÜNEN und FDP den Haushalt und das dazugehörige Haushaltssicherungskonzept für das Jahr 2006. Das diesjährige Defizit beträgt 33,4 Millionen Euro. Auch nahezu allen kreisangehörigen Kommunen gelingt es nicht, den Haushaltsplanentwurf ohne ein Defizit vorzulegen – lediglich Troisdorf, Niederkassel, Königswinter und Meckenheim haben nach dem momentanen Stand der Planung noch die Chance, den Haushalt auszugleichen. Als erste Kommune im Rhein-Sieg-Kreis will die Gemeinde Much einen „Bürgerhaushalt" realisieren – 1.000 Einwohner wurden per Zufallsprinzip ermittelt, die künftig an der Entscheidung, wofür Haushaltsmittel eingesetzt werden, teilhaben sollen.

Der Flughafen Köln/Bonn bleibt im Fokus von Politik und Öffentlichkeit. Im Jahr 2005 wuchsen das Passagieraufkommen auf 9,5 Millionen Fluggäste und das Frachtvolumen auf 651.000 Tonnen. Die „Billigfluglinie" Germanwings baut ihr Streckennetz aus: So werden ab Mai 2006 New York (täglich) und ab Juli Moskau (dreimal wöchentlich) angeflogen. Die Frachtlinien UPS und DHL errichten neue Frachthallen und erweitern damit ihre Kapazitäten. Auf der anderen Seite stehen die hohen Fluglärmbelastungen. Zum wiederholten Mal befasst sich der Kreistag mit diesem Thema und beschließt eine Resolution, die erneut ein Nachtflugverbot mit Kernruhezeiten fordert. Ausgelöst wurde dies durch eine Ankündigung von Ministerpräsident Jürgen Rüttgers, den Nachtflugbetrieb über das Jahr 2015 hinaus zuzulassen sowie durch einen vom Landeskabinett verabschiedeten Entwurf eines neuen Gesetzes zum Schutz vor Fluglärm, das in den Augen der Kritiker nicht ausreichend ist.

März 2006, Namen und Personen

Der stellvertretende Schulleiter des Siegburger Berufskollegs, Peter Günther, wird in den Ruhestand verabschiedet. Seit 1970 ist der Diplom-Handelslehrer an der kreiseigenen Berufsschule tätig – seit 1981 als stellvertretender Schulleiter.

Pater Mauritius Mittler feiert sein Goldenes Priesterjubiläum. Im Jahr 1950 wurde er auf dem Michaelsberg in den Konvent aufgenommen, sechs Jahre später versprach er bei seiner Priesterweihe „Des Herrn Erbarmen will ich ewiglich besingen". Mit dem Namen des Fachmanns für Heimatgeschichte sind auch die Siegburger Studien eng verbunden. Unter dem Titel „Ein buntes Leben in Schwarz" stellt der Klosterbibliothekar, der Herr über 80.000 Bücher ist, seine Biografie vor.

Die neue Junioren-Europameisterin im Luftgewehrschießen kommt aus Hennef. In Moskau konnte sich die 19-jährige Nadine Schüller nicht nur in der Einzelwertung gegen die Konkurrenz durchsetzen, sondern errang mit der Mannschaft auch noch die Bronzemedaille.

März 2006, Umwelt und Natur

Der Umweltausschuss des Rhein-Sieg-Kreises beschließt, die Rekultivierung des Modellflugplatzes in Windeck-Leuscheid zeitlich zu strecken und streicht die im Haushalt für diese Maßnahme angesetzten 100.000 Euro. Ziel der nun aufgeschobenen Maßnahme ist die Wiederherstellung eines Biotops, das im Jahr 2004 zerstört worden war.

Die Hauptradwege in Nordrhein-Westfalen sind neu beschildert: Auf Initiative der Landesregierung wurden vorhandene Radwege im ganzen Land zu einem einheitlichen Radwegenetz zusammengefasst. Von den insgesamt 13.800 Kilometern führen 400 durch das Gebiet des Rhein-Sieg-Kreises – erstmals werden auch die Deutschlandrouten vier, sieben und acht (Mittellandroute, Pilgerroute und Rheinroute), die den Rhein-Sieg-Kreis durchqueren, ausgewiesen.

Veterinäre des Rhein-Sieg-Kreises finden in einem Schweinezuchtbetrieb bei Rheinbach 82 tote Schweine, die unter erbärmlichen Umständen verendet sind. Weitere 80 Tiere, die sich ebenfalls in einem äußerst schlechten Zustand befinden, werden auf Betreiben des Kreis-Veterinäramtes getötet. Gegen den Halter der Tiere wird wegen Verstoßes gegen das Tierschutzgesetz ermittelt.

März 2006, Was sonst vor Ort geschah

Auch die Stromgenossenschaft Hurst verkauft als letzte der ehemals sieben Elektrizitätsgenossenschafen im Windecker Ländchen ihr Netz an die RWE AG. Zum 1. Januar des Jahres hatten bereits die in den zwanziger Jahren des letzten Jahrhunderts gegründeten Genossenschaften Herchen und Stromberg ihre Netze an den Energieriesen veräußert; Dahlhausen, Saal-Locksiefen, Leuscheid und Imhausen folgten wenig später. Grund für die Veräußerung waren neue Auflagen des Energiewirtschaftsgesetzes, denen die ehrenamtlich Tätigen nicht mehr gerecht werden konnten. Die Gemeinde Windeck, die durch den Rat beauftragt worden war, die Übernahme der Elektrizitätsversorgung für Windeck vorzubereiten und ebenfalls Interesse gezeigt hatte, ging im Rennen um die Übernahme leer aus. 2012 jedoch könnten die Karten noch einmal neu gemischt werden – dann laufen die ersten Konzessionsverträge mit der Gemeinde aus.

Der Ausschuss für Dorfgestaltung der Stadt Hennef beschäftigt sich mit der umstrittenen Ortsumgehung „Hennef/Uckerath“, die den Durchgangsverkehr um die Wohngebiete herumführen und somit die Lärmbelästigung für die Anwohner senken soll. Rund 14.000 Autos passieren täglich den Ort im Südosten Hennefs. Befürworter und Gegner der im Bundesverkehrswegeplan als vordringlich eingestuften Trasse haben sich bereits im Vorfeld in Initiativen formiert. Zur Diskussion stehen nun sechs Varianten – keine jedoch bewegt sich in einem konfliktfreien Korridor.

Die Stadt Siegburg präsentiert sich auf der Cebit in Hannover mit dem bundesweit ersten Passbildautomaten, dessen Bilder den für den neuen europäischen Reisepass geltenden Normen entsprechen. Das Bürgeramt der Kreisstadt ist Pilotbehörde für die von einem Bonner Unternehmen entwickelte Fotokabine, deren Bilder auf einem Server hinterlegt und digital in das Ausweisverfahren eingebracht werden.

In Eitorf wird es kein Fachmarktzentrum geben – das beschloss der Gemeinderat in seiner jüngsten Sitzung. Insbesondere Einzelhändler, die ein Ausbluten des Ortskerns befürchteten, hatten sich gegen das auf dem Gelände der Spedition Himmeröder im Gewerbegebiet „Im Auel“ vorgesehene Zentrum gewehrt. Auch ein Gutachten einer Unternehmensberatung riet nun von diesem Vorhaben ab.

Die Ortschaft Straßfeld feiert ihren 1150. Geburtstag. Im Jahr 856 wurde die Siedlung erstmals offiziell in einer Urkunde erwähnt, mit der König Lothar II. einige Güter überschrieb. Seinen Namen leitet Straßfeld von einem römischen Straßenkastell ab. Als einzige Gemeinde dieser Größe war die Swisttaler Ortschaft 31 Tage lang amts- und kreisfrei – der Ort war bei der Kommunalreform 1969 bereits aus dem Kreis Euskirchen ausgeschieden, aber auf Grund eines Gerichtsverfahrens noch nicht in den Rhein-Sieg-Kreis aufgenommen worden.

Die Bundesstadt Bonn und SMI Hyundai unterzeichnen den Vertrag für das Internationale Kongresszentrum Bonn – damit haben die sechsjährigen Bemühungen der Stadt, einen privaten Investor und gleichzeitig Betreiber nach UN-Standard zu finden, ein Ende. Bis 2008 soll das Kongresszentrum, zu dem der Bund insgesamt 92 Millionen Euro beisteuert, fertig gestellt werden.

März 2006, Kunst und Kultur

Im Foyer des Kreishauses ist die Ausstellung „Herrenhäuser und Gutsanlagen in Mecklenburg-Vorpommern“ zu sehen. Initiiert wurde sie durch den Windecker Claus Vogt, der vor einigen Jahren eine gleichnamige treuhänderische Stiftung unter dem Dach der Deutschen Stiftung Denkmalschutz gründete.

Der international renommierte ungarische Mädchenchor „Pro Musica“ tritt im Siegburger Stadtmuseum auf. Das Konzert des Chors, der anlässlich einer Musikproduktion des WDR in Siegburg gastiert, ist ein Gemeinschaftsprojekt des Westdeutschen Rundfunks, der Stadt Siegburg und des Rhein-Sieg-Kreises. Unter der Leitung von Dénes Szabó steht der ungarische Komponist Béla Bartók, dessen Geburtstag sich 2006 zum 125. Mal jährt, im Mittelpunkt.

Janosch wird 75 – der Mann, den alle Welt unter diesem Namen als Maler, Zeichner und Autor kennt, wurde 1931 als Horst Ecker in Oberschlesien geboren. In mehr als 45 Jahren künstlerischer Tätigkeit hat er über 300 Bücher veröffentlicht. Anlässlich des Jubiläums zeigt das Bilderbuchmuseum Troisdorf in der Burg Wissem unter dem Titel „Tigerente und Bärenzirkus“ 210 Janosch-Originale.

April 2006

Der Rhein-Sieg-Kreis wird 190 Jahre alt – im Amtsblatt der „Königlichen Regierung zu Köln“ vom 20. April 1816 war die Einrichtung des Kreises Siegburg, des ersten Vorläufer-Kreises des Rhein-Sieg-Kreises, verkündet worden. Der erste Landrat, Eberhard von Hymmen, residierte zeitweise auf der Siegburger Abtei.

Die Sieger der mit Unterstützung der Kreissparkasse Köln durchgeführten Rundschau-Sportlerwahl 2005 im Rhein-Sieg-Kreis stehen fest. Bei den Herren gewinnt der 65-jährige Uwe Reich aus Lohmar – er ist der einzige Rennfahrer weltweit, der an allen 34 bisherigen 24-Stunden-Rennen des ADAC auf der Nürburgring-Nordschleife teilgenommen hat. In der Sparte der Damen setzt sich die 24-jährige Katja Braschoß vom SV Hellas Siegburg durch. Bei den deutschen Masters-Meisterschaften im vergangenen Jahr sicherte sich die Schwimmerin die Goldmedaille über 200 m Brust, 400 m Freistil und 400 m Lagen. Mannschaftssieger wurde das Football-Team der Troisdorf Jets, dem im vergangenen Jahr der Wiederaufstieg in die zweite Bundesliga gelang.
Vizelandrat Rolf Bausch, Josef Hastrich, stellvertretender Vorstandsvorsitzender der Kreissparkasse Köln, und Sebastian Schuster, Präsident des Kreissportbundes Rhein-Sieg, ehren 81 Sportler des Jahres 2005 – unter ihnen neben Welt-, Europa- und Deutschen Meistern auch zahlreiche Breitensportler. Die Disziplinen reichen von Prellball, Basketball, Rollstuhl-Basketball und Beach-Volleyball über Leichtathletik bis hin zu Kanusport, Schwimmen, Fünfkampf, Judo und Reitsport.

April 2006, Namen und Personen

Peter Weckenbrock verlässt die rhenag Siegburg endgültig – zum Monatsbeginn wechselt der bisherige Geschäftsführer, der seit 23 Jahren bei der rhenag beschäftigt war, ganz zur Energie- und Wasserversorgung (EnW) Bonn / Rhein-Sieg. Vor mehr als anderthalb Jahren hatte er bereits den Geschäftsführer-Posten bei der Tochter der Stadtwerke Bonn übernommen. Bernd Ganser wird zukünftig gemeinsam mit Peter Striebeck die Geschicke des Energie-Unternehmens leiten.

Dr. Wilhelm („Wim“) Nöbel stirbt im Alter von 69 Jahren. Er gehörte von 1979 bis 1989 dem Kreistag an und gestaltete in zahlreichen Ausschüssen die Entwicklung des Rhein-Sieg-Kreises maßgeblich mit. 14 Jahre lang war Dr. Nöbel Mitglied des Deutschen Bundestages, von 1984 bis 1989 zugleich stellvertretender Landrat des Rhein-Sieg-Kreises.

Bürgermeister Hartmut Drawz feiert sein 50-jähriges Dienstjubiläum – am 3. April 1956 hatte er seinen Dienst bei der Gemeinde Ruppichteroth angetreten. Nachdem er 1976 Kämmerer geworden war, übernahm Drawz 1995 den Posten des Gemeindedirektors und wurde 1999 zum Bürgermeister gewählt.

April 2006, Umwelt und Natur

Seit Monatsbeginn hat der Verschönerungsverein für das Siebengebirge (VVS) nach mehr als 100 Jahren erstmals keinen eigenen Förster mehr. Sinkende Zuschüsse machten es dem Verein unmöglich, die Stelle zu erhalten. Der VVS selbst denkt hingegen an Expansion und diskutiert über Erweiterungen des Naturparks Siebengebirge um Bereiche in den Kommunen Sankt Augustin, Königswinter und Bad Honnef, denn hohe Besucherzahlen erfordern neue Freiräume und Angebote. In dem bislang rund 850 Hektar großen Waldgebiet des VVS übernimmt zukünftig das Land Nordrhein-Westfalen die Holzwirtschaft – das Forstamt Eitorf und der Verschönerungsverein schlossen einen zehnjährigen Pachtvertrag. Ob das Forstamt Eitorf diesen Vertrag in seiner jetzigen Struktur erfüllen kann, ist gegenwärtig jedoch nicht abzusehen.

Der Landesbetrieb Wald und Holz NRW, zu dem seit dem Jahr 2005 alle Dienststellen der Landesforstverwaltung, einschließlich der Forstämter gehören, will die Zahl der bislang 55 Forstämter in Nordrhein-Westfalen auf 15 reduzieren. Auch den Dienststellen in Eitorf und Bonn droht somit die Schließung – nach bisher bekannt gewordenen Überlegungen soll sich eventuell ein neues Forstamt in Siegburg um die Belange des Waldes im gesamten südlichen Rheinland kümmern.

April 2006, Was sonst vor Ort geschah

Eine Feuerwehrfrau der Löschgruppe Queckenberg der Freiwilligen Feuerwehr Rheinbach stirbt während eines Einsatzes – auf dem Weg zum Einsatzort, einem Brand in einer Kapelle, kam das Löschfahrzeug von der Fahrbahn ab. Während fünf ihrer Kollegen verletzt wurden, verstarb die 23-Jährige, die 2001 als erste Frau überhaupt in den Dienst der Löschgruppe aufgenommen wurde, noch an der Unfallstelle.

NATURPARK SIEBENGEBIRGE

Das Krankenhaus Rheinbach schließt: Eine stationäre Abteilung und eine Notfallambulanz wird es dort zukünftig nicht mehr geben. Alle Bemühungen der Stadt Rheinbach, des Rhein-Sieg-Kreises und der Bürgerinitiative „Pro Krankenhaus“ um eine wohnortnahe Grundversorgung sind damit gescheitert. Im Dezember hatte noch Hoffnung bestanden, nachdem Landesgesundheitsminister Karl-Josef Laumann eine Zukunft des Krankenhauses in Aussicht gestellt und einen Aufschub bis zum 1. April gewährt hatte. Auch aus der geplanten Rund-um-die-Uhr-Notfallversorgung wird vorerst nichts. 47 Mitarbeiter verlieren nun ihren Job – einige kommen in dem neuen medizinischen Versorgungszentrum, andere in anderen Krankenhäusern in der Region unter. Das Krankenhaus Bad Honnef hingegen ist vorläufig aus der Diskussion: Das Land NRW bewilligt 9,4 Millionen Euro für die Erweiterung – nach deren Abschluss werden die Krankenhausbetriebsstätten Königswinter und Bad Honnef in Bad Honnef zusammengelegt.

Warnstreik am Krankenhaus Siegburg: Die Beschäftigten fordern einen neuen Tarifvertrag, mehr Lohn, eine bessere Vergütung des Bereitschaftsdienstes sowie mehr Personal für Medizin und Pflege. Die Tarifverhandlungen zwischen der Gewerkschaft Verdi und dem Krankenhaus der zum Freseniuskonzern gehörenden Wittgensteiner Kliniken AG waren im vergangenen Jahr vertagt worden, nachdem sich die Positionen nicht genähert hatten. Im Februar hatte dann die Fresenius-Tochter Helios, der 55 Krankenhäuser mit 15.200 Betten gehören, das Siegburger Klinikum übernommen. 90 Mitarbeitern der Krankenhaus Siegburg Dienstleistungsgesellschaft hatte Helios bereits zum 31. März gekündigt. Die tariflose Zeit wird für die Mitarbeiterinnen und Mitarbeiter erst zum 1. Juni 2006 enden – nach langen Verhandlungen wird man zu diesem Zeitpunkt wieder den alten Haustarifvertrag einsetzen, der eine 5-Tage-Woche mit 38,5 statt zuletzt 40 Stunden vorsieht.

Mai 2006

Mit einer von Ex-Staatssekretär Friedhelm Ost moderierten Podiumsdiskussion wird im Kreishaus die Europawoche 2006 in der Region Köln/Bonn eröffnet. Die EU-Abgeordneten Ruth Hieronymi, Alexander Graf Lambsdorff sowie die Vertreterin der Europäischen Kommission, Barbara Gessler, Landrat Kühn und Wolfgang Uellenberg van Dawen, diskutierten über die Arbeiten an der europäischen Verfassung. Einen Tag zuvor präsentierten sieben Schulen aus dem Rhein-Sieg-Kreis, der Lohmarer Verein „Campus 15“ sowie das Siegburger Jugendrotkreuz im Rahmen des „Europäischen Marktplatzes der Ideen“ ihre Projekte zum Thema „Wir Europäer, wer wir sind und was wir wollen“. Den ersten Platz erreicht die Europaschule Bornheim mit ihrem Projekt „Fit Kids in Europa“, den zweiten Platz belegen die Realschule Königswinter mit ihrem Film über das Europa der Zukunft im Jahr 2030 und die Gemeinschaftshauptschule Ruppichteroth, die eigens für diesen Anlass einen Europasong komponiert und ein Europaquiz entwickelt hatte. Über den dritten Platz darf sich die Alexander-von-Humboldt-Realschule Siegburg freuen – sie stellte vergleichende Untersuchungen über Lebensweise, Interessen und Schulformen in Siegburgs Partnerstädten Nogent-sur-Marne und Bunzlau an.
Im vergangenen September erzielte die Theodor-Heuss-Realschule Meckenheim beim vierten Europäischen Marktplatz der Ideen den ersten Platz, gefolgt von der Gesamtschule Troisdorf und der Europaschule Bornheim.

Die Südtangente gerät erneut in die Diskussion. Das Straßenbauprojekt, das eine Verbindung zwischen der Autobahn Köln/Frankfurt (A 3) und der Autobahn Meckenheim/Bonn (A 565) herstellen soll, war im Jahr 2004 auf Vorschlag der damals rot-grünen Landesregierung von der zu diesem Zeitpunkt ebenfalls rot-grünen Bundesregierung aus dem Bundesverkehrswegeplan gestrichen worden. Seit dem Machtwechsel in Düsseldorf sehen Befürworter der Trasse die Möglichkeit, diese wieder in den Plan aufzunehmen, der alle wichtigen Straßenbauprojekte der Bundesregierung für die nächsten zehn Jahre beinhaltet. Die Bonner Stadtverwaltung hat nun auch eine Machbarkeitsstudie zum Ausbau der A 565 in Auftrag gegeben. Landrat Kühn macht gegenüber der Öffentlichkeit jedoch deutlich, der Bau der Südtangente sei zusätzlich erforderlich, nur hierdurch könnte man die Verkehrsprobleme der Region in den Griff bekommen. Untersuchungen hatten ergeben, dass Teillösungen durch einzelne Ortsumgehungen deutlich teurer werden und deutlich weniger Entlastung bringen würden.

Die Landesregierung hat entschieden – insgesamt sechs Tagesstätten im Rhein-Sieg-Kreis werden zu Familienzentren umgewandelt. Mehr als 1.000 Kindertagesstätten hatten sich landesweit um die Teilnahme an dem Projekt beworben – 250 erhielten den Zuschlag. Bis einschließlich 2007 stehen für die Einführung der Familienzentren 2,5 Millionen Euro bereit. In Kindergärten in Siegburg, Sankt Augustin, Lohmar, Troisdorf, Bad Honnef und Bornheim soll in Kürze eine Anlaufstelle für alle familiären Probleme entstehen, die den Hilfebedarf von der Kinderbetreuung über Hilfen bei der Erziehung, Vermittlung bei Suchtproblemen und im Kampf gegen Schulden, vorschulische Sprachförderung, Familienberatung bis hin zur Tagesmütter- oder -vätervermittlung abdecken sollen. Die Kreistagsfraktionen kritisieren jedoch, dass im Bereich des Kreisjugendamtes, dessen Verbund elf Städte und Gemeinden angehören, nur eine Einrichtung geschaffen werden soll. In einer Resolution wird der Kreistag im Juni fordern, mindestens zwei Einrichtungen im Bereich des Kreisjugendamtes vorzusehen.

Die automatisierte Liegenschaftskarte für den Rhein-Sieg-Kreis ist fertig. Damit ist ein wichtiger Schritt auf dem Weg zum bundeseinheitlichen „Amtlichen Liegenschafts-Kataster-Informations-System“ (ALKIS) getan. Bis auf das Naturschutzgebiet Siebengebirge, wo ein Flurbereinigungsverfahren eingeleitet wurde, liegen jetzt alle Liegenschaftskarten des Kreises in digitaler Form vor – erfasst sind insgesamt 530.000 Flurstücke. Durch die Entwicklung eines speziellen Scanner-Systems leisteten die Vermessungs-Techniker und Ingenieure des Kreis-Katasteramtes, die seit den 90er Jahren an dem Projekt arbeiteten, Pionierarbeit – mehr als 4.000 Flurkarten in verschiedenen Maßstäben und verschiedenen Qualitäten haben sie digitalisiert.

Mai 2006, Kunst und Kultur

Im Bergischen Freilichtmuseum des Landschaftsverbandes Rheinland in Lindlar wird ein aus Windeck-Hoppengarten stammendes Wohnhaus eröffnet. Das 1768 erbaute Gebäude wurde 1992 am Originalstandort abgebrochen und 2005 auf dem Museumsgelände wieder errichtet. Im Erdgeschoss wird die Wohnsituation zu Beginn des 19. Jahrhunderts gezeigt. Im Oberbergischen gibt es einen Ausstellungsbereich mit einer Inszenierung des Alltagslebens um 1800 und einer Ausstellung zum Thema Strohnutzung

„Rhein in Flammen am Siebengebirge“ geht in die 21. Runde – zum ersten Mal jedoch übernehmen die Pyrotechniker der Firma Weco aus Eitorf die Gestaltung des Feuerwerkes, das diesmal über 300.000 Zuschauer bewundern. Zu den Klängen von Ravels „Bolero“ zaubern die Experten eine Spanische Nacht – eines der Highlights ist ein zwischen zwei Kränen gespannter, 200 Meter breiter Funken-Wasserfall. Darüber hinaus gibt es eine weitere Premiere hinter den Kulissen: Die Tourismus & Congress GmbH übernimmt erstmals die Gesamtorganisation der Veranstaltung.

Der Mucher Skulpturenweg wird eröffnet. Unter dem Leitthema „Sieben Sinne“, das die Erlebnisvielfalt Muchs dokumentieren soll, führt er vorbei an der Burg Overbach, dem Kloster St. Josefshaus und der Kirche St. Martinus.

Mai 2006, Namen und Personen

Rudolf Finke feiert seinen 70. Geburtstag. Der Chef der FDP-Kreistagsfraktion, der seit 1979 Mitglied des Kreistages ist, ist sei 1969 in der Kommunalpolitik aktiv und war über einen Zeitraum von 10 Jahren auch Vizelandrat des Rhein-Sieg-Kreises.

Norbert Röttgen soll neuer Hauptgeschäftsführer beim Bundesverband der Deutschen Industrie werden. Der CDU-Abgeordnete aus dem Rhein-Sieg-Kreis, der erst im Februar vergangenen Jahres erster parlamentarischer Geschäftsführer der CDU/CSU-Bundestagsfraktion geworden war, soll Ludolf von Wartenberg zum 1. Januar 2007 ablösen. An der Absicht Röttgens, sein Bundestagsmandat bis zum Ende der laufenden Legislaturperiode im Herbst 2009 beizubehalten, entzündet sich Kritik, die im Juli schließlich dazu führt, dass Röttgen auf die einflussreiche Position bei dem Wirtschaftsverband verzichtet.

Josef Ludwig stirbt im Alter von 84 Jahren. Bereits 1960 war er Direktor des damaligen Amtes Neunkirchen geworden. Nach der kommunalen Neuordnung 1969 war der Träger des Verdienstordens der Bundesrepublik Deutschland für einen Zeitraum von 24 Jahren Gemeindedirektor von Neunkirchen-Seelscheid.

Das Theaterensemble Orplid zeigt gemeinsam mit der Alanus-Hochschule und dem Ortsausschuss Alfter das Freilicht-Wandertheater „Jim Knopf und Lukas der Lokomotivführer“ nach dem gleichnamigen Buch von Michael Ende. Mehr als 100 Darsteller entführen die Zuschauer, die sich zu Fuß von Spielort zu Spielort bewegen, in die bunte Welt der Lokomotive Emma und ihrer Freunde.

Mai 2006, Umwelt und Natur

Der Bornheimer Ausschuss für Verkehr, Planung und Liegenschaften ebnet den Weg für den Bau einer eine Million Euro teuren Biogas-Produktionsanlage im nördlichen Stadtgebiet. Durch Gär- oder Fäulnisprozesse von Mais oder Getreide entsteht in dem Reaktor Biogas, das zur Erzeugung von Strom oder Wärme dient. Auch in Swisttal-Odendorf wird es zukünftig eine solche Anlage geben.

Das Geflügel im Rhein-Sieg-Kreis kann aufatmen – da die Geflügel-Aufstallungsverordnung nur noch für Risikogebiete eine Stallpflicht vorsieht, erteilt das Kreisveterinäramt eine generelle Ausnahmegenehmigung für den Rhein-Sieg-Kreis. Seit dem Herbst vergangenen Jahres hatten Hühner, Gänse und viele andere Vögel fast ununterbrochen im Stall bleiben müssen – insbesondere, nachdem man im Februar auf der Insel Rügen das Vogelgrippe-Virus festgestellt hatte. In Nordrhein-Westfalen hingegen waren mehrere tausend Wildvögel mit negativem Ergebnis getestet worden – ca. 370 hatte man im Rhein-Sieg-Kreis leblos aufgefunden.

Sturmtief Gertrud fegt mit 100 km/h über den Rhein-Sieg-Kreis hinweg. Umgestürzte Bäume, in Schräglage geratene Strom- und Telefonmasten, Schäden an Dächern und auf Grund der sintflutartigen Regenfälle voll gelaufene Keller erfordern mehr als 100 Einsätze der Feuerwehr.

Mai 2006, Was sonst vor Ort geschah

Der Ruppichterother Gemeinderat beschließt die Ortskernsanierung im Hauptort der Gemeinde, die den abseits der Brölstraße gelegenen Geschäften und Betrieben neue Impulse geben soll. Hiergegen erhebt sich Widerspruch: umstritten ist insbesondere die neue Verkehrsführung, die eine Einbahnstraßenregelung im Bereich der Unteren Burgstraße vorsieht.

Die Jugendwerkstatt Rhein-Sieg wird zum Juli geschlossen – das teilt der Vorstand des Trägervereins „Fabrik Siegburg" mit. Ein Finanzierungsloch und Vakanzen bei den Schulungsplätzen, die keine kurzfristige Änderung der Situation erhoffen ließen, hatten die Entscheidung herbeigeführt.

Die Vorbereitungsstätte für Entwicklungszusammenarbeit, seit einiger Zeit „InWent" (Internationale Weiterbildung und Entwicklung GmbH) genannt, verlässt nach mehr als 40 Jahren Bad Honnef. Zum Jahr 2009 wird das Institut mit zurzeit 85 Mitarbeitern den neuen Standort in Bonn-Ippendorf beziehen. Nun wird eine Nachfolgenutzung für den Uhlhof gesucht.

Der Ruppichterother Ortsteil Winterscheid begeht sein 875-jähriges Jubiläum. Zur Feier des Tages bringen zahlreiche Einwohner noch einmal symbolisch den Zehnten nach Bonn ins Cassiusstift, wie es früher Tradition war. 1139 lief man erstmals zum Bonner Münster, um dort die Verpflichtung zur Abgabe von Naturalien zu erfüllen.

Joachim Kardinal Meisner, Erzbischof von Köln, feiert in Bödingen (Stadt Hennef) das Kompassionsfest. Seit 600 Jahren ist die Wallfahrt dort nachgewiesen.

Bei einem Betriebsunfall in der Shell-Raffinerie in Köln-Godorf wird der Stoff Mercaptan freigesetzt. Die Chemiewolke schlägt vor allem über dem Lohmarer Schulzentrum nieder. Annähernd 100 Schülerinnen und Schüler leiden unter Übelkeit, Kopfschmerzen und Atembeschwerden – 39 von ihnen müssen stationär behandelt werden. Insgesamt sind 120 Rettungssanitäter und 15 Notärzte im Einsatz.

In den Fluten der Hochwasser führenden Sieg stirbt ein 20 Monate alter Junge. Seine Eltern hatten mit ihm eine Fahrradtour an der Sieg unternommen und waren mitsamt ihren Rädern in das Zuflussrohr gezogen worden, das unter der Eisenbahntrasse hindurch die Sieg mit dem Dondorfer See verbindet. Annähernd 200 Hilfskräfte der Freiwilligen Feuerwehr, der Polizei, des THW, der Wasserwacht des Deutschen Roten Kreuzes, der DLRG und der Bundespolizei waren im Einsatz – sie konnten das Kind jedoch nicht mehr retten.

Juni 2006

Nach der Kürzung der Bundeszuschüsse für den Nahverkehr stoppt NRW-Verkehrsminister Oliver Wittke sämtliche Schienen-Neubauprojekte in Nordrhein-Westfalen und lässt hierbei erneut die Nachfrage prüfen. Gerüchten zufolge ist auch der geplante Ausbau der S 13 von Troisdorf bis nach Oberkassel hiervon betroffen. Im Zuge der Ausbauplanungen hatte es insbesondere Diskussionen um die Eisenbahnbrücke zwischen Menden und Friedrich-Wilhelms-Hütte gegeben: Während der Rhein-Sieg-Kreis und die Städte Sankt Augustin und Troisdorf den Neubau der lärmintensiven Brücke fordern, will die Deutsche Bahn AG ein neues Gleis über die Sieg bauen, die beiden alten Gleise jedoch erhalten.

Der Aufsichtsrat der Troisdorfer Holding Troikomm, zu der auch die Stadtwerke Troisdorf gehören, lehnt das Angebot des Rhein-Sieg-Kreises für die Übernahme der Troisdorfer Anteile an der Beteiligungsgesellschaft Rhein-Sieg als zu gering ab. Die Stadt Troisdorf hatte ihre Anteile an den Stadtwerken und an der BRS sowie weitere Unternehmenswerte und Sachanlagen einbringen wollen, um eine Beteiligung von 5,1 % an dem Kölner Energieunternehmen Rheinenergie zu erhalten. Ein Bürgerbegehren gegen dieses Unterfangen war gescheitert. Der Kreistag weigert sich jedoch, der Übertragung der Troisdorfer Anteile an der BRS an die Rheinenergie zuzustimmen. Der Kreis bot der Stadt daraufhin an, die Anteile an der gemeinsamen Gesellschaft zu übernehmen. Die Beteiligungsgesellschaft war mit dem Ziel gegründet worden, die Region zu stärken und die großen Energiekonzerne vom Geschäft mit der regionalen Ver- und Entsorgung fernzuhalten. Aber auch von Kölner Seite aus scheint der geplante Deal zu platzen – der neue Stadtrat scheint nicht mehr bereit, städtische Anteile an der Rheinenergie abzugeben – zudem sieht die neue Strategie des Konzerns offenbar keine Übernahmen, sondern vielmehr Beteiligungen an Unternehmen und Kooperationen vor. So erwägt der neue Konzern-Chef Schmitz mit den Troisdorfer Stadtwerken, RWE und rhenag eine Gesellschaft zu gründen, deren Ziel die Versorgung der Einwohner des rechtsrheinischen Kreises sein soll.

Ab August müssen viele Eltern tiefer in die Tasche greifen. Der Besuch von Tageseinrichtungen für Kinder wird in den meisten Fällen teurer. Der Kreistag beschließt eine Satzung, mit der die bisherigen Elternbeiträge um 10% angehoben werden. Hiervon ausgenommen sind Familien mit geringem Einkommen. Der Schritt war nach einer Gesetzesänderung und einer Reduzierung der Landeszuschüsse notwendig geworden. Sparen muss auch das Erzbistum Köln, das aus der Finanzierung zahlreicher Kindergartengruppen aussteigen wird – bis zum Jahr 2007 sollen jährlich 90 Millionen Euro weniger ausgegeben werden. Kürzungen wird es darüber hinaus im Bereich der allgemeinen Jugendarbeit geben – die Koalition beschloss, den Landesjugendplan bis 2010 auf dem Niveau von jährlich 75 Millionen Euro einzufrieren.

Der Kreissportbund und der Bonner Stadtsportbund fusionieren auf dem Gebiet der Aus- und Fortbildung. Der auf Anregung des Landessportverbandes Nordrhein-Westfalen zu Stande gekommene Kooperationsvertrag sieht ab dem Jahr 2007 die Gründung eines Qualitätszentrums für die Aus- und Fortbildung von Übungsleitern in der Region vor.

Juni 2006, Was sonst vor Ort geschah

Nach Bornheim, Meckenheim und Siegburg wird nun auch die Stadt Königswinter den Solidarverbund des Kreisjugendamtes verlassen – das beschloss der Stadtrat in seiner aktuellen Sitzung. Zum 1. Januar 2008 wird es dann am Fuße des Drachenfelses ein städtisches Jugendamt mit eigener Zuständigkeit geben. Auch die Stadt Bad Honnef erwägt weiterhin die Einrichtung eines eigenen Amtes.

Der Caesar-Stiftungsrat entscheidet, die Bonner Forschungseinrichtung künftig nur auf Neurowissenschaften auszurichten. Die Verantwortung für das größte und teuerste Ausgleichsprojekt soll auf die Max-Planck-Gesellschaft übergehen. Der Kreistag fordert, bei Umsetzung der Pläne für das „Center of advanced european studies and research" solle dieses weiter auf die wirtschaftliche Anwendbarkeit orientiert bleiben und Ausgründungen von Unternehmen sowie die Zusammenarbeit mit Industrie und Forschung zum Ziel haben.

Juni 2006, Umwelt und Natur

Der Regionalrat erteilt der von der Bezirksregierung geplanten Ausdehnung des Quarzkiesabbaus in Bornheim und Swisttal eine Absage – lediglich eine moderate Erweiterung in Weilerswist ist möglich. Die Bezirksregierung Köln hatte bereits im vergangenen Sommer eine Änderung des Gebietsentwicklungsplans zu Gunsten des Quarzabbaus angestrebt. Hiergegen kämpften neben dem Kuratorium „Rettet das Vorgebirge" und dem Kreistag insbesondere auch die betroffenen Kommunen.

Juni 2006, Namen und Personen

Führungswechsel bei der Rhein-Sieg-Verkehrsgesellschaft: Frank-Michael Reinhardt löst den bisherigen Geschäftsführer Lothar Franz ab. Der 46-Jährige, der sich gegen rund 70 weitere Kandidaten durchsetzte, war zuletzt bei den Berliner Verkehrsbetrieben für Planung und Controlling zuständig.

Dr. Andreas Urban geht in den Ruhestand. Der Direktor des Deutschen Kinderherzzentrums Sankt Augustin verlässt nach 30-Jähriger Tätigkeit als Herzchirurg die Asklepios-Kinderklinik.

Schulamtsdirektor Helmut Hausmann geht in Pension. Der 65-Jährige, der 1987 seine Laufbahn als Schulrat für Hauptschulen beim Oberbergischen Kreis begann, kam 1992 zum Rhein-Sieg-Kreis.

Juni 2006, Kunst und Kultur

Der Kirchenchor „Cäcilia" Herchen feiert sein 150-jähriges Bestehen. Der zur katholischen Kirchengemeinde St. Peter gehörende Chor ist zugleich der älteste Cäcilienchor im gesamten Dekanat.

SEHR HOHES NIVEAU

UND ALS ÜBERRASCHUNG SOGAR GÄSTE AUS RUSSLAND

DAS VIERTE SCHULTHEATERFESTIVAL *SPOTLIGHTS*

VON ELISABETH EINECKE-KLÖVEKORN

Am Ende des von der Jungen Theatergemeinde Bonn veranstalteten vierten Schultheaterfestivals *spotlights* heizten die 108 jungen Tänzerinnen vom Bonner Clara-Fey-Gymnasium mit ihrer schwungvollen Revue *Der Höhlenkönig* in der ausverkauften Brotfabrik die Stimmung noch einmal kräftig an. Ein Mitarbeiter vom Technik-Team der Brotfabrik hatte zu Ehren der Mädels extra sein T-Shirt mit der Aufschrift „Tanz macht schlau" angezogen. Es ist wirklich erstaunlich, auf welch hohem tänzerischem Niveau Spielleiterin Beate Heuermann immer wieder die vielen Schülerinnen aller Altersstufen in Bewegung bringt. Die Qualität aller 13 (aus 30 Bewerbungen) ausgewählten Produktionen übertraf diesmal nach einhelliger Meinung ohnehin noch die vergangenen drei Festivals.

Das Junge Theater Bonn, die Brotfabrik, das Theater *Die Raben* und das städtische Theater Bonn hatten trotz knapper Finanzen wieder ihre Bühnen und ihr Personal für den Nachwuchs zur Verfügung gestellt. Die Konkurrenz der Fußball-WM war bei der Platzauslastung leider zu spüren, was allen beteiligten Theatern im Vorfeld durchaus einige Sorgen bereitete. Denn zum ersten Mal musste das gesamte Festival komplett aus eigenen Mitteln bestritten werden. Aufwandsentschädigungen für die beteiligten Schultheatergruppen aus Bonn (insgesamt acht, davon fünf Gymnasien, eine Gesamtschule und zwei Grundschulen) und dem Rhein-Sieg-Kreis (insgesamt fünf, davon vier Gymnasien und eine Hauptschule) gab es deshalb bei *spotlights 06* leider nicht.

Dennoch: Deutlich mehr als 500 Kinder und Jugendliche wirkten an fünf verschiedenen Spielorten auf und hinter der Bühne mit und lockten trotz des schwülen Wetters – die Tapetenfabrik wurde kurzerhand zum „ersten Bonner Sauna-Theater" erklärt – in ihren 15 Vorstellungen vom 14. bis 21. Juni 2006 fast 2.000 begeisterte Zuschauer an.

Tatsächlich waren es sogar 18 Vorstellungen, weil völlig überraschend noch Gäste aus Sibirien auftauchten. Das Goethe-Institut in St. Petersburg hatte nämlich einen Wettbewerb für deutschsprachige Schultheatergruppen in Russland veranstaltet. Gewonnen hatte das Gymnasium Nr. 1 in Murmansk mit seinem selbst verfassten Stück *Was haben sie mit dem Regen gemacht*, und der Erste Preis war eine Reise nach Bonn zum Jungen Theater, verbunden mit der Teilnahme am Festival *spotlights*. Dass alles klappen würde, stand leider erst nach dem Druck des Programms fest, aber das *spotlights*-Team war schon ein bisschen stolz darauf, dass beim Schultheaterfestival für Bonn und den Rhein-Sieg-Kreis auch ein kleines Stück „Welt zu Gast bei Freunden" sein durfte. „Außerhalb der Stadtgrenzen der internationalen Bundesstadt scheint unsere Jugend-Begegnungs-Arbeit wohl etwas intensiver wahrgenommen zu werden", meinten Claudia Lüth, die Jugendreferentin der Theatergemeinde, und Moritz Seibert, der Intendant des Jungen Theaters. Gerade noch rechtzeitig zum Festivalbeginn kam die zehnköpfige russische Schultheatergruppe mit ihren Kostümen und Requisiten in Bonn an – etwas erschöpft nach einer 30-stündigen Bahnfahrt von Murmansk nach St. Petersburg und dem Flug von dort nach Deutschland. Sie wurde spontan in den Familien des JTB-Nachwuchs-Ensembles untergebracht und präsentierte ihre poetisch reizvolle kurze Inszenierung zum Thema Umwelt mit Schwarzlichteffekten und selbst gebastelten Figuren gleich drei Mal jeweils nach den regulären Festivalaufführungen im JTB. Nach zwei Jahren Deutschunterricht gleich in Bonn aufzutreten und sich dort auch noch viele Aufführungen der jungen deutschen Kollegen anzuschauen – das war schon etwas ganz Besonderes, fanden alle vor ihrer Abreise am letzten Festivaltag.

Die originelle, ernsthafte Beschäftigung mit „klassischen" Werken war diesmal ungewöhnlich stark vertreten. Zur Festivaleröffnung im JTB gab das Bonner Nicolaus-Cusanus-Gymnasium als Nachklang zum Schillerjahr 2005 mit dem selbst geschriebenen Stück *Schiller über die Schulter schauen* einen pfiffigen Einblick in die Biografie des Dichters mit Szenen aus seinen berühmtesten Stücken. Die ungleichen Brüder Franz und Karl Moor durften da ebenso wenig fehlen wie die politischen Intrigen in Genua, das große Dialogduell zwischen Elisabeth und Maria oder Tells Apfelschuss. Im Alten Malersaal auf dem Gelände der Schauspielhalle Beuel zeigte das Rhein-Sieg-Gymnasium St. Augustin Kleists *Käthchen von Heilbronn*. „Es war eine große Herausforderung, Kleists schwierige, historisch fremde Sprache zu unserer eigenen zu machen.

Käthchen von Heilbronn

JTB Theater AG Murmansk

Piraten

Party bei Hänsel und Gretel

Wir haben einige Rollen hinzuerfunden, um die Textmassen zu verteilen und die märchenhafte Geschichte für uns darstellbar zu machen", erklärten die Akteure im Nachgespräch mit dem Publikum. Der Austausch über die theatralischen Arbeitsweisen und die verschiedenen gedanklichen Zugänge gehört zum Programm von *spotlights*. Wenn Schülerinnen und Schüler mit unterschiedlichen Muttersprachen sich an ein großes deutsches Drama heranwagen und es mit solcher Lebendigkeit effektvoll in Szene setzen, ist das nicht nur eine künstlerische Glanzleistung, sondern auch ein Stück Arbeit gegen den viel beschworenen Bildungsnotstand.

Mit einem ästhetisch eigenwilligen, vielfarbigen *Sommernachtstraum* bezauberte im Alten Malersaal die Bonner Otto-Kühne-Schule. Im Frühjahr 2007 werden sie sich dieses Shakespeare-Stück gewiss auch in der Inszenierung des Bonner Generalintendanten Klaus Weise in der Halle Beuel anschauen. Und sicher auch die Opernversion von Benjamin Britten, die kurz vor dem *spotlights*-Auftritt im Bonner Opernhaus Premiere hatte. Solch anregende Bezüge zum professionellen Theater zu fördern, ist ein Anliegen von *spotlights*.

Keinen Vergleich mit den erwachsenen Kollegen zu scheuen brauchte die Inszenierung von Kafkas Erzählung *Ein Hungerkünstler* vom Wiedtal-Gymnasium aus Neustadt/Wied in der Tapetenfabrik bei den *Raben*, die dem 17-jährigen Regisseur Simon von Oppeln bereits viele Anregungen im Vorfeld gegeben hatten. Wie hier die komplexe absurde Parabel über die Kunst mit der Titelfigur als Puppe sorgfältig in ein rhythmisches Zusammenspiel von sprachlicher Poesie, musikalischen Klängen und präzis choreografierten Bewegungen umgesetzt wurde, war einfach faszinierend. Dasselbe gilt für die *Anti/gone* nach Sophokles und vor allem Anouilh, mit der das Bonner Kardinal-Frings-Gymnasium in der Tapetenfabrik beeindruckte. Der Titel ist Programm: Es geht um Anti-Haltung und um den endgültigen Abschied. Der unlösbare Konflikt zwischen Macht und Moral, der Pflicht gegenüber dem Einzelnen und der Gemeinschaft, wurde durch ständige Rollenwechsel deutlich gemacht. Eine hoch intellektuelle, beklemmend aktuelle Aufführung, für die der Literaturkurs extra noch mal sein Bühnenbild – ein raumfüllendes Gerüst – verkleinert hatte. Wegen der geringen Anzahl der Sitzplätze des Spielortes konnte aber gleich zweimal vor vollem Haus gespielt werden.

Froschkönig

Turbulent wurde es in der Tapetenfabrik bei den kessen *Piraten* vom Städtischen Gymnasium Rheinbach, selbst wenn hier der Raum und die Technik doch leicht überfordert waren von den zu Leichtmatrosen mutierenden leichten Mädchen, die schwere Geschütze auffahren gegen das Piratenschiff „Hartz IV", und den diversen Seebären, die mit bekannten Werbesprüchen und skurrilen Fernseh-Soap-Zitaten die musikalische Reise zum südlichen Inselparadies vergnüglich behinderten. Ein tollkühner Spaß auf dem Meer der Trivialitäten, bei dem am Ende niemand mehr ganz sicher war, ob ihm die Schweißperlen oder die Lachtränen den Blick vernebelten.

Für das jüngere Publikum hat die Theater-AG der Jahrgangsstufen 5 bis 7 des Bonner Konrad-Adenauer-Gymnasiums den *Froschkönig* der Brüder Grimm

Mango – Sometimes I feel like a motherless child

Antigone

im JTB als lustiges Musical präsentiert. Zur aufgeweckten *Party bei Hänsel und Gretel* mit vielen Märchenfiguren luden die Kinder der Bonner KGS Nordschule in die Brotfabrik ein, nachdem dort kurz zuvor die Gemeinschaftshauptschule Heimerzheim *Zwei Freunde* auf eine bunte Reise durch Luft und Wasser geschickt hatte. Hauptfiguren in diesem leise poetischen Stück sind nämlich ein Vogel und ein Fisch, die sich sehr einsam fühlen, bis sie sich kennen lernen und ihre unterschiedlichen Welten erforschen. Die integrative Klasse hatte die Geschichte schon bei der Deutschen Welle als Hörstück auf CD produziert und dann für *spotlights* noch wunderschön mit Schwarzlicht und phantasievollen Figuren visualisiert. Allein schon die große schillernde Flussmuschel mit ihrem lebendigen Inhalt war den Besuch wert.

Bei Kästners *Emil und die Detektive* von der KGS Josefschule Bonn-Beuel, das am Fronleichnamstag nachmittags im JTB seine Premiere feierte, kam am nächsten Vormittag gleich die ganze Schule, um die muntere Jagd der cleveren Berliner Jungs nach dem Dieb von Emils Reisegeld zu verfolgen. Da bekam sogar der Schuldirektor große Lust, beim nächsten Stück seiner Grundschüler selbst eine Rolle zu übernehmen.

Unter die Haut ging die sehr leise Annäherung ans Thema AIDS vom Antoniuskolleg Neunkirchen. Angeregt wurde ihr Stück *Mango – Sometimes I feel like a motherless child"* durch einen Wettbewerb des Bundesgesundheitsministeriums, bei dem Hennig Mankells Text *Die Mangopflanze* als Grundlage dienen sollte. Unter über 500 Einsendungen belegte die Inszenierung aus Neunkirchen einen respektablen 18. Platz. Die „Erinnerungsbücher" afrikanischer AIDS-infizierter Eltern hatte das Ensemble zum Anlass genommen, über die psychischen Probleme – von welcher Krankheit auch immer – todgeweihter Menschen in aller Welt nachzudenken – und damit auch über ein Stück niemals aufzugebender Menschenwürde.

In den Kammerspielen begeisterte die Eigenproduktion von der Bonner Bertolt-Brecht-Gesamtschule *Hätte nie gedacht, dass …* Im Jugendzentrum hängen sie alle ab: Die Skins und die Gruftis, die beim Dealen erwischten Mädels und die Kartenspiel-Freaks. Und dann kriegen alle nach einem verpatzten Einbruch ihre Chance bei einem Tanzprojekt. Sie gewinnen bei der neuen Aufgabe Disziplin und Selbstwertgefühl. Leider zu spät für einen von ihnen. Er kommt von den harten Drogen nicht los und stirbt kurz vor der Premiere. Wie hier junge Menschen unterschiedlichster Herkunft eine spannende Geschichte aus eigenen Erfahrungen in der Schule und in den Familien entwickelt und präzise auf die Bühne gebracht hatten, überzeugte selbst die Theaterprofis im Publikum. Für die Schülerinnen und Schüler der 10. Klasse war es ihr letzter gemeinsamer Auftritt, aber einige möchten mit ihrem Spielleiter Thomas Butzlaff als freie Theatergruppe weiterarbeiten. Ein Netzwerk für solche Initiativen ist bei *spotlights* im Aufbau.

Ein schöner Nebeneffekt der Schultheaterarbeit der Jungen Theatergemeinde sollte auch nicht verschwiegen werden: Mehrere von den jungen ehemaligen Mitgliedern der ehrenamtlichen Jury haben inzwischen beim Theater Karriere gemacht. Eine leitet zum Beispiel den Stückemarkt beim Berliner Theatertreffen, einer ist Regieassistent am Schauspielhaus Zürich, einer gehört zum Organisationsteam der Biennale Bonn.

Mit *spotlights* hat vieles angefangen, und deshalb freut sich die Jury unter der Leitung von Renate Leonhardt jetzt schon auf das nächste Schultheaterfestival. Für das 5. *Spotlights*-Festival im Sommer 2007 können sich alle Schulen aus Bonn und dem Rhein-Sieg-Kreis bei der Jungen Theatergemeinde bewerben. Weitere Informationen unter Tel. 02 28-9 15 03 35 oder unter www.theatergemeinde-bonn.de.

„ENTE GUT, ALLES GUT. THE DUCK FAMILY.“

– unter diesem Titel zeigt das Bilderbuchmuseum Troisdorf Original-Illustrationen von drei Walt-Disney-Zeichnern aus der privaten Sammlung von Peter Reichelt aus Mannheim. Disneys berühmte Comicfigur, die 1934 erstmals im Zeichentrickfilm und dann auch im Comic auftauchte, ist gemeinsam mit ihren Freunden und Verwandten wie Tick, Trick und Track oder Mickey Mouse zu sehen.

DIE GLOCKEN DER ABTEI

„Fest gemauert in der Erden Steht die Form, aus Lehm gebrannt. Heute muss die Glocke werden. Frisch Gesellen, seid zur Hand."

(Friedrich Schiller, Das Lied von der Glocke)

Die dicke Marie und der kleine Michael nehmen ihren Platz im Glockenturm der Siegburger Abtei ein. Ein Schwerlastkran hebt die beiden Bronzeglocken, die zusammen ein Gewicht von annähernd sechs Tonnen auf die Waage bringen, in den Glockenstuhl – mittels einer komplizierten Konstruktion aus Flaschenzügen und Schlitten gelangen sie anschließend an den für sie bestimmten Platz im Geläut der Benediktinerabtei.

Die beiden größten Glocken auf dem Michaelsberg waren im März in der Glockengießerei Petit & Gebr. Edelbrock in Gescher gegossen worden, deren Wurzeln sich bis in das 17. Jahrhundert zurückverfolgen lassen. Die Eingangszeilen der „Schiller´schen Glocke" können auch heute noch als Anleitung zum Glockenguss dienen – aus dem Schmelzofen floss die 1.160 Grad heiße Legierung aus Kupfer und Zinn in die Lehmform und ließ die neue Marie und den neuen Michael entstehen. Ihre Vorgänger hatte man nicht wie geplant eingeschmolzen und für die Glockenspeise verwendet – eine Analyse hatte ergeben, dass sie aus unedlem Material hergestellt worden waren. Seit Ende der 90er Jahre durften die 1960 in Münster gefertigten Glocken bereits nicht mehr geläutet werden, da sie Risse in der Halterung bekommen hatten – ihre Kronen drohten auseinander zu platzen.

Am Namenstag des Ordensgründers Benedikt, am 11. Juli 2006, erklingt das Ensemble erstmals wieder vollständig – möglich machten es Spenden und Beiträge der Mitglieder des Vereins der Freunde und Förderer der Abtei Siegburg sowie die Kreissparkasse Köln, die einen Zuschuss in Höhe von 15.000 Euro leistete.

DIE WELT ZU GAST BEI FREUNDEN

Die Fußball-Weltmeisterschaft 2006 wird in München eröffnet. Nun beginnen mehr als vier Wochen absoluten Fußball-Fiebers in Deutschland. Mit Menschen aus allen Ländern der Welt wird das Motto „Die Welt zu Gast bei Freunden“ gelebt.

Millionen füllen die Fanmeilen in den Städten – Public Viewing ist das neue Schlagwort. Gemeinsam wird gejubelt, gefeiert und auch geweint, denn leider verpasst die deutsche Mannschaft unglücklich den Einzug ins Finale der bislang zweiten Fußball-Weltmeisterschaft in Deutschland. Der Traum vom Weltmeister-Titel im „eigenen Land“ ist damit geplatzt, doch das Team um den Mann, der in der Sportschule Hennef seinen Trainerlehrgang absolvierte, gewinnt unangefochten einen anderen Titel – sie werden „Weltmeister der Herzen“. Auch Bundeskanzlerin Angela Merkel attestiert: „Jürgen Klinsmann, sein Team und seine Spieler haben mit Leidenschaft und Mut unser Land in große Begeisterung versetzt. Deutschland ist unser Weltmeister der Herzen.“

Auch im Rhein-Sieg-Kreis ist die Euphorie spürbar – schließlich hat die Nationalmannschaft der Elfenbeinküste hier ihr WM-Quartier. Der Clostermannshof in Niederkassel ist das Domizil der Kicker von der „Côte d'Ivoire“ – der Sportschule Hennef, in der bereits Sepp Herberger mit dem Weltmeister-Team von 1954 trainierte, gelang es leider nicht, ein WM-Teilnehmerland für sich zu gewinnen.

In der Bundesstadt Bonn logierte das japanische Team. Im modernisierten Troisdorfer Aggerstadion absolvieren die Spieler der Elfenbeinküste ihre Trainingseinheiten – teilweise begleitet von mehr als 2.000 Fans, die im „FIFA WM Quartier 2006“ ein bisschen WM-Luft schnuppern. Bereits bei der Begrüßung der Spieler der République Côte d'Ivoire hatten mehr als 5.000 Zuschauer den Wilhelm-Hamacher-Platz in Troisdorf in ein grün-weiß-oranges Fahnenmeer verwandelt. „Les Éléphants“, wie das Team der Elfenbeinküste in heimischen Gefilden genannt wird, müssen sich jedoch leider bereits nach der Vorrunde verabschieden.

Die deutsche Nationalmannschaft schließt „ihre WM“ schließlich mit dem dritten Platz ab. Auf der Fanmeile vor dem Brandenburger Tor feiern hunderttausende Fans die Ankunft des Teams, das Trikots mit der Aufschrift „Teamgeist – 82 Millionen“ trägt. Gemeinsam mit den „Sportfreunden Stiller“ wird das Ziel für die nächste WM besungen – „54, 74, 90, 2010 ….“

Die in Deutschland stattfindende Fußball-Weltmeisterschaft wurde zum Anlass genommen, sich mit der Fußballgeschichte des Rhein-Sieg-Kreises zu beschäftigen. Thematische Schwerpunkte der Publikation sind: Einführung in die allgemeine Fußballgeschichte sowie Darstellung der Entwicklung von Spielgerät und Ausrüstung, Übersicht über die Verbandsgeschichte bis 1945, Geschichte des Fußballs im Fußballkreis Sieg bzw. Bonn von den Anfängen bis heute, Frauenfußball, Schiedsrichterwesen, prominente Spielerpersönlichkeiten, Sportschule Hennef und viele weitere Aspekte. So ist ein 443 Seiten umfassender Band mit zahlreichen Abbildungen entstanden, von denen viele erstmalig veröffentlicht wurden. Das Buch hat einen kartonierten Einband und ist durchgehend vierfarbig bebildert. In seiner Dichte ist diese regionale Fußballgeschichte bisher einzigartig.

Claudia Maria Arndt,
Volker Fuchs (Hg.):

PFEIFENMANN
UND PFOSTENBRUCH

Die Geschichte des Fußballs
im Rhein-Sieg-Kreis.

Rheinlandia-Verlag
Siegburg 2006.
Veröffentlichung des
Geschichts- und Altertumsvereins
für Siegburg und
den Rhein-Sieg-Kreis e.V., Band 27

ISBN 3-938535-18-0
Preis: 24,90 €

UNSER DORF HAT ZUKUNFT

18. KREISWETTBEWERB 2005

Der Kreiswettbewerb der Dörfer ging im Rhein-Sieg-Kreis in seine 18. Runde. „Unser Dorf hat Zukunft“ lautete das Motto, das den bekannten Wettbewerbstitel „Unser Dorf soll schöner werden“ in diesem Jahr endgültig ablöste. Der Titel drückt aus, dass die Verbesserung der Zukunftsperspektiven in den Dörfern, die Steigerung der Lebensqualität im ländlichen Raum und die Stärkung der regionalen Identität besondere Berücksichtigung finden.

Eine Jury aus Vertreterinnen und Vertretern der vier Kreistagsfraktionen, der Landwirtschaftskammer, des Amtes für Agrarordnung, des Staatlichen Forstamtes, des Landfrauenverbandes und Mitarbeiterinnen und Mitarbeitern des Kreisbau- und des Kreisplanungsamtes bewertete die 24 teilnehmenden Dörfer und Ortschaften. In den Sparten Konzeption und deren Umsetzung, wirtschaftliche Entwicklung und Initiativen, soziales und kulturelles Leben, Baugestaltung und Entwicklung, Grüngestaltung und Entwicklung sowie Dorf und Landschaft galt es die Kommission zu überzeugen.

Auf Grund der beträchtlichen strukturellen Unterschiede zwischen den konkurrierenden Dörfern teilten die Experten diese in drei Kategorien ein.

Vier Tage lang reiste die Jury kreuz und quer durch den Rhein-Sieg-Kreis, schließlich stand fest: In der Kategorie „größere Ortschaften, die städtisch geprägt sind“ teilen sich Windeck-Herchen und Lohmar-Wahlscheid den ersten Platz, in der Kategorie „größere Ortschaften mit heterogenen Strukturen, teilweise noch dörflich geprägt“ sicherte sich Windeck-Altwindeck die Spitzenposition und in der Kategorie „kleine, dörflich geprägte Ortschaften“ ist Hennef-Auel der Spitzenreiter.

Altwindeck

In dem 1.100 Einwohner zählenden Windeck-Herchen nahm die Jury insbesondere die vitale Infrastruktur und die erfolgreiche Nutzung der leer stehenden Hotels als Seniorenheim positiv zur Kenntnis. Auch das Engagement der Vereinsmitglieder bei verschiedenen Aktivitäten wie dem Bau eines Vereinsheims, der Betreuung der Minigolfanlage und dem Bootsverleih beeindruckten. Die Durchgrünung des Ortes durch ansprechenden alten Baumbestand sowie die sehr gute Einbindung in die Landschaft brachten darüber hinaus weitere Punkte.

Wahlscheid überzeugte die Jury insbesondere durch das rege Vereinsleben. Im zweitgrößten Stadtteil Lohmars mit ca. 2.800 Einwohnern engagiert man sich intensiv im Bereich des „Landschaftsgartens Aggerbogen" und bringt so Einheimischen und auch Fremden die Natur nahe. Auch der Einsatz der Einwohner bei der Öffnung der Grube Pilot und die Errichtung einer Jugendfeuerwehr ließen das Punktekonto anwachsen. Überzeugt war die Jury von dem vorbildlichen Zusammenleben der Generationen, dem harmonischen Erscheinungsbild des Ortes und der sehr guten Abgrenzung des westlichen Ortsrandes durch die Aggeraue.

Auch in Windeck-Altwindeck war das große Engagement der Dorfbewohner Trumpf. Der 380-Seelen-Ort nimmt seit 30 Jahren am Kreiswettbewerb teil und konnte auch im Landeswettbewerb schon zahlreiche Male glänzen. Pluspunkte sammelte man in diesem Jahr u. a. durch die dreimal jährlich erscheinende Dorfzeitung „Däller Rundschau", die neben Bekanntmachungen insbesondere Berichte und Anekdoten rund um das aktuelle und auch historische Leben im Ort enthält. Beeindruckt waren die Jurorinnen und Juroren ebenfalls von touristischen Aktivitäten wie der Ausrichtung der Burgfestspiele und des Burgmarktes, der Gestaltungsfreude der Einwohner und den offenen Strukturen, den Wildpflanzen am Straßenrand sowie von den zahlreichen Biotopen an Böschungen und Trockenmauern.

Lohmar-Wahlscheid

Hennef-Auel hat nur 77 Einwohner – dennoch kann der kleine Ort ein aktives Dorfleben mit diversen Festen vorweisen. Eine im Rhythmus von drei Monaten erscheinende Zeitung sowie eine Informationstafel informieren die Dorfbewohner über alles Wissenswerte. Pluspunkte sammelten die Hennefer weiterhin durch engagierte Restaurierung und Pflege der schützenswerten Bausubstanz und die positive Entwicklung der Grüngestaltung.

Lohmar-Wahlscheid

Lohmar-Wahlscheid

Windeck-Herchen

Rheinbach-Flerzheim

Königswinter-Berghausen

Bornheim-Uedorf

Sonderpreise verteilte die Jury in Königswinter-Berghausen für die gute Präsentation bei der Begehung durch die Kreiskommission, in Lohmar-Deesem für die jährlich stattfindende gemeinschaftliche Häckselaktion, in Rheinbach-Hilberath für die kulturelle Zusammenarbeit mit einem Papierkünstler, in Much-Tillinghausen für den Neubau der Kapelle sowie in Bornheim-Uedorf für die Integration der Verbundschule in das Dorfleben.

Doch wer sollte nun den Rhein-Sieg-Kreis im Landeswettbewerb repräsentieren? Auf Grund des von der Landwirtschaftskammer vorgegebenen Teilnahmeschlüssels konnte bei bis zu 30 Ortsteilen nur ein Gewinner zum Landeswettbewerb angemeldet werden. Den Ausschlag gab die erste Nachkommastelle: Windeck-Herchen hatte mit 89,3 Zählern die höchste Punktzahl unter den Teilnehmern erzielt und vertrat den Rhein-Sieg-Kreis im 22. Landeswettbewerb. 58 nordrhein-westfälische Dörfer – hervorgegangen aus insgesamt 1.042 – stellten sich der Bewertung der Jury. Neben einem Sonderpreis für besondere Initiativen der Frauen zur Entwicklung des Dorfes konnte sich Windeck-Herchen dort eine der 24 vergebenen Silberplaketten sichern.

Hennef-Auel

Bad Honnef-Rommersdorf

Much-Oberheimbach

„UNSER DORF HAT ZUKUNFT“
ERGEBNISSE DES KREISWETTBEWERBS 2005

Windeck-Herchen

KATEGORIE „GRÖSSERE ORTSCHAFTEN, DIE STÄDTISCH GEPRÄGT SIND“

1. Windeck-Herchen	89 Punkte
1. Lohmar-Wahlscheid	89 Punkte
3. Bad Honnef-Rommersdorf	84 Punkte
4. Bornheim-Brenig	80 Punkte
5. Bornheim-Uedorf	75 Punkte

Windeck-Altwindeck

KATEGORIE „GRÖSSERE ORTSCHAFTEN MIT HETEROGENEN STRUKTUREN, TEILWEISE NOCH DÖRFLICH GEPRÄGT“

1. Windeck-Altwindeck	87 Punkte
2. Königswinter-Berghausen	78 Punkte
3. Rheinbach-Hilberath	74 Punkte
3. Rheinbach-Flerzheim	74 Punkte
5. Alfter-Volmershoven-Heidgen	67 Punkte
6. Windeck-Mauel	62 Punkte

KATEGORIE „KLEINERE, DÖRFLICH GEPRÄGTE ORTSCHAFTEN“

Hennef-Auel

1. Hennef-Auel	89 Punkte
2. Much-Oberheimbach	88 Punkte
3. Much-Tillinghausen	83 Punkte
4. Much-Berzbach	81 Punkte
5. Ruppichteroth-Bröleck-Felderhof	79 Punkte
6. Ruppichteroth-Hodgeroth	78 Punkte
7. Lohmar-Deesem	77 Punkte
7. Ruppichteroth-Schreckenberg	77 Punkte

VERDIENSTORDEN DER BUNDESREPUBLIK DEUTSCHLAND

VON
YVONNE NOLL

„Würdigen Anerkennung auszusprechen, ist eine sittlich gute Tat.“
(Lucius Annaeus Seneca)

Von jeher sind Staaten auf Bürgerinnen und Bürger angewiesen, die bereit sind, sich in den Dienst der Allgemeinheit zu stellen. Denn oftmals ist ein Staat nicht in der Lage, alle Aufgaben selbst zu übernehmen, sondern bedarf der Unterstützung von ehrenamtlichen Helferinnen und Helfern. Um diese Freiwilligen für ihre besonderen Verdienste auszuzeichnen, entwickelte sich im Laufe der Zeit in nahezu allen Staaten ein öffentliches Ehrungswesen, durch das verdiente Persönlichkeiten die ihnen zustehende Anerkennung erfahren sollten.

Als Theodor Heuß als erster Bundespräsident im Jahr 1951 den Verdienstorden der Bundesrepublik Deutschland stiftete, wurde damit ein Instrument geschaffen, mit dem verdienten Männern und Frauen in angemessener Form für ihre ehrenamtlichen Tätigkeiten gedankt werden konnte. Bis heute ist der Verdienstorden der Bundesrepublik Deutschland die einzige allgemeine Verdienstauszeichnung und damit die höchste Anerkennung, die unser Staat für Verdienste um das Gemeinwohl ausspricht. Er wurde seit dem Tag seiner Stiftung bis Ende des Jahres 2005 insgesamt ca. 210.000 mal in den verschiedenen Ordensstufen verliehen.

Wie bereits in den vergangenen Ausgaben den Jahrbuchs möchte ich Ihnen auch in diesem Jahr die Bürgerinnen und Bürger des Rhein-Sieg-Kreises vorstellen, die in der Zeit vom 1. Juli 2005 bis zum 30. Juni 2006 mit dem Verdienstorden der Bundesrepublik Deutschland für ihre Verdienste um das Allgemeinwohl ausgezeichnet wurden. Chronologisch geordnet finden Sie daher an dieser Stelle kurze Zusammenfassungen über die besonderen Leistungen der geehrten Personen.

Die Erläuterungen sind den amtlichen Ordensbegründungen entnommen und stellen daher auf den Zeitpunkt der Entscheidung des Bundespräsidenten ab. Sofern nicht ausdrücklich anders beschrieben, hat Landrat Frithjof Kühn die Ordensinsignien persönlich ausgehändigt. Da es im Laufe eines Jahres auch zu Aushändigungen durch übergeordnete Stellen kommt, die nicht immer an den Rhein-Sieg-Kreis gemeldet werden, erhebt diese Übersicht keinen Anspruch auf Vollständigkeit.

SABRIYE TENBERKEN, SWISTTAL / LHASA, VERDIENSTKREUZ AM BANDE

Bundespräsident Horst Köhler überreichte die Ordensinsignien persönlich an die Swisttalerin Sabriye Tenberken, die sich durch ihr Wirken für die Blinden Tibets weltweite Achtung und Anerkennung erworben hat. Selbst sehbehindert, gelang es Frau Tenberken als Studentin der Zentralasien-Wissenschaften eine tibetische Blindenschrift zu entwickeln. Nachdem sie bereits im Jahr 1994 Tibet mit einem Pferd bereist und blinde Bauernkinder in einer Blindenschule in Lhasa unterrichtet hatte, unternahm sie im Jahr 1997 ohne sehende Begleitung eine Forschungsreise, die sie von Peking bis Lhasa führte. Im darauf folgenden Jahr war sie Mitbegründerin des Blindenzentrums Lhasa, das sie bis heute leitet.

WOLFGANG MROSEK, SWISTTAL, VERDIENSTMEDAILLE

Herr Mrosek erhielt die Ordensinsignien aus den Händen der stellvertretenden Landrätin Uta Gräfin von Strachwitz. Er wurde damit für die aufopferungsvolle, Jahrzehnte währende Pflege seiner Ehefrau und seine beispielhafte Vorbildfunktion ausgezeichnet.

KURT ADOLF FASSBENDER, MECKENHEIM, VERDIENSTMEDAILLE

Als Autor und Regisseur des Theatervereins „Lüfthildis-Mysterienspiele e. V.“ ist es Herrn Fassbender gelungen, sowohl ein kulturelles Zentrum im Rhein-Sieg-Kreis zu begründen als auch international für die Region zu werben. Dabei sind religiöse Themen für seine Theaterstücke für ihn von genauso großer Bedeutung wie ortshistorische Bezüge. Auf diese Weise schuf er Grundlagen dafür, dass die Geschichte Lüftelbergs für die nachfolgenden Generationen bewahrt und weiterhin heimisches Kulturgut gepflegt wird. Darüber hinaus ist es Herrn Fassbenders Engagement zu verdanken, dass die alte Schlossmühle in Lüftelberg restauriert und seither teilweise von der Theatergemeinschaft genutzt werden konnte.

PROF. DR. HERMANN HANSIS, KÖLN, VERDIENSTKREUZ AM BANDE

Staatssekretär Günter Winands, Ministerium für Schule und Weiterbildung des Landes Nordrhein-Westfalen, überreichte dem früher in Swisttal beheimateten Prof. Hermann Hansis die Ordensinsignien für seine ehrenamtlichen Verdienste im Bereich des Bildungswesens. In den Jahren 1989 bis 1991 wirkte er als stellvertretender Vorsitzender des Bundesverbandes der Lehrer an Wirtschaftsschulen an der Neuordnung der Büroberufe auf Bundesebene mit. Neben seiner Tätigkeit als Vorsitzender des Verbandes der Lehrerinnen und Lehrer an Wirtschaftsschulen in Nordrhein-Westfalen e. V. brachte er sich in die Personalratsarbeit des Hauptpersonalrates für Lehrer in Nordrhein-Westfalen ein. Darüber hinaus war er Mitglied im Lehrerausbildungsausschuss des Landesverbandes Nordrhein-Westfalen, dessen Vorsitz er 1989 übernahm. Seit dem Jahr 2000 ist er zudem Honorarprofessor an der Universität zu Köln.

WALTER WALSDORF, KÖNIGSWINTER, VERDIENSTMEDAILLE

Walter Walsdorf erhielt die Ordensinsignien von der stellvertretenden Landrätin Uta Gräfin Strachwitz für die aufopferungsvolle, drei Jahrzehnte umfassende Pflege seiner Ehefrau und für sein Engagement um die Kreisjägerschaft Bonn / Rhein-Sieg. Er baute nicht nur die Jagdhorn-Bläsergruppe des Hegerings Siegburg-Kaldauen auf, sondern war ebenfalls Ausbilder von jüngeren Jägern.

BERND DIETER BEISSEL, RHEINBACH, VERDIENSTKREUZ AM BANDE

In seiner mehr als 30 Jahre währenden kommunalpolitischen Tätigkeit hat sich der Rektor der Gemeinschaftshauptschule Rheinbach und CDU-Fraktionschef in Rheinbach insbesondere den Themen Jugend und Sport verschrieben. So zeichnet er mitverantwortlich für die im Rheinbacher Freizeitpark gebauten Beachvolleyballplätze und auch die jährlich stattfindende Ausbildungsplatzbörse für Berufsanfänger. Besonderes Anliegen war ihm die Einrichtung der „Ringer-Gruppe-Surikow" im Turn- und Rasensportverein Germania 1912 e. V. Oberdrees, die im Rahmen des „Rheinbacher Integrationsmodells" Jugendlichen u. a. aus Usbekistan, Moldawien und Russland Gelegenheit zu einer sinnvollen Freizeitgestaltung gibt.

ANITA GRUNDMANN, MECKENHEIM, VERDIENSTMEDAILLE

20 Jahre lang leitete Anita Grundmann die Arbeitsgruppe Meckenheim des Kinderhilfewerks der Vereinten Nationen, UNICEF. In dieser Funktion verkaufte sie nicht nur UNICEF-Grußkarten und warb Spenden ein, sondern organisierte auch aktiv die Öffentlichkeitsarbeit der Gruppe. So sorgte sie dafür, dass schlechte Lebensbedingungen von Kindern und Jugendlichen im öffentlichen Bewusstsein präsent blieben. Darüber hinaus unterstützt Frau Grundmann seit 1999 die Arbeit der Arbeiterwohlfahrt (AWO) Ortsverein Meckenheim, dessen Vorstand sie als Beisitzerin angehört. Sie betreut mit weiteren Frauen die Schuh- und Kleiderstube und berät Interessierte über das Hilfsangebot der AWO.

WOLFGANG STOLTE, TROISDORF, VERDIENSTKREUZ AM BANDE

Der Bundesminister für Verteidigung, Dr. Franz Josef Jung, übergab Wolfgang Stolte die Ordensinsignien für sein langjähriges soziales Engagement. Neben seiner Tätigkeit für den Hauptpersonalrat beim Bundesministerium der Verteidigung, dem er seit 1978 angehört und dessen Vorsitzender er heute ist, engagierte sich Herr Stolte ehrenamtlich in der Gewerkschaft Öffentliche Dienste Transport und Verkehr (ÖTV) und übernahm nach dem Zusammenschluss zur Vereinten Dienstleistungsgewerkschaft (ver.di) den Vorsitz der Bundesfachgruppe Bundeswehr sowie den ehrenamtlichen Vorsitz des Bundesfachbereiches Bund und Länder. Maßgeblichen Anteil hatte Wolfgang Stolte beim Aufbau der „Armee der Einheit", indem er den Aufbau von Gewerkschaften und Interessenvertretungen in den neuen Bundesländern unterstützte und in Schulungen die Grundlagen von demokratischen Beteiligungsgremien vermittelte. Darüber hinaus ist Herr Stolte im Vorstand der Unfallkasse des Bundes aktiv, in dem er die nach dem Sozialgesetzbuch vorgegebenen Aufgaben als alternierender Vorsitzender wahrnimmt.

WOLFGANG STÜSSER, BORNHEIM, VERDIENSTMEDAILLE

Bereits seit drei Dekaden ist Wolfgang Stüßer aktives Mitglied der Dorfgemeinschaft Merten, dem Dachverband aller Mertener Ortsvereine, dessen geschäftsführendem Vorstand er über einen Zeitraum von mehr als 20 Jahren angehörte. Ziel der Dorfgemeinschaft ist es, örtliche Traditionen zu pflegen und der Entfremdung und Vereinsamung der Bürger gegenzusteuern. So organisierte Herr Stüßer den jährlich stattfindenden Seniorentag mit oder sorgte dafür, dass das von ihm gegründete Tambourcorps „Alte Hosen" bei verschiedenen Veranstaltungen im Ort unentgeltlich aufspielte. Darüber hinaus engagiert sich Wolfgang Stüßer seit Mitte der 1970er Jahre für die St. Sebastianus Schützenbruderschaft und die 1973 ins Leben gerufene Aktion „Krankenhilfe St. Martin", die zur Erleichterung der Pflege kranker und pflegebedürftiger Patienten in ihrem Zuhause unentgeltlich Krankenbetten zur Verfügung stellt.

PAUL BERNHARD WINK, NEUNKIRCHEN-SEELSCHEID, VERDIENSTKREUZ 1. KLASSE

Für sein besonderes Engagement im Bereich der Völkerverständigung überreichte Regierungspräsident Hans Peter Lindlar das Verdienstkreuz 1. Klasse an Paul Bernhard Wink, der bereits im Jahr 1986 mit dem Verdienstkreuz am Bande ausgezeichnet worden war. Als Bevollmächtigter des Generalsekretärs der Konrad-Adenauer-Stiftung hat sich Herr Wink besonders für den Dialog mit Polen, Israel, Italien, Frankreich, Russland, der Tschechischen Republik, der Ukraine und Weißrussland eingesetzt. Für seine Bemühungen um die deutsch-israelischen Beziehungen wurde ihm die Medaille der Stadt Tel Aviv verliehen. Weitere Aufgabenfelder waren der Aufbau und die Weiterentwicklung der politischen Stiftungen in Deutschland, für deren Gemeinsame Erklärung, dem Bekenntnis zur freiheitlichen Grundordnung der Bundesrepublik Deutschland und ihrer Absicht, überparteilich zu agieren, Herr Wink mit verantwortlich zeichnet. Nach der Wiedervereinigung setzte sich Paul Wink verstärkt für die Integration der neuen Länder ein und betrieb den dortigen Aufbau neuer Bildungswerke. Einen Bildungsauftrag sah er auch in der Vermittlung historischer Kenntnisse um den Aufbau der Bundesrepublik Deutschland nach dem Zweiten Weltkrieg im In- und Ausland. Besondere Verdienste hat er sich zudem als langjähriges Mitglied des Kuratoriums „Partner für Berlin" und seinen damit verbundenen Einsatz für das Hauptstadtmarketing erworben.

INGE VIEFHUES, EITORF, VERDIENSTKREUZ AM BANDE

Seit Mitte der 1980er Jahre setzt sich Inge Viefhues, Inhaberin der Krewel Meuselbach GmbH in Eitorf, für die Rhein-Sieg Werkstätten der Lebenshilfe gemeinnützige GmbH ein, die der Lebenshilfe für geistig behinderte Menschen im rechtsrheinischen Rhein-Sieg-Kreis e. V. angegliedert sind. Neben regelmäßigen Spenden an die Rhein-Sieg Werkstätten zählen auch die Bemühungen um Integration behinderter Menschen in unsere Gesellschaft zu ihrem sozialen Engagement. So beschäftigt ihre Firma seit dem Jahr 1987 eine Gruppe, die aus sechs geistig behinderten Männern und einem Betreuer besteht. Darüber hinaus achtet Frau Viefhues darauf, dass Aufträge, die von den Rhein-Sieg Werkstätten übernommen werden können, auch an diese vergeben werden. Als Mitbegründerin des Fördervereins St. Franziskus Krankenhaus Eitorf e. V. und Mitglied des Evangelischen Diakoniewerkes Eitorf unterstützt Inge Viefhues beide Organisationen durch regelmäßige Zuwendungen, die über das übliche Maß hinausgehen. Not leidenden Menschen lässt sie unkomplizierte Hilfe zukommen, wenn sie diese benötigen. Sie ist Mitglied des Fördervereins St. Elisabeth Seniorenwohnhaus Eitorf e. V.

KATHARINA INGEBURG (KARIN) SLABBERS, SANKT AUGUSTIN, VERDIENSTKREUZ AM BANDE

Als sportbegeisterte Übungsleiterin begann Karin Slabbers zunächst ehrenamtlich mit ihrem Engagement an der Integrierten Gesamtschule in Bonn-Beuel, bevor sie im Jahr 1981 als Lehrerin in das Kollegium aufgenommen wurde. Hauptverantwortlich für die Organisation und Ausrichtung des jährlich stattfindenden Wettkampfes im Geräteturnen aller Schulen in Bonn, hatte sie auch maßgeblichen Anteil am Aufbau einer Lehrersport-Arbeitsgemeinschaft, am Aufbau und der Leitung des Schulsanitätsdienstes und von Erste-Hilfe-Kursen an „ihrer" Schule. Daneben baute Frau Slabbers im Bonner Turnverein 1860 e. V., für den sie als Oberturnwartin und später auch Vize-Vorsitzende mit zahlreichen organisatorischen Aufgaben betraut war, eine Mutter-Kind-Turnabteilung auf. Für ihr Engagement im Bereich des Sports wurde Karin Slabbers im Jahr 1998 mit dem Ehrenpreis *Für die Verdienste um den Sport in Bonn* ausgezeichnet. Darüber hinaus hat sich Frau Slabbers aber auch um die Verkehrserziehung verdient gemacht. Als Mitglied des erweiterten Vorstandes des Verkehrswacht Bonn e. V. bewirkte sie, dass an der Integrierten Gesamtschule Bonn-Beuel u. a. ein Schülerlotsen-Corps aufgebaut wurde.

JOHANN (HANS) KEMP, BORNHEIM, VERDIENSTMEDAILLE

Ob als Beisitzer des Fischerprüfungsausschusses im Zuständigkeitsbereich der Unteren Fischereibehörde der Stadt Bonn, in leitender Funktion beim Rheinischen Fischereiverband von 1880 e. V., dem Fischereiverband NRW, im bundesweiten Verband Deutscher Sportfischer e. V. oder als Präsident des Landesverbandes Nordrhein-Westfalen des Deutschen Angler Verbandes (DAV) – seit mehr als einem halben Jahrhundert engagiert sich Hans Kemp für die Fischerei und den Gewässerschutz. Als besonderes Verdienst gilt die Erarbeitung des *DAV-Ehrenkodexes* und des *Positionspapiers zum Heranführen von Kindern und Jugendlichen an die Natur und das Angeln*, die er als Vizepräsident des DAV maßgeblich begleitet hat. Auf Grundlage des Positionspapiers wurden in verschiedenen Bundesländern „Angel- und Umweltschulen" für Jugendliche eröffnet.

UTE HEID, WACHTBERG, VERDIENSTKREUZ AM BANDE

Über einen Zeitraum von 30 Jahren hat sich Ute Heid in vielfältiger Weise in die kommunalpolitische Arbeit der Gemeinde Wachtberg eingebracht. Einen Schwerpunkt legte sie hier auf kommunale Umweltbelange. So war ihr als Vorsitzende des Bau- und Planungsausschusses (1994-1999) ein städtebauliches Konzept, das Bauinteressen und Ökologie vereinte, ein besonderes Anliegen. Neben ihrem politischen Engagement setzte sich Frau Heid als Gründungsmitglied des Ökumenischen Arbeitskreises Wachtberg zur Betreuung von Aussiedlern und Asylbewerbern für ihre Mitmenschen ein. Dabei steht die Integration von Migrantinnen und Migranten insbesondere durch Bildung und berufliche Qualifizierung im Mittelpunkt ihrer Bemühungen. Darüber hinaus engagierte sich Ute Heid in der Jugendarbeit der Gemeinde, in dem sie den Bau eines Jugendhauses für die Jugendlichen mit Rat und Tat begleitete.

HUBERT WIRTZ, SWISTTAL, VERDIENSTMEDAILLE

Seit 1989 ist Hubert Wirtz Ortsvorsteher des Ortsteils Straßfeld. In dieser Funktion setzt er sich unter erheblichem Zeitaufwand dafür ein, den dörflichen Charakter des Ortes zu erhalten und damit die Wohnqualität zu steigern. Sein erfolgreicher Einsatz mit einer Bürgerinitiative gegen die Belastungen des Ortes durch den Schwerlastverkehr spiegeln diese Bemühungen ebenso wider wie die Organisation der jährlichen Ausflugsfahrt für Seniorinnen und Senioren oder des monatlichen „Altentreffs". Als Mitglied der Senioren-Union der CDU auf örtlicher, Bezirks-, Landes- und Bundesebene setzt er sich speziell für die Belange der älteren Mitbürgerinnen und Mitbürger ein. Daneben ist Hubert Wirtz seit vier Jahrzehnten Mitglied der Freiwilligen Feuerwehr Swisttal, für die er beinah 30 Jahre lang aktiven Dienst leistete. In dieser Zeit war er auch Mitinitiator der Jugendfeuerwehr, für deren Erhalt er auch heute noch eintritt.

ANITA MONES, RHEINBACH, VERDIENSTMEDAILLE

Anita Mones erhielt den Verdienstorden aus den Händen der stellvertretenden Landrätin Gräfin von Strachwitz für ihr herausragendes sozial-karitatives Engagement. Bereits 1972 trat Frau Mones in die Lebenshilfe Kreis Euskirchen ein, wo sie sogleich in die Vorstandsarbeit einstieg und die Organisation zahlreicher Aktivitäten übernahm. In den Jahren 1989 bis 1981 übernahm Anita Mones den Vorsitz der Vereinigung, bevor sie Mitbegründerin und Vorsitzende des Arbeitskreises Gemeinsam Wohnen e. V. in Euskirchen wurde. Dieser Verein hat sich zum Ziel gesetzt, Menschen mit Behinderung ein selbst bestimmtes Leben in einer Wohngemeinschaft zu ermöglichen. Heute kann der Arbeitskreis bereits 15 Menschen Wohnungen zur Verfügung stellen, zwei Plätze stehen zur Kurzzeitunterbringung bereit. Bis zum Jahr 1998 leitete Anita Mones das Wohnheim ehrenamtlich und stand den Bewohnern auch nachts zur Seite. Im Jahr 2005 trat Frau Mones aus Altersgründen als Vorsitzende zurück.

MANFRED STRÄSSER, TROISDORF, VERDIENSTMEDAILLE

Im Jahr 1982 gründete Manfred Sträßer gemeinsam mit vier Betroffenen die Multiple-Sklerose (MS)-Selbsthilfegruppe Troisdorf/Siegburg, die heute 40 Mitglieder zählt und von ihm geleitet wird. Neben der Organisation der regelmäßigen Treffen, der Fahrdienste sowie des allgemeinen Gruppenlebens oder von Ausflügen engagiert Herr Sträßer sich auch auf dem jährlich stattfindenden Nikolausmarkt, wo er den Verkaufsstand der Selbsthilfegruppe betreut. Darüber hinaus kümmert er sich intensiv um die Kontakte zur MS-Gruppe Essen, zu der partnerschaftliche Beziehungen bestehen. Ein wichtiges Anliegen ist Herrn Sträßer, die Mitglieder der Gruppe über den aktuellen Stand im medizinischen und physiotherapeutischen Bereich zu informieren. Hierzu organisiert er Fachvorträge, für die er sachkundige Referenten gewinnt, und Besuche von Kliniken, bei denen Fragen an das Fachpersonal gestellt werden können. Seit dem Jahr 2001 ist Manfred Sträßer aktives Redaktionsmitglied der Selbsthilfezeitung *kisszeit*, die von der Kontakt- und Informationsstelle für Selbsthilfe im Rhein-Sieg-Kreis herausgegeben wird.

HELMUT KLOSS, BAD HONNEF, VERDIENSTMEDAILLE

In zahlreichen Funktionen, sei es als Rats- oder Ausschussmitglied (1961-69), als Sachkundiger Bürger (1969-84), als zunächst stellvertretendes (ab 1984), dann ordentliches Mitglied (ab 1994) des Verwaltungsrates der Sparkasse Bad Honnef oder als stellvertretendes Mitglied des Kreditausschusses der Sparkasse (ab 1994), hat sich Helmut Kloss über Jahrzehnte in die kommunalpolitische Arbeit von Bad Honnef eingebracht. Ein besonderes Anliegen ist ihm das kulturelle und soziale Gepräge der Kurstadt. Aus diesem Grund hat Herr Kloss sich über Jahre im Kur- und Verkehrsverein Bad Honnef e. V. engagiert und dafür gesorgt, dass im Kurpark sowie im St. Anno-Park Bänke für Erholungssuchende aufgestellt wurden. Auch die Gründung der Bürgerstiftung Bad Honnef zur Unterstützung der Stadt bei der Finanzierung einzelner sozialer und kultureller Projekte geht auf seine Initiative zurück. Dank seiner Unterstützung konnte durch den Verein zur Förderung von Kunst und Kultur ein Kunstraum unter dem Rathaussaal eingerichtet werden, in dem Bad Honnefer Künstler Gelegenheit haben, sich mit ihren Werken der Öffentlichkeit zu präsentieren. Dem besonderen Engagement von Helmut Kloss ist es zu verdanken, dass der letzte Aalschokker auf dem Rhein, die *Aranka* , als Wahrzeichen Bad Honnefs erhalten werden konnte. Ebenso ist der Erhalt des *Hontes*, des ältesten Gebäudes der Stadt, das heute als Zeughaus der Karnevalsgesellschaft Halt Pol e. V. dient, Herrn Kloss zu verdanken.

MICHAEL JÄGER, SANKT AUGUSTIN, VERDIENSTKREUZ 1. KLASSE

Der nordrhein-westfälische Minister für Arbeit, Gesundheit und Soziales, Karl-Josef Laumann, überreichte die Ordensinsignien an Michael Jäger, der sich seit Jahrzehnten für die Sozial- und Tarifpolitik in Deutschland engagiert. Der heutige Präsident der Metall- und Elektro-Industrie NRW e. V. (Metall NRW) war Initiator des Zusammenschlusses Arbeitgeber Köln e. V., der zwölf Unternehmensverbände aus Köln und Umgebung vereinte und dank seines Einsatzes zu einem wichtigen Vertreter der Unternehmen der Region geworden ist. Als Arbeitgebervertreter war Michael Jäger an dem Kölner Bündnis für Arbeit maßgeblich beteiligt, durch das zahlreiche Projekte auf dem Gebiet der Arbeitsmarktpolitik, der Ausbildung und der regionalen Wirtschaft initiiert werden konnten. Im Bereich der Metall- und Elektroindustrie zeichnete Herr Jäger dafür verantwortlich, dass soziale Aspekte bei Tarifabschlüssen berücksichtigt wurden. Als Vorstandsmitglied und Vizepräsident des Gesamtverbandes der metallindustriellen Arbeitgeberverbände e. V. hat Michael Jäger sich engagiert für die betriebliche Altersvorsorge eingesetzt, die in einem gemeinsamen Tarifvertrag mit der IG Metall aufgenommen wurde. Darüber hinaus wirkt er an der Einbindung des Verbandes in die europäische Organisation CEEMET (Council of European Employers of the Metal, Engineering and Technology-Based Industries) mit. 2004 wurde Michael Jäger zum Vizepräsidenten der Landesvereinigung der Arbeitgeberverbände Nordrhein-Westfalen gewählt. Zudem arbeitete er an dem früheren Bündnis für Arbeit, Ausbildung und Wettbewerbsfähigkeit NRW und im Ausbildungskonsens NRW mit. Als Vorsitzender des 2002 gegründeten Vereins GO! to school e. V. informiert er Schülerinnen und Schüler über Fragen rund um die Selbstständigkeit. Darüber hinaus hat sich Herr Jäger über Jahrzehnte in verschiedenen Funktionen für die AOK Rheinland engagiert und ist Vorsitzender des Vereins Gemeinnützige Gemeinschaft für berufliche Bildung e. V. in Troisdorf.

ENGELBERT WIRTZ, BORNHEIM, VERDIENSTKREUZ AM BANDE

Der seit 1972 als Ortsvorsteher von Walberberg tätige Engelbert Wirtz war über Jahrzehnte auch im Rat der Stadt Bornheim und als Beisitzer im Fraktionsvorstand der CDU aktiv. Seit dem Jahr 2004 ist er stellvertretender sachkundiger Bürger im Ausschuss für Verkehr, Planung und Liegenschaften. Sein besonderes Anliegen ist der gute Kontakt aller Vereine untereinander. So hat er maßgeblichen Anteil an der Neugründung der Vereinsgemeinschaft Walberberg, dem Zusammenschluss der Walberberger Vereine. Auch die Pflege örtlicher Traditionen liegt Engelbert Wirtz sehr am Herzen. So stellt er der Chorvereinigung 1847/1924 Walberberg e. V. alljährlich sein Grundstück zur Verfügung, damit dort sowohl die Konzertbühne gelagert als auch der Karnevalswagen gebaut werden und große Teile des hierfür benötigten Inventars verwahrt werden können. Auf seine Initiative hin wurde im Jahr 1999 der Frauenchor gegründet und in die Chorgemeinschaft aufgenommen. Als „Sankt Martin" sorgt Herr Wirtz seit 30 Jahren für leuchtende Kinderaugen im Ort. Darüber hinaus setzte sich Herr Wirtz, der seit 1994 Mitglied des Kirchenvorstandes der katholischen Pfarrei St. Walburga Walberberg ist, aktiv für den Neubau des Pfarrzentrums „Haus im Garten" und die Erhaltung der Pfarrdenkmäler ein. Seit 1969 wirkt er in Walberberg äußerst erfolgreich als Sammler für den Volksbund Deutscher Kriegsgräberfürsorge e. V.

Das Verdienstkreuz am Bande (Damenausführung)

HAUS VÖLKER UND KULTUREN

VON GEBHARD RAHE

Als größtes völkerkundliches Museum zwischen Köln und Frankfurt wurde das *Haus Völker und Kulturen* im Jahr 1973 eröffnet. Es ist eine Einrichtung der *Steyler Missionare* in Sankt Augustin. Ziel des Hauses ist es, den Menschen unseres Kulturkreises fremde Kulturen und Religionen näher zu bringen sowie Toleranz und Achtung gegenüber anderen Völkern zu vermitteln. Seit einiger Zeit wendet sich das *Haus Völker und Kulturen* in verstärktem Maß der christlichen Kunst der so genannten Missionsländer zu. Diese Zielsetzung entspricht dem Geist des Missionsordens.

TRADITIONELLE KUNST UND NATURRELIGION IN SCHWARZAFRIKA UND NEUGUINEA

Neben Ausstellungsstücken aus China, Japan und Indonesien nehmen Kunst- und Kultgegenstände aus Schwarzafrika und Neuguinea einen breiten Raum in unserem Museum ein. Besonderes Gewicht wird auf Gegenstände gelegt, die den Menschen in seiner Beziehung zu den übermenschlichen Mächten darstellen. Die Objekte sind daher nicht in erster Linie als Kunstobjekte zu verstehen, sondern als sakrale Gegenstände mit religiösen Funktionen. Ihren eigentlichen Sinngehalt beziehen sie aus der Religion. Nur von hier aus werden sie für uns in ihrem Innersten verständlich. Die Völker dieser Regionen zählten zu den so genannten Naturvölkern, sind heute aber praktisch alle im Begriff, sich zu Hochkulturvölkern zu wandeln; teilweise haben sie diesen Prozess bereits abgeschlossen. Ein Großteil dieser Völker gehört inzwischen der christlichen Religion an. Mit Hilfe der überkommenen alten Formen wird aber bisweilen versucht, neue, vom Christentum inspirierte Gedanken auszudrücken. So entsteht eine christliche Kunst in diesen Ländern.

Zwillingsfiguren der Yoruba/Nigeria

Schemel mit Kopf der Fumbau/Kamerun

Tanzmasken der Babanki/Kamerun

BEISPIELE CHRISTLICHER KUNST IN UNSEREM MUSEUM

Jesus am Kreuz als Mann und Frau, 17. Jh., Kongoreich

Bereits im 4. Jahrhundert wurde das Kaiserreich in **Äthiopien** gegründet. Es bildete sich eine eigenständige christliche Kunst. Besonders hervorzuheben ist die Vielfalt der Kreuzesformen, die es in keiner anderen christlichen Kirche weltweit gibt. Berühmt sind die kostbaren Pergamentrollen mit Bildern, Gebets- und Zaubersprüchen.

Pergamentrolle mit Bildern, Gebets- und Zaubersprüchen

Etwas Einmaliges in der ganzen Kirchengeschichte finden wir im **Alten Kongoreich.** Bereits im 16. und 17. Jahrhundert entstanden Kreuze, die Jesus als Mann und Frau zugleich zeigen. Sogar der hl. Antonius mit dem Kind wird zum Symbol der Fruchtbarkeit.

Das Zweite Vatikanische Konzil verhalf nach 1965 vielfach der einheimischen christlichen Kunst zu einem Durchbruch. Schöne Beispiele hierfür sind Krippendarstellungen aus **Nigeria, Tansania, Elfenbeinküste** und dem **Kongo.** Zu bewundern sind die herrlichen Blockkunstwerke aus schwarzem Ebenholz, die aus einem Baumstamm herausgeschnitzt worden sind. Auch die Linolschnitte aus **Südafrika** sind erwähnenswert. Die ausgewählten 15 Exponate befassen sich mit biblischen Themen und greifen die Probleme der Apartheid Südafrikas auf.

In der Abteilung **China** ist eine größere Sammlung der chinesisch-christlichen Malerei aus den Jahren 1930 bis 1940 zu sehen. Die meisten Bilder sind auf Seide oder Papier gemalt.

Madonna mit Kind aus hellem Holz, Baule/Elfenbeinküste

Blockkrippe aus schwarzem Ebenholz der Makonde/Tansania

Zeremonialstuhl Sepikgebiet/Neuguinea

STEYLER MUSEUM
„HAUS VÖLKER UND KULTUREN"

Arnold-Janssen-Str. 26
53757 Sankt Augustin
Tel.: 02241/237 406
Fax: 02241/237 407

Email: hvk@steyler.de
www.haus-voelker-und-kulturen.de

Öffnungszeiten:
nach vorheriger Anmeldung

Eintritt:
Erwachsene 3,50 €
Schüler/Studenten 2,00 €

Sie erreichen uns über die B 56 oder mit der Straßenbahn von Bonn und Siegburg mit der Linie 66 bis zur Haltestelle Sankt Augustin-Kloster.

„DER 600.000ste ...?“

VON PETER KRAUSE

„... mir werden immer mieh Jecke im Rhein-Sieg-Kreis.“ So lautete das Motto des Karnevalsordens der Kreisverwaltung für die Session 2005/06. Mit diesem Motto wird ein Problem angesprochen, das der Kreis mit der „Millionenstadt“ Köln seit Jahren gemein hat: Das Überspringen einer „magischen“ Bevölkerungsgrenze! Dieses Problem soll im Folgenden einmal aus Sicht der Statistiker beleuchtet werden.

Im Kreisgebiet lebten am 31.12.2005 597.857 Einwohner. Die Distanz zur Grenze von 600.000 beträgt damit nur noch etwa 2.000 Einwohner. Eine Zahl, die in den nächsten Jahren eigentlich noch erreicht werden sollte. Denn der Rhein-Sieg-Kreis verzeichnet immer noch ein (sich jedoch abschwächendes) Bevölkerungswachstum.

Wie aus dem nachstehenden Diagramm zu entnehmen ist, fiel der jährliche Zuwachs im Kreis von etwa 6.000 zusätzlichen Einwohnern im Jahr 2001 auf etwa 1.300 im Jahr 2005.

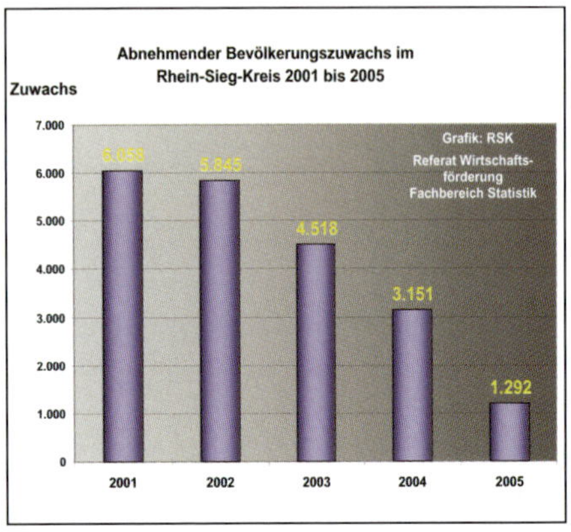

DIE GRÜNDE HIERFÜR SIND VIELFÄLTIG:

Die Zahl der Geburten ist gefallen, während die der Verstorbenen gestiegen ist. 2005 gab es deshalb erstmals einen Sterbeüberschuss, während in den letzten Jahren ein Geburtenüberschuss üblich war.

Jahr	Natürliche Entwicklung		Geburten-/
	Lebendgeborene	Gestorbene	Sterbeüberschuss (-)
2001	5.458	5.025	433
2002	5.361	5.348	13
2003	5.207	5.200	7
2004	5.253	4.953	300
2005	5.024	5.140	-116

Die Zuwanderungsgewinne aus dem In- und Ausland sind zurückgegangen.

Jahr	Wanderungen		Wanderungsgewinn/
	Zuzüge	Fortzüge	-verlust (-)
2001	37.998	32.373	5.625
2002	37.957	32.125	5.832
2003	37.071	32.560	4.511
2004	36.561	33.719	2.842
2005	35.005	33.608	1.397

Aktuell prognostizierte das Landesamt für Datenverarbeitung und Statistik NRW (LDS NRW) dem Rhein-Sieg-Kreis einen Bevölkerungsanstieg um fast 9 Prozent auf 649.500 Einwohner bis zum Jahr 2025.

Niemand vermag heute allerdings sicher zu beurteilen, ob ein so hohes Niveau tatsächlich erreicht werden kann. Die allgemeine demografische Entwicklung in Deutschland, von der sich auch eine Region wie der Rhein-Sieg-Kreis nicht abkoppeln kann, spricht eigentlich dagegen: Für Deutschland insgesamt wird bis 2025 – trotz unterstellter positiver Außenwanderungsbilanz – ein leichter Bevölkerungsrückgang vorausgesagt, Nordrhein-Westfalen schrumpft schon jetzt und wird nach der Prognose des LDS bis zum Jahre 2025 von derzeit 18,1 Mio. um 2,6 Prozent auf 17,6 Mio. Einwohner abnehmen.

Auch im Rhein-Sieg-Kreis wird sich die natürliche Bevölkerungsentwicklung, also das Verhältnis von Geburten zu Sterbefällen, wohl zukünftig dauerhaft ins Negative verkehren. Dafür spricht zum einen, dass die Geburtenrate von 1,4 Kindern pro Frau im Kreis zwar etwas höher als im Bundesdurchschnitt, aber trotzdem deutlich unter dem Wert von 2,1 liegt, der für eine „natürliche" Bestandserhaltung der Bevölkerung notwendig wäre.

Eine Kompensation der zu geringen Geburtenrate – nach allen Erfahrungen verändert sich diese im Zeitablauf nur langsam – könnte nur durch einen Anstieg der Zahl der Frauen im gebärfähigen Alter erfolgen. Die Entwicklung der Altersstruktur im Rhein-Sieg-Kreis zeigt jedoch, dass das Gegenteil der Fall ist. Ausgerechnet die Altersgruppe der 20- bis 30-Jährigen hat am Bevölkerungswachstum der letzten 15 Jahre schon nicht mehr teilgenommen, sondern ist bereits in diesem Zeitraum absolut (-18.167) wie relativ (-22,3 Prozent) zurückgegangen.

Ein merkliches Überschreiten der „magischen" 600.000 wird die Bevölkerung des Rhein-Sieg-Kreis aus sich heraus nicht zu Stande bringen können. Der Schlüssel für die zukünftige Bevölkerungsentwicklung liegt damit bei der Zu- und Abwanderung von Einwohnern. Nur wenn es dem Rhein-Sieg-Kreis gelingt, auch in Zukunft so attraktiv zu sein, dass wesentlich mehr Menschen zu- als fortziehen, wird er seine bislang stets aufwärts gerichtete Bevölkerungs- und, damit verbunden, Wirtschaftsentwicklung fortsetzen können.

Die Schaffung von Arbeitsplätzen bildet hierfür die Grundvoraussetzung. Menschen bleiben dort wohnen, wo sie ihre Arbeit haben, und sie ziehen dort hin, wo sie Arbeit finden. Der Rhein-Sieg-Kreis steht hier im Wettbewerb mit anderen Regionen. Um in diesem Wettbewerb um Arbeitsplätze und – vor allem junge, qualifizierte – Menschen bestehen zu können, müssen auch viele andere Standortbedingungen stimmen. Attraktive Wohnmöglichkeiten, gute Schul- und Ausbildungsangebote sowie Kultur, Freizeit, Umwelt und Sicherheit sind weitere „weiche" Standortfaktoren, die über die Anziehungskraft einer Region entscheiden.

Hier dauerhafte Vorteile zu erarbeiten, ist die Hauptaufgabe der künftigen Entwicklungspolitik im Rhein-Sieg-Kreis. Wenn sie erfolgreich ist, dann wird der Statistiker für den Rhein-Sieg-Kreis – trotz des demografischen „Gegenwindes" – auch in Zukunft positive Einwohnerentwicklungen vermelden können.

Tatsächliche Bevölkerungsentwicklung im Rhein-Sieg-Kreis
Veränderung des Altersaufbaus der Bevölkerung 31.12.2005 gegenüber 31.12.1990

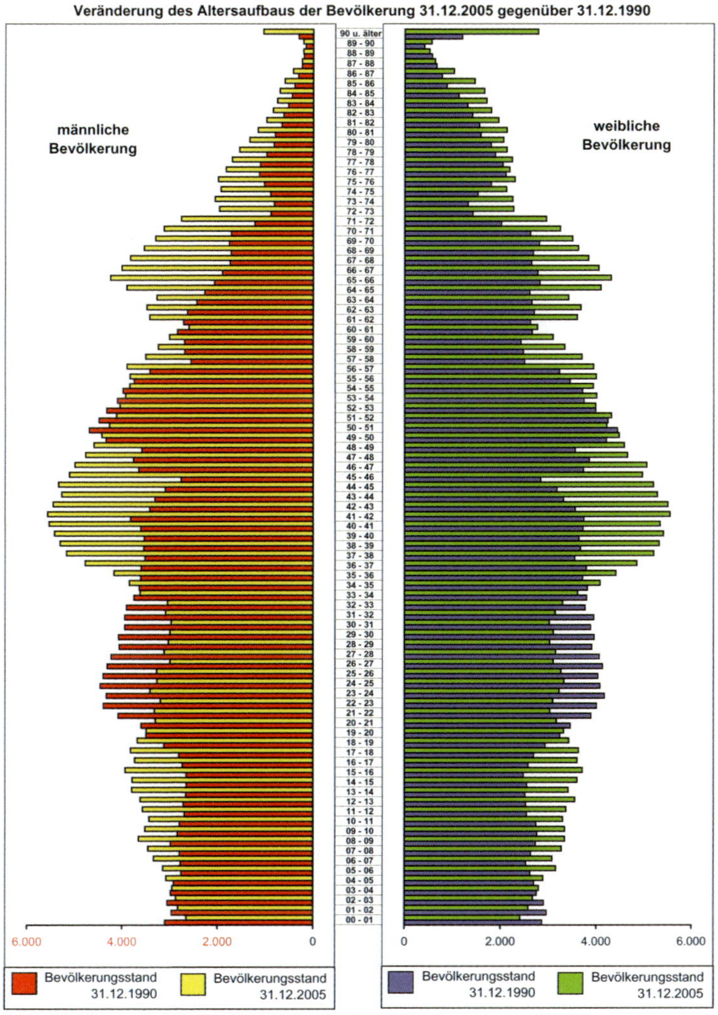

Quelle: LDS NRW, unveröffentlichte Daten der Landesbank, "Bevölkerung nach Alter und Geschlecht"

Grafik: RSK Referat Wirtschaftsförderung, Fachbereich Statistik

GUTE ALTE ZEIT?

VON DER ZÜCHTIGUNG BIS ZUR GEWALTFREIHEIT

VON IRMGARD SCHILLO

Gerne wandere ich immer wieder durch das Rheintal und schaue mir die imposanten und beeindruckenden Burgen und Schlösser an. Kühn und trutzig zeugen sie von einer anderen Zeit.

EINE GUTE ALTE ZEIT?

Manchmal kommen mir Zweifel. Insbesondere dann, wenn bei Burg-Führungen auch über das alltägliche Leben der Menschen berichtet wird. Folterwerkzeuge, dunkle Verliese, Waffenkammern, besondere Spezialitäten wie zum Beispiel Keuschheitsgürtel, das „Teeren und Federn" und der „Schwedentrunk" zeugen von einer Zeit, die offensichtlich stark von Gewalt geprägt war. Doch gerade dann haben oft „die Schwächeren" der Gesellschaft schlechte Karten. Dazu gehörten leider auch oft die Frauen. In früheren Zeiten galt das Züchtigungsrecht, dieses stand selbstverständlich auch dem Gatten gegenüber seiner Frau zu.

Ein Mann hatte das Recht, seine Frau zu prügeln, wenn sie es verdiente, und ob sie es verdiente oder nicht, bestimmte der Richter durch seine Entscheidungen nach Maßgabe dessen, was sich in seinen Augen für beide Geschlechter schickte. Alle Gerichte tolerierten es, wenn die Trunkenheit des Mannes zur Ausschweifung, Gewalttätigkeit und der Verschleuderung der Haushaltsressourcen führte, solange nicht eine gewisse Grenze überschritten und z. B. das Ehebett verkauft wurde. Wenn jedoch eine Frau so viel trank, dass sie in ihre Kleider urinierte, wurde ein ganz anderer Standpunkt eingenommen. Ihr Charakter war verdorben. (Frauenleben, eine europäische Geschichte 1500 bis 1800 von Olwen Huston, S. 366)

Der Schutz von Frauen und Kindern gegen familiäre Gewalt ist eine Errungenschaft der Neuzeit. Gewalt gegen Frauen und Kinder war dagegen in früheren Zeiten gesellschaftlich und auch juristisch legitimiert. So wurde dem Ehemann als dem Familienoberhaupt ein „Züchtigungsrecht" zugesprochen, d. h., er durfte legal prügeln oder sich andere Brutalitäten ausdenken und einsetzen. Das „Züchtigungsrecht" erstreckte sich nicht nur auf die seiner Hausgewalt unterstehenden Familienangehörigen, also Ehefrau und Kinder, sondern auch auf die Hausangestellten. Dieses „Züchtigungsrecht" des Ehemannes wurde in Preußen zu Beginn des 19. Jahrhunderts – 1812 – abgeschafft. Doch erst lange Zeit danach hat man begonnen, explizit die trotzdem nicht nachlassende Gewalt im häuslichen Bereich zu verurteilen.

Am 1. Januar 1900 trat das Bürgerliche Gesetzbuch in Kraft. Die Misshandlung durch eine Züchtigung wurde als Eheverfehlung angesehen und auch als ein ausreichender Scheidungsgrund akzeptiert (vgl. § 49 Ehegesetz).

Die Gewalt blieb allerdings auch gesetzlich Bestandteil des Familienlebens. Das Bürgerliche Gesetzbuch sprach weiterhin von „elterlicher Gewalt" über die Kinder und erlaubte Eltern, ihre minderjährigen Kinder maßvoll und angemessen zu erzieherischen Zwecken zu züchtigen, frei nach dem Motto: „Eine Ohrfeige hat noch keinem geschadet." Mit dem Sorgerechtgesetz, in Kraft getreten am 1. Januar 1980, wurde die „elterliche Gewalt" umbenannt in „elterliche Sorge".

Das Recht der Kinder und Jugendlichen auf gewaltfreie Erziehung wurde jedoch erst am 8. November 2000 in § 1631, Abs. 2 des Bürgerlichen Gesetzbuchs ausdrücklich verankert.

Seit dem 2. Juli 1997 sind sexuelle Nötigung und Vergewaltigung in der Ehe strafbar.

Das *Gesetz zur Verbesserung des zivilrechtlichen Schutzes bei Gewalttaten und Nachstellungen sowie zur Erleichterung der Überlassung der Ehewohnung bei Trennung* kurz das Gewaltschutzgesetz, das am 1. Januar 2002 verabschiedet wurde, ist ein Meilenstein bei der Bekämpfung der häuslichen Gewalt.

Das Gewaltschutzgesetz beinhaltet einen Paradigmenwechsel: „Der Schläger geht, das Opfer bleibt." Zum ersten Mal wurde das Recht des Opfers umfassend im Gesetz verankert. Konnte nach früherem Recht nur die Ehefrau unter schwer zu überwindenden Hürden die weitere alleinige Nutzung der Wohnung gerichtlich durchsetzen, so können nun Opfer von Gewalt in allen häuslichen Gemeinschaften verlangen, dass ihnen die Wohnung überlassen wird. Es kommt nicht darauf an, in welcher Beziehung Täter und Opfer zueinander stehen. Die Grundvoraussetzung ist, sie leben in häuslicher Gemeinschaft. Eine Wohnungsüberlassung ist auch dann möglich, wenn der Täter Eigentümer der Wohnung ist oder diese alleine gemietet hat, das Opfer also an sich keine eigene Berechtigungsnutzung der Wohnung hat. Auch dann kann das Opfer bei einer entsprechenden gerichtlichen Anordnung die Wohnung bis zu einer Dauer von sechs Monaten unter Ausschluss des Täters nutzen.

Die Erfahrung hat gezeigt, dass eine Wohnungsüberlassung alleine den Schutz des Opfers nicht sicherstellen kann. Daher kann das Gericht nach dem Gewaltschutzgesetz flankierende Schutzanordnungen erlassen. Es kann zum Beispiel dem Täter verbieten, die Wohnung des Opfers zu betreten, selbst wenn es seine eigene ist. Es kann auch anordnen, dass sich der Täter der Arbeitsstelle des Opfers, dem Kindergarten oder anderen Orten nicht nähern darf. Das Gericht kann dem Täter auch jeglichen Kontakt mit dem Opfer untersagen. Solche im Regelfall zu befristenden Schutzanordnungen können im Übrigen auch ohne eine Wohnungsüberlassung verhängt werden. Der Verstoß gegen eine gerichtliche Schutzanordnung ist strafbar. Als Strafmaß sieht das Gesetz eine Geldstrafe oder eine Freiheitsstrafe bis zu einem Jahr vor.

So werden nun die gewalttätigen Partner für ihre Gewalttaten zur Rechenschaft gezogen und der Gesetzgeber bezieht eine eindeutige Position gegen die häusliche Gewalt und den Gewalttäter. Damit ist Gewalt gegen Kinder und Frauen leider noch nicht aus der Welt, aber durch die gesellschaftliche Sanktion dieser Gewalt besteht die Hoffnung auf einen Prozess der Bewusstseinsänderung. Gerade im familiären Bereich ist Geborgenheit und Schutz ein elementares Recht – und die Voraussetzung für ein gesundes Aufwachsen der Kinder.

Auch beim Schutz von Kindern vor häuslicher Gewalt ist einiges erreicht worden. Das Ziel ist, Kinder vor jeglicher Form von Gewalt zu schützen. Durch das *Gesetz zur Ächtung von Gewalt in der Erziehung* wurde im Bürgerlichen Gesetzbuch ein „Recht des Kindes auf gewaltfreie Erziehung" festgeschrieben. Die Anwendung körperlicher Strafen und seelischer Verletzungen als Mittel der Erziehung wurde klar und unmissverständlich verboten.

Das Gesetz zur Ächtung der Gewalt in der Erziehung zielt insbesondere darauf ab, Eltern und anderen erziehungsberechtigten Personen zu verdeutlichen, dass auch leichtere Formen von Gewalt, wie scheinbar harmlose Ohrfeigen oder Schläge mit der flachen Hand keine geeigneten Erziehungsmittel sind. Sie mögen vorübergehend zu einem besseren Betragen des Kindes führen, gelöst werden Konflikte jedoch damit nicht, im Gegenteil! Elterliche Gewaltanwendung erhöht deutlich das Risiko, dass Kinder ängstlich und kontaktscheu werden, sich nichts mehr zutrauen und in der Schule versagen, oder dass sie emotional gleichgültig und aggressiv werden. Nicht zuletzt droht ein Teufelskreis: Wissenschaftliche Untersuchungen belegen, dass Kinder, die in ihrer Familie geschlagen oder misshandelt worden sind, später zwei-bis dreimal so häufig selbst gewalttätig werden wie Kinder, die ohne Gewalt aufwachsen.

HÄUSLICHE GEWALT DARF NICHT ALS PRIVATSACHE ODER FAMILIENSTREITIGKEIT ABGETAN WERDEN

Das Perfide an häuslicher Gewalt ist, dass sie zu Hause, also in einem Raum, der Sicherheit und Geborgenheit vermitteln soll, stattfindet. Das erschwert es dem Opfer, sich aus diesem „Zuhause" zu lösen. „Ich bin nur die Treppe runtergefallen" oder weitere Beschreibungen werden zur Vertuschung von Verletzungen genutzt. Die Gesellschaft – also wir alle – sollten nicht wegschauen, sondern helfend einschreiten. So können wir die Opfer bei der Suche nach einem Weg aus dem Teufelskreis unterstützen. Um sich aus dem Kreislauf der Gewalt zu befreien, benötigen die Opfer Unterstützungs- und Hilfsangebote. Ein gutes Beispiel dafür ist der *Runde Tisch gegen häusliche Gewalt im Rhein-Sieg-Kreis*. Er ist ein Zusammenschluss von Fachkräften, die mit Opfern von Gewalt arbeiten, und hat folgende Ziele:

- die Ächtung von Gewalt und Verbesserung des Schutzes bei häuslicher Gewalt,
- die Etablierung verlässlicher Hilfestrukturen im gesamten Rhein-Sieg-Kreis und
- die Entwicklung von Standards für die Vernetzungsarbeit zum Abbau häuslicher Gewalt.

NIEMAND HAT DAS RECHT EINE ANDERE PERSON ZU SCHLAGEN ODER ZU MISSHANDELN, AUCH NICHT DER PARTNER

KONKRETE HILFEN GIBT ES HIER:
Frauenzentrum Bad Honnef/Königswinter, Tel. 02224-10548
Frauenzentrum Troisdorf, Tel. 02241-72250
Frauenhaus Troisdorf – Frauen helfen Frauen Much e.V., Tel. 02241-148 4934
Frauenhaus des Rhein-Sieg-Kreises, Tel. 02241-330194
Opferschutz der Kreispolizeibehörde Siegburg, Tel. 02241-5413815
Opferschutz des Polizeipräsidiums Bonn, Tel. 0228-152020

ALLGEMEINE INFORMATIONEN:
Gleichstellungsbeauftragte des Rhein-Sieg-Kreises, Tel. 02241-132172

Literatur zu dem Artikel von Hans-Peter Hohn „Burgen – Historie im Bröltal" Seite 62-72

Pfarrer Johann Peter Reidt: Miszellaneen über Ruppichteroth, Ruppichteroth, 1895.

Edmund Renard: Die Kunstdenkmäler des Siegkreises. Im Auftrage des Provinzialverbandes der Rheinprovinz, Düsseldorf, 1907.

Pfarrer Harry Hendriks: Ruppichteroth im Spiegel der Zeit, Band I, Ruppichteroth, 1977 und Band II, Ruppichteroth, 1978.

Karl Schröder: Zwischen Französischer Revolution und Preußens Gloria. Herausgeber: Heimatverein Eitorf e.V., Eitorf, 1989.

U.H.U. – Unabhängige Historische Untersuchungen mit Schwerpunkt der Vor- und Frühgeschichte e.V.: Alte Ansichten des Hauses zum Stein (Burg Herrnstein), Windeck, 2004.

Günter Benz: Herrenbröl – Zur Geschichte eines alten Adelssitzes im Bröltal bei Schönenberg in der Gemeinde Ruppichteroth, Much, 2005.

Literatur und Quellen (Auswahl) zu dem Artikel von Claudia Maria Arndt „... so liegt Allner [...] so sehr im Mittelpunkt des großen Kreises ..." Seite 94-100

Archiv des Rhein-Sieg-Kreises, Landratsamt Siegkreis, Nr. 1004.

Landeshauptarchiv Koblenz, Bestand 403 (Oberpräsidium der Rheinprovinz), Nr. 5329.

Fischer, Helmut: Allner. Eine Ortsgeschichte. Hrsg. vom Heimat- und Verschönerungsverein Allner e.V. Hennef 1988.

Die Kunstdenkmäler des Siegkreises. Bearb. von Edmund Renard. Nachdr. d. Ausg. Düsseldorf 1907. Düsseldorf 1984.

Rheinlands Schlösser und Burgen. In naturgetreuen, künstlerisch ausgeführten, farb. Darstellungen nebst begleitendem Text. Hg. v. Heinrich Duncker. Berlin 1859.

Literatur zu dem Artikel von Gisbert Knopp „Der Parkplan von Schloss Birlinghoven" Seite 102-108

Wilhelm Schölermann, Neue Gartenarchitektur von Rausch und Reinhardt, Gartenarchitekten, Köln und Hamburg, in: Wohnungskunst 3. Darmstadt 1911, S. 109-120.

Kiehl, Architektonisches in der Gartenkunst, in: Der Städtebau 2, Berlin 1905, S. 18, Taf. 11, 12.

Rudolf Rausch, Die Waldparkanlage zu Burg Birlinghoven, in: Möller's Deutsche Gärtner-Zeitung Nr. 13, 1904, S. 150f. Abb. 1-7.

Für freundliche Hinweise dankt der Autor Frau Prof. Dr. Erika Schmidt, Techn.Universität Dresden.

Der Aufsatz ist erstmals in Heft 2/2000 der Denkmalpflege im Rheinland, herausgegeben vom Landschaftsverband Rheinland, Rheinisches Amt für Denkmalpflege, erschienen.

ZEUGNISSE JÜDISCHER KULTUR IM RHEIN-SIEG-KREIS

Herausgegeben von Dr. Claudia Maria Arndt
im Auftrag des Rhein-Sieg-Kreises

Am 10. November 2006 erscheint
Band 4 der vorliegenden Reihe:

BET OLAM - HAUS DER EWIGKEIT
DER JÜDISCHE FRIEDHOF IN HENNEF-GEISTINGEN

Herausgegeben von Gisela Rupprath,
mit Beiträgen von Helmut Fischer u. a.
Format DIN A 4, gebunden, fester Einband, 18 Euro.

Zu beziehen über den Buchhandel oder www.rheinlandia.de.

Jeder Grabstein ist fotografisch dokumentiert und ausführlich beschrieben. Es werden Informationen zu den Bestatteten geliefert und Verwandtschaftsverhältnisse zu anderen Verstorbenen erläutert.
Die hebräischen Inschriften sind übersetzt und erklärt.
Umfangreiches Bildmaterial und mehrere Aufsätze runden diese Dokumentation ab.

Inhalt: Die Juden in Hennef - Das Bild des Juden in der Volksmeinung im Land an der Sieg - Ein deutscher Bürger jüdischen Glaubens: Hermann Levy (1860-1936)
Der jüdische Friedhof in Hennef-Geistingen -
Plan des Friedhofs Hennef-Geistingen -
Verzeichnis und Beschreibung der Grabsteine -
Indizes der Grabsteine (alphabetisch, chronologisch, nach Grabsteinnummer)

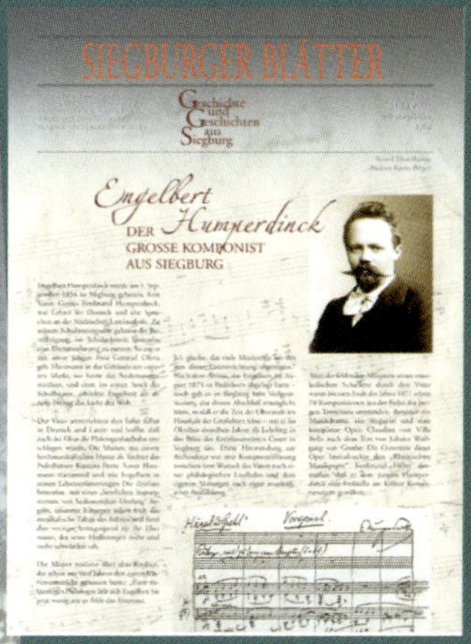

DIE SIEGBURGER BLÄTTER

...erscheinen in unregelmäßiger Folge, voraussichtlich 4-5 mal im Jahr und sind so angelegt, dass man sie in einem Ordner sammeln kann.

Die Siegburger Blätter geben Informationen zur Stadtgeschichte, zu aktuellen Ereignissen, zu bedeutenden Persönlichkeiten aus Siegburg; sie begleiten Ausstellungen und beschreiben besondere Sehenswürdigkeiten der Stadt.

Sie können die Siegburger Blätter beim Stadtarchiv Siegburg, Rathaus, Nogenter Platz, beim Stadtmuseum, Markt 48 und bei der Touristinformation, Europaplatz 3 kaufen, oder im Abo beim Stadtarchiv bestellen.

Der Preis beträgt 2,00 Euro, wenn wir Ihnen die Siegburger Blätter zusenden zuzüglich Versandkosten.

Die Siegburger Blätter werden herausgegeben von der Museums- und Archivdienste GmbH Siegburg,
Dr. Andrea Korte-Böger,
Tel. 02241 10 23 25,
e-mail: andrea.korte-boeger@siegburg.de,
copyrights bei den Autoren.

Idee und Gestaltung:
Edition Blattwelt - Reinhard Zado, Niederhofen,
www.blattwelt.de

BILDNACHWEIS

Reinhard Zado 9, 16, 17, 18, 22, 23, 24, 26, 27, 28, 29, 30, 31, 33, 34, 35, 36, 37, 38, 39, 40, 41, 42, 43, 44, 45, 46, 47, 48, 49, 50, 51, 57, 59, 62, 63, 64, 65, 66, 67, 71, 74, 75, 86, 88, 89, 90, 91, 92, 93, 95, 96, 97, 98, 100, 111, 112, 113, 114, 120, 121, 122, 126, 127, 135, 14l, 142, 143, 145, 147, 148, 149 , 180 , 181, 183, 184, 188, 191, 192, 200, 209, 211, 213, 214, 221
Klaus Göhring 10, 11, 12, 13
Curd Söntgerath 18, 19, 20
Stadtarchiv Siegburg 22, 25, 26, 27
Archiv Matthias Dederichs 29, 30, 32, 33
Inga Schulz 38, 48, 54, 55, 56, 57, 58, 213
Hans-Peter Hohn 63, 64, 65, 66, 67, 70, 72
Rainer Land 68, 69, 155, 158, 159, 196, 204, 205, 207, 212, 213
Daniel Pruss 75, 76, 77, 78, 79
Harald Lwowski 80, 81, 82, 83, 84
Reinhold Landsberg 81
Waldemar Caminneci 82, 83, 84
Heinz Patt 85
Franz Kutting 85
Stadt Hennef, Archiv 87, 94, 99
Stadt Hennef, Bauordnung und Untere Denkmalbehörde/Kerstin Heinisch 87, 88, 89, 90, 91, 92
Wolters und Partner 89
Jacobs 92
Rhein-Sieg-Kreis, Archiv 95, 97, 98, 99, 100,172, 173, 198
Holger Arndt 95
Rheinisches Amt für Denkmalpflege (Jürgen Gregori)/Gisbert Knopp 102, 103, 104, 105, 106, 107, 108
Willi Möseler 110, 174
Siebengebirgsmuseum Königswinter 110, 112, 114, 175
Olaf Denz 116, 117, 118
Horst Bursch 123, 124, 125, 126, 127, 128
Gemeinde Wachtberg, Archiv 130, 133, 134, 136, 137, 138, 140, 14l
Axel Kolfenbach 130, 140
Frank Hüllen 131, 132, 133, 135, 137, 139, 140, 141
Barbara Hausmanns 143, 144, 145, 146, 147, 148
Archiv Arbeitskreis Heimat 150, 151, 152, 153, 154
Georg Eurich 150
Kreissparkasse Köln 156, 157, 158, 159, 184
Victor Schamoni 160, 161, 162, 163, 164, 165, 166
Max Ernst Museum 161
Harald Blondiau / VG Bild-Kunst 161, 163, 164, 165
Rainer Mader 162, 166
Manfred J. Junggeburth / VG Bild-Kunst 162
Sammlung Hartmut Küper 168, 169
Stadt Sankt Augustin, Archiv 170, 171, 173
Siebengebirgsmuseum / Heimatverein Siebengebirge e.V., Königswinter 175, 176, 177, 178, 179
J. Kneip 175, 177
Verschönerungsverein für das Siebengebirge 176
Klaus Breuer 176, 179
Katja Eschmann 182, 184, 188, 191, 192, 193, 194, 195, 196, 197, 199, 200, 201, 202, 203, 204, 205, 208, 209, 210, 222
Robert Blasiak l83
Rhein-Sieg-Kreis, Kreisjugendamt 183
Martina Schiefen 184, 188, 209, 214, 222
Wahnbachtalsperrenverband Siegburg 185
David Boucherie, Weltjugendtag gGmbH 186, 187
Guido Karl Weltjugendtag gGmbH 186, 187
Axel Kolfenbach, Weltjugendtag gGmbH 186
Hacky Hagemeyer, Weltjugendtag gGmbH 187
Michael Lagemann, Weltjugendtag gGmbH 186, 187
Wolfgang Radtke, Katholische Nachrichten-Agentur 187
David Nickel, Weltjugendtag gGmbH 187
Deutsche Herzstiftung e.V. / Rainer Walterscheid 189
Rhein-Sieg-Kreis, Gesundheitsamt 190
Rhein-Sieg-Kreis, Schulverwaltung 193
Bilderbuchmuseum Burg Wissem, Troisdorf 196, 220
Wolf-Rüdiger Weisbach 199
Alanus Hochschule für Kunst- und Gesellschaft, Alfter 200
Sealife Deutschland GmbH, Königswinter 201
Kunstverein für den Rhein-Sieg-Kreis 202
Rhein-Sieg-Kreis, Pressestelle 203
Gabriele Pütz 208
Anke Vehmeier 205, 206
Edition Jürgen an Mey 210
Helmut Zulauf 213
Carmen Zerbs 215
Junges Theater Bonn / Elisabeth Einecke-Klövekorn 216, 217, 218, 219
Rhein-Sieg-Kreis, Amt für Planung, Verkehr, Straßenbau 224, 225, 226, 227
Gebhard Rahe 232, 233